概念と歴史がわかる
西洋哲学小事典

生松敬三　木田元
伊東俊太郎　岩田靖夫　編

筑摩書房

はしがき

　哲学史といえば、ふつうに哲学の発生以来、各時代・各地域における哲学の変貌と展開の歴史的回顧と考えられている。たしかにいちおうはそのとおりであるが、それは決して固定的な歴史的知識の集積であるのではなく、哲学の過去をどのようにとらえるかは哲学の現在によって決定される。つまり、現在における哲学的思索の方向づけによって、哲学史はくりかえし書き換えられてゆくのである。

　在来われわれに「哲学史」として与えられていたものは、その多くはまず19世紀のヘーゲルにはじまり20世紀初頭のドイツの新カント派によって定型を与えられたものであった。今日われわれはその定型を大きく組みかえる必要に迫られていると思う。もちろん、そうした試みは近年すでにいろいろな形ではじめられてもいるわけだから、ここに「西洋哲学史の基礎知識」を提供するに際しては、広くその種の研究の成果を汲み入れて、今日の要請に応えることが求められているということになる。

　このような自覚にもとづいて、編者たちははじめに数次の会合を開いて討議を重ねたわけである。具体的にはその討議は、基本方針の決定、それにもとづくテーマ、項目の選定をめぐるもので、その上で古代に関しては岩田靖夫、中世に関しては伊東俊太郎、近世に関しては生松敬三、現代に関しては木田元がそれぞれ叩き台となるべき原案を作製し、これを四人でまた検討し修正するという手続きをふんだ。そして各テーマ、各項目にその最適と考えられる執筆者の御登場を願

うことにした。したがって，場合によってはかなり御面倒な注文をつけての御願いをしたにもかかわらず，快く御執筆いただいた執筆者各位には，編者一同，心から感謝している次第である。

　たとえば古代における神話の問題，あるいは悲劇詩人の世界観，また中世ではアラビア思想の問題，等々にかなり大きな比重を与え，近世では学会の成立，啓蒙の裏面等の項目を設け，また現代ではウナムーノとオルテガ，さらには最新のシステム哲学に論及するといった二，三の事例によっても，哲学史をできるだけ在来の枠組から解き放ち，これを広汎な思想・文化史の流れの中に据えおいてとらえ直そうとの意図は読みとっていただけるのではないかと思う。ただ，もとより意あって力足らずで，まだまだ不備・不充分なところは随所にあろうが，それはひとえに編者の責任に帰せられねばならない。読者諸賢の忌憚のない御叱正を仰ぎたい。

　なお最後になったが，厄介な編集の具体的作業を終始，綿密・慎重に進めていただいた編集部澤井洋紀氏の御尽力に対して御礼の言葉を一言書き添えておきたいと思う。

1977年5月

生松　敬三

木田　　元

伊東俊太郎

岩田　靖夫

目 次

第1部 古代の哲学

古代ギリシア哲学の真髄としての理性主義　岩田靖夫　16

I　ギリシア思想の土壌

1 ギリシアにおける
　　神話と宗教　17
2 ホメロス
　　——オリュムポスの神々　21
3 ヘシオドス　24
4 アポロン
　　——デルポイの神託の神　26
5 ディオニュソス　30
6 モイラ　34

II　ソクラテス以前の哲学

7 哲学の誕生と発展　38
8 ミレトスの自然哲学　41
9 ピタゴラス　45
10 ヘラクレイトス　49
11 パルメニデス　51
12 エムペドクレス　52
13 アナクサゴラス　54
14 ギリシアの原子論　56
15 ギリシア思想とオリエント　60

III　啓蒙時代の諸思想

16 啓蒙時代の諸思想　64
17 ギリシア人の歴史観
　　——ヘロドトスとツキュディデス　68
18 ギリシア悲劇の世界観(1)
　　——アイスキュロス　71
19 ギリシア悲劇の世界観(2)
　　——ソポクレス　75
20 ギリシア悲劇の世界観(3)

──エウリピデス　79
21 ソフィスト
　　　──ピュシスとノモス　83
22 ソクラテス　　　87

Ⅳ　プラトンと
　　　アリストテレス

23 プラトン　　　90
24 プラトン『パイドン』　94
25 プラトン『国家』　96
26 アリストテレス　98
27 アリストテレス『形而上学』　102
28 アリストテレス『ニコマコス倫理学』　103

Ⅴ　ギリシア人の科学

29 ギリシアの論理学　105
30 ギリシアの数学　109
31 ギリシアの自然科学　113
32 ギリシアの医学　116

Ⅵ　ヘレニズムの哲学

33 ヘレニズムの諸思想　120
34 小ソクラテス学派　124
35 快楽主義
　　　──エピクロス学派　128
36 禁欲主義──ストア学派　132
37 マルクス・アウレリウス『自省録』　135
38 ヘルメス思想　137
39 プロティノス
　　　──新プラトン学派　139

Ⅶ　キリスト教の起源

40 古代ユダヤ教　143
41『旧約聖書』　147
42 イエス　148
43『新約聖書』　152
44 原始キリスト教　154

第2部　中世の哲学

西欧文明の基盤としての中世哲学　伊東俊太郎　160

I　中世哲学の発端

45　教父哲学　161
46　アウグスティヌス　164
47　アウグスティヌス『神国論』　168
48　ボエティウスとラテン編纂家　170
49　プラトニズムの伝統　172

II　カロリング・ルネサンスと神秘主義の起源

50　カロリング・ルネサンス　174
51　ディオニシウス・アレオパギタ　176
52　スコトゥス・エリウゲナ　177

III　アラビアとユダヤの哲学

53　ギリシアとアラビアとの懸橋　181
54　アラビア哲学　183
55　アヴィセンナ　187
56　アヴェロエス　188
57　アル・ガザーリー　190
58　アラビア科学　192
59　ユダヤ哲学　194

IV　スコラ哲学の形成

60　普遍論争　195
61　アンセルムス　199
62　アベラルドゥス　201
63　12世紀ルネサンス　203
64　シャルトル学派　204
65　ヴィクトル学派　206
66　スコラ哲学と大学　208

V　13世紀の知的綜合——スコラ哲学の開花

67　グローステストと

ロジャー・ベイコン　210
68 アルベルトゥス・マグヌス　213
69 ボナヴェントゥラ　215
70 トマス・アクィナス　217
71 トマス・アクィナス
　　『神学大全』　221
72 ドゥンス・スコトゥス　222

VI　14世紀の革新
　　　──ノミナリストの運動

73 ウィリアム・オッカム　226
74 オトゥルクールのニコラウス
　　　　　　　　　　　　230

75 科学思想の発展　232

VII　ルネサンスの思想

76 ルネサンスの自然哲学　235
77 パラケルスス　239
78 ジョルダーノ・ブルーノ　241
79 人文主義的新プラトン主義　243
80 ドイツ神秘主義　244
81 ニコラウス・クザーヌス　246
82 ニコラウス・クザーヌス
　　『知ある無知』　248
83 レオナルド・ダ・ヴィンチ
　　　　　　　　　　　　249

第3部　近世の哲学

哲学史上の近世　木田 元　254

I　ユマニスムと宗教改革

84 ユマニスム　255
85 モンテーニュ『エセー』　258
86 宗教改革
　　　──ルター，カルヴァン　260

87 自由意志論争　264
88 イエズス会──伝統の擁護　266

II　17世紀の理性主義

89 17世紀の理性主義　269

90	フランシス・ベイコン	272	
91	ベイコン『ノーヴム・オルガヌム』	276	
92	科学革命	278	
93	デカルト	281	
94	機械論的自然観	285	
95	物心二元論	287	
96	デカルト『方法序説』	289	
97	感情論	290	
98	パスカル	292	
99	科学と信仰	296	
100	パスカル『パンセ』	297	
101	ホッブズ	299	
102	機械論的社会観	303	
103	スピノザ	304	
104	近世の汎神論	308	
105	スピノザ『エチカ』	310	
106	ライプニッツ	312	
107	ライプニッツ『モナドロジー』	315	
108	ヴィーコ	317	
109	力学的自然観	321	
110	近世物理学の成立	322	
111	学会の成立	324	

Ⅲ　18世紀啓蒙

112	認識論	326
113	ジョン・ロック	328
114	社会契約論	331
115	近代の宗教論	333
116	バークリ	335
117	ヒューム	339
118	アダム・スミス	342
119	フランス啓蒙	344
120	モンテスキューとヴォルテール	346
121	感覚論	350
122	機械論的唯物論	354
123	ディドロ	356
124	『百科全書』	359
125	ジャン・ジャック・ルソー	361
126	自然にしたがえ	365
127	ドイツ啓蒙	367
128	啓蒙の裏面	370

IV ドイツ観念論

- 129 ドイツ観念論　372
- 130 カント　376
- 131 カント『純粋理性批判』　380
- 132 カント『実践理性批判』　382
- 133 カント『判断力批判』　383
- 134 フィヒテ　385
- 135 シェリング　389
- 136 ロマン主義の哲学　393
- 137 ゲーテ　395
- 138 ヘーゲル　398
- 139 弁証法　402
- 140 ヘーゲル『精神現象学』　406
- 141 ヘーゲル『法哲学』　408

V ヘーゲル以後

- 142 ヘーゲル学派の解体　410
- 143 コント——実証主義　414
- 144 ショーペンハウアー　417
- 145 フォイエルバッハ　421
- 146 キルケゴール　425
- 147 マルクス　428
- 148 マルクス『経哲手稿』　432
- 149 マルクス『資本論』　434
- 150 エンゲルス　436
- 151 弁証法的唯物論　439
- 152 功利主義　441
- 153 ジョン・スチュアート・ミル　443
- 154 進化論　447
- 155 科学主義とその反動　448
- 156 ニーチェ　450
- 157 ニヒリズム　454
- 158 ニーチェ『ツァラトゥストラ』　456

第4部　現代の哲学

ひたすら多様化する現代の哲学　木田 元　460

- 159 新カント派　461
- 160 社会科学方法論　464

161	生の哲学	466	
162	ベルグソン	470	
163	ウナムーノとオルテガ	474	
164	マッハ主義	477	
165	レーニン	479	
166	パース	481	
167	プラグマティズム	485	
168	フッサール——現象学	489	
169	フッサール『ヨーロッパ諸学の危機と超越論的現象学』	492	
170	フロイト——精神分析	494	
171	クローチェ	498	
172	記号論理学の展開	499	
173	ラッセル	503	
174	ウィトゲンシュタイン	507	
175	ウィトゲンシュタイン『論理哲学論考』	511	
176	ウィトゲンシュタイン『哲学的探究』	512	
177	ウィーン学団と論理実証主義	514	
178	分析哲学	516	
179	シンボルの哲学	520	
180	ルカーチ	523	
181	フランクフルト学派	527	
182	マックス・シェーラー——哲学的人間学	531	
183	ホワイトヘッド——有機体の哲学	534	
184	ハイデガー	538	
185	ハイデガー『存在と時間』	542	
186	ヤスパース	543	
187	ヤスパース『哲学』	547	
188	現代の宗教思想	549	
189	サルトル	551	
190	メルロ=ポンティ	554	
191	構造主義	558	
192	システム哲学	562	

人名索引 565
事項索引 573
あとがき ——ちくま学芸文庫版刊行によせて　木田 元
579

執筆者一覧 (五十音順, ＊印は編者)

浅野楢英	柏木英彦	佐藤敬三
荒井献	柏原啓一	嶋田襄平
荒川幾男	加藤尚武	清水純一
有賀鐵太郎	兼岩正夫	城塚登
アルムブルスター, L.	亀尾利夫	関雅美
五十嵐一	茅野良男	高橋安光
＊生松敬三	＊木田元	高橋亘
池田英三	久野昭	滝浦静雄
石川耕一郎	久保正彰	竹内良知
泉治典	熊田陽一郎	田中裕
市川浩	小泉仰	田辺保
伊藤勝彦	後藤光一郎	種村季弘
＊伊東俊太郎	小林雅夫	田之頭安彦
稲垣良典	小林善彦	丹治信春
井上忠	齋藤繁雄	土屋博
＊岩田靖夫	斎藤忍随	徳永恂
宇都宮芳明	坂井秀寿	戸塚七郎
大井正	坂口ふみ	永井博
大出哲	坂部恵	中川久定
大沼忠弘	坂本百大	中村幸四郎
奥雅博	左近司祥子	中村廣治郎
小栗浩	笹谷満	中村秀吉

西尾幹二	ホアン・マシア	水野 一
西川 亮	細谷貞雄	三田博雄
二宮 敬	真方忠道	箕輪秀二
野町 啓	松平斉光	宮島 喬
花田圭介	松永雄二	村上陽一郎
濱井 修	松本耿郎	吉仲正和
廣松 渉	三島憲一	好並英司
福島保夫	水田 洋	渡邊二郎
藤田一美	水地宗明	

第1部　古代の哲学

I	ギリシア思想の土壌	1〜6
II	ソクラテス以前の哲学	7〜15
III	啓蒙時代の諸思想	16〜22
IV	プラトンとアリストテレス	23〜28
V	ギリシア人の科学	29〜32
VI	ヘレニズムの哲学	33〜39
VII	キリスト教の起源	40〜44

古代ギリシア哲学の真髄としての理性主義

　哲学は古代ギリシアで始まった，とされる。なぜか。それは，紀元前6世紀に，この地で理性主義が誕生したからである。理性主義とは，ものごとの真相を人間が理性によって探求し，明らかにしようとする姿勢である。この姿勢は，一方では，自然世界の実体と秩序の探求として展開する。無限に多様な事物から成るこの自然世界は，ただ乱雑に変化する混沌とした現象なのか。そして，神々の気まぐれに支配される不気味な世界なのか。それとも，この自然世界の根底には，なにか不変の実体があり，万物は一定の法則の下に展開するこの不変の実体の変容に他ならないのか。タレスの立てたこの問から，存在への問が始まり，宇宙を支配している秩序（ロゴス）への問が始まり，その果に，現代の存在論と自然科学が成立する。

　他方，この理性主義の姿勢は，人間の生き方の探求としても展開した。ソクラテスは，人間にとって最も大切な問は「人はいかに生きるべきか」の問であると言い，「自分自身の魂を配慮せよ」と人々を促した。これが「善の探求」としての倫理学の成立である。そして，この探求が社会的な規模で現実的に展開したとき，ギリシア人は人間の本質を自由と平等として確認し，デモクラシーという社会構造を創造したのである。ギリシア人の理性主義が，現代社会の基礎を据えた，と言ってよい。

〔岩田靖夫〕

I　ギリシア思想の土壌

1　ギリシアにおける神話と宗教

ギリシア文化の素地　古代ギリシア文化という大樹を支えている大地はギリシア神話である。今日伝わるギリシア神話の諸形態は主として初期叙事詩，悲劇・喜劇詩，およびヘレニズム・帝政期における集成作品などを源としている。しかしこれらの歴史的・地域的な拡がりをもつ幾多の物語は，ギリシア民族の宇宙観・神観・人間観の直接の投影であり，物語性の豊かなその特色はギリシア人の精神構造の基本を明らかにしているように思われる。

成立の背景と要素　ギリシア神話の素材は遠くオリエント文明に端を発するものもあり，またクレタ・ミュケーナイ時代の王宮を舞台にしているものも多い。神話と歴史の接点を劃しているものとしては，トロイア戦争をめぐる一連の伝説がある。他方，遠征・建国などの歴史的背景を離れて展開する民話・お伽噺の類も多いし，祭祀をはじめその他諸般の社会的習俗の起源を説明している縁起譚を材料としているものも少なくない。しかし物語として提示されてくる神話の多くは，これらの原材料をそのまま現わしているものではなく，歴史的・縁起的・お伽噺的・説話的な諸要素が渾然たる一体をなしている。けだし神話を通じて展開するギリシア人の思考の特色は，神々と人間の，つまり限りなき生命と限りある生命

の諸形態の共存を許す世界を，出来事を通じて物語るところにある。

Anthropomorphism（神の理解における擬人主義）　ギリシア神話は，神の権威や神官僧侶階級の権益擁護を目的とするものではない。デルポイその他の祭祀中心地では神々の御業や恩恵を讃美する物語が生まれたけれども，ギリシア神話の語り手はホメロスよりも幾世紀も以前から，英雄の功を歌う叙事詩人たちに移っていた。ギリシア神話の最大の特色をなす徹底した人間中心の理解すなわち anthropomorphism は，余りにも神々を人間に近づけてしまったために，ギリシア人自身の間からも批判を招いている。だが，彼らの anthropomorphic な神々は地上の出来事はもちろんのこと，地下，彼岸さらに遠くは神々や大自然の超人間的世界にまでも人間のことば・行為・理解が到達しうるというギリシア人の確信を端的に現わしている。神話の物語性を批判しながらも，彼らはその確信の上に立って経験的地誌を，実証的医学を，計数的天文学を築いていく。いな外界に対してのみではなく，人間自身の明確な覚醒なきままに習俗として行なわれて来た行為を歴史の対象にし，またことばと認識のもつ底知れぬ謎を解く方法として論理学を打ち立てていったのである。

祭祀的・ドグマ的要素の欠落　神話を物語ることばの中にはもちろん，神々とか運命についての，ギリシア人の一般的諒解が含まれている。しかし特定の祭祀神との関係はデルポイのアポロン以外には稀薄であり，また，宗教的ドグマと神話を結びつけようとする試みもほとんどない。アポロン神の場合も，汝自身を知れという神意を介した屈折した anthropomorphism が神話の中核にすえられていると見ることもできる。

総じて古代ギリシアの宗教は，詩人や思想家たちの語る神話の世界からは遠く離れており，また神知の開陳である宗教的ドグマを欠いている。

ギリシア人の宗教　神殿・聖域では地域生活の安全と繁栄を守る地方神の祭祀が営まれ，部族神の霊廟や父祖の墓地も聖所とされた。各々の村落やポリスには個々の祭祀行事の運営者としての神官が伝統的に認められており，詩人の中にも祭祀詩を残しているものが多い。伝統的祭祀の習俗慣行，またこれを犯したりしたものに対する罰則は，ポリスの法に明文化されている。ポリス社会は戦士共同体であると同時に，祭祀共同体としての趣が強いのであるが，他文化と比較してみるとき，聖俗の区別が極めて稀薄である。事実，神殿神官ないしは僧侶の存在は皆無ではないけれども，彼らの社会的位置づけは低い。公けの宗教は伝統的習俗の一端に過ぎなかった如くである。

個人的宗教ないしは倫理　個人が特定の神に帰依してその信者になるという例は古典期には稀であったと思われる。古典期ギリシア語には「信仰」を意味する単語は知られていない。死後の世界や来世の倖を儀式的に垣間みることを許す密儀宗教としてエレウシスの祭祀など大をなしたものもあるが，ギリシア人全体に彼岸思想を植え付けた訳ではない。霊魂の不滅や輪廻に類する考えの祖としてピタゴラスの名は高いが，これもプラトンらの哲学的思索を刺戟したのは事実としても宗教としての働きはほとんど知られていない。古代ギリシア人の宗教ないしは宗教心は，啓示宗教の見地からすれば極めて世俗的・習慣的傾向のみが強調されがちである。しかし祭祀行事として宗教を位置づけることにいささかの不都合を認

I　ギリシア思想の土壌　019

める必要もない。むしろその形においてのみ神々と人間との交流が成り立ちうる，その考えは徹底した anthropomorphism を神話に要求したギリシア人において，いささかの不安もなく維持されたのであろう。神々を敬い，親を敬い，遠つ国からの旅人を敬え——全ギリシア的かつ古代を通じて掲げられた唯一のドグマがこれであるが，ここにも聖と俗などの皮相的区別はなく，公と私との隔りもない。そして信仰をいかなる意味でも問わず，ただ今日地上にある人間として己れの姿に敬の態度をつくすことを要求しているにすぎない。anthropomorphism に徹した彼らの宗教は最終的には人間自身をも「人間」の姿でつつむこととなったと言えるのではないだろうか。
〔久保正彰〕

ロゴス（logos） この語は豊富な含蓄をもつギリシア語であるが，大きく言えば，一方では人間の語る言葉，話，説明，さらには理性などを意味し，他方では世界を支配している法則，理法，根拠などを意味している。ヘラクレイトスにおいても，アリストテレスにおいても，ロゴスにはこの二面がある。このことの意味は何であろうか。それは，人間こそが世界を支配している理法への通路であり，逆に言えば，世界は人間の理性においてのみ己れを現わす，ということである。後にイエスが人間であると同時に世界創造の理法の化身としてロゴスと呼ばれるのも，ロゴスのこの含蓄と関係があろう。

2　ホメロス——オリュムポスの神々

ホメロス問題　詩人ホメロス（Homēros）の名のもとに伝えられる『イリアス』と『オデュッセイア』の二大叙事詩[エポス]はギリシアにおける最古最大の文学作品であり，最重要の古典として尊ばれていた。ところが，このホメロスその人の歴史性に関しては，確実な事柄はほとんどなにも判明していない。それは，この両詩篇は共に，永い伝統をもった民間の伝承による口誦の英雄叙事詩群が，紀元前8世紀前半のイオニア地方において，ほぼ現在の形に集大成されたものと考えられ，しかも両者の間には数十年の隔りが介在すると認められるからである。つまりホメロスの叙事詩とは，遠くギリシア先史時代のミュケーナイ世界を舞台とする英雄伝説が，それに続いた約400年間のいわゆる暗黒時代を経て，あたかも歴史時代の開幕にあたり，このころ造形美術では幾何学文様土器が固有の様式を完成させたことと軌を一にして，文学作品としての結実をみたものである。すなわち，『イリアス』ではギリシア軍のトロイア攻囲に関する10年間に及ぶ戦いの委曲が，英雄アキレウスの憤怒を経糸として繰りひろげられ，また，『オデュッセイア』は主人公オデュッセウスの多年にわたる漂流と冒険の挙句の帰国をテーマとしながら，ギリシア悲劇の構成にみるように緊密に，数十日間の出来事の中に纏め上げられている。要するにホメロスとは，奥深く広い背景をもった雑多な伝説的素材のいわば統一であり組織化であった，と言えるであろう。

ホメロスの神　以上の事情は，ホメロスに謡われている神々の世界についてもまた当てはまることになる。いかなる民族の宗教も，先史時代から，自然現象や動物，精霊などに対する呪術的崇拝を有したはずであるが，しかしホメロスにおいては，そういう要素はわずかに痕跡的に，それぞれの神々の形容修飾辞(エピセット)や付属標象物(アトリブット)などのうちに（たとえば，「梟の顔をしたアテーナー」「雷を轟かすゼウス」），その名残りを留めているにすぎない。オリュムポス山上に宮居する12柱の神々は，ミュケーナイの王宮生活を反映するかと思われる，ゼウスを首長とした家父長制社会を構成し，ここでは先住種族の土着的神々さえすべて親縁関係に組み込まれて，階層的に位置づけられる。宇宙空間も三分されて，ゼウスは天空を，ポセイドンは大海を，ハデスは地下の冥界を各々の支配圏として割り当てられる。さらに神々には社会的職分や権能がそれぞれに定められている。したがって彼らは，じつは全知でもなければ全能でもない。オリュムポスの神々は顕現する神であって，人間の姿さながらのものに表象されている。

神々と人間との関係　このような擬人化された神々とは，人間の存在が理想化されたものにほかならない。人間が「苦しみ多き，地上の死すべきもの」であるのに対し，神々とは「安楽な生をおくる，天空にすむ不死なるもの」であり，むしろ少しも神秘的・超越的色合を帯びない神々であって，したがって，彼らの人間さながらの，神様らしからぬ不行跡と称されたものなども，ホメロスの合理性・世俗性が描き出す理想像に伴う超道徳性とでも見なすべきものであろう。「幸多い神々のとめどもない笑いの響き」のうちには，善悪を問題としない際限ない生の横溢のみが認められる。そこで，こ

のように自足し切った存在である神々にとっては，人間など必ずしも関心の対象である必要はないことになって，両者の間には橋渡しのきかない断絶という一面も生じてくる。そればかりでなく，ゼウスは神々と人間との父であり主(あるじ)であって，諸事万般はゼウスの意図の実現にほかならないものと一応はされているにしても，彼の支配はけっして絶対的なものではなく，また，神々の人間に関わる仕方も様々であって，それも恩恵のみを施してくれるものとは限らず，冷酷非道な仕打におよぶ場合もあれば，公正の守り手であるどころか，全く恣意的に事を運ぶことも珍しくはない。人間はこのような神々の操り人形にすぎないとも見られ，たんに偶然的に定められる運命の手から逃れることはできないでいる。

運命と人間存在　しかしホメロスの世界では，たとえゼウスといえども，この曖昧な神格の持主でありながら時に最終の審決権を行使する運命の女神(モイラ)(アイサ)の定めを覆すことはできないのであり，運命に服従しなければならないのは，人間のみならず，神々にとっても同じことであった。ところで，ホメロスにおいては，精神の面においても身体の面においても，人間の各構成要素に対応する部分的名称が認められるにすぎず，個体を全体的に総称する言葉はなかったものとされている。つまり個人はまだ統一的人格としては把握されていなかったわけであろう。けれども，ホメロスの登場人物たちには，詩人の創造によって，それぞれに異なる性格付けが生き生きと施されている以上，人間はしばしば神の送る錯乱(アーテー)のとりことなり，またその生死は運命の手中に握られていながら，しかも，ある局面に際して，自らの行為をその人柄にふさわしく選択する決定の自由があり，それに伴って生ずる人間として

の責任を免れるものではなかったことになろう。したがって絶対的な宿命論はホメロスのものとは言えないことになる。

神々の行くえ　このように世俗的なオリュムポスの神々は，むしろその合理化された神格のために，ギリシア世界の全般にわたり公共の祭儀の対象となり，また民衆の日常生活にもその崇拝は広く根付いて行った。つまり土着性も彼岸的性格も秘儀的要素も切りすてたところに生きるこの神々は，時代と場所とに応じて容易に変容することができたのである。すなわち，彼らはイタリア半島においてさえ，その土地の神々にすんなりと同化して，紀元前2世紀ごろから，ローマの国家的祭祀の中に受け入れられ，のちハドリアヌス帝（在位 117—138 A. D.）はアテナイにオリュムピエイオン神殿の造営を完成させている。けれども，もともと神としての哲学的要請にも，また，人びとの切実な宗教的希求にも応じうるものではなかったオリュムポスの神々は，それ以後の世界ではただ人間の美的想像力にたよる芸術的イメージのうちに作品化されて，かろうじて余喘を保ちつづけることができた。

〔池田英三〕

3　ヘシオドス

伝記上の事実　歴史家ヘロドトスによれば，ホメロスと並んでヘシオドス（Hēsiodos）はギリシアの神々を創出した詩人と評されている。また個性的自己を語る詩人としてホメロスとは対照的立場に立つのがヘシオドスである。自らの言葉に

よると父はアイオリスの植民地キュメーで航海を生業とするものであったが、のちにボイオティアの寒村アスクラに移り住み、詩人が生長したのも其処においてであったらしい。ヘシオドスはヘリコン山麓に羊を追う牧童であったが、あるとき詩女神らが現われて、「真らしき偽りを、また真そのものをも語る」力を彼に開示して詩人の杖を与えたと証言している。ヘシオドスの詩作に汪溢している冥想性と、真実を強く主張する自信は、詩人自身の深刻な目覚めを契機として生まれたものであろう。

作品 彼の作品としては『神々の誕生』と、『農と暦』がほぼ完全な姿で伝えられ、その外に『女の系譜』が断片的に伝わる。『ヘラクレスの盾』は最初の56行は『女の系譜』の一部と同一であり、残りは『イリアス』18巻の模作と見做されている。

『神々の誕生』は、カオス（混沌）、タルタロス（地底）、エロス（執着）などの原生的な力の中から、大地が生まれ、大空、大海原が生まれる記述に始まり、大空（Ouranos）、クロノス（Kronos）、ゼウス（Zeus）の三代にわたる神々の支配交替の次第を順次に物語る。地方神としては古来ギリシアの祭祀生活に密着していた神々の名前が、ここに壮大な系譜的枠組の中に位置づけられ、時間的経過をつうじてゼウスの統一的支配の下に秩序づけられているのである。比較神話学の見地からは、この支配交替の枠組は古代オリエントの神話と構造的類似性をもつことが指摘されている。

『農と暦』は、農の営みこそ天地の則に基づく正義の礎であることを、労働の秩序正しい営みと暦とによって説き明かす教訓詩であり、詩人ヘシオドスの正義の主張が明確に打ち樹

てられる。

思想的影響　『神々の誕生』は初期ギリシアの思想家たちに世界の生立をめぐる深遠な問題を投げかけた。また『農と暦』の神と正義との関連は、ソロンのような立法家や、アイスキュロスなど悲劇詩人の思想に大きい影響を留め、また農耕牧畜を詩の主題として宇宙と人間の調和を説く態度は、ウェルギリウスの華麗な『農耕詩』に受け継がれる。『女の系譜』に語られる神話伝説上の名婦の物語はやはりラテン詩人オウィディウスの『変容物語』の素材として、近年とみに研究者の関心を引くものとなっているなど、ヘシオドスの諸般の影響は彼の詩的技巧の巧拙を離れて、後世の詩人思想家の上に顕著に認められるのである。〔久保正彰〕

4　アポロン──デルポイの神託の神

由来　アポロン（Apollōn）は音楽、弓、予言、医術などの神として、永遠の青年の美をとどめた神として、最もギリシア的な神であると言うことができる。だがギリシアでは新しい神と普通に理解されていたディオニュソスが、ホメロス以前のギリシア語、すなわち「線状文字B」で記された「ミュケーナイ文書」にその名を示しているのに、意外なことにアポロンの名はそこに見あたらないのである。彼の名前もまた元来のギリシア語ではないらしい。多数の彼の称号の一つ「リュケイオス（Lykeios）」や、彼の母レートー（Lētō）という名前はそれぞれ小アジアのリュキア、そのリュキアの女神

Ladaを思わせる点からしても，彼がもとはアジア系の神であるという一つの説が成り立つ。しかし，他方，北方系の神であると見る説も一つの有力な説である。神話的な種族「北風のかなたに住む人々（Hyperboreioi）」は特にアポロンが愛する種族であって，その代表者の一人アバリス（Abāris）は神秘的な弓にまたがって各地を飛行し，アポロンの神殿建立の基金集めに活躍したという話までがあるが，こうした神人は一種のシャーマンであって，北方のシャーマニズムがデルポイに一つの影響をおよぼしたと見る学者もいる。

神託 だがいずれにしてもアポロンが全ギリシア的な威望をそなえたのはデルポイの神託の神としてであるが，伝承によるとアポロン以前に大地系の女神が神託の主であったことは確実であり，その交代の時期も疑問であるが，少なくとも前6世紀にはアポロンを中心にしたデルポイの地位は確立したように見える。前7世紀末，あるいは前6世紀初頭に成立したとされるデルポイ縁起物語に相当する作者不明の『ホメロス風アポロン讃歌』によると，オリュムポスから来たこの神はデルポイの人びとを苦しめていた名なしの巨大な雌の蛇を退治する一方，神殿を造営し，またクレタ系の人びとを連れてきて神官に採用したことになっている。デルポイの地は古来から「ピュートー（Phythō）」という名で呼ばれていたが，神託をともかく言葉の形で三脚台の上に坐しながら伝達する巫女はPhȳthiāと呼ばれ，神託の神はPhȳthios Apollōnと呼ばれた。忘我，脱我の状態で発するピューティアーの言葉はもちろん曖昧であって，その謎めいた言葉はまた多くの話の種ともなった。リュディアの王クロイソスはペルシア打倒の戦いに際して「一大帝国を亡ぼすならん」という神託に頼っ

I　ギリシア思想の土壌　027

て開戦したが，結果的にはペルシアに敗れ，亡びたのは自分の帝国であった。この種の歴史的事件として最も有名なのはペルシア戦争においてアテナイの使節が「木の柵一つ守るべし」という神託を受け取ったことであろう。木の柵をアクロポリスと解釈する人びとに対してテミストクレスは船であると主張し，その解釈が有名なサラミスの海戦の戦略を決定したということになっている。神託はこのように都市国家の国策決定に機能したり，また国法，その他重大な司法上，宗教上の問題決定にも大きな力を振るったらしいが，多くはサンクション，すなわち認可をただ与えるにとどまったらしい。

哲学の神 神託の神は当然知恵の神として機能したが，一般民衆の守るべき知恵としてデルポイの神殿に掲げられたのは，「汝自身を知れ」「度をすごすなかれ」の箴言であった。七賢人物語はこの箴言の趣旨に沿って生まれたものであろうが，この方面での影響は歴史的な哲学者たちにもおよんだ。「デルポイの神託を司る主なる神は語らず，隠さず，示すのみ」（断片93）とヘラクレイトスは言っているが，この哲学者自身も意識的に非常に曖昧に語った。一つには曖昧な言葉の方が神託の言語と同様に真剣な熟慮思索への刺戟になると思ったらしいのである。ソクラテスが自分以上の賢者はいないという意味のデルポイの神託に疑問をもち，自分以上の賢者探究にのりだしたというプラトンの『弁明』篇の話はあまりにも有名である。この話にどこまで歴史的真実性があるかについては疑問がないわけでもないが，しかしプラトン自身がアポロンに強い関心を寄せていたことだけは疑いようがない。理想の国を描こうとしたプラトンではあったが，その『国家』篇の中ではあるべき国の宗教的祭式の規定についてはす

べて「大地の中心オンパロスに坐を占めるこの神」にはからなければならないとしている。omphalos とは「臍，中心」を意味するが，ギリシア人はデルポイを世界の中心に見立てていたのであり，プラトンは自らの設計する非歴史的な国の中に現実の歴史的制度をもちこもうとまでしていたのである。彼のこの態度は最後の作『法律』においても変わらない。クレタ島に建設さるべき『法律』の国においても宗教上の規定はデルポイの指示に従うことになっているが，さらに，この国の統治の3人の最高責任者はアポロンと太陽の神の両神の神官職を務めなければならない。この国においては秩序の究極の源泉は宗教にあるのだから，アポロンの地位がゼウスにもましていかに高いかは明らかである。

太陽神 ところで元来アポロンと太陽神とは別であったが，前5世紀頃（たとえばエウリピデス『パエトーン』断片）から2神合体の傾向が見られるようになり，『法律』が2神を一つの神域に祭って特別に崇めるのも，そうした傾向のあらわれかもしれない。アポロンが完全に太陽と見なされるのはヘレニズム・ローマ期に入ってからであって，たとえばプルタルコスでは2神は同じ神である。ところで，この伝記作者として有名な彼はプラトン主義者でもあり，また晩年はデルポイの神官をも務めた。そうした関係で彼にはアポロンのためのいわば護教書に当たるものが3篇あるが，その一つ『デルポイにおけるEについて』の中でアポロンという名の説明を試みている。それはアとポロンの二部分に分かれる。ギリシア語の "a" は否定の接頭辞であり，pollōn は「多」を意味する形容詞 "polys" の変化した形であるとすれば，その名は「多ではない」を意味する。もし一つのものが様々に変化

I　ギリシア思想の土壌

すれば、それは多であるものとなるが、その意味で「多ではない」とは「変化しない」、「常にある」を意味することになる。彼は語源分析で神を「永遠の存在」として讃美したのである。

〔斎藤忍随〕

5 ディオニュソス

1 神話

起源 ディオニュソス (Dionȳsos) はギリシアで最も古く、かつ最も新しい神である。最も古いというのは、その起源がギリシア原住民の豊饒神、自然霊の崇拝にさかのぼることができるからであり、最も新しいというのは、この神が前7～6世紀にフリュギアやトラキアを経て、再びギリシアに姿を現わしたとき、オリュムポス宗教とは全く異なった東方的神秘主義の原理をもちこんだからである。その時以来、ディオニュソスは各地で熱狂的に崇拝され、古典時代からヘレニズムを通じてローマに至るまで、古代世界に最も大きな影響を与えた神であった。

誕生 ディオニュソスは「神から生まれた子」という意味をもつ。ゼウスがテバイ王カドモスの娘セメレとの間に一子をもうけたとき、ヘラは嫉妬に狂ってセメレに奸計をたくらみ、セメレをゼウスの雷光で焼いてしまった。そのときゼウスは母胎からディオニュソスをとりだして自分の太腿の中で養い、時が満ちて生まれた子をヘルメスに託してニュンフたちに育てさせた。この人間の子として胎まれ、神として生まれたと

いう「二重の誕生」神話がディオニュソスの特異な神格を形づくっている。つまりこの神は、神と化した人間であり、逆に人間が神となりうる可能性の象徴なのである。この点、神と人間の絶対的隔絶性を強調するオリュムポス宗教と大いに異なっている。

音楽と舞踊と酒と肉 ディオニュソスは成長して水もしたたる美少年となり、男にとっても女にとっても愛の「歓び」の対象となった。彼はぶどうから酒を作る方法を人間に教えたと伝えられているが、酒ばかりではなく、音楽と舞踊と犠牲の肉を司る神とされたのも故なきことではない。これらは、人間が祭儀を通して自ら神と化すために、または神と一体化するために不可欠な聖なる手段だったからである。

2 祭儀

狂宴 ディオニュソスの行くところどこでも陽気な馬鹿騒ぎがついてまわった。彼の祭の日には、信徒は日常を律している一切の規範をかなぐりすて、彼の信女は聖杖と炬火を手に鹿皮をまとって、野山に出かけた。そこで山羊を中心にして狂宴を開き、女だけで歌い、踊り狂って酒と肉を啖いつつ神人合一に入った。集団的シャーマニズムの一形態といってよい。この野山における女だけの狂宴は後のキリスト教世界に入っても秘密のうちに伝承された。中世における魔女の「集会」と呼ばれるものはその残照である。

悲劇 ディオニュソス崇拝の始源的形態はギリシア世界に大きな衝撃と反発をもたらした。時の為政者がこれを必死にくいとめようと図ったことはペンテウス神話に見うけられる。しかしのちには次第に理性化し、デルポイにアポロンと合祀

I ギリシア思想の土壌 031

されるようになる。その過程でディオニュソス崇拝は二つに分裂する。一つは個人の霊魂の救済を説くオルフェウス教などと結びついていて密教化し,一つはアッティカ悲劇のように,ポリスの祭儀として体制化した。悲劇はディオニュソスの扈従神であるシレノスやサテュロスの主神に対する合唱と乱舞から始まった。それはディオニュソスが体現する自然の能産性を寿ぎ,生命の再生をうながす「春」の祭典であり,悲劇の主人公は,みな死んだのちに再び蘇えるディオニュソスの化身であった。

3 ギリシア哲学に対する影響

万物の一体性 ディオニュソスがギリシア文化に及ぼした影響力は計り知れない。ギリシア人はこの自然神から,自然の一体性(ヘン・パンタ)という原始観念を受けついだ。オリュムポス宗教では,神々や人間,自然の一切が一定の領域の中に截然と区別され秩序立てられている。その区分(モイラ)を犯すことは決して許されない。しかしディオニュソスはこの原理を否定し,破壊する別の原理をギリシアにもちこんだのである。元来,彼は牛やライオン,蛇や山羊の霊であり,木や草の精であった。つまり自在に変幻する同一の力・自然の霊力(マナ)の象徴であり,一切の差別相を超えたところに統べている一なる力の神格化であった。

一なる原理 あらゆる存在者を存在たらしめている「一なるもの」の探究からギリシアの哲学が始まっている。タレスの「水」,アナクシマンドロスの「無限者」,アナクシメネスの「気」とは,このような一なる「原理」(アルケー)のイオニア的表現であり,ヘラクレイトスはそれを「火」とも「ロゴス」とも呼んでいる。西方ではパルメニデスが多様な現象界の背後に

032　第1部　古代の哲学

「一者」を発見していた。前ソクラテス期の巨匠たちは、この万物の中に一者を求めるディオニュソス的衝動から哲学を始めたのである。プラトンが「哲学者」を「バッコスの信徒」と同一視したのもそのためである。

神秘主義 宇宙のあらゆる現象はこの一者から成り、一切の事物は一つの有機的全体を構成しつつ、その中でそれぞれの役割を果たしている。あらゆる存在者の中に神性が内在しており、それゆえ人間の内にも神に等しい力が宿っているという発想こそ、ディオニュソス信仰の核心をなしていた。一なる神がばらばらにひきちぎられて万物が生成する。万物はこの内なる神性を自覚することによって、神に等しきものになることができる。この内なる神性の自覚と、それによる人間の始源的な神性の回復がオルフェウス教やピタゴラス教の中心教義であった。プラトンからプロティノスに至るギリシア神秘主義の系譜はこの教義を軸にして展開する。〔大沼忠弘〕

ピュシス（physis） 普通「自然」と訳されるこの語は極めて多義的であるが、煎じつめると次の二つの意味を中核としている。一つは、タレスの水に始まりプラトンの世界霊魂を経てアリストテレスの「運動の始源（アルケー・キーネーセオース）」にまで至る「動く活きた自然」という意味である。もう一つは、physisのphyがラテン語のfuと語源的に同根であるというこの語の本来の素姓に根差す「存在、実体」という意味である。ピュシスは、アリストテレスにおいてこの二つの意味を融合し、「活きた根源的存在」すなわち「自己性を現わす実体」として登場することになった。

6 モイラ

コーンフォード 哲学はタレス以下ミレトス派に始まるというのがアリストテレス以来常識とされる。そして彼らは、外界の観察や経験から法則を探り自説を導いたとされる。だが彼らの学説は観察や経験のみから生まれたのであろうか。たとえば、ギリシア哲学を通じて常に問題となるピュシス（自然）の観念がある。それは万物が生成し存在を獲得し、そして消滅してゆく基をなすもの、その際に常に守られる一定の枠組、宇宙から人間に至る一切を支配する原理、という風に万物の根本素材、自然法則、道徳法則、神を一体としたような我々には了解しにくいものである。ところが、すでにタレス達はこのピュシス観に立って思索を進めている。とすると、彼らは無意識の内に何か哲学以前の観念を受容しているのではないか。コーンフォード（F. M. Cornford）はこうした推理に立ってピュシスの起源を探索した。そこで浮かび上がったのがモイラ（Moira）である。それによると——

　ホメロスのモイラの基本的用法は「わけまえ」である。『イリアス』第15巻、ポセイドンがゼウスに抱く憤懣は、ゼウス、ポセイドン、ハデス3兄弟神は、天界、海洋、冥界をくじで山分けした（emmore）のであり、大地とオリュムポスの嶺は本来共有のはず、という点にある。
「彼（ゼウス）いかばかり強くとも
　　第三領に（tritatēi moirēi）甘んぜよ。」
一切は4つに分割され、3神は各自領分が定められており、

それを侵すことは許されぬというのである。ホメロスではこの「わけまえ」から、人間に振り当てられた事件、人生、死、運命の女神まで展開するが、底には、神々も服従せねばならぬ区分、逸脱すれば報復を招く秩序の観念が脈打つ。ピュシスはこの宗教的遺産の継承発展なのである（*From Religion to Philosophy*, 1912）。

ディートリッヒ ピュシスの母胎としてのモイラの発掘は説得力がある。だがモイラの基本的用法とその展開には異論がある。運命に関する民間信仰を手懸りにディートリッヒ（B. C. Dietrich）は次の主張をする。モイラ、神人(ダイモン)、災厄(エリニュス)、報復(ネメシス)は、ホメロス時代に日常経験の抽象化から神格化されたとする通説に反し、歴史時代にはすでに、死をもたらす神々として信仰されていた。と同時に死との関連でこれらは、動植物の誕生、成育、人間の生涯に関与する。したがってモイラの場合、死神の力と業から、死そのもの、死の割当、人生の割当、分相応のわけまえへと意味が展開してきた。ホメロスの用法もこの図式で整理される（*Death, Fate and the Gods*, 1965）。

ハイデガー さてどちらに軍配をあげるべきか。モイラは meiromai「各自がわけまえを受ける」から派生したが、その語源は一節では smer-「想う、配慮する」である。主語が死神か人間かで両説ともこじつけられる。だがいずれでもモイラは、全存在を闇に葬る死の力と、分相応なわけまえにより個々の存在を出現させる力を兼備している。ハイデガーがモイラを「授けつつ配分する振り当て」と把え、闇から存在者が現前する構造と、死の運命を担いつつ企投を試みる人間の存在構造を重ね合わせたのは、案外モイラの忠実な継承かもしれぬ（M. Heidegger, *Vorträge u. Aufsätze*, Moira）。

I ギリシア思想の土壌　035

ソポクレス ところで, モイラは哲学によりピュシスへ解消されたわけではない。それはロゴス化を拒絶する力で人間にせまり, その眠りを覚ます。たとえば悲劇の世界, オイディプスは「父を殺し母を娶る」運命に何故巻き込まれたのか。それは, アポロンの神託が下った時, 彼が自分の眼, 耳, 経験, 知識を頼りに, 育ての親を生みの親と速断してしまったからである。

　「おゝ, 知恵が何の役にも立たぬ時に, 知恵をもっているということはなんと恐ろしいものであることか!」
(Oed. 316)

ソポクレスの『オイディプス王』は, 浅はかな人知を越えた世界の真相の存在, その真の知による運命からの解放を暗示する。

プラトン この真の知を求めるのが哲学者である。プラトンは『国家』篇の終りで, あの世から甦ったエールに世界の真相を語らせる。それによると, 天空の運動から人生のコースに至る一切は必然の女神(アナンケー)とその娘, 運命の女神(モイライ)達の支配下にある。ところが今この世に送り出される霊魂は, くじで決まった順に人生とその伴侶のダイモンを選ぶのである。つまり我々の置かれる時点, 状況はくじによる偶然で定まるが, その時点での選択により以後の人生のコースは必然の流れとなるのである(これが自然(ピュシス)の理である)。この生前の出来事を人生航路に翻訳すると, プラトン, 否哲学者は, 過去と現在の事実を担いつつ新たな運命を決定づける行為の選択をせまられることになる。これは, ピュシスとモイラ, 自然法則と自由意志の接点を語る巧みな物語(ミュートス)である。

ストア派 運命と自由意志をストア派は厳しい実践倫理で両

立させた。全宇宙はロゴスの支配下にあり人間も例外ではない。これは「運命（heimarmenē，モイラとほぼ同義）」でもあるが，全存在が美しい調和を作るよう摂理(プロノイア)を体現する。したがっていかに苛酷な運命が襲おうとも，宇宙的視野では，何らかの調和実現のためである。とすると人間は，自分の意志で命令でロゴスに一致し，自然の意図に参画せねばならぬ。

「ゼウス大神よ，御心のままに我に艱難辛苦をもたらし給え」（エピクテトス）

彼らは運命に自ら服従し毅然と耐え忍ぶ非情(アパティア)の生活により魂の平安(アタラクシアー)を夢見たのである。

ニーチェ 世界の最善を図るキリスト教の愛なる神は，ストア派の非情(アパティア)を感謝の生活に変えた。だが，この神を見出しえぬニヒリズムの時代に，人間が真の姿を取り戻すにはどうすべきか。ニーチェはこの生の永劫回帰を自ら引き受ける超人を求める。

「存在の永遠の砂時計は繰返し繰返し巻き戻される——それと共に塵の塵なる汝も同じく！」……「汝このことをいま一度，否無数度にわたって欲するや。」

この問に「唯(ヤー)」と答えうる運命愛（amor fati，モイラはラテン語でfatumに置き換えられた）こそその極致であるが，それは，すべての行為を絶えざる自己への誠実さをもって引き受ける超人によって実現されるのである。

　以上の哲学史上の点を結ぶ線を求めるならば，モイラのヴェールはさらに取り除かれるであろう。　　　　〔真方忠道〕

I　ギリシア思想の土壌

II　ソクラテス以前の哲学

7　哲学の誕生と発展

ミュートスとロゴス　アリストテレスが『形而上学』のなかで，「最初に哲学をした人びと」としてミレトスのタレスたちをあげ，タレスを「哲学の創始者」と呼んでいることから，西洋哲学の発祥の地を小アジアのイオニアにある植民都市ミレトスに置き，哲学史を紀元前6世紀初頭のタレスから始めるのが一般的である。しかしタレスが突然出現して万物の根源を「水」と主張したかのように記述する哲学史に，極めて批判的な見解が現われたのは20世紀の初めである。つまりそれ以前のギリシア神話と哲学の誕生との深い関係が注目されたのである。

　ともあれアリストテレスの見解は，最初の哲学史的纏りをもったものとして看過できないであろう。彼はヘシオドスたちを「神々を語る人びと（theologoi）」とするのに対して，タレスたちを「自然を語る人びと，自然学者たち（physiologoi, physikoi）」として区別した。この最初の自然学者たちは，万物の「始源，原理（archē）」，存在者の「元素（stoicheion）」を，神々にではなく素材的なものに求めたのである。これはミュートス（神話）ではなくロゴス（論理）によってそれを捉えようとするものであった。つまり哲学の出発点は，ロゴスによって自然の秩序（コスモス）をどのように整合的に把

握するかにあった。

最初の自然学者たち　「イオニア学派」または「ミレトス学派」のタレスやアナクシマンドロスやアナクシメネスは，それぞれ始源として「水」「無限なもの」「空気」を唱えているが，とくに「空気」の濃縮と稀薄によって生成消滅を説明し，コスモスの構造を解明しようとするアナクシメネスの立場は，この学派の特色をよく表わしている。しかしそれらの始源は，アリストテレスの表現するような「質料因」とばかり言い切れない，いわゆる物活論的な面をもっていた。

　こうした質料因に対して形相因を明確な形で自然の理解に導入したのは，南イタリアで活躍したピタゴラスやその仲間たちであろう。「数の形而上学」といわれる彼らの数と調和の教説は，極めてロゴス的である。そして彼らの自然観とオルフェウス教的な教理とが結びついているところにミレトス学派とはまた別の面をみることができる。

　イオニアの伝統に沿いながら異色の見方をしたのはヘラクレイトスである。彼は生成のなかに消滅を，消滅のなかに生成を見るといった対立者の一致，永遠の流転における統一が，世界のロゴス（理法）に基づくとした。そのロゴスこそ彼のいう「火」である。もはや「火」は素材的なものとは言い難い。このように一切の存在を流動そのものとする立場は，やがて運動の否定の方向に展開するのである。

在るということ　エレア学派のパルメニデスは，イオニアの思想に対立して運動を否定した。彼は吟遊詩人クセノパネスの弟子とされる。しかしホメロスやヘシオドスの神々を批判して，全世界を一つの神とみなしたクセノパネスは，パルメニデスとは異なってイオニア的土壌で育ったと言えるであろう。

パルメニデスが生成消滅を否定し，ミレトス学派の濃縮と稀薄の説に反対して，「存在」を連続していて不動な充実した同質の球体とみなしたことは，「非存在」から「存在」が生じえないという理由からであった。その「不動の存在」説をゼノンは帰謬法で論証した。またその説を受け容れたメリッソスは，「非存在」を否定したことから「存在」の永遠性と空間における無限性を唱え，球体という限界の枠をとり払ってしまった。ここにおいて空虚は明確に否定された。このようにエレア学派の人びとも，生成消滅する現象界の根底に横たわる「不動の存在」をロゴスによって捉えようとしたのである。しかし現象界とロゴスによって思惟されたものとの乖離を埋めることはできなかった。

現象の救済　濃縮と稀薄によって生成消滅を説くイオニアの思想に反対し，しかも「存在」が「非存在」に立ち帰らないというエレアの思想を受け継ぎながら，現象の救済を果たそうとしたのは多元論者たちである。彼らはエレア的な永遠の「存在」を一つの元素に限定せず，さらに運動原因をいわば質料因とは別のものに求めた。四根を説いたエムペドクレスの「愛」と「憎しみ」や，無数の種子的元素を認めたアナクサゴラスの「知性（ヌース）」がそれである。

　しかしそのような運動原因の独立性を必要としないで，森羅万象を整合的に解明しようとしたのは，レウキッポスやデモクリトスの原子論であった。したがってそれは全く機械論的である。そして彼らのいう無数の原子は，アナクサゴラスの種子的元素の延長であり，また反エレア的に原子の運動を可能にする空虚を認めてはいるものの，原子の一つ一つを不可分な完全充実体とみなす点でエレアの立場を継承している。

生成消滅も原子の集合と離散であるとして，魂をも含めた一切を微小物体に帰している原子論は，機械論的であるとともに唯物論的であった。

宗教的側面　このように古代ギリシアの最初の自然学者たちが，万物の究極の原理を「水」に求めて以来，紆余曲折はあるものの約1世紀半という短期間に，機械論的体系をもった原子論にまで到達するのである。その過程は，いかにギリシア人たちがロゴスによって世界全体を掌握しようとしたかの苦悩を如実に物語っている。しかしその論理的追究の結果は，すべて非宗教的な思索の賜ものであろうか。少なくとも原子論のような唯物論的体系には非宗教的な理解が可能かもしれない。しかしピタゴラスはもとより，パルメニデスやエムペドクレスなどに至る前ソクラテス期の自然学の主題は，むしろすべて宗教的啓示をもったものであるという見方もされている。やはり前ソクラテス期に哲学者たちのロゴス的な全体把握の根底に，宗教的理解が存在しているということを認める必要があろう。そして古代ギリシアにおけるそのような理解は，前ソクラテス期の哲学者だけにとどまるものではない。

〔西川　亮〕

8　ミレトスの自然哲学

哲学の出現　ギリシア人のうちのイオニア種族は，早くから小アジア（トルコ）沿岸に1ダースほどの植民都市を建設した。その地域をイオニアと呼ぶ。そのうちでもミレトスは，

小アジア内陸とエジプトの両方にまたがる交易の要地として繁栄し、3人の最初の哲学者を生んだ。この系統を引く哲学をイオニアの哲学と言い、しばしば、イタリアの（ギリシア植民市に起こった）哲学と対比させられる。タレス（Thalēs）はギリシア七賢人の一人として知られ、哲学、幾何学の創始者と言われるのみでなく、政治的識見においても著名であった。彼は日食を予言して適中させたが、これは前585年5月28日の日食と算定されている。この頃が彼の働き盛りであったと推定される。彼に続いて、アナクシマンドロス（Anaximandros）、アナクシメネス（Anaximenēs）がおり、前6世紀に、この3人によってミレトスの自然哲学が形成された。すでに神話的世界観も組織化され、神々の系譜という形で、世界の起源・生成・構造を考察するものとなっていたから、これを受けて、最初の哲学もまた世界生成論（cosmogony）であるが、擬人神観は取り去られ、合理的説明の方向をとることになる。つまり、世界はある一つの始源からどのように生成し、秩序づけられているかを、自然界の経験的事象に即し、可能な限り、合理的推論と検証に耐える形で考察する方向であって、これら最初の哲学者たちをアリストテレスは自然学者（physiologoi）と呼んでいる。繁栄に伴う生活のゆとり、他民族の文化からの刺激、新開地であるため旧来の習慣的思考から比較的に解放されていたこと、などが新しい思考を生み出した背景として指摘されている。

物活観　タレスは万物の「もとのもの」アルケー（archē）は水であると言ったと伝えられている。おそらく、生命の涵養源としての水に着目したのであろう。アナクシマンドロスは「もとのもの」をト・アペイロン（to apeiron）とした。限定

を持たぬものという意味の言葉であるが、量的に無際限のものではなく、性質的に、まだ何ものとも規定されないもの（無規定のもの）と解すべきである。万物はこれから出て、また、これへ帰るというように、生滅交替に循環的サイクルが想定されているから、「もとのもの」に量的無限を考えるには当たらないのである。また、万物が分化発生する出発点として、「もとのもの」はあらゆるものが完全に混合された状態になっていて、特定の性質を持つものが析出される以前であるから、性質的に特定されないもの、ト・アペイロンでなければならない。ト・アペイロンが運動し続けるうちに、寒暖乾湿それぞれの性質を分有する物質が分離し、暖かいものは天に昇り、世界をとり巻く火、炎の膜となり、他方、冷いものからは空気、水、土が分かれ出る。空気は炎の膜を切り取って輪を作り、もれ出た光が星である。湿った大地が暖められて、やがて生物、人間が生ずる。宇宙論はこのように展開されるが、名づけようのない一つのものが分裂して天地の別、さらには万物が生起するという図式は、ヘシオドスの『神々の誕生』に記されている天と地の分離と対応すること、ないしは『神々の誕生』の考え方の継承と認められる。また、ト・アペイロンは世界を構成する原物質であるが、単に無機的な物質ではなくて、自ら運動する活力を備えたもの、すなわち、生ける物質である。このような考え方を物活観（hylozoism）と言う。

空気と魂，世界と人間　アナクシメネスは「もとのもの」として空気を立てた。永遠の運動ももちろん前提とされている。空気の濃縮化と稀薄化によって万物の多様が生ずるとする。すなわち、薄くなると熱を帯びて火となり、濃くなると冷え

ていって水，土になるというのである。彼においては，空気という一つのものの量的な変化によって質的な変化を導出するという新しい発想がみられる。彼が空気を「もとのもの」とした背景には，空気にまつわるある伝統的な考え方が存する。ギリシア語では，魂，プシューケー（psychē）は気息と意味を通じあう。気息が止まれば生命も終わる。呼吸と生命とを結びつける考えは極く自然のことである。空気を「もとのもの」とすることによって，物活観は一段と明瞭となるであろう。物活観的な空気を根源とする世界は，自ら生きて活動する一種の生命体と考えられるから，当然，世界の魂というものも想定される。そして，それは空気なのである。「我々の魂は空気であって，これが我々を統制しているように，気息，つまり空気は世界全体を包んでいる」と彼は言う。人間も世界の一部である。人間も世界全体も同じ空気という魂によって生かされ支配されているのである。ギリシア人は世界と人間とを同質類縁の関係でとらえる。これはやがて，世界を大宇宙（マクロ・コスモス），人間を小宇宙（ミクロ・コスモス）と名づけるようになる。

神的法則　生成した事物も，「もとのもの」へと必然の定めによって消滅して行く。その犯した不正の故に，時に秩序に従って相互に罰しあい償いあうのだから，とアナクシマンドロスは言った。一つが優勢になることは他を切り取るという不正を犯すことであり，その罪を償わなければならない。これが必然の定め，時の裁定である。寒暖乾湿という相対立する性質を持つものが，相互に対抗蚕食し合いながら，世界全体の均衡を保つ力に支配されているのである。世界全体も人間社会も同じ力，法則に支配されている。空気の所で見た「統制する」「包む」という言葉も法則の支配を暗示している。

自ら動きかつ他を動かす「もとのもの」は永遠に存在する魂であり、神的な支配原理として、世界全体を統御する性格を持つと解せられる。「万物は神々に満つ」とタレスは言ったと伝えられているが、極めて暗示的な言葉である。

彼らは、自然界全体を変化運動の相として把え、動かす原理と未分化のまま合体している物質的構成要素の自己展開として宇宙論を構想した。彼らが自然学者と呼ばれる所以の自然（ピュシス、physis）は上述のようなものであるが、この後、哲学の展開に従って、physisの別の局面が立ち現われてくる。

〔水野 一〕

9 ピタゴラス

生涯 自然の中に万物の原因根拠(アルケー)の現前を探ったイオニアの哲学と相補うべく、魂の中にそれを求める哲学者が現われた。イオニア地方サモス島出身のピタゴラス（Pȳthagorās, 570頃—490 B. C.頃）である。彼は知を求めエジプト、バビロニアなどを遍歴した後、理想国建設を夢見て故郷で教団を設立する。しかしポリュクラテス王の独裁に幻滅し、南イタリアのクロトンに移る。教団は友愛を絆に宗教的修養と学問に励み、南イタリア諸都市の指導者を輩出した。だが晩年、反ピタゴラスのキュロン党の乱に遭い、メタポンティオンに引退、そこで没した。教団の秘密主義、神秘主義のためその伝説化、神格化は早く、宗教家、政治家、予言者、医師、霊媒、魔術師などその実像は捉えにくい。さらに、学問研究の成果も

「子曰ク」の形式ですべて師に帰されたので，その学説も後のピタゴラス学派から区別するのは困難である。しかし教えの基本は，オルフェウス教と哲学の握手であり，その実践が，自己においては厳しい学問と禁欲の生活による魂の救済，世俗においては友愛と調和の実現であった。

オルフェウス教 ある日ピタゴラスは往来で打たれている犬を見て，打つ人に頼んだ。「打つのをやめてくれ，友人の魂だから。声をきいてそれとわかった。」この逸話はピタゴラス＝シャーマン説の裏付に用いられるが，オルフェウス教の繊細な精神の徴でもある。すなわち，ギリシアの宗教には二つの系統がある。一つはホメロスに語られるゼウスを主神とするオリュムポスの宗教である。ここでは，一夜の風で散り敷く木の葉のような人間と不死なる神々の間には乗り越え難い一線がある。人間はひたすら神々を宥め，この世の幸福を与え，若く美しく世を去らせ給わんことを願う。だがこれに対し神との合一を求める系列がある。小アジア起源といわれるディオニュソスの宗教はその一つである。信者は野山を馳せ野獣の血を啜り躍り狂ってディオニュソス（バッコス）と一体となり恍惚境（エクスタシス）に入る。生命力溢れるこの野性的な宗教に節度と浄めの神アポロンの信仰が加わったのがオルフェウス教と考えられる。その神話によると，大地の子ティタンは幼なき神の子ディオニュソスを喰らい，ゼウスの雷に打たれた。その灰から生まれたのが人間である。つまり人間は，ディオニュソスの分身，神にして不死なる魂と，大地を源とする肉体からなる。しかもその魂は先祖の罪のため，生あるものの肉体を順次巡らねばならない（輪廻転生〈メテンプシュコーシス〉）。肉体はその起源故上方に向かう魂には重荷であり牢獄〈ソーマ／セーマ〉である。オルフェウス

教は密儀による入門式の後、肉食禁止など厳格な禁欲生活により魂の肉体からの解放を訓練する。すると死後その魂は幸福の島に送られるが千年経つと再び地上へ送り返される。この循環を三度繰り返した時にはその魂は終に神へと帰り一体となる。

宗教と学問　ピタゴラスはこの宗教の信奉者であり、同時に改革者でもあった。彼は浄めの生活の呪術的性格（その名残りは豆食禁止など有名なピタゴラスの禁忌に見られる）に対し、音楽と学問（とくに数学と天文学）を重視した。もともとこの宗教は、アポロンの使徒、野獣をも和ませた音楽の名手オルフェウスの名をもつ通り、音楽による魂の浄化と解脱を求めたが、ピタゴラスはその力を生む調和音の美しさの根源を探った。一弦琴により実験したと想定されるが、和音の基本となるオクターヴ、5度、4度の（弦の長さの）数比が夫々2：1、3：2、4：3であることを発見した。無数の連続音の中で調和音が生まれる時はこの単純な数比（ロゴス）が働くというこの発見はピタゴラスにとっては全宇宙の秘密の開示であった。すなわち、天空の美しい調和と秩序(コスモス)の根源は数ではないか。一切は数からなる。人間の魂も同じ調和と秩序を有するはずであるが、肉体に閉じこめられて本来の姿を失っている。そこで我々は、宇宙(コスモス)の奏でる天空の音楽に耳を傾けつつ、数学により宇宙の神秘を明らかにする観照(テオリア)の人生を送り、魂の中に調和と秩序を取り戻した時はじめて、魂の故郷、神へ還ることができる。

学説　さて、こうした姿勢でピタゴラスの教団は学に励んだ。彼らもイオニアの哲学者と同じく、一つの始源から宇宙をはじめ人間の魂に至る一切が分かれ出てきた過程を明らかにし

ようとした。すなわち、一切を貫く原理は「有限」と「無限」であり、数の原理としては「奇」「偶」である。万物のはじめは混沌(カオス)であったが、これは直ちに「有限」と「無限」に分離し、「無限」に「有限」が限定を加えた時「一者」が生じた。この一者から、二つの原理の働きで基本の数1、2、3、4が生じる。ところでこれは同時に夫々点、直線、三角形（平面）、立体（ピラミッド）の誕生である。これらから正多面体（＝元素）が、そして以下順次天球をはじめ、世界の諸存在が生じる。こうして世界の生成から宇宙の構造、天体の運行などが解明される。と同時に人間の生活や魂も数の原理に支配されており、数で表わされる。たとえば男は3、女は2、結婚は5、正義は4または9、理性は1である。

その生涯で触れたように、ピタゴラスがこの学説をどこまで展開させたかは不明である。以上はアリストテレスによるピタゴラス学派の紹介を中心に復元したものである。だがここに見られる基本姿勢はピタゴラスに発するものであろう。その特色の第1は、宇宙から人間に至る一切の存在及び現象を一つの根拠より把握しようとする試みである。これはギリシアの全哲学者に共通の姿勢でもある。第2は、その根拠がイオニアの哲学者達の根本素材を兼ねてはいるものの、数の超感覚的な規定原理を看た点は、パルメニデスにより純化され、プラトンに相続される遺産である。第3は十分意識されてはいないが、一切は無限定なるものに何か限定するものが加わってはじめて存在を獲得する、この存在を一者、あるいはその規定の原理を一者と考えたことは、以後の哲学者の眼を、一と多、普遍と個、超越と内在の問題にむけさせる動機となった。

なお，ピタゴラスの教団では後に，師の口頭による宗教の教えを重視するアクースマティコイと学問研究を重視するマテーマティコイが対立するが，師にあってはそれが一心同体であった所に真面目がある。　　　　　　　　　　〔真方忠道〕

10　ヘラクレイトス

暗い人　ヘラクレイトス（Hērakleitos, 500 B. C. 頃壮年期）は，イオニア地方エフェソス市の名家の出。その思考の晦渋と託宣風の表現のために「暗い人（ホ・スコテイノス）」と呼ばれ，孤高の哲人として知られた。彼は古来，「万物は流転して（パンタ・レイ）」止むことなく，その「元のもの（アルケー）」として立てられるべきものは「火」であり，この火による自然の生成消滅は「ロゴス」の支配に従いつつ世界の周期的「焼燼（エクピューローシス）」へと還帰する，などと説いたものとされてきた。しかし，わずかに伝存された，彼の謎めかしい130あまりの断片を主たる拠りどころとするときに，その思想はいささか異なった趣のものとなってくる。

ロゴス　つまり，対句や隠喩・前後撞着的語法などにみちた彼の言表の中から，われわれは比例の形に比較対照の項目を按配することによって，その言葉の「示すしるし」を尋ねることができよう。たとえば，人間が共通の理法（ロゴス）を把握するという経験は，自分だけの世界である眠りの中から目覚めることにも等しい，と説かれているが，これは，ロゴス：日常の世界＝覚醒：睡眠，と対置され，中項には日常的な状態が比較の基準として置かれ，このようにして，初項にあたるロゴ

Ⅱ　ソクラテス以前の哲学　049

スの姿が開示されることになる。こうして彼はロゴスという語が西欧の思想史を導いていくきっかけをつくる。

反対の一致　ところで彼がロゴスを認識したのは、まず上のように相対立するものの間にある一定の関係としてであった。したがって「病気と健康、飢餓と飽食、老いと若さ、醜と美、冷と熱、湿と乾、苦痛と快楽、不正と正義などとして現われているもの」が、じつはそれぞれ同一のものの異なった様相であるにすぎず、一方は他方なくしてはありえない。そしてさらに、「神は昼と夜、冬と夏、戦争と平和であり」、これらは、一つのものの「異なった呼び名にすぎず」「万物は一であり」、全体と部分とは「結び付きの調和(ハルモニー)」において「秩序ある宇宙(コスモス)」を成立させているわけである。

引張り合いの結合　しかしこの統一性はけっしてたんなる不断の生滅変化における同一性、つまり「万物の代替物にあたる火」としてあるには留まらない。それは「逆の方向に働く」もの、すなわち「万物の父たる戦い」「万物の常道たる争い」の相においてのみ成り立つ、「逆の引張り合い(パリントノス)から生れる調和的結び付き(ハルモエー)」として捉えられなければならないものである。こうしてロゴスの真髄は「万物の生成がそれに従う」過程においてのみ把握されるべきものであってみれば、人間の「自分自身を探求する」営みこそが「ロゴスに耳をかたむけ、ロゴスに従い」つつこの「現われてはいない調和」に達すべき道と重なり合うことになる。なぜなら、われわれの「魂の際限は計り切れないほどに深い」ものなのだからである。

〔池田英三〕

11 パルメニデス

生涯 パルメニデス（Parmenidēs）は、プラトンに基づけばおそらく515—510B.C.頃の生まれ。ただしディオゲネス・ラエルティオスによれば539B.C.頃生まれた。イタリアのギリシア植民地エレアのひとである。唯一神の主唱者クセノパネスの影響下にあり、またピタゴラスの徒アメイニアスに師事した、と伝えられる。

著作 パルメニデスは、みずからの哲学を、ギリシア叙事詩の文体たる六脚詩の形に托した。『自然論』と題された彼の哲学詩は序文と本論とから成り、後者は「真理（または存在）の道」と「見せかけの道」とから成る。

　序章では、まず、若いパルメニデスが、日の乙女子たちの御し、多識の牝馬どもがひく馬車に乗りこみ、夜の国から昼の国へと烈しく急ぐ旅行きが歌われる。ついで夜の国と昼の国とを分ける大いなる門が、日の乙女子たちの語りかけにより、守り神ディケによって一挙に（爆発するごとく）開門され、パルメニデスは真理の女神に迎えられる趣向である。この序章は、哲学の道の基礎前提ともいうべき、真理（存在）の全面体験の根本相貌を、前後委曲を尽くして、いささかの過不足もない。

　本論の前半は（ほぼ原文の9割が現存）、「真理の道」を歌う。序章で開披された異状体験を現成させたあれ——哲学の探究の目標——は、有るのか、無いのか。もし無いとすれば、もはや一切の探究、一切の思考は放棄されるほかはない。した

Ⅱ　ソクラテス以前の哲学　051

がってそれ有りとする道しか残らぬが, 有りとした以上それはどこまでもただ有る, とされねばならぬ。つまりそれは「存在 (to eon)」なのである。そしてそれは, 不生不滅, 不変不動の一者である。これはひたすらに「有る」ことからの論理上の帰結である。しかし論理もまた根拠そのものではない。論理自身の根拠であり, われわれの哲学思考の目標であると同時にわれわれに哲学思考させる根拠たるものこそは, 「存在」である。そして「存在」はそれみずからのひらけ（いわゆる論理はその一方式）において, まん丸な球状をなしている。「見せかけの道」が本論後半をなすが（僅かの断片しか現存せず）, 火と夜の二元からの宇宙生成の物語であった。

影響 パルメニデスは, タレスの「水！」の発語以来, 哲学させていたものの正体を「存在」として正面から捉え, かつその所在を現象経験の地平から論理上截然と峻別した。それはソクラテス以前の哲学（「自然学」と誤称される）を前後期に両断するとともに, その射程は, プラトンを経て今日にまで及んでいる。 〔井上 忠〕

12 エムペドクレス

謎の人物 シシリー島アクラガスの人エムペドクレス（Empedoklēs）は前5世紀中葉壮年に達した。オルフェウス教を奉じピタゴラス学派とパルメニデスに傾倒したという。彼は祖国の民主化に尽くす政治家, ゴルギアスの師事した弁論家, 私財を投じペストの町を浄めた土木事業家, さらには医師,

予言者，魔術師など謎の人物である。民衆は彼を神と崇め，自らも神と称した。最後は昇天説からエトナの火口への投身説まである。伝説は彼が超人にして終には神となったことを主張する。学者は北方シャーマニズムの影響をあげるが，彼は5,000行にのぼる二つの詩，『自然について(ペリ・ピュセオース)』と『浄めの歌(カダルモイ)』を作った詩人哲学者である。

『自然について』 パルメニデスの「真の存在」の論理を承認し，なおかつ感覚を擁護しつつ自然学を展開したのが，この詩である。万物は地水火風の四根（rhizōma）からなる。これはパルメニデスの「真の存在」に相当し，不生不滅不変である。ところで，パルメニデスが迷妄として退けた諸現象はこれら四根の混合と分散による。とすると混合と分散の原動力，「愛（philiā）」と「憎（neikos）」が存在せねばならない。以上の六つの働きにより，世界の誕生から，動植物の発生，その生理機構，認識の構造に至る一切は解明される。ところで，さらに世界は永劫回帰する。すなわち，①愛が支配し，四根が完全に混合している完全球(スパイロス)の時期（憎は外部に分離している），②憎が侵入，支配を強め，四根が混合分離を重ね種々の姿を示す時期，③憎が支配し四根は完全に分離し同類同士で固まり同心球をなす時期（愛は中心に幽閉される），④愛の支配が強まり完全混合を目指し四根が混合分離を重ねる時期が，順次巡るのである。実は我々の世界はその一こま，②の時期に相当する。

『浄めの歌』 これはオルフェウス教の教えと救いの讃歌といわれている。詩人は自分が，神々の座より憎しみの罪故追放され，1万年の間天地宇宙の中を追われつつ輪廻転生する神人の一人であることを嘆く。だがこの漂泊のダイモンは昔

Ⅱ　ソクラテス以前の哲学　053

の神々の集い,愛の支配する故郷を想起しつつ転生を重ね,予言者や医師を経て神へ帰る。

　「我はもはや死を免れたる不死なる神として汝等のもとを
　　歩むなり」(断片122)
詩人の長く苦しい漂泊の後に訪れた救いの喜びと誇りはこの句となってほとばしる。

宗教と哲学　二つの詩は詩人の中で一体となる。『浄めの歌』は黙示録と解しうるが,憎の支配するこの世界で愛の秩序を魂の中に建設し神々の集いへと帰りゆく哲学の道を歌うものであろう。そのモデルは愛の支配へ帰りゆく壮大な宇宙のサイクルにある。『自然について』はこれを描き,そして認識する根拠(「等しきは等しきによりて知らる」に要約される)を与えるものである。エムペドクレスは「神への一致(homoiōsis tōi theōi)」に血肉を与えた哲学者であった。　　〔真方忠道〕

13　アナクサゴラス

生涯　アナクサゴラス(Anaxagoras, 500頃—428 B. C. 頃)は小アジアのクラゾメナイに生まれ,後,アテナイに30年間住み,はじめて哲学をアテナイに移植した。ペリクレスとも交りがあり,アテナイの啓蒙に貢献したが,不敬虔のかどで追放され,小アジアのラムプサコスに移り,市民の厚遇を受けつつ,ここで没した。

万物の種子,宇宙論　エムペドクレスと同様に,パルメニデスの論理的必然に制約されるが,彼の思索はミレトスの人以

来のイオニア系自然哲学の特徴を鮮明に示している。永遠不変の「もとのもの」は、あらゆる形、色、味を持った無数の種子（spermata）である。これは、地水火風の四元よりもさらに微細で、感覚的に把ええないものである。現象の変化は生成消滅ではなく、これら微粒子の結合分離に帰する。彼の関心の一つは栄養の問題にあったようである。パンと水との食事で、どうして骨や肉を養い育てることができるのか。パンや水の中に、すでに骨や肉が微細な形で含まれているとしか考えようがない。「すべてのものの中にすべてのものが含まれている」という厄介な表現が生まれる所以である。天体に関する見解は独創的である。世界の回転運動が極めて急激であるために、大地の一部が天空に放出される。これが天体であるとされる。トラキアのアイゴスポタモイに落下した隕石が、この見解を生み出す契機となったと言われる。だが、太陽は灼熱した石、月は土、また、月の光は太陽の反射というような発言は、星を神と信ずるアテナイ市民大衆の感情をそこねるものであったから、いわゆる思想裁判にかけられ追放されるに至った。

理性　宇宙生成に先立って、万物の種子は相互に混合しあって一つの塊りを形成していて、運動は存しない。そこで、動力因として理性（nous）が立てられる。理性の働きかけによって、塊りの一部に回転運動が生じ、運動の範囲が次第に拡大して行って、万物が分かれ出て行く。万物の分離生成過程はアナクシメネスと同様に考えられている。「すべてのものの中にすべてのものが含まれている」という公式は理性に関しては当てはまらない。万物のうち、理性を分有するもの（生物や人間）と分有しないもの（無生物）とが区別される。

理性はすべてを知り，最大の力を持って一切を秩序づけると言われ，目的論的哲学への門口にまで達したかに見えるが，彼の理性は運動の発端を説明するための方便としての役割しか持っていないと，プラトンやアリストテレスは不満を述べている。急場しのぎの神（deus ex machina）と呼ばれるところである。
〔水野 一〕

14 ギリシアの原子論

原子論者たち　前ソクラテス期において，最も充実して整合性をもった自然についての学説は原子論である。その学説の創設者は，ミレトスのレウキッポス（Leukippos, 最盛期440 B. C. 頃）であり，その論を広範囲に適用したのがアブデラのデモクリトス（Dēmokritos, 最盛期420 B. C. 頃）である。しかしそれについての彼らの直接の言説はほとんど残されていない。したがって資料としては主としてアリストテレスや古代学説誌（Doxographie）に求めるほかない。この学説は，キオスのメトロドロス（Metrodōros）やアブデラのヘカタイオス（Hekataios）などに受け継がれ，やがてナウシパネス（Nausiphanēs）などを経てサモス島出身のエピクロス（Epikuros, 341頃—270頃 B. C.）に採り入れられた。エピクロスの思想は，伝えられる彼の書翰によって知られる。またローマの詩人ルクレティウス（Lucretius, 96—55 B. C.）の『事物の本性について』は，彼の原子論を韻文によって忠実に再現しようとしたものである。

原子と空虚　初期原子論者レウキッポスとデモクリトスにおける学説上の差異はあまり明確ではないとはいえ、究極的な原理の捉え方において両者に違いはない。すなわち万物の始源は「原子（atomon, atomos, 不可分なもの）」と「空虚（kenon）」からなるとしている。彼らによると、原子は完全に充実していてこれ以上分割が不可能な、そして素材的に同一な物体、いわば剛体であるが、形と大きさにおいて相互に異なり、感覚できないほど微小であって、無数に存在し、必然に従って絶えず運動している。一方、空虚は原子の運動の場であって非物体的で、いわば真空である。したがって原子は「存在」であり、空虚は「非存在」であるが、「非存在は存在に劣らず在る」とされた。これは、空虚を非存在として一切の運動を否定したエレア学派に対して、原子の運動によって世界の生成消滅や変化の多様性を説明しようとした彼らには当然の帰結であった。

原子の運動　初期原子論者によると、最初原子は空虚のなかをあらゆる方向に無差別に運動しているが、原子と原子とが接触したり衝突したりすることで二次的運動が生じる。これによって起こった絡み合いや反発の現象は、いわゆる原子間の集合や離散を示している。またそれは、そのまま万物の生成と消滅を説明するものであった。さらに自然界にある事物の違いは構成する原子の形状のみならず、原子相互の位置や順序によるとみなされた。よってその配列を変えるきっかけとなる原子の衝突は、自然に多様性を与えるものでもある。この衝突の考えは自然現象だけでなく、宇宙生成論にも適用されている。すなわち原子の衝突から渦運動が起こり、より微小な原子が渦の外周部を回転して集まり、星・太陽・月な

どの天体を形成し、比較的大きな中心部の原子から大地が生まれたとされた。ここで注目されるのは、渦運動が空虚空間のどこでも無限定に生じる可能性があることから、世界の多数性が主張されたことである。

感覚と思惟　原子の運動事象は、感覚や思惟の作用の説明にも用いられている。たとえば視覚は、原子から構成された「似像(エイドーラ)」の、感官への衝突によるとされている。むろん感覚の対象になる色・味・熱冷などは感官にとって「現われ」であって慣習的(ノモス)存在であるが、その「現われ」を構成している原子や空虚が真実在で自然的(ピュシス)存在であるとされた。その原子や空虚は、感覚ではなく思惟の対象と考えられている。よって「感覚による認識」に対して「思惟による認識」が第一義的とされた。

この思惟作用を行なうのも原子である。原子論者は、最も微小で球形の原子が火を構成する原子であると同時に、魂・生命の原子であるとみなした。思惟作用もその原子の働きによるのである。それは最も可動的であるから、自然のいたるところに介在し、動物にあっては呼吸によって身体に侵入して生命を維持し、思惟を可能にしている。もっともデモクリトスは、動物の発生・分化・生理現象などの説明に際しては、火の原子とともに四元素（火、空気、水、土）の働きを重視したようである。これはエムペドクレスやコス学派などの影響であろう。むろんここでの四元素は原子から構成されるものである。

いずれにしても世界全体と、人間を含めた生命体が原子と空虚からなるとするかぎり、「大宇宙(メガス・デイアコスモス)」と「小宇宙(ミクロス・デイアコスモス)」とは極めて類比的であるとされている。しかし万

物を構成する原子や空虚と，人間の行為との関係が初期原子論者によってどのように考察されたか不明の点が多い。

原子の大きさや重さの問題　初期原子論者の所説を受け容れたとはいえ，エピクロスには独自の説がみられる。たとえば原子の大きさの最小単位として，部分をもたない「極限（peras）」の考えを導いている。これは，原子に大きさを認める以上さらに分割が可能ではないかといった批判（アリストテレスなど）に対して答えようとするものであろう。また彼は原子に形状と大きさだけでなく重さを付し，それが原子の運動の原因とみなしている。初期原子論者にとっては，重さは原子の衝突による反発力で説明され，自然の必然に従った永遠の運動に原因を与える必要を感じなかったに違いない。しかしエピクロスは，運動原因と人間の行為の自発性の問題から，原子に重さを付したとおもわれる。すなわち原子の原初的運動は，無限空間における等速で垂直な落下運動であるとされ，その落下運動からの偶発的な方向の「偏り（palegklisis）」によって原子相互間の衝突が生じると想定した。これは初期原子論者の必然性による運動という機械論的な考えに対して，偶然性を主張することで，その考えからの脱却を計り，自由意志の成立根拠を与えることになった。

　このような古代ギリシアにおける原子論は，近代科学と違って極めて思弁的ではあるが，自然や人間全体を統一的に，しかも調和的に捉えようとするものであって，後の自然哲学に与えた影響もひじょうに大きかった。

〔西川　亮〕

15　ギリシア思想とオリエント

地理・民族・歴史　ギリシアは過去も現在もオリエントに接し，あるいはその一部であった。ホメロスの舞台となった小アジア半島は南のエフェソスでヘラクレイトスを，内陸のカッパドキアでオリゲネスらギリシア教父を生んだが，ペルシアやイスラムの勢力下にもなり，現在はトルコ領である。さらにギリシア人自身，黒海付近からドナウ沿いに南下したらしく，東へ下ったペルシア人と同じアーリア系なのである。またアルファベットの成立も，原シナイ文字やウガリト文字と関連し，セム系民族との交流も旧くから活発であった。それ故歴史を公平に見れば，紀元前3000～1500年にメソポタミア中心に高度な文明が栄え，そこでの蓄積が次代のギリシア文明に継承されたというのが真相であろう。プラトンも『エピノミス』（987^{d-e}）で語る如く，ギリシア人は異郷の民から受容したものを完成へと磨きあげたのである。

哲学と文明　文明圏としてギリシアはオリエントを継承したにせよ，哲学となると問題は異なる。確かにホメロスを想わせるウガリト神話がある。またヘシオドスや旧約聖書に似た天地開闢物語や洪水伝説を含む『エヌマ・エリシュ』『ギルガメシュ叙事詩』が発見され衝撃を与えた。しかし哲学とは本来，人間理性に照らして主題を考察することであり，真に考えるという点で態度は一つである。真善美や幸福についておよそ真剣に反省を加える以上，時代や流行には左右されぬ。それ故古代ギリシア哲学とオリエントという問題が意味を持

つのは，比較思想としてか，あるいは哲学以前の基礎的事実，歴史状況の解明に止まる。主題は一つでも，そこへ到る方途は歴史的問題状況の中で多様だからである。

母なるナイル＝エジプト　ナイルの氾濫が土地測量を促し，そこから幾何学が起こったとはプロクロスの『ユークリッド註解』などの記事だが，エジプト神官の余暇ある生活が，かかる学問的思索を生んだとは，『形而上学』巻頭でのアリストテレスの指摘である。実際にナイルの水は数学的諸学を生んだばかりか，エジプトの旅行者に地底にも川のあることを認識させた。哲学の祖とされるタレスに，「大地もまた水の上にあり！」と叫ばせたのである。この証言はディオゲネス・ラエルティオス著『哲学者伝』に引用されているが，その哲学的意味はともかく，ヘレニズム期の学説記述史家(ドクソグラフアー)がすでにギリシア哲学とオリエントとを結びつける発想を有していた点で興味深い。

　万物の始源を水とするタレスの説は比較思想的に『エヌマ・エリシュ』に比せられる。これでは天地が始源たる水（Apsū）の神 Tiāmat から生じたと説く。世界を包み込むオーケアノスの流れはホメロスの世界像でもあった。かかる擬人的神話から次第に根源的物質，宇宙の支配原理たるアルケーを説くタレスや，イオニア自然学派が輩出した。アジア系の父を持つらしいペレキュデスも，根源たる土の意義を説いたが，ピタゴラスは一時彼の弟子であったという。

ペルシアの magi　ピタゴラスおよび彼の教団には謎が多い。しかしヤンブリコスの伝記によれば，彼はペルシアの magi の許で研鑽を重ね，数学，天文学も修めたとある。事実上ピタゴラスの定理に相当するものは，すでにアッシリア語粘土

板に見出され，そこではピタゴラス数や精細な三角比の計算がなされている（粘土板「*Plimpton* 322」など）。しかしソクラテス以前の哲学者はほぼ後代の引証の中に断片として伝わるのみで，その信憑性には議論の余地がある。それ故断片集として定本的なディールス編のテクストは，ヤンブリコスを多用しつつも該当箇所を省いている。19世紀的ギリシア中心主義の名残りともとれるが，しかし文献学的課題は哲学史の曙から連綿と続いているのである（むろん歴史記述が考古学的発見を導き，逆に記事の信憑性を増すことも多い。近年ではヘロドトスにあったスキタイ人の珍しい墳墓——従者を馬ごと串ざしに副葬する——が永久氷から出土した例）。

思想的背景としてピタゴラスやヘラクレイトスにはペルシアの宗教的雰囲気も漂う。霊魂輪廻や善悪対立の思想が，世界を貫流する〈時〉Zurvānや，光と闇の対立というゾロアスター教の基本モチーフと重なる。そして太陽を「人間の足の幅」といったヘラクレイトスの奇妙な断片は，視直径とも解釈できるが，ペルシアに遺る太陽神ないし観測用の祭壇のサイズであるともいう。さらに水腫にかかったヘラクレイトスが犬の糞の中で転々とするとの変わった伝承があるが，これもゾロアスター教の浄めの儀式であるらしい。火や光はゾロアスター教の中心である以上，ヘラクレイトスと重なるのも当然なのかも知れない。

パルメニデスの途　哲学的思索といえども神話的道具立をし，文学的意匠に頼ることがある。殊に詩形式の裡にその哲学を展開したパルメニデスの場合，日の女神が司る真理の大門へと馬車で駆り立てられる方途は極めて神話的である。かかる背景で，哲学の進むべき存在と真理の道を開示するパルメニ

デスの思索は，詩や神話から哲学が誕生する様をよく表現していよう。

古代インドのウパニシャッドでも，肉体は霊魂を御者とする馬車に喩えられた。霊魂は肉体の死後，神々の途を通り月から日輪へとブラーフマンの住む世界に着き，天国の乙女たちに祝頌される。その後永遠の河 vijarā を渡り，馬車の両側に光と闇，善と悪とを見る知識を備えるという。人間の息としての生命 ātman（アートマン）が次第に宇宙の根源的力としての生命 brāhman（ブラーフマン）にまで高められていく過程がウパニシャッドに見出され，多様な現象を通じての不変存在，「実在の中の実在」の姿が探られてゆくが，これはパルメニデスとも並行的である。

しかしパルメニデスを乗せた馬車は町々を疾風の如く駆けぬけた。町の名も分からぬほど哲学の途に駆り立てられる所に真骨頂がある。叙事詩の作法にあわぬといってイェーガーの如く「町々を」$ἄστη$ を「無傷のまま」$ἀσινῆ$ と読みかえるのは文献学ではあれ哲学ではない。同様にパルメニデスの詩句一々の由来を穿鑿してみても始まらぬ。まさに疾風の如き馬車の速度に身を任せ，自らの手で手綱を取り哲学の途に就くことこそ肝要ではなかろうか。〔五十嵐一〕

III 啓蒙時代の諸思想

16 啓蒙時代の諸思想

1 ギリシア啓蒙時代

「啓蒙時代」 ペルシア戦争の勃発（492 B.C.）からペロポネソス戦争の終焉（404 B.C.）に至るギリシア文化の絶頂期を哲学史では「啓蒙時代」という言葉で呼ぶことを慣しとしている。しかしこれは近代的観念を容易に古代に流用したにすぎず，古代精神を解明するには，かえって害毒を流すことになるだろう。確かにヘラクレイトスやパルメニデスに代表される前6世紀の原初的な哲学精神は，前5世紀に入ると全く異なった問題に取り組むようになる。哲学の中心課題は，「世界は何から構成されているか」という存在論から，「世界の認識はいかにして可能か」という認識論に移り，それと同時に人間的「知性」が神の「叡智」に代わって主役を務めることになった。しかしこのことだけを取り上げて，直ちに近代の「啓蒙時代」と同じ哲学的運動がギリシア文化全体に及んでいたと考えることは危険である。この時代はギリシア史でも有数の激動の時代であった。あらゆる権威がゆらぎ，そこからあらゆる可能性が芽生えた。文化的にも，思想的にも「百花繚乱」の時代であった。いわゆる「啓蒙主義」はその一つにすぎず，一方では盛んな宗教活動が行なわれた。オルフェウス教やエレウシスの密儀などの個人的な秘教運動が盛

んになったのもこの時代であり，人びとは必死に神の「叡智」の示現を求めていた。したがって，この時代の思想は，神の「叡智」と人間の「知性」との悲劇的葛藤のうちに把えるべきであって，「啓蒙」なる近代的概念をふりまわすだけでは割り切れない複雑な様相を呈している。

思考の原理　この時代の思想の核心となったのは，エレア派のゼノン（Zēnōn, 460 B. C. 頃に活躍）が提出した「ディアレクティケー」という思考の原理であろう。彼は前時代の自然哲学が無批判に前提していた「時間」「空間」「運動」といった観念に徹底的な批判を加え，自然哲学の成立根拠を根底からくつがえしてしまった。この方法が，宗教批判や政治活動に適用され，旧来の権威を打破する恐るべき武器になった。

ソフィスト　この時代は民主主義の発展期に当たる。民衆を言葉によって説得することは，刀剣や金銭にまさる政治的武器であった。人びとは権力の獲得と維持のために「説得」の技術すなわち「雄弁術」を身につけようとし，それを教授する専門家が現われた。彼らは「ソフィスト」（sophistēs）と呼ばれ，弟子たちに雄弁術のみならず，国家に有為な市民になるために不可欠な知識と技術を教えると称していた。プラトンは彼らを「知識の切り売り屋」と非難している。そのために後世彼らは浮薄な「詭弁家」と見なされているが，実際にはこの時代の思想と教育に多大な影響を与えており，総体としてギリシアで始めて出現した高等教育機関つまり「大学」の役割を果たしていたといってよい。

2　思想家たち

ソフィスト以外の人びと　この時代の思想家としては，プロ

タゴラスやゴルギアスなどいわゆる「ソフィスト」が問題になるのが普通であるが、彼らについては「ソフィスト」の項（→21）にまかせよう。ここでは、この時期に活躍したが「ソフィスト」の範疇に入らない重要な思想家を幾人か取り上げたい。

当時、一世の思想を導く思想家はいまだ専門的分化をとげてはいなかった。音楽家のダモンや彫刻家のペイディアスはしばしばペリクレスの政策に思想的影響を与えていたし、ひとかどの政治家はみな思想家としての一面をもっていた。悲劇や喜劇の作家も作品を通して市民たちの思想的指導者と仰がれていた。アイスキュロス、ソポクレス、エウリピデス、アリストパネスなどはこの時代の思想家として看過できない重要性をもっている。歴史家のヘロドトス、ツキュディデスも思想家として一家をなし、エムペドクレス、アナクサゴラス、デモクリトスなどの哲学的巨匠もこの時代の人びとであったことを忘れてはならない。彼らの思想は「啓蒙時代」という言葉では一括できない複雑な性格をもっているのである。しかしギリシアにおいて近代「科学」に類似した発想が生まれたのもこの時代であり、その代表として医家のヒポクラテスを挙げておこう。

ヒポクラテス　彼は前460年頃、エーゲ海のコス島に生まれ、そこで医療活動を行なった。彼の著作は『ヒポクラテス大全』にまとめられているが、ここに展開された思想は次の四つの項にまとめることができる。一つは「自然」の観念を同時代の思想家の批判を通じて明らかにしていることである。彼は「自然」に「神」や「霊」の介入を認めず、「自然」の本性を地上的な環境、すなわち風土や気候から影響される一

つの有機的全体として理解しようとした。二つは神学や形而上学を排して、純粋に経験論的立場から医療活動を行なったことである。従来、アスクレピオスなどの医療神に頼って、信仰療法を中心としていたギリシア人にとって彼の医学体系は極めて異質なものであった。三つは、病気の原因、病状悪化の経過を治癒や死亡に至るまで詳細に誌し、冷静な観察に基づいて「病誌」を作成し、これを範例として、後の医療活動の助けとしたことである。四つは医者としての倫理綱要を確立したことである。これは現在でも、ヒポクラテスの「誓い」として生きている。

　ヒポクラテスの医療体系はその後のギリシアの医学に大きな影響を及ぼしたけれども、決して主流となったわけではない。ヘレニズムに入ると再び、アスクレピオス信仰が盛んになり、病人は「科学」に頼るより「宗教」に走った。しかしヒポクラテスはギリシアの合理主義的精神の体現者として、前5世紀の思想史を研究する上に比類なき重要性をもっている。

〔大沼忠弘〕

カオス（chaos）　この語は現代では「混沌、無秩序」の意味で用いられているが、語源的にみれば、chaosのchaはchainō, chaskōのchaと同じで、「ポカンと口を開ける、欠伸する」などという意味を本来とする。だから、「はじめにカオスが生じた」というヘシオドスの言葉は「宇宙生成のはじめに、天と地が分かれ、その間に暗く限りなき空間（大口）が広がった」という意味であった。

17 ギリシア人の歴史観——ヘロドトスとツキュディデス

1 ギリシア人の歴史意識

　長い間，ギリシア人は「歴史」を必要としなかった。事物や習俗の起源は「神話」に保存され，過去の大事件や大人物は「叙事詩」が美しく物語ってくれた。彼らはその中に活躍する神々や英雄の事跡をそのまま「事実」と受け取り，それを亀鑑として彼らの言動を律していた。しかし「現代」に偉大にして驚嘆すべき事件が起こったとき，誰かが書きとめなければ，やがて忘却の淵に沈んでしまうだろう。ヘロドトス（Hērodotos, 485頃—425 B. C. 頃）やツキュディデス（Thoukȳdidēs, 462頃—395 B. C. 頃）は何よりもまずこのような危機感から「歴史」を書き始めている。つまり現代の経験を忘却から救い，そこからえた教訓を永遠の財宝たらしめるために「歴史」が書かれたのである。それゆえギリシアの史書の大半が「現代史」であり，同じようなことが将来にも繰り返されるだろうという信念，つまり時間の回帰性，神の掟の不変性，人間的自然の同一性などが前提となり，現代の出来事を「事実」としてではなく，「典型」として永遠化する意識が先立っている。

2 ヘロドトス

　ヘロドトスはキケロによって「歴史の父」と名づけられている。彼の前にもペレキュデスやヘカタイオスなどがいたが，「歴史」を「探求（ヒストリエー）」として追求する様式と方法を確立した人物として「父」の名に恥じない。

生涯 彼の生まれた小アジアのハリカルナッソスは古来,東西文化の接点であり,5歳の頃,当時の世界全体を動乱にまきこんだペルシア戦争が終わった。だがその後も母国はペルシアの封臣たるリュグダミスの独裁に苦しみ,ヘロドトスは敵対してサモスに亡命した。他の亡命客と決起して独裁者を打倒したが,母国がアテナイと同盟したのを機にアテナイにやってきた。その後彼は幼時から関心の的であったペルシア戦争の「探究」にのりだし,史実を求めて,エジプト,キュレネ,シリア,バビロニア,コルキス,マケドニアなど世界をくまなくめぐった。40歳前後には『歴史』9巻の一部を完成させて,アテナイで口演活動を行なっている。433年,ペリクレスの提唱するトゥリオイの植民に参加し,そこで著作の完成を図った。

作品 彼の『歴史』はリュデアの建国からペルシアの敗退に至る東西間の緊張と衝突を主題としている。東と西の宿命的闘争の原因を神話的過去から説きおこし,ペルシア帝国の興隆と発展を描きつつ,ペルシアに併呑されたエジプト,バビロニア,スキュティアなどの古代文明圏に及ぶ。そこでは政治的事件ばかりでなく,地誌,文化,宗教,民俗,伝統などが詳細に語られ,現在でも古代文明に関する知識の宝庫たるを失わない。ギリシアが登場するのは後半からである。第5巻はイオニアの叛乱とギリシアの介入,第6巻はマラトンの闘い,第7巻はテルモピュライの玉砕,第8巻はサラミスの海戦,第9巻はプラタイアの闘いとペルシアの撤退と続く。

思想 ヘロドトスは旅行によって広めた厖大な見聞を個々の挿話の中で巧みに生かし,読者を倦きさせない。一定の立場から資料批判を行なう前に,異説を列挙して判定を読者に委

ねる。とはいえ,彼の『歴史』が雑録集であったわけではない。錯綜する歴史的事実の中から,彼は人間が神に等しい支配権を与えようとしたときに神から下される恐ろしい懲罰を透視している。人間の「驕慢(ヒュブリス)」と神の「応報(ネメシス)」が,彼の歴史理解の構図であった。

3 ツキュディデス

生涯 ツキュディデスはアテナイの人。トラキアの王家につながる名門に生まれた。若い頃ヘロドトスの講演に感激して歴史に志したという。前431年,ペロポネソス戦争の勃発と同時に,彼はこの戦争が未曾有の大事件になると予測して,直ちに真相の「探究(ゼーテーシス)」にのりだした。前424年,彼はアテナイの海将としてアムフィポリス攻防戦に出撃したが,敵将ブラシダスに敗北し,そのため20年間の追放刑を受けている。その後トラキアに引退し,独自の調査網を組織して両陣営から情報を集め,一生を『歴史』の執筆に専念した。

作品 彼の『歴史』8巻は未完の大作である。アテナイ帝国とペロポネソス同盟の27年間にわたる戦争(431—404 B. C.)が主題であるが,年代記の形で記された叙述は前411年でとぎれている。彼はヘロドトスと一世代も違わないが,歴史の理念や方法に関して大きく意見を異にしている。彼はその作品から一切の神話的伝承を排し,記述を人間的事件にだけ限る。しかも政治とその遂行手段である戦争以外のことには目もくれず,ひたすら事件の政治的・軍事的・経済的・心理的要因の分析と記述に関心を集中する。そのための資料批判も厳密を極め,近代の歴史記述の先蹤として高く評価されている。

思想 ツキュディデスはその序文で「過去に起こったことや,

これに似たことが、人間の自然のしからしむるところ、必ずや将来にも起こるのではないかと思う人びとが、過去の真実をはっきりと認識しようと志すとき、この作品を役立ててくれれば充分である」と言っている。つまり彼の『歴史』は未来の政治家や軍人の実用的教科書という性格ももっていたのである。彼は時代によって変遷する礼法より、あらゆる時代に通用する人間の「自然」を見極め、それを試金石としてあらゆる事件を解明してゆく。その分析は鋭く、叙述は冷たい。彼は一切の虚飾をはぎとられた人間が戦争という病理現象の中で、どう苦しみ、どう死んでいったかを病理誌のごとく精密に記述する。その際、一つ一つの事件に敵対する二者の一方に偏することなく、各自の立場から、政治的・軍事的にこう主張し、こう行動せざるをえないという信条を一人称で語らせている。この「演説」の部分は固有名詞を変えれば、そのまま現代の政治状況にもあてはまる迫真性をもっており、その後のギリシア、ローマ時代の歴史記述の典型となった。

〔大沼忠弘〕

18 ギリシア悲劇の世界観 (1) ——アイスキュロス

生涯と作品 アイスキュロス (Aischylos, 525—456 B. C. 頃) はアッティカの聖地エレウシスの神職の家系の出で、ほぼアテナイ民主制の確立期に生き、自らもマラトンの野にサラミスの海に戦ったことを終生の誇りとした勇士である。彼は早くから悲劇の競演に参加し、生涯の作は90篇、優勝13回におよ

んだとされるが，伝存するのは次の7篇にすぎない。まず，ギリシア悲劇としては例外的に同時代のペルシア戦争をテーマとした『ペルシア人』(472 B.C. 上演) は，クセルクセス王の敗北を扱い，その原因を「傲慢(ヒュブリス)にも神を忘れた行いの報い」におく。『テーバイ攻めの七将』(467 B.C.) は，テーバイ王家にまつわる伝説，呪われたオイディプス王の2王子，エテオクレスとポリュネイケスの兄弟が相討ちして共に果てる悲劇。『救いを求める女たち』(463 B.C. 頃) ではアルゴス王家のダナオスの娘たちに対する求婚の事件が取り上げられる。年次不詳の異色作『縛られたプロメテウス』は，「人間たちの味方」として火をもたらしたこの巨人神(ティタン)の，オリュンポスの主神ゼウスの暴力的支配に対する不屈の抵抗を描く。最後の『オレステイア』三部作 (458 B.C.) はアトレウス王家にかかる呪いの結末として，第1部『アガメムノン』では遠征から帰国した王に対する王妃クリュタイメストラの謀殺，第2部『供養する女たち』は夫殺しの王妃に対する王子オレステスの復讐，第3部『めぐみの女神たち』(エウメニデス)は復讐の女神たちによる母親殺しの追及，および裁判の結果として，その祝福をもたらす女神たちへの変身をテーマとしている。

宿命の世界　ギリシア古典悲劇の伝統的形式を初めて確立した人とされる彼は，これらの作品によって，「ポリスの人びとをよりよくする」という使命をいかに果たそうとしたのか。彼は自らの作を「ホメロスの盛宴の残肴」にすぎないとしたように，題材を概ね神話と英雄伝説の中から取る。しかし，神話の世界は，彼の時代になると，かつてのお伽噺のように理想化された人間の世界の投影であることはもやできない。神々は地上に姿を現わすことはまれになり，人間界から隔絶

して一々干渉しない代わりに，『ペルシア人』にみるように「怒りの罰(ネメシス)」を下して，因果応報の呪いの中に人間をまき込む運命の執行者・裁く神という近より難い存在となる。彼の悲劇の主人公たちはみなこういう宿命の下にある。しかし，彼らが風波に弄ばれる木の葉のように，自らの定めのままに従うだけであるならば，それは運命の悲劇として終わるにすぎない。

意志の悲劇 ところが，彼らはけっしていかなる宿命の前にもたじろがない。むしろ，エテオクレスの如く，弟に対する憎悪にかられ，敢然と，自ら進んで呪われた行為に赴こうとする。そしてその結果は，骨肉相食むの悲劇となるが，それは自らの選択によって招いた成行きなのであるから，ここには意志の悲劇が生まれてくることになる。この宿命的な呪いの累積と，それを自ら敢て選んだことに伴う責任との関係は，『オレステイア』三部作において，より明確に示される。アガメムノンの無慙きわまる最後も，彼が，たとえ錯乱(アーテー)にもよるとはいえ，自ら犯した数々の過ちに対して負うべき報いであって，それらはクリュタイメストラのために不貞と夫惨殺の十分な動機を与えたし，彼女は驚くべき鞏固な決意のもとに復讐の意志を貫徹するわけであるが，しかし夫殺しの罪は到底免れることができず，それは当然アポロン神の命によりオレステスが復讐を遂行すべき理由となり，その結果たる母親殺しの罪はまた，復讐の女神たちによる執拗な迫害をうけて彼が狂気に陥る原因をつくる。このような，人間が自ら犯した罪に重ねられる罪の連鎖，復讐に対する復讐という悪循環は，どのようにして断ち切られることができるのか。

正義の変容 第3部の終りでは，女神アテナの計らいによっ

III 啓蒙時代の諸思想　073

て市民たちの法廷が設けられ、その裁判による結果が解決とされる。つまりこれが「正義と正義がぶつかり合う」ときにより高い正義を保証するものとなる。ここには、血の掟という古い氏族社会の正義から新しいポリスの民主的な正義への脱皮が見られる。このように彼は三部作を通じて一つの筋書をストレートに展開させて行き、その過程において、和解に導く緩やかではあるが確かな神の手の働きを描き出して来る。三部作中の一部しか伝わっていない作品の場合であっても、敢然と呪われた宿命に立ち向かうエテオクレスの決意によって、少なくともテーバイ市の安全は保たれることになったわけであるし、ダナオスの娘たちにまつわった神話的宿命の支配は、作者により、むしろ自然な人間感情の優位とおきかえられて、掟に背いたヒュペルムネストラの行いも、この観点から弁護され許しが与えられることになったものと推測される。このようにアイスキュロスには悲劇性の解決に対する確信が認められるが、それを裏打ちするものは、正義そのものの変容だったわけである。

自らを律する神 そしてこのような変化は、神々の世界にまで持ち込まれなければならなかった。『縛られたプロメテウス』におけるこの巨人神の反抗は、ゼウスの自然的暴力による支配に対抗して、人間の手による自然の支配・文明化をもたらそうとする努力であってみれば、ゼウスの示す脅迫はもはや意味をもちえなくなる。彼が宇宙を支配する神として留まりうるためには、むしろ自らが秩序を守り正義を充足し、それを相手側にも認識させることが必要となる。つまり、この2神がともに、彼らを駆り立てる無際限な支配と反逆の情熱に自ら制限を設け、ゼウス自身が正義を学びとり、それに

向かって変化して行く神とならなければならない。おそらくこの成行きを示すところに、この失われた三部作の全体としての意図があったのであろう。「苦悩(パトス)によって学び知る(マトス)」のは人間に限ったことではなく、最高神ゼウスといえどもまた同然とされたわけである。このような、楽天的ではないにしても根本において肯定的な、神の摂理に対する信頼と、それを実現すべき原動力を人間の不撓の意欲におく宗教的信念こそ、自ら第二の英雄時代を生きたこの詩人の、ポリスに対する教育の理念として、まことにふさわしいものであったといえる。

〔池田英三〕

19 ギリシア悲劇の世界観（2）——ソポクレス

1 生涯

生い立ち ソポクレス（Sophoklēs, 496頃—406 B. C.）は富裕な産業経営者であるソピロスの子としてアテナイ市の郊外のコロノスで生まれた。この地の美しさを彼がいかに愛していたかは、晩年の作『コロノスのオイディプス』の中の合唱歌の一つによくあらわれている。青春時代の彼は、その端麗な容貌、音楽やダンスにおける熟練などによって、人びとの注目を惹いたらしい。彼は自作の中で自身俳優となって踊ったり、サラミス海戦での勝利の際にはリュラをかき鳴らして祝勝の合唱隊を率いた、と伝えられている。

公的生活 彼の生涯は、ちょうど、祖国アテナイがペルシアの侵攻を撃退し、エーゲ海の制海権を掌握して、政治的にも

文化的にもギリシアの盟主となった時代と合致する。彼はそのような時代の指導者の一人として，悲劇作家であると同時に，様々の公職に就いた。すなわち，前443/2年にはアテナイの財源であるデロス同盟の10人の財務監督官の一人に任ぜられ，前440年にはペリクレスの同僚としてサモス島の反乱の鎮圧にあたり，後にはシケリア遠征においてニキアスと共に将軍となっている。とくに，シケリア遠征の惨敗の後に，危機に陥ったアテナイにおいて国政を担当する10人の委員会の委員に選ばれているが，このことは彼の人格識見が市民たちの深い信頼を得ていたことを示すものである。

司祭 彼は，また，ハロンという名の癒しの神の司祭であり，アスクレピオスの崇拝をアテナイへ招致して，その神殿が出来上がるまで自宅を礼拝場として提供していた。このために，彼は死後デクシオーン（受け容れる者）という名の半神(ヘーロース)として祀られたほどである。

人柄 彼は傑出したアテナイ人であったが，同時に健康で穏和な人であり，人間的な魅力に充ちていて，すべての人に愛された，という。彼自身もそのようなアテナイとそこの人びとを愛し，王宮からのいくたの招待にもかかわらず，政治的軍事的な任命の場合以外には，アテナイを離れることがなかった。

2 作品

彼は123篇の作品を書き，悲劇の競演で実に24回の優勝をかち得ている。ということは96篇の作品が成功したことを意味し，彼の劇作家としての生涯もまた栄光の連続であった，といえる。しかし，現存する作品は僅かに『アイアス』『ト

ラキスの女たち』『アンチゴネ』『エレクトラ』『オイディプス王』『フィロクテテス』『コロノスのオイディプス』の7篇にすぎない。

3　思想

悲劇的アイロニー　ソポクレスの作品はアイロニーに充ちている。その完璧な例は『オイディプス王』である。たとえば，彼は国王の下手人の捜査に全力を尽くすことを誓い，「禍(まが)き不幸の人生がその男を磨り潰すように」と呪うが，その時自分を呪っているとは夢想だにしていない。このように語っている当人の意図とかけ離れたところに真の意味を秘める二義的な台詞は全篇に充ちているが，それ以上に登場人物の行為そのものがより痛烈なアイロニーをあらわしている。すなわち，デルポイの神に救いを求めたことがオイディプスの破滅の発端であり，彼の心配の杞憂であることを証明する王妃イオカステの言葉が彼にはじめて遥かなる過去の事件の絶望的な意味を開示し，よき報知をもたらすことにより彼を安堵させるはずのコリントスからの使者こそ知らずして彼に止めの一撃を加える者となった，という事件の推移は，人間の願望や努力がすべて逆の結果を産み出してゆくというプロセスに他ならない。

引き裂かれた人間　では，このようなアイロニーの充満はなに故に生ずるか。それは，悲劇的人間がその存在自体においてアイロニー的だからである。たとえば，オイディプスが明敏な国王であると同時に盲目の流人であり，正義の護り手であると同時に罪業の化身であるからである。彼においては，主観的確信(ドクサ)と実在的真実(アレーティア)とが背馳しており，それがアイロニ

ーの根源なのである。

自我の顚覆　かくして,ソポクレスの作品を特徴づける悲劇的アイロニーは,通常のアイロニーとは逆に,主観的確信が極限的に自己を肯定しようとする瞬間に,真実(存在)によって粉微塵に砕かれる,という姿である。人間は知慧と欲望を頼りに己が人生をきり開き世界を支配しようとする存在者だが,その背後には暗く見透し難い存在があって,自我がドクサとヒュブリス(傲慢)の中に迷い込む時,これを覚醒せしむべく襲いかかるのである。

神々の定め　人間を背後から規定しているこの存在をギリシア人は神(テオス)という。しかし,この神は超越者として外から人間の世界へ介入してくる神ではない。『オイディプス王』も『アンチゴネ』も『エレクトラ』も今日のわれわれの目から見れば純粋な人間劇であり,すべては人間の行為の必然的結果として自然に生起するのである。だが,オイディプスは「すべての苦しみの源はアポロンだ」と叫び,テイレシアスはクレオンに対して「エリーニュースが禍(わざわい)の中におまえを捉えようと待伏せている」と予言するのである。では,ソポクレスの悲劇における人間の行為と神々のひそかな働きとの,この平行的な二重構造は如何なる事態を意味するのか。それは,宇宙には,そして特に人間的世界には,人間の願望や主観的確信の如何にかかわらず,行為(プラークシス)としての出来事の進行を規定している鉄のように枉げ難い普遍的法則があり,この法則から逸脱しかかった自我はやがて必ず法則の復元力によって粉砕される,という事態を意味しているのである。その神は,エロース,タナトス(死),エリーニュース(復讐)など,つまりは存在者の根源的条件としての自然(ピュシス)であって,

078　第1部　古代の哲学

その力はある場合には（オイディプスの例にみられるように）人間の倫理的努力をさえ踏みにじって自己を貫徹する残酷で陰鬱な力である。ソポクレスの神は不条理な存在をそのまま人格化したアルカイク的絶対者であり，その人生観は暗い人生をそのまま肯定する諦念の態度，すなわち運命愛であった，といえよう。

〔岩田靖夫〕

20　ギリシア悲劇の世界観（3）——エウリピデス

生涯　エウリピデス（Eurīpidēs, 480—406 B.C.）はアテナイの人，ギリシア三大悲劇詩人の一人である。彼はサラミス海戦の年に同島で生まれ，アテナイ帝国の潰滅後，マケドニアのペラで客死するまで，アテナイ帝国の興隆と没落をつぶさに目撃した。その作品には古典時代のアテナイの思想的・政治的状況が著しく反映しており，同時代の文学史のみならず，思想史・政治史研究の上でも欠かすことのできない重要な作家である。25歳で劇壇にデビューし，その後92篇の作品を書いているが，生前の人気はさほどなく，そのうち5篇が一等賞をかちえたにすぎない。彼は若くしてアナクサゴラスやソクラテスと交わって，強い影響をうけた。しかし後には故郷のサラミスに隠棲し，海に面した洞窟に居をかまえて，ひねもす読書と冥想にふけったと伝えられている。アリストパネスは彼を「空中に足を浮かべている」人物とからかっているが，寝椅子に足をのばしたまま，市中に出ようとしない彼の態度を諷刺したのである。事実，彼は政治活動や社交生活を

嫌い，悲劇上演のため，やむをえずアテナイにおもむく以外は決して洞窟を出ようとしなかった。ギリシアでは珍しい隠逸列伝中の人である。

作品 生きながら忘れられていたエウリピデスは，彼の死が北方から伝えられると同時に爆発的な人気をえた。406年のディオニュシア祭では悲劇の上演に先立ってエウリピデスの追悼式が行なわれ，全市民が詩人の死に落涙したという。翌年アリストパネスは『蛙』を書き，エウリピデスを冥界から連れもどそうとしている。遺稿となった『バッコスの信女』は息子の手によって上演され，圧倒的な票数で優勝した。その後も人気はおとろえず，アッティカ悲劇が創造的活力を失った後にも，彼の作品はしばしば再演され，ヘレニズム演劇の手本となっている。そのため彼の作品の8割ほどがアレクサンドリア時代にまで伝承され，現代にも19篇が保存されている。この数は悲劇詩人のうち最も大きいばかりではなく，アイスキュロスとソポクレスを合わせた数より多い。以下は作品名とほぼ確実な製作年代である。

① 『アルケスティス』(438 B. C.)
② 『メデイア』(431 B. C.)
③ 『ヘラクレスの子供たち』(430 B. C.)
④ 『ヒポリュトス』(428 B. C.)
⑤ 『ヘカベ』
⑥ 『アンドロマケ』(420 B. C.)
⑦ 『救いを求める女たち』
⑧ 『狂えるヘラクレス』(416 B. C.)
⑨ 『トロイアの女たち』(415 B. C.)
⑩ 『エレクトラ』(412 B. C.)

⑪『ヘレネ』(412 B. C.)
⑫『イオ』
⑬『タウリスのイフィゲネイア』
⑭『オレステス』(408 B. C.)
⑮『フェニキアの女たち』
⑯『アウリスのイフィゲネイア』
⑰『バッコスの信女』(405 B. C.?)
⑱『キュクロプス』
⑲『レソス』

このうち⑱は現存する唯一のサテュロス劇であり，⑲は真贋が疑われている作品である。

思想 エウリピデス自身の思想を述べることは極めて難しい。彼は登場人物に当時の，流行思想を語らせ，しばしば劇的緊張を損うほど長い議論をさしはさんでいるが，それがそのまま彼の思想の表明だとはいえない。彼は劇作家であって，論文の執筆者ではないからである。

とはいえ，ギリシアの悲劇作家は単なる市井の文士ではなく，一世の師表たるべきことが要求されていた。悲劇は娯楽でも芸術でもなく，最も重要な国家祭祀の一つであり，ポリスが直面する問題に作品を通して助言を与えることが詩人たちに課せられた役割であった。特にエウリピデスは時局的な問題意識から筆を起こしたと思われる作品がいくつかある。『ヘラクレスの子供たち』の中では，スパルタの強圧政策を厳しく弾劾し，『トロイアの女たち』では，一転してアテナイの帝国主義に鋭い非難を浴びせている。アテナイが滅亡の淵に沈んだとき，アリストパネスは『蛙』の中でポリス救済法を幽界のエウリピデスに問うているが，そのとき彼は「現在

信じられていないものを信じ、信じられているものを信じないこと」が救国の秘策だとつきはなしている。ここにエウリピデスの、時代に対する徹底的な絶望をみることができよう。

　エウリピデスほど古今の批評家からかまびすしい毀誉褒貶にさらされた劇作家はいない。彼の作品のうちには、ありとあらゆる矛盾した要素が錯綜しており、革新主義と保守主義、合理主義と神秘主義、現実主義と浪漫主義が渾然と一体をなしている。そもそもエウリピデスを近代的な主義主張の代弁者と見て、何々主義者ときめつけること自体に無理がある。彼の作品にふくまれる諸要素の矛盾、葛藤は彼が生きた激動の時代そのものが内に秘めていたさまざまな精神の表われであり、彼はそれを劇作家として、劇的緊張の中に、いささか誇張して対立的に描き出したにすぎない。この時代には、かつて信仰や礼法の中に隠されていた人間の野性が、戦争という「暴虐の教師」（ツキュディデス）によって白日のもとに暴かれてしまった。彼はそれを直視して、人間の知性や情念の最深部にまで迫り、そこに悲劇の源泉を求めたのである。人間の「自然」のもつ悲劇的本性を彼ほど徹底して追求した作家はいない。その意味で歴史家ツキュディデスとは、実際上ばかりではなく、作品の上でも「僚友」であったといえよう。

〔大沼忠弘〕

アレテー（aretē）　「徳」と訳されるこの語は、もともとは「優秀さ」を意味していた。ホメロスでは、足の疾さや戦いにおける勇敢さは戦士のアレテーであり、スタイルや容貌の美しさは女性のアレテーである。つまり、あ

る存在者においてそれを際立たせている優れた存在特徴がアレテーなのである。人間のアレテーが肉体的美点としてではなく精神的美点（徳）として次第に内面化されてくるのは，人間の本質（優れた存在特徴）が肉体にではなく精神（logos, nous）に求められてくることと並行している，と言える。

21　ソフィスト──ピュシスとノモス

主なるソフィストたち　前5世紀後半から実力社会にふさわしい生き方と知識とを与える，才知に富んだ人びと，すなわちソフィスト（sophistēs）たちが登場する。彼らの前では伝統的な教育と知識は貧弱なものと見えたに違いない。

　アブデラのプロタゴラス（Prōtagorās, 490頃―420 B. C.頃）がアテナイを訪れ，修身治国の方策を説くたびごとに，多くの青年は彼をとり囲んだ。彼は前433年ペリクレスの依頼によって植民地トゥリオイのための憲法起草に当たった。前427年ゴルギアス（Gorgias, 483頃―376 B. C.頃）は，祖国シケリアのレオンチウムの人びとの訴訟弁護のためにアテナイを訪れ，言葉の魔術によって聴衆を魅了した。しばしば外交使節としてスパルタへ派遣されたエリスのヒッピアス（Hippias, 481頃―411 B. C.頃）は各地において多芸博識と弁論術を披露し，巨額の収入を得たことが自慢の種であった。ケオス島出身のプロディコス（Prodikos，晩年のゴルギアスと同じ頃の人）

は言語学上の功績があり、通俗的な道徳の弁論を公開して驚くほどの金を儲けたといわれている。

　敬愛すべきこれらの人びとは必ずしも詭弁家ではない。彼らの悪評の理由は何であろうか。歴史に名をとどめない低級な同業者が青年を文字通り堕落させたのであろうか。彼らが弁論術の教師にならって、職業的な徳の教師として謝金を要求したことが、アテナイに生活の本拠を有するソクラテスその他の人びととの蔑視を招いたのだろうか。または、プロタゴラスが神の存在について懐疑的に論じ、プロディコスが宗教の自然主義的な見解をとり、原始人は人間に有用なものを神として崇拝した、と言ったように、自然学に鼓吹された実証主義的な態度がアテナイの保守的な人びとの反感を買ったのだろうか。またこうした理由でソフィストと誤認されたソクラテスの弁護のつもりでプラトンがある作為を行なったのだろうか。

ピュシスとノモス　自然研究の余波は宗教以外にも及び、道徳とか法は習俗（ノモス）の事実、人間の作ったものとして、自然（ピュシス）と対立され、そのどちらにリアリティがあるかという問題が思想家たちの関心をひいた。自然学者たちは一般にピュシスを永遠不変の真実在と考え、ノモスを名目だけで実体のないもの、仮象の世界の事実とみなした。ソフィストのなかでも自然学に通じていたヒッピアスは両者の対立を鮮明にした。彼は一種の社会契約説をとり、人間の自然状態を理想化し、人種とか階級の差別は恣意的（ノモス的）なものだと主張した。彼の同時代人でソフィストともいわれるアンチフォンも似た考えを抱いていたが、人間の自然状態を本能とか衝動と同一視し、利己主義的な見解に達した。し

かしこの意味でのピュシスは個人に応じて変化する無規律なものであるという無名の著者の批判が残っている。ノモスもピュシスも絶対性を失ったのである。プロタゴラスはそれをノモスによって克服されなければならない最低段階のピュシスとみなし，ここに教育の可能性を認めたのである。

価値の転換　以上の事実はプロタゴラスの有名な金言に要約されている。「人間は万物の尺度である。あるものについてはそのあることの，あらぬものについてはそのあらぬことの尺度である。」プラトンはこれを事物は各人に現われる通りにあるという風に解している。しかしそれは単純な感覚主義の表現ではない。最近，金言中のあるは存在ではなくて，しかじかであるを意味しているという解釈が有力である。存在，断定いずれにしても，それは受動的な感覚とは異なった能動的な悟性の働きを前提している。プロタゴラスは，「都市にとって正しく，また良く見えるすべての物は，その都市がそうと命ずる限り，そうなのである」と主張したのである。ここでは道徳，法つまりノモスの事実が問題となっていて，感覚主義では説明がつかないのである。なるほど，存在という言葉で，自然学者たち，とくにエレア派の主張するような，現われの外にある永遠不変の実在（ピュシス）を示すならば，それはプロタゴラスにとって何物でもない。しかし彼が知覚という言葉を用いるときに，それは物の表皮にしか触れない感覚状態を指してはいない。知覚において経験されるものは具体的なものであり，物の現われは誰かにとっての現われである。存在は背後に隠れているわけではない。これがプロタゴラスの斬新な主張である。

言論の本性　社会的な事実は習いによって（ノモス的に）在る。

そこでは習い，人びとの協力が諸存在の安定を保証する。たとえば正義は，その価値を確信した市民たちが法として述べるやいなや，存在する。すなわち言葉は事物を単に叙述するだけでなく，事物をひきとめ，断ち切る作用をもっている。その意味で事物の名は恣意的（ノモス的）であるが，同意した人びとの規約によって，同じ記号で同じものを指示することができる。言葉が物の本性（ピュシス）を写すという意味で一義的でないからこそ，「同じものについて二つの相反する議論（ロゴイ）が成り立つ」というプロタゴラスの第2の金言が生まれてくるのである。

　ゴルギアスにはプロタゴラス説の最初の適用が認められる。彼は，何物も存在せず，在っても知られえず，知られても人に伝ええない，と主張する。第1の議論はエレア派を狙っている。それは主観から独立な，永遠不動の存在の拒否である。第2の議論は自然学者たちとくにエムペドクレス流の認識論的反映説の反駁である。それは認識は知られるものとは別物であるという主張である。第3の議論は言葉が事物の本性（ピュシス）の模写であるならばそれは人に理解されないという意味である。言葉は習慣的（ノモス的）なものであるから。ゴルギアスは別に言論は事柄の真偽に直接関係しないと言っている。言論は対象から独立な形式をもっている。「ロゴスによってロゴスを」という言葉は言論の本性に対する深い洞察から生じたのである。

　彼らは旧い運命論的支配から人間解放への道をひらいた。「神は万物の尺度である」というプラトンの言い換えからソフィストたちの歴史的地位が明瞭に見通されるのである。

〔笹谷　満〕

22 ソクラテス

1 生涯

時代の裡で ソクラテス（Sōkratēs, 470/469—399 B. C.）は生粋のアテナイ生まれ。父は石工ソプロニスコス，母は産婆パイナレテ。ペロポネソス戦役にはポテイダイア（433—432 B. C.），デリオン（424 B. C.），アムピポリス（422 B. C.）の戦闘に参加し，豪勇沈着，忍耐を驚嘆された。これらの従軍以外一度もアテナイを離れなかった彼は，またつねに「私人」の生涯を貫き，いかなる時代の権力に身を寄せることも，屈することもなかった。たとえば民主制下に（406 B. C.），評議会の委員当番のとき，提督たちへの違法な一括裁判に対して，あるいは30人寡頭制下に（404 B. C.），サラミスのレオンへの不法な拘引命令に対して，ただ一人死を賭して反対，拒否した。彼の生涯は，いかなる事実の重圧下にも，ただ根拠がおのれに命ずる途こそを貫き，むしろ一切の事実を——死をも——軽ましめるものであった。

使命 ソクラテスの根拠探究は，若き日の自然学研究の挫折から，一転して問答対話による自他の吟味をその使命とするにいたる。それはおそらく彼の中年期のはじめ，カイレポンがデルポイの神託に，ソクラテスより賢い人がいるか，と問い，いない，との答えを得たとき，この神託（しかし人間の言葉で語られている！）を反駁吟味しようとして開始された。神の言葉をうのみにして自己妄想を肥大させる態度と正反対に，おのれの無知を知りぬいた彼にとっては，与えられた神

Ⅲ 啓蒙時代の諸思想 087

託の真意を自他の徹底吟味において受容することこそ，神への絶対信頼の表明であった。そしてこの使命遂行によって露わにされたのは，「無知」という人間の根本状況であった。

教育　みずから無知なソクラテスの教育は（ソフィストたちのごとき知識の切り売りと異なり），彼の魅力の虜となった青年たち自身に知恵の出産をさせる（「産婆術」）形での「魂の気遣い」であったが，それはまた「無知の知」の自覚という苛烈な試練を与えること以外ではなかった。

告発と裁判　ソクラテスの使命遂行は，事実の地平に居眠るものにとっては，虻のごとくうるさい。ついにメレトスが主訴者となり，アニュトス，リュコンと組んで，「ソクラテスは国家公認の神々を認めず，異なる新しい神霊を導入したかどにより有罪。また青年たちを腐敗させたかどによっても有罪。求刑は死刑」と告発した（「新しい神霊」とは，ソクラテスの生涯にわたり，その都度禁止の声となって聞こえた「ダイモニオン」とも解される）。ソクラテスは，みずからの使命遂行を的確に弁明し，法廷技術による減刑よりも，むしろその使命を証す途を選んで刑死した。

家庭と風貌　彼には有名な悪妻クサンティッペのほか，第2の妻ミュルトがあったとの説もある。彼の風貌は，低くて広くあぐらをかいた鼻，出張ったぐりぐり目，厚い唇，太鼓腹をし，古ぼけたマントにたいていは跣足で，頑健と自制力の化身であった。つねに美少年への恋に燃え，しかも欲情に流されることはけっしてなかった。

2　哲学

「汝みずからを知れ」　ソクラテスより賢い人はいない，との

神託を機縁に遂行された彼の哲学（philosophia, 愛智）の営みは、またデルポイの神殿に掲げられていた「汝みずからを知れ」との命令への徹底した応答でもあった。すなわち彼の「無知の知」は、一度みずからの無知に気付いて告白すれば、以後はもはや自分を知って無罪放免という底のものではない。人間の無知は生の極みまでつづく。しかもなお無知なるおのれを知っているだけでは、この命令への応答にはならぬ。では日常安易の自己把握の偽りを棄てて「真なる自己」に帰れと言うのか。だが（クセノポンのはともかく、プラトン所伝の）ソクラテスは、「真なる自己」の妄想を拒否して、自己が何なのかまったく知らないことを明示する。実際、この命令の凄じさは、われわれが自己を知らないからこそ、その自己をあくまでも知れ、と命じているところにある。少なくともソクラテスは自分に負託された使命をかく解した。

「魂の気遣い」　この自己探究こそ「魂の気遣い」であった。「魂」とは、彼の場合「自己自身」にほかならない。そして日常人びとがそのために気遣うのを常とする金銭、名誉、名声などは、たんに「自己付属のものども」にすぎずそれらはすべて「自己」そのものなくしては無意味、無価値なのである。しかもこの自己探究の方法は問答法であり、対話の場での提言への仮借なき反駁、吟味の連続であった。

「何であるか?」　アリストテレスは、ソクラテスの業績が、倫理領域における帰納法と定義法にあると認めた。これはソクラテスが「正義とは何か?」「勇気とは何か?」などの問いを、個々例の検討からその一般定義を求める形で導こうとした問答法の定石と対応しよう。しかし、彼の「何であるか?」の問いは、実際には素直に定義を求める努力よりも、

Ⅲ　啓蒙時代の諸思想

むしろ日常流通言語の使用法を無視する方向へ吟味の鋒先を向け，安易な日常言語の自在さを苛めぬき，「痺れ鱏(えい)」のように相手を痺れさせものを言えなくさせるのが常であった。
「徳は知なり」 このことは，彼の一般者設定や定義追求の途が，たんに事実解説という稀薄な理論地平での説明記述を求める（その結果，知と行は別箇となる）のではなく，徳の認識をもつことが，即実際に徳を身につけることであるような一般者や定義の把握を目指していたことを示している（ソクラテスはいつもその知識をもつことと作品化能力とが一体をなす制作技術に知の原型を置いている）。その意味では，ソクラテスの哲学は，われわれひとりひとりが，いかなる事実に藉口することもなく，（われわれをいまここに存在させている）根拠そのものにおのが身を拔(ひら)きぬきつつ，みずからの運命を根拠の作品化であらしめるよう，強烈にわれわれの魂をゆさぶりつづけるものと言えよう。　　　　　　　　　　　　〔井上 忠〕

Ⅳ　プラトンとアリストテレス

23　プラトン

生涯　紀元前427年頃アテナイの名家に生まれる。父はアリストン，母はペリクティオネ，彼女はのち再婚してピュリランペスの妻となる。プラトン（Platōn）の生涯は通常四つの時期に大別される。

090　第1部　古代の哲学

第1期（427—399 B.C.）——この時期はペロポネソス戦争期と重なる。アテナイの若者として通常の人文教育を受け，その家系から将来は国家公共の事に携わるものと期待されたプラトンは，また早くからソクラテスの影響を受ける。前404年の30人政権の失政，前399年のソクラテスの死刑という事件は，彼の生涯の方向を決定付ける。

　第2期（399—387 B.C.）——この時期はいわゆる遍歴時代と称せられる。彼はまずソクラテスの死後，一時メガラに難を避け，のちアテナイの市民としての義務を果たすかたわら，各地を旅行したと伝えられる。この時期は前387年頃の第二次イタリア・シケリア旅行で終わる。彼はそこでピタゴラス派に属する人びと（アルキタスなど）と交りを結び，またディオンに出会う。

　第3期（387—367 B.C.）——帰国後，彼はアテナイの郊外に学校を創設する。このアカデメイアには，次第に各地からすぐれた人材が集まってくる。

　第4期（367—347 B.C.）——彼の晩年期には二度にわたるシケリア行きという事件が生ずる。前367〜6年および前361年。しかしディオンの国政改革に対する理想は挫折し，プラトン自身も空しく帰国する。なおこの前367年頃にアリストテレスがアカデメイアに入学する。プラトンの最後の著作は『法律』であるとされ，なお書かれざる教説として「善について」の講義などがなされたと伝えられる。

著作　プラトンの著作はそのほとんどが対話人物の名を冠する対話篇からなり，それらになお13の書簡を加えたものが，ローマ時代の学者トラシュロスによって九つの四部作集に編集された。近代のプラトン研究はまずその各々の著作の真偽

問題を論議し——今日ではこのことについての極端な懐疑論はなくなっている——,さらにそのそれぞれの著作の執筆年代を問題とした。その結果,現在では,文体論上から,次の三つの時期が一応区別されるようになった。

①初期著作（ほぼ生涯の第2期に相当）——『クリトン』『プロタゴラス』『ソクラテスの弁明』『カルミデス』『リュシス』『ラケス』『エウテュプロン』『クラテュロス*』『ゴルギアス』『メノン』等

②中期（＝第3期）——『饗宴』『パイドン』『国家』『パイドロス』『パルメニデス*』『テアイテトス』

③後期（＝第4期）——『ソピステス』『ポリティコス』『ティマイオス*』『ピレボス』『法律』

ただし,以上は一応の枠組にすぎず個々の著作の前後関係については未定のものが多い。なお＊印のものは特にその執筆年代について問題の多い対話篇である。また,②の中期著作でその前半と後半の間には,可成りの時の経過が想定される。そのかぎりプラトンのいわゆる後期思想は,その後半の2篇から始まると考えられよう。

思想・その出発点 プラトンの初期対話篇は,歴史的なソクラテス像を再現することにつきるものではない。彼がそこでなしたことは,ソクラテスという特異性を,人間存在のあり方にとって,最も本来的な一必然性に還元することにあった。なぜなら〈知を求めること〉とは,われわれが,何かつねに最も普遍的なもの——ソクラテスはそれを最大の事柄（善美なるもの）と名付けた——との関連においてのみ,自己自身（つまり魂）のあることの意味を見出すという状況において,成立するからである。すなわち「知ること」が本来かかわる

のは，われわれがいわばつねにそこにさ・ら・さ・れ・て・い・る・ものとしての普遍——端的に存・在というそのもの——についてなのである。

中期の思索　プラトンのイデアとは，いわゆる普遍概念では決してない。すなわちそれは単に多なるものに共通に見出される一を帰納的に取り出すことではない。否むしろそれは逆に，われわれにとって，如何にして多なるものの経験が，まさに「一にして同一なるもの」の経験でありうるのかというその根拠にかかわるものだったのである。そして，知が「存在」そのものへの問いとしてあることは，差当たってはこの「一にして同一なるもの」（イデア）をわれわれの魂がいかにして認識しうるかという問いに，一つの焦点が結ばれるであろう。かの『饗宴』にみられるエロース（恋）の途，およびイデアの想起説は，その間の消息をわれわれに伝える。プラトンのイデア論は，われわれの知の可能性をいわば感覚することの多のうちに埋没させてしまうか，あるいはつねに「一にして同一なるもの」をそれ自体として把握することのうちにその知の本来的な成立を認めるかという，その二つの存在把握の相違を示すものだったのである。そしてプラトンにとってこの相違は，単にわれわれの知の可能性をいかに把えるかという問題に止まるのではなく，まさにそのことが人間の生を，つまりわれわれ自身のあ・る・こ・と・をいかに把えるかの相違にほかならなかったのである。

後期の思索　プラトンの後期の思索は，いわゆる『パルメニデス』第1部におけるイデア論批判，および『テアイテトス』の「知識（知ること）とは何か」という問題の徹底的な再吟味から始まる。それではプラトンは後期において，中期

にみられるようなイデア論を拋棄したのか。それは決して否であろう。というのはイデア論とは，本来的にはわれわれの「知ること」の可能をめぐってあり，そしてそれはまさに「存在」そのものの問いとしてあった。そのかぎりイデア論は，単に，「思惟されるもの」としてのイデアと「感覚されるものども」との関係を，なにか範型（パラデイグマ）と似像（エイコン）との関係とし，後者は前者にあずかることによってそれと名を同じくするものとなるという，公式だけで終わるものではなかったことは当然であろう。プラトンの後期著作においてイデア論の焦点は，まさに「存在」というそのことに向けられる。そして「ある」とか「あらぬ」というそのこと自体の意味が，「一」とか「同」「異」との関連において，まさにディアレクティケーそれ自身の問題として問われるのである。〔松永雄二〕

24　プラトン『パイドン』

Phaidōn

背景　この著作は「魂について」という呼称をもつ。その対話が設定されている時と場面は，まさにソクラテスの死の当日，アテナイの牢獄のうちで，その早朝から日の没するまでの間，である。——そしてこの著作が実際にプラトンによって執筆された年代は，ほぼソクラテスの死後14 〜 5 年経ったのち，と推定されるのである。では，果たしてプラトンにとって「死にゆくソクラテス」を語るということは，何であったのか。おそらくプラトンがそのとき，まさにソクラテスの問いにならって問わねばならなかったことは，そもそも

「知を求めること（philosophia）とは何であるのか」という問いであり、そしてそのフィロソフィアとは、真実のところわれわれ人間にとって、その生と死をつらぬく普遍的な——そしておそらくは唯一の——行為でありうるのかという問いだったのである。

『パイドン』の問題——魂が魂そのものとなること　以上の点に関して『パイドン』はつねにある根源的な選択をわれわれに対して迫っている。いったいいかにすれば「それ自体としてそれ自体においてある」という存在そのもの（イデア）に、われわれもまた関与しうるのか。そしてその場においてわれわれ自身の・あ・る・ことを、つまりわれわれの魂が「存在」そのものに対して持っている・あ・ず・か・りを自証しうるのか。そしてまたいかなる場合に、われわれはそのあずかりを喪失したものとなるのか。『パイドン』の問題は、つねにその一点をめぐってあるとされよう。すなわち何故『パイドン』は、魂の、肉体からの分離浄化ということを、つまりは死の練習ということをあれほどまでに執拗に語るのか。それは畢竟、知を求める者の生とは、いま述べた根源的選択そのものの姿であり、その途であるとされるからではないのか。

イデアという原因・根拠　この『パイドン』でさらに注目されるべき論点は、いわゆる魂の不死の最後の論証にみられる、イデア原因説という主張であろう。それはたとえば「すべての美しいものは、美そのものによって美しい」という仕方で、およそ存在するもののあることを、そしてまたわれわれの存在把握の成立の可能を、まさにイデア（形）の現在において把えるという主張なのである。そしてこの立場は、「ことば（ロゴス）において存在するものの真実をみる」という主張

Ⅳ　プラトンとアリストテレス　095

とも密接に結び付く。すなわちイデアの現在あるいは分有ということは、単にその時々に見られるもののうちに存在の把握を埋没させてしまわない者にとっては、まさに「思惟されるもの」＝「見えざるもの」と「見られるもの」との間にある、原初的な関係を告げ知らせるものなのである。――以上の点において『パイドン』は、われわれが「存在するものの真実」を「狩る」ことにかかわる、厳密な方法論的省察の書であったといえよう。

〔松永雄二〕

25　プラトン『国家』

Polīteiā

問題の所在　この「国家あるいは正義について」という呼称をもつ、中期プラトンの大作の主題は何か。それは終始一貫して「正義とは何であり、それは人間の生にとって如何なる意味をもっているのか」という問いに貫かれているといえよう。――国家（ポリス）の成り立ち、そのあり方を問題とすること、つまり国制（ポリテイア）について論ずることは、以上の問いを差当たって国家という「大きな文字」のうちにおいて考察するという方法論的な必要から生じたものであった（以下の内容分析②の(a)および(e)参照）。――それでは何故、われわれの存在つまり魂のあり方（小さな文字）と、国家のあり方というのが、正義という問題において類比的に語られるのか。それはわれわれの存在がそして国家という存在が、それぞれに様々な諸能力（部分）をみずからのうちに包含しつつも、しかしそれ自身は決してそれらの諸能力（部分）の

単なる総和としてあるのではなく、まさにひとりの人間（つまり魂）としてまた一なる国家としてあることにかかわる。すなわち正義とは、それなしには、存在するものが何か無限定な多のうちにそれ自身のあることを喪失させてしまうという、その存在の直接の成立根拠に他ならなかったのである。したがって、「正義とは何か」を問うことは、人間の生についてそのあり方を最も包括的な場において問うことを可能にしたのであり、そしてその問いは究極にはいわゆる善のイデアの問題にまで及ぶのである。

内容分析 ①「前奏曲」　幸福な生と正しい生について。（以上第1巻）

②問題設定〈正義〉とは何か　　(a)考察の方法の確定。(b)言論（ロゴス）による国家の建設。(c)国家の守護者となるものの音楽と体育術による教育。(d)国家における〈知〉〈勇気〉〈節制〉そして〈正義〉の成立。(e)先の(a)を介して魂におけるそれらの卓越性(アレテー)の成立（魂の三部分説）。（以上第2巻）

③国家建設における三つのパラドックス（大浪）　　(a)男女による職務の共同（男女両性の本性の同一）。(b)妻と子供の共有。(c)哲学者による統治。（以上第5巻18章）

④哲学とは何か　　(a)〈知ること〉と〈思いなおすこと〉との区別。(b)学ばれるべき最大の事柄としての〈善〉。(i)太陽の比喩, (ii)線分の比喩, (iii)洞窟の比喩。(c)魂の転向のための学びのプログラム。(i)数学的諸学科, (ii)ディアレクティケー。（以上第7巻）

⑤国制の変動・堕落、それに対応する人間の生の形態
(a)最善の支配する国家から名誉の支配する国家へ。(b)寡頭

Ⅳ　プラトンとアリストテレス　　097

制の成立——富の支配。(c)民主制の成立——快楽の支配。(d)僭主独裁制——狂気の支配。(e)以上の総括。幸福な生と正しい生の原理的な相即の確認。快楽論。（以上第9巻）

　⑥エピローグ　(a)ミメーシス（真似，描写）としての詩（劇作）の批判。(b)魂の不死ということ（エルの物語ミュートス）。（以上第10巻）

〔松永雄二〕

26　アリストテレス

1　生涯

家柄と教育　アリストテレス（Aristotelēs, 384—322 B. C.）はマケドニアの王アムュンタス2世の侍医であったニコマコスの息子としてカルキディケー地方のスタゲイラに生まれた。彼は少年時代をペラの宮廷で過ごし，医者である父の活動の下でおそらく早くから自然科学への興味を得たであろう。17歳の時，彼はアテナイへ上ってプラトンの学校アカデメイアに入学し，プラトンの死（347 B. C.）までここに留まった。

遍歴時代　プラトンの死後，アカデメイアの学頭をスペウシッポスが継いだ時，彼はクセノクラテスと共にそこを去った。彼らはミュシア地方の支配者ヘルミアスの招きをうけ，アッソスへ赴いたのである。アリストテレスはそこでヘルミアスの姪のピュティアスと結婚し，ヘルミアスの没落と死（345 B. C.）までそこに留まった。それから彼はしばらくの間レスボス島のミュティレーネーに滞在するが，彼の動物学上の研究の多くはこの遍歴時代に実った成果である。

098　第1部　古代の哲学

リュケイオン時代　その後マケドニア王フィリッポスの招きで王子アレクサンドロスの家庭教師をしていたアリストテレスは，前335年にフィリッポスが死ぬと，すぐにアテナイにもどった。市外の北東にアポロン・リュケイオスに献げられた杜がある。ここにアリストテレスは学校を開いたが，その建物が柱廊のついた内庭（peripatos）をもっていたことから，後にペリパトス学派の名が生じた。ここに，彼は，種々の手稿本，地図，動物学などの講義のための標本類を収集し，リュケイオンは古代において図書館の原型となった。アレクサンドロスは資料収集のために彼に800タラントンを与え，また王国内の猟師や漁民に命じて珍しい生物を学園に報告させた，と伝えられている。ここには多くの哲学者や科学者が集まり，いろいろな研究領域にわたって大規模な研究が組織された。この種の研究（たとえば，ギリシアの158のポリスの政体の研究）の痕跡は，1890年にエジプトの砂の中から発掘された『アテナイ人の国制』にこれを認めることができる。

死　前323年にアレクサンドロス大王が死ぬとアテナイは反マケドニア運動の坩堝と化し，アリストテレスは不信仰のかどで告訴された。「アテナイ人をして哲学に対し二度罪を犯させないために」，彼は学校をテオプラストス（2代目学頭）の手に残しカルキスに引退したが，翌年胃腸病で死んだ。

2　著作

初期の対話篇　アリストテレスの著作は三つの種類に分けられる。第1は，初期の公刊された著作だが，現在はほとんど失われ僅かに断片を残すのみである。これらは形式においても内容においても師プラトンの影響を強く示しており，対話

篇形式のもとに魂の不滅,転生,想起などの教説を主張している(『エウデモス』)。しかし,アカデメイアを離れる頃のものになると,世界の永遠性を語り,またイデア論に反対して,プラトニズムからの脱却の姿勢を示し始めてくる(『哲学について』)。

研究資料 第2は,アリストテレスを中心とする多くの研究者の協力により集成された歴史的ならびに科学的事実の厖大な資料である。たとえば,『異邦人の習俗』『諸ポリスの裁判記録』『諸ポリスの政体』などがこの類に属するが,これらも現在は大部分が失われ,僅かに一小部分を残すのみである。

講義ノート こうして現存するアリストテレスの著作は,彼がリュケイオンで行なった講義の草稿とみなされる極度に簡潔なノート類のみである。これらの草稿はテオプラストスに委託されたが,数奇な運命の下に一度公的世界から姿を消し,紀元前1世紀の終り頃にロードスのアンドロニコスの編集によって再び世に現われた。この草稿群は論理学,自然学,生物学,心理学,形而上学,倫理学,政治学,芸術学などの広汎な研究領域を包括し,それぞれを始めて学として成立せしめた諸学の礎とも言わるべき研究であった。

3 思想

イデア論批判 アリストテレスの思索はその土台において深くプラトンの影響をうけている。しかし,それだからこそ,自分と師との異質性を自覚するにつれ,彼のイデア論批判は激烈にならざるをえなかった。イデア論とは,一言で言えば,生成変化するこの現象世界の原因として,現象世界の諸存在者とは別次元の,だが同時にそれらの原型(パラデイグマ)と言わるべき永

遠不変のイデアが存在する，という主張である。だが，この考え方は，アリストテレスによれば，現象世界とその原因とを分離(コーリゼイン)する考え方であり，説明にならない。それは，ただ現象世界を2倍にして，抽象化された現象世界を原因だと言っているにすぎない。原因は，超越的にではなくて，内在的に求められなければならないのである。

経験主義 では，この内在的此岸主義はどこから発するか。それは，彼がこの生成変化する現実世界に実在の現われを見定め，あらゆる確実な認識は具体的経験に基づかねばならぬ，と考えたからなのである。彼ははっきりとすべての知識は感覚的経験(アイステーシス)に発すると述べている。そして，彼自身がくり返して強調する彼の研究の方法は「われわれにとってよりよく知られているもの（感覚的経験）から，それ自体において本来知られうるものへ（構造，法則，本質）」であった。

理性主義 だが，「それ自体において可知的なもの」とは何か。彼はそれを「ロゴスによって知られるもの」とも言い換えている。すなわち，それは全宇宙のすべての存在者を貫通しているロゴス的（合理的）秩序(コスモス)のことなのである。だから，上述の方法の意味は，われわれの認識は感覚的経験から発するが，生成変化する現象世界を支配し貫通しているロゴス的秩序に達することがその目標であり，しかも人間は自己の本質としてロゴスを分け有つことによりこのことの達成を保証されている，ということに他ならない。世に経験論と合理論とは相容れぬもののように見做す傾きもあるが，アリストテレスは両者が同一の哲学精神の展開であることをその哲学によって立証している。

〔岩田靖夫〕

27 アリストテレス『形而上学』

Metaphysica

成立の事情 『形而上学』は14巻から成る著作であるが，始めから統一的なプランのもとに構想され，仕上げられた書物ではない。むしろ，14巻のそれぞれは本来独立の小論文であり，しかも成立時期を異にしている，と判断されている。つまり，極く初期の論文から晩年になってなお手を入れた痕跡のある論文までを包括しているのである。しかし，成立の事情がかくの如くであり，また編集が後人の手に成るとはいえ，『形而上学』に内容的な一貫性がないというわけではない。その内容は，一言で言えば，存在（on）に関する思索である。存在にかかわる多種多様な問題を，アリストテレスは生涯にわたり種々な時期に種々な角度から思索したのであり，その成果の後人による編集がこの書物なのである。

実体論 形而上学とは存在（on hēi on）を問う学であるが，これはあらゆる存在者の根拠（原理，archē）を問うということである。換言すれば，それは実体（ousiā）論なのである。

感覚的個物 アリストテレスは，アカデメイアを離脱し自立的な思索へと旅立った頃，イデア論に対する強烈な反発の故に，感覚的個物をもっとも勝れた意味で実体であると主張していた（『範疇論』）。感覚的個物はわれわれにとってもっとも確実なものであり，自立的で現実的な存在だからである。しかし，思索が成熟するにつれて（『自然学』『形而上学』），それは第一の実体とは言われなくなる。なぜなら，感覚的個物は絶えず生成消滅をくり返しているが，パルメニデスが洞

察したように，生成消滅するものは「あ○るからな○いへ移行するもの」であり，つまり全き意味で「ある」のではないからである。存在は自己以外に根拠をもちえない以上，不生不滅，不変恒常，自己同一などの諸性格を充たさねばならないからである。

質料 こうして，感覚的個物の底に，変化を超えて持続する同一なる基体（hypokeimenon）としての質料（hylē）が，実体の名に相応しいものと考えられてくる。アリストテレスは質料を「不生不滅の根源的存在」と主張しており，いわばパルメニデスの存在をこういう形でこの世界へ内在化させた，と言える。

形相 しかし，実は，質料そのものとは見ることも語ることもできないもの，そういう意味では非存在に近いものなのである。なぜなら，存在するものはすべて形（eidos，姿，構造，法則，機能）を備えているからである。したがって，質料は，存在原理として成立するためには，必然的に形相を不可欠の対原理として要請する。そして，形相（eidos, logos）とは，全宇宙の存在者の秩序の謂であると同時に人間理性の謂であり，両者の合致による存在開示の場に他ならなかった。

〔岩田靖夫〕

28 アリストテレス『ニコマコス倫理学』

Ethica Nicomachea

思想の発展 アリストテレスの著作として伝えられてきたものの中には3冊の倫理学書がある。この中，『大道徳論』は

ペリパトス学派の弟子の一人によって著わされたものと判定されているが、『エウデモス倫理学』と『ニコマコス倫理学』は真作である。アリストテレスの思想は、イェーガーが跡付けたように、固定した体系ではなくて、種々の異なった相を含む発展的過程であるが、このことは倫理思想においても例外ではない。すなわち、初期の公刊論文『哲学への勧め』では、彼は「神的にして永遠的なもの」が価値の基準であると説き、また人間の本性をイデアと同族の不滅の魂として、神的なものへの還帰を説いていた。『エウデモス倫理学』はこのプラトニズムからの脱却の過程を示す里程標である。この書はアッソスもしくはミュティレーネーでの漂泊時代になされた講義と推定されているが、思想内容においてはすでに大筋において『ニコマコス倫理学』の粗描であり、ただ表現や力点の細部でプラトニズムをとどめているにすぎない。

超越的善（善のイデア）の否定 アリストテレスは、最終的な立場（『ニコマコス倫理学』）においては、プラトンがすべての諸善の究極根拠として立てた善のイデアをきっぱりと否定する。なぜなら、善とは個別的で多様な事象であるから、これらを一つの普遍的な理念（善のイデア）によって統括し根拠づけることは不可能だからである。だが、百歩ゆずって、かりに善のイデアが存在したにしても、それは人間にとって無意味である。なぜなら、人間が実践の目標となしうるものは、この世界に内在している具体的な事物や出来事だけであるが、善のイデアはこの世界を離れた超越者だから、人間の実践の目標とはなりえないからである。

本性（ピュシス）の活動 では、アリストテレスはなにを善の尺度とするのか。ピュシスである。存在者はすべて己れに

固有のピュシス（自然，本性，実体）をもっている。このピュシスに従って活動するとき，存在者はよ・い・。たとえば，いじけずに天をも摩するが如く亭々と聳え立つ杉は，よ・い・。では，人間の自然とは何か。それは，「ロゴスをもつ動物」ないしは「共同体的動物」という定義によって示されている。だから，人間のよ・さ・は，まず動物的な存在層（諸々の欲望，肉体的健康，生存維持のための財貨の取得）において充足していることである。しかし，人間の本性は勝れてロゴス（知る能力，交わる能力）にあるのだから，人間は，隣人と交わり，互にその存在を肯定（愛）し合って，共同体のつながりの中に自己の存在根拠を据えるとき，真の充足を得，真によき者となるのである。

〔岩田靖夫〕

V　ギリシア人の科学

29　ギリシアの論理学

アリストテレス以前の論理思想　形式論理学の起源はディアレクティケー（弁証術）にある。その創始者と称されるエレア派のゼノンは，彼の師パルメニデスの説に反対する主張を論駁するために，背理法を用いて運動否定の論証などを展開しているが，このような方法は，ソクラテスやプラトンに受け継がれ，またメガラ派やストア派にも影響を及ぼしている。ディアレクティケーはプラトンの『パイドン』など中期対話

篇では「仮設 (hypothesis) の方法」として, また『ソピステス』など後期対話篇では「分割 (diairesis) の方法」として遂行され, 前者においては仮設の無矛盾性を調べるために, 後者においては定義の十全性を調べるために, 背理法が援用されている。アリストテレスのシュロギスモス (三段論法, syllogismos) の着想は, 彼が「弱いシュロギスモス」と呼んで批判した, この分割法に発すると思われる。

アリストテレス論理学　歴史上最初の形式論理学の演繹体系は, アリストテレスによって実現された。それは『分析論前書』に示されたシュロギスモス体系である。それによれば, 全称否定・全称肯定・特称肯定の3個の命題における主語と述語の交換を許す換位法則と最終的には2個 (すなわち「AがすべてのBに, BがすべてのΓに述語となるならば, AはすべてのΓに述語となる」と「AはいかなるBにも述語とならず, BはすべてのΓに述語となるならば, AはいかなるΓにも述語とならない」) の「完全」シュロギスモスを原理として, それらを用いて, 背理法をも援用しながら, 他のすべての妥当なシュロギスモスを証明することができる。しかも, 体系内で扱われる命題の主語や述語となる名辞 (項) は変数とみなされるA, Bなどの文字で表わされているために, 実例をもって例証する必要がなく, まったく形式的に証明することがはじめて可能となったのである。しかし, シュロギスモス体系は, 現代論理学に比して, 重要ないくつかの特徴をもっている。第1に, それは名辞論理学であり, 命題論理学を欠いている。第2に, そこで扱われる命題は量に関しては全称と特称に限られ, 単称命題は排除されている。したがって, 命題の主語・述語となる名辞はすべて類・種 (普遍) を表わす一般名

辞であって，個体を表わす個別名辞ではない。第3に，その体系内の名辞として関係名辞は現われることができないので，それは関係を述べる表現を取り扱うことができない。第4に，それら一般名辞が表わす類・種に属する個体が存在する（いかなる名辞も空ではない）という存在仮定が，暗黙のうちに当然のこととして認められている。以上の点で，現代の述語論理学ほど多くのことを証明できないのである。

アリストテレスの様相論理学は，必然（anankaion），可能（dynaton），偶然（許容，endechomenon）という様相概念の研究を含む。『命題論』でこれらのあいだの論理的関係が明らかにされ，現代論理学でも認められているように，必然は否定の不可能として，可能は否定の非必然として定義される。また偶然は可能と同義とされる。しかし，様相シュロギスモスが扱われる『分析論前書』では，偶然という語がもっぱら用いられ，しかも「必然でもなく不可能でもない」という意味にも可能という意味にも用いられている。一般にアリストテレスの様相シュロギスモス理論は混乱し，ときには矛盾さえしていて，とりわけ偶然様相の取扱いに問題があるとみられる。しかし，様相論理学の分野を開拓し，以後の発展を用意したという点で重要な仕事であった。アリストテレスによってはじめられた論理学研究は，彼の後継者テオプラストス（Theophrastos, 370頃—288 B. C.頃）たちによって継承された。

メガラ・ストア派の論理学　メガラ派の論理学者ディオドロス・クロノスとその弟子メガラのピロン（Philōn）は，様相概念を検討し，条件命題の論理的性質をはじめて論究した。このようなメガラ派の着想を発展させ，ストア派の論理学の演繹体系を構築したのは，クリュシッポスであるといわれる。

ストア派の論理学は、アリストテレスの名辞論理学とは異なり、命題論理学である。ストア派はすべての命題が真または偽であるとし、二値原理と排中法則を擁護する。これは彼らの決定論の主張につながる論理思想である。変数には「第1のもの」「第2のもの」という序数詞が用いられるが、それは名辞ではなく命題を表わす。単純命題から複合命題を構成するときに用いられる結合詞には、条件（含意）、連言、選言が含まれる。連言の論理学的な定義（意味づけ）は通常のとおり真理関数的である。条件については、すでにメガラのピロンが現代論理学の質料含意（material implication）と同じ真理関数的定義（前件が真、後件が偽でないとき、またそのときに限って、その条件命題は真）を与えていたが、他方クリュシッポスは厳密含意（strict implication）と同値な定義（条件命題は後件の否定が前件と両立不可能なときになりたつ）を与えたとみなされている。選言は排他的で、現代論理学でいう選言とは異なる。しかもおそらくクリュシッポスは、さらに厳格であって、要素命題が両立不可能のときでなければそれらの選言を真とみなさないだろう。そして、彼はつぎの5個の推論規則を「証明されない」もの（原理）として設けたといわれる（命題変数としての序数詞のかわりに文字を用いる）。①PならばQ。しかしP。ゆえにQ。②PならばQ。しかし非-Q。ゆえに非-P。③非-（PそしてQ）。しかしP。ゆえに非-Q。④PかQ。しかしP。ゆえに非-Q。⑤PかQ。しかし非-Q。ゆえにP。これらから多くの妥当な推論式が証明されることになる。しかし以上からもわかるように、ストア派の命題論理学は現代のそれとはいろいろ違った特徴をもっていたといえる。

アリストテレス論理学とメガラ・ストア派論理学は，論理学の二つの部分に属し，論理的に対立するものではない。しかし，当時においては，そのことが理解されず，学派の対立のために二者択一的に扱われたのである。そのため論理研究のうえでの両派の協力もえられず，やがて両方の傾向が次第に混合され，ギリシアの論理学は全体として衰退に向かったのである。

〔浅野楢英〕

30 ギリシアの数学

始源 ギリシアの数学を，その周辺の数学的知識，たとえばオリエント，エジプト，中国のそれに比較するときに著しく区別される特徴は，それが証明をもった体系を形成しているということである。これに関連して，しばしばタレスの名が挙げられ，彼によって数学がエジプトからギリシアに持ち来たらされ，そして彼によって二，三の定理の証明がされたといわれる。しかし，現在われわれがより確かなこととして言うことができるのは，プラトンよりやや古いパルメニデスの時代に，当時のピタゴラス学派の数学者とエレア派の哲学者が論証の基本をなすヒュポテシス，アイテマ等の同じ用語をもち，一方は数学的証明に，他方はいわゆる弁証法へと分化していった事実である。また「証明する (deiknȳmi)」という言葉が，「指し示す」「言葉をもって正確に言い表わす」というような段階を経て，数学独特の「証明」という意味を獲得し，数学の証明も，初期の素朴な直観的なものから，論理

的抽象的なものとなり，特に間接証明（帰謬法）の成立に至る段階を見ることができる。実際この間接証明は初期の理論数学で極めて多く，かつ正しく使われた論法であった。エウドクソス（Eudoxos, 391頃—338 B. C.），テアイテトス（Theaitētos, 414頃—369 B. C.）はプラトンと同時代の極めてすぐれた数学者であった。プラトン対話篇『テアイテトス』（147D—148B）には，その数学的内容に関する記述があるが，これは当時の数学がすでにいわゆる初等的の域をこえて遥かに進んでいたことを示している。この数学的全内容はエウクレイデスの『原論』の中に取り入れられている。

ユークリッド『原論』(*Stoicheia*)　エウクレイデス（Eukleidēs, 320頃—260 B. C. 頃）は日本語化されてユークリッドと謂われるから，これを用いることにしよう。ユークリッドは紀元前3世紀にアレクサンドリアに生存したことが知られているだけで伝記は詳らかではない。近世に至るまで彼はプラトンと同時代のメガラのユークリッドと混同されていた位である。彼の編集した『原論』が奇しくもほとんど原形に近い形で現代まで伝承されている。19世紀のハイベルク版，さらに現在はハイベルク-ステマティス版が容易に入手できる。日本語訳註，英語，ドイツ語，オランダ語，ギリシア現代語等による訳がある。またフランス語ではハイベルク版以外の原典からの訳がある。

　全巻13巻から成る。第1〜4巻は平面幾何，第11巻は立体幾何でピタゴラス学派の数学者の開発したものといわれる。第5巻はエウドクソスの手になるもの，一般量の比例論，第6巻はその方法の平面図形への応用である。第7〜9巻は整数の理論でこれはピタゴラス学派のもの，極めてよく形成期

の数学の内容を示している。間接証明が数多く見られる。第10巻は全巻中最大で115個の定理がある無理量論，量の不可通約性，無理性，それらの量を取り扱う一般比例論等内容は含蓄深くまた易しくはない。第12巻は面積，体積論。これはエウドクソスに基づき，ここに，取尽しの方法（しぼり出しの方法）が組織的に出現する。しかしギリシアではこの方法に対する名称はない。これが特定の原理的技法として名付けられたのは，近世のことである。第13巻は正多面体論。球の半径と，これに内接する正多面体の辺との関係が問題になる。ここに第10巻の無理量の全知識が利用されている。『原論』はその時代までに存在した数学の成果の集大成である。

ギリシア数学の完成　ギリシア数学の完成期を代表するものとして，2人の数学者アルキメデス（Archimēdēs, 285頃—212 B.C.），アポルロニオス（Apollōnios, 250頃—190 B. C.頃）がある。

アルキメデス　珍しく伝記もよく知られている。シラクサに生まれ，当時の王家と親しく，アレクサンドリアで数学を学び，当時の著名な数学者コノンやドシテオスとも親交があった。全集3巻（ギリシア語），その他すぐれた英，仏，独訳がある。その数学は極めて格調が高く，論理的に正確である上に，発見的方法として静力学的方法が開発されており，またその数学の中には数値による計算も十分に考慮されている。ギリシア数学の到達した最高峰とも言いうるものである。その著作は年代順には次のようになる。①平面図形のつり合い，②放物線の求積，③球と円筒，④スパイラル，⑤回転放物体，回転楕円体の理論，⑥浮体の理論，⑦円周率の近似値計算，⑧巨大数の理論，⑨コンビナトリクの問題，⑩発見的方法としてのつり合いの理論。

この中でユークリッドの取尽しの方法は，さらに高度に洗練され，これが後の時代（特に近世）の数学の理論的根幹となった。

アポルロニオスの円錐曲線論（仏，英訳がある）　円錐曲線とは円錐と平面との交りとして出現する楕円，放物線，双曲線のことである。これはユークリッド，アルキメデスによっても研究されたが，アポルロニオスはそれらを発展完成した。射影的性質（これは近世のもの）以外のほとんどすべての性質がここに組織的に述べられている。これは後にさらに進んだ曲線の研究の基礎となった。

変容と衰退　ギリシアの幾何学は方法においても，また内容においてもほとんど限界に到達したということができる。紀元1世紀になるとアレクサンドリアの数学者には，伝統的なギリシア風からの逸脱の傾向が見られるようになる。ヘロン（Heron, 紀元1世紀）には数値計算の応用問題集（「幾何学」）がある。ディオパントス（Diophantos, 250 A.D.頃）ではさらにこの傾向は顕著となり，加えて極めて独創性に富むものとなる。彼には187個の問題より成る『数論』（6巻）がある。この書は一種の省略記号を用いる代数学ということができる。これは一見無秩序な問題集のように見えるが，実は総合的体系的な伝統に対比する分析的解析的発想が看取される。この書はわれわれの数学でいう不定方程式の理論にほかならない。さらにパッポス（Pappos, 350 A.D.頃）では，この考えは「解析・総合の理論」（『数学論集』第7巻）となって明らかな表現をもつようになる。これに続く時代で，ギリシア数学は二分し，一方はアラビアへ，他方はラテン世界へと弱まりつつ伝承されることとなった。

〔中村幸四郎〕

31　ギリシアの自然科学

ギリシア科学の時代区分　ギリシア科学の全時代は，第1に前600年ごろからアリストテレスの死（322 B.C.）にいたる古典時代と，第2にプトレマイオス王家の首都アレクサンドリアのムウセイオン（Museum）の学者たちが既得の成果を一つの体系にまとめて教科書を編む仕事にはげんだヘレニズム時代と，第3に以上の傾向の延長上に，新たに技術の本が出現するローマ帝国時代の，三つに区分される。

　古典期には多くのポリスが互に対立抗争しながら次第に中心のアテナイに統一されてゆき，終りにアレクサンドロス大王の征服によってオリエントを含めた大きな世界の統一が成る。この政治上の動きとほぼ並行して科学も進展し，ただアレクサンドロスの版図に相当するのはアリストテレス集典である，という違いだけである。

　だが，近代科学の第1期には原子論者の機械論思想が支配的であり，第2期になってアリストテレスの有機体論思想が復活してきたことを考慮するなら，古典期全体を貫くのはイオニアのデモクリトス思想とアテナイに優勢なアリストテレス思想との対立である，ということになるだろう（たとえば，アインシュタインの，M. Jammer, *Concept of Space*, 1954への序文参照）。

　第2期のアレクサンドリア時代以降の教科書作りで代表的なのは，数学的方面でエウクレイデス『幾何学原論』やプトレマイオス『数学集成』であり，記述的科学ではアリストテ

レス『動物誌』，ストラボン『地理学』，プリニウス『自然誌』などで，やがてこれはビザンチンの百科全書につながってゆく。

サモスの水道トンネル　一般に技術上の達成は，伝説的に言い伝えられたものでも物的証拠が残っていることはきわめて稀である。ところがサモスの僭主ポリュクラテス（522 B. C. 頃没）がこの町の給水のためにメガラのエウパリノスに水道トンネルを掘らせたことが，ヘロドトスのⅢ, 60に見えているが，その水道トンネルの遺跡が1882年の発掘で確かめられたのである。トンネルは長さ1000m，高さと幅それぞれ1m 75で，両端から同時に掘り進んで中央で出会い，その出会いの個所の喰い違いがわずか数フィートにすぎなかったという。このような小山に隔てられて見通しのきかない二つの地点を結ぶ水道の建設に必要な水準測量法は，アレクサンドリアのヘロンの著書の中にこの水道と見てとれる形で説明されているのである（ディールス『古代技術』創元社，昭18，参照）。

ここで思い起こされるのは，箱根芦ノ湖の水を三島側に落すために，1670年に江戸の町人友野与右衛門によって1300mの箱根用水トンネルが掘られたことである（タカクラ・テルの歴史小説『箱根用水』東邦出版社，昭45，参照）。古代ギリシアであれ，徳川時代のわが国であれ，同じ程度に発達した農耕社会にとって必要な技術は，似たような内容になることがこれからわかる。このことはさらに，面積や体積の計算に必要な無限小算法，つまり初期の微積分法などについてもいえよう。

ギリシアの天文学　近代科学のはじまりを印づけるコペルニクスの『天体回論』（1543）は，プトレマイオス天文学の内容をそのまま太陽中心の立場に転換させたものであり，そ

のプトレマイオスにいたるギリシア天文学の発達を以下概観する。

①最初に正確な観測で知られるのは、前432年に太陰太陽暦の19太陽年周期を提唱したアテナイのメトンである。太陽の運動が必ずしも斉一でないことは春分―夏至―秋分―冬至―春分の間の長さの測定により、その同じでないことから確かめられた。

②このような観測天文学の発達にもかかわらず、円や球なる幾何学的図形に特別の宗教的意義を付そうとするピタゴラス・プラトン的な考え方から、アカデメイア派の数学者たちは地球を中心とする同心球のシステムでもって惑星運動を説明しようとした。もともと惑星（planetes）なる天体が浮浪者（planetes）と呼ばれるのは、それがときには前進し、ときには後退し、ときには停滞して不規則な運動をするからである。この見かけの不規則性にもかかわらず、真実は斉一な円軌道を描いているはずだという、宗教的信念を彼らは抱いていたのである。そこで見かけを救う（sōzein ta phainomena）ために、つまり惑星運動を完全に秩序正しい運動として解明するために、まずエウクレイデス『幾何学原論』の比例論や取尽し法の創案者であるクニドスのエウドクソスが、続いてカリッポスが、さらにはアリストテレスすら、同心球宇宙系の球の数を増す努力を続けたのである。

③こうした地球中心説の相継ぐ努力に対立するのは、太陽中心の試みである。まずポントスのヘラクレイデスが金星と水星の内惑星をほかのものから分離して、地球の周りではなく太陽の周りを回転しているとみなし、天空の日周運動は地球の自転におきかえられることを示唆した。続いてサモスの

アリスタルコスが——アルキメデスの『砂粒計算者』の中に述べられているのだが——太陽は恒星と同じく不動であり，地球は太陽の周りを円を描いて回転するとみなしたという。彼の太陽中心宇宙系に関してはアルキメデスの個所以外に何の証拠もなく，現存しているアリスタルコスの著書『太陽と月との大きさと距離について』にも，太陽中心説をほのめかすようなものは何も見出されない。

④終極的には，ギリシア天文学はヒッパルコスとプトレマイオスによる離心円と周転円による理論に落着くことになる。太陽の角速度が一様でないのは，われわれの地球は太陽の描く円軌道の中心からはずれているからだ，というのが離心円の考えである。惑星の不規則な運動を説明するのに，地球の周りを円（公転円，deferent）運動している一つの点を中心として惑星が円（周転円，epicycle）回転しているとみなすのが，惑星の周転円の理論である。なおヒッパルコスは球面三角法を創始して天体の位置づけに用い，また分点の前進（歳差）現象を発見した。

なお，詳しくはファリントン『ギリシア人の科学』（全2冊，岩波新書）参照。
〔三田博雄〕

32　ギリシアの医学

ホメロス時代　叙事詩時代までのギリシア医学には，他の古代社会におけると同様に，宗教的・呪術的要素が支配してい

た。一方，実際の病気治療に際しては，長い間の体験から習得した実用的知識が利用され，しかも，しばしば有効だったことも考えられる。またギリシアには，ローマ時代や中世と同様に，医療の担い手だった医師の資格を公的に認める免許制度というものがなかったために，医師の質は種々様々であり，なかには怪しげな自称医師も少なくなかった。しかしながら，かれらの治療技術がどんなに未熟であったにしても，彼らが目撃した医学的事実と経験的観察の集積は医学の発展にとって欠かせない貴重な資料となった。

自然哲学の影響　従来の医術から類推と体系化に基づく科学的医学を成立させるのに大きく貢献したのは，タレスからデモクリトスに至るギリシア自然哲学であった。自然の合理的解釈は医学理論の体系化を促したが，反面，医学を思弁的抽象的傾向に走らせ，現実から遊離させる結果にもなった。自然哲学者たちは普遍的概念や仮説からの演繹によって事実を説明しようとしたが，逆に，空虚な思弁を排しながら，経験と観察の集積からの帰納的方法を採用したのがヒポクラテス学派であった。

ヒポクラテス　コスのヒポクラテス（Hippokratēs, 460頃—375 B.C.頃）の経歴は詳細にはわかっていないし，『ヒポクラテス全集』（*Corpus Hippocraticum*）と彼自身の著作との関連も疑わしい点が多いことから，この著作集に反映されている見解は，ヒポクラテス学派ないしはコス学派のものと考えられる。てんかんを論じた『神聖病について』という論文は，「神聖病と呼ばれているものは，他の病気にくらべてとくに神わざによるのでもなければ神聖でもなく，自然的原因をもっている」と述べ，てんかんが神わざと考えられていた時代

V　ギリシア人の科学　117

に，この病気の原因を脳の障害にあると見抜いている（脳を精神作用の中枢とみなす考えはピタゴラス学派のアルクマイオンに由来する）。ここには無知や迷信を排斥し，病気の真の原因を探求するこの学派の科学的医学の姿勢がうかがえる。そしてこの学派が病気の原因を自然的原因に求め，技術を重視した点は高く評価できる。

四体液説 ヒポクラテスは人間の身体には四つの体液，つまり血液，粘液，黄胆汁，黒胆汁があり，これらの四つが調和のとれた状態が健康であり，病気はこれらの不均衡からくると考えた。この四体液説は，体内の要素（湿，乾，冷，熱など）の調和が健康であり，不調和が病気であると考えたアルクマイオンやエムペドクレスの火，水，土，空気の四原素説を意識したものである。また，この学派が記述した病症史のなかには，今日その病名を指摘できるほどすぐれたものもある。彼らの関心の重点は視診，触診，聴診に基づく診断よりも病気の経過を見通す予後の方にあり，その治療法は自然がもつ不均衡を回復させる力，つまり病人の自然治癒（回復）力を重視し，食餌療法を採用した。体液を四つに区別し，四季と関連づける奇妙な病理学的解釈や現代医学から見て間違っている指摘も数多いが，それらが人体解剖の成果や十分に発達した生理学的知識を欠いた段階のものであったことが想起されなければならない。

アレクサンドリア医学 ヘレニズム時代には人体解剖がはじめて合法的に行なわれたが，このためギリシア医学の最大の弱点だった解剖学と生理学は大きな進歩を遂げた。カルケドンのヘロピロス（Hērophilos，前3世紀前半）は自らも人体解剖を行なったといわれ，組織的な解剖学の道を開いた。彼は

神経, 脈管, 内臓および眼について重要な発見をし, また動脈と静脈とを明確に区別した。臨床医としては, 主としてヒポクラテスの治療法に従ったが, 薬物療法も重視した。ヘロピロスより少し年少のイウリスのエラシストラトス (Erasistratos) の生理学は原子論と「真空の恐怖」の原理とを基礎にしている。彼はあらゆる器官は静脈, 動脈, 神経の複合体であり, 器官のエネルギーの根源となるものは血液とプネウマであるとした。病気の原因としては, 四体液説やヘロピロスの仮説を排し, 正常生理機能の障害に求め, 多血をあげている。

ガレノス　時代はすでにローマ帝政期に入っていたが, ペルガモン生まれの大医学者ガレノス (Galēnos, 129頃―199 A.D.頃) の偉業はギリシア医学の輝かしい伝統に根ざしている。彼の経歴はよく知られており, 著作も多く, 医学以外の分野にも関心を抱いていたばかりでなく, 社会的にも高名な人物であった。彼の著作は諸国語に翻訳され, 古代末期から中世にかけて知的世界を支配しつづけた。この時代には人体解剖は廃止ないしは困難になっていたと思われるが, 彼は, それまでの解剖学の成果を踏まえながら, 人間以外の動物, 特に人体に類似しているサルを解剖したり, 動物実験を行なったりして精密な解剖学的, 生理学的研究を行ない, 医学の科学的基礎を築いた。彼の生理学は, ヒポクラテスと同じく四原素, 四要素, 四体液説であり, 生命の基本原理をプネウマとしている。プネウマについてはすでにエラシストラトスが主張しているが, ガレノスはこの考えを一層推し進め, 巧妙な生理学的体系を発展させた。

目的論　ガレノスの医学思想は自然現象の合目的性を主張す

る目的論である。それによると，自然は一定の目的のために神によってつくられたもので，人体の器官もこの自然の計画に従ってつくられており，一定の目的をもつ。自然現象の研究において有害なこの目的論はガレノス医学をはなはだしく歪めてしまったが，反面，この目的論のゆえに，ガレノスの医学思想は中世キリスト教世界に受け入れられたともいえる。そして，彼の生理学がすぐれた解剖学の成果を必ずしも基礎とせず，思弁的要素の侵入を許してしまったことは，後代に与えた影響が大きかっただけに医学思想史の上で大きな問題を残してしまった。医学は自然研究と並んで病気の治療という実用的目的をもっていることを考えると，ギリシア人の恵まれた思弁的才能は科学的医学の誕生の源となったが，一方では，ギリシア医学の限界をももたらす結果にもなった。

〔小林雅夫〕

Ⅵ　ヘレニズムの哲学

33　ヘレニズムの諸思想

　マケドニアの世界制覇によってギリシア世界は変貌し，新しい時代を迎えることになる。これがヘレニズム期と称される時期で，転換の境界をアレクサンドロスの死（323 B. C.）に求めるのが文化史の常識となっている。この変化は思想界にも波及し，哲学に一時期を劃すようになる。その分岐点は，

アレクサンドロスの師であったアリストテレスの死（322 B. C.）に求められる。以後，最後のギリシア哲学者と言われるプロティノスまで（実際には，529 A. D. 皇帝ユスティニアヌスの学校閉鎖令まで），広義のヘレニズム期哲学が展開されることになる。

ヘレニズム期の特徴　ヘレニズム期の哲学が，全盛をきわめたアテナイの哲学にとって代わるには，一つの精神的試練が介在していた。この時期の思想的特徴を知るために，この点を簡単に述べておこう。

ギリシアは，前800年来，ポリスと称される共同体を中心に社会生活を営んできた。ポリスは，政治形態に違いはあれ，等しく，自由と自律を掲げ，種族や氏族のような血縁団体を母体として，共通の信仰で結ばれているという特徴を持っていた。市民にとってポリスは，その全生活をうけとめ，外の荒波から守ってくれる庇護者であった。市民がポリスに対し，子の親に対する感情を抱き，その守護神に絶対の信仰を持ったのはきわめて自然で，彼らは，ポリスの一員であることに誇りを抱き，ポリスのために働くことを最高の名誉と信じて生きていたのである。

ところが，マケドニア軍の侵攻に際して，ポリスの守護神は全く無力であることを露呈した。外国の軍隊が神聖なるアクロポリスに駐留するに至っては，過去の信仰も栄光も虚妄と化し，全く，形骸化したポリスの現実を認めざるをえなくなる。これはポリス市民にとって最大の打撃であった。さらに彼らはギリシア人としても試練を受けることになる。それは異民族との混血である。アレクサンドロスが自ら範を垂れて以来，異人種間の混血と信仰の共通とが，植民都市を中心

に盛んになった。このことは，ギリシア人に旧人種観の放棄を迫ることになる。これまでギリシア人は，外国人に対し民族の優越感を抱き，外国人はギリシア人に支配されるのが自然の理である，と信じて疑わなかった。しかし混血が行なわれ，信仰を共にするとなると，従来の価値観は消滅し，地上の者すべては共通の神の配下として，同じ陽光の下，同じ空気を呼吸する対等の人間となる。価値の基準も，民族の違いから善悪の違いに移行するようになる。かくして，ポリスの保護を失ったギリシア人は，社会的にも精神的にも孤児と化し，大海の中の一粒の砂のごとく，世界という広大な国家の中で生きることを余儀なくされて，ここに世界市民（kosmopolitēs）の意識が生まれ，同時に，改めて生の指針を与える精神的指導者の出現が切望されるようになる。したがって，この時期の哲学は，この時代の要請に応えることを第一の課題とされ，幸福に直接貢献しない理論研究よりも，実践に関わりのある倫理学が主流となってくる。その代表的なものは，前4世紀末から3世紀にかけて登場した懐疑派（skeptikoi），エピクロス派，ストア派の三学派である。

生活理想 エピクロス派とストア派は，古来，対照的に考えられるのが普通である。エピクロス派は快楽を善と見なし，これを生の目的とするのに対し，ストア派は徳の自足性を理想とし，徳の修得を第一義とする。その主張には明らかな違いが見られるが，両派とも定説（dogma）を表明している点では共通している。これに対し，エリスのピュロン（Pyrrhōn）を中心とする懐疑派は，定説を立てることを極力避けた。世界を知る手段をなす感覚は，人や環境により相対的報告を与えるのみで，どれを真とすべきか決め手がないか

ら，自己の判断 (doxa) に立って主張をしても，反対の主張が同じ権利を持って成立しうる，それゆえ，真理の探究者 (skeptikoi) を目指すなら，判断を差し控える (epochē) べきだ——こう考えた。ところで，これら三派には共通している点が見られる。それは，何ものにも乱されぬ平穏なる心境に到達しようとする姿勢である。この平静心こそ，動揺する時代に生きる者が切望した理想であり，三派はそれぞれ異なった表現でこの生活理想を示したと言える。

ローマ時代 続いてローマ人の時代になると，ローマ人の実務的国民性の中で，哲学は自己目的性を失い，もっぱら道徳的義務を遂行し，幸福に到達する教養として受け容れられた。その場合，彼らが自らの要求に合致するものとして採用したのはヘレニズム期ギリシア哲学である。中でも，ローマ人の男性的徳 (virtus) や国民宗教に合致するものとして，ストア派の思想が主流となり次第に根を下ろしていった。一方，ストアの独断論に対抗して生き続けた懐疑的傾向は，アルケシラオス (Arkesilaos)，カルネアデス (Karneadēs) ら中期アカデメイアにおいて折衷的性格を帯び，やがて折衷主義を独立させて，この頃には経験的要素を備えてくる。これと併んで，エピクロス哲学のラテン訳が出され，哲学が初めて一般国民の中に入っていったことも，普通の哲学史には書かれてない事実として指摘しておきたい。

　帝政時代に入ると，大帝国建設や皇帝神格視などの影響で，主流であるストアの思想に変化が現われる。すなわち，徳の本質追究などは影をひそめ，個人の弱さや無力を自覚して超自然的なものに帰依せんとする宗教的色彩が強くなってくる。そしてやがて，生活から離れて自己に没入し，自己の内面に

神を見る神秘的傾向を示すようになる。この頃はすでに東方の神秘思想や原始キリスト教の影響は断ち難くなっており、このような趨勢にあって神学的問題に解答を与えるべく、新ピタゴラス派、新プラトン派が登場する。中ではプラトン主義と神秘思想を見事に融合させ、これにギリシア諸思想を採り入れて大体系を完成させたプロティノスがひときわ光彩を放っている。これら歴史の流れの中で、ギリシア世界からキリスト教世界への移行が徐々に準備されていったのである。

〔戸塚七郎〕

34 小ソクラテス学派

　プラトンの描くソクラテスが、ありし日の彼をわずかにでも伝えているとすれば、ソクラテスの死後その友人達が自らのもつ強い印象に従って我こそ彼の後継者と、それぞれに異なる生き方を主張したとしても当然である。ロゴスを愛せよと説く彼が、ロゴスはすべて無駄とばかり他人の言も自らのも否定して立ち去る。自ら死刑を受け入れる積極的行為の彼が、消極的な命題、無知の知の信奉者である。美少年アルキビアデスの身体をはっての誘いに指一本ふれなかった禁欲の人が、顔色もかえず夜明けまで酒を唯一人楽しんでいる。メガラ派、エリス・エリトリア派、キュニコス派、キュレネ派という四派が小ソクラテス派として登場してくるのもそのためである。

メガラ派　この派の祖は、プラトンの『パイドン』の中で、

ソクラテスの死に立ち会った親友の一人として名をあげられているメガラのエウクレイデス（Eukleidēs, 450頃—380 B.C.頃）である。彼は「善は，思慮あるいは神または理性(ヌース)など様々に名付けられようと，一なるものである。この善に対立するものは何ものも存在しない」と主張。この論は善のイデアを他の存在物を超えたものとみるプラトンや，一者こそ存在とするパルメニデスの説を思わせる。彼はまた，大層な議論好みで，意見をことにする人びとを論破するのを喜びとしていた。論破の方法は，相手の立論から矛盾する結論をひき出し，立論を誤とする，いわゆる帰謬法，かのゼノンの弁証術(ディアレクティケー)であった。彼の名がクセノポン，パルメニデス，ゼノン，メリッソスと並び記されるゆえんである。

議論好みの彼の後継者達の関心も，論理(ロゴス)に向かう。エウブリデスは，様々な論理的難問を作り出すのを得意としたが，中でも有名なのは，「うそつきが，私はうそをいっているといったら，それはうそかまことか」というパラドックスである。

同派のディオドロス・クロノス（Diodōros Kronos, 307 B.C.頃）は，アリストテレスと同じ頃活躍していたが，彼の運動変化の考え方を否認して，ゼノン説を擁護した。「分解不能の極小物体は，己れと同じ極小の場所にはめこまれている。その場所にあっては，その物体の運動はありえない。何故なら運動には己れより広い場所が必要であるから。まず，己れの存在しない他の場所にあって運動するわけにもいかない」というのが物体の運動を否定する理由である。彼はさらにつけ加える。「だが，言葉(ロゴス)上では，運動しおえたということはある。何故なら，以前この場所で見られた物が，今は他

Ⅵ　ヘレニズムの哲学　125

の場所でみられるが、この事実は、物が運動しおえなかったら起こるはずがないからである。」彼はまた、アリストテレスが運動変化の説明のために導入した可能態の考え方を否定し、「現実的にそれがある時にのみ、それは可能的にありもする」「大工仕事をしている時にのみ、その男は大工である事が可能なのだ」といった。

スティルポンは、当派最大の人物。彼は同語反覆でない主語述語判断を否定した。「馬がはしる」において、「馬」と「はしる」とは異なるものであるから、その二つを同じものとして一緒にして、「馬」が「はしる」というのは誤謬だというのがそのいい分である。彼のこの議論は、実はエウクレイデスの善＝一者＝存在説の論理的帰結であった。あの善は、名はなんとつこうと、一者、すなわち、唯一同質のものとしてあるのである。いいかえれば、善は、ただ善であり、善以外ではないのであるから。

そこで、スティルポンは、自分が自分であり他を要しないこと、自足を重視することとなり、外から乱されずあること (apatheia) の実行に心がけることになる。かくして、彼はキュニコス派と親しく、ストアのゼノンの祖であるという説が生まれた。

エリス・エリトリア派 同語反覆判断しか容認しえずとする説に到達したのはメガラ派のみではなかった。プラトンの有名な対話篇の題になって名を残したパイドンが創ったといわれる、エリス・エリトリア派のメネデモスもそうである。善こそ唯一の善なる存在として善に特別な位置を与えた点でもメガラ学派に近いが、メガラ学派よりも、行為を重んじていたともいわれている。

キュニコス派　この派の名の由来については，この学派の住まう地の名，キュノサルゴスからという説と，この派の人，犬のディオゲネス（Diogenēs）の如き「犬の生活〔キュニコス・ビオス〕」からという説とがある。祖はアンティステネス（Antisthenēs）。彼のモットーは，ソクラテスの言とされる，「欲することなきは，神のわざ。欲すること最少にとどむるは神のわざに最も近し」であった。若い頃はゴルギアスについて弁論を習っていたといわれるが，ソクラテスの友となった後の彼の関心事は，徳の実行であった。議論や学問，論理学や自然学は，彼に不用と思われた。パルメニデス一派の運動否認の議論を反駁するために，立ってあるいてみせたのが彼だと伝えられている。しかしこの派の心がける実行は，国家〔ポリス〕の公事に係わるものではなかった。彼は国家を火に譬え，近づけば焼かれるが，遠ざかりすぎれば凍えるといった。この彼の態度が，彼の弟子犬のディオゲネスをして，自分はコスモポリテース（宇宙市民）なのだと主張させることにもなる。

「快楽に屈せんよりはむしろ狂気を」と言い厳しく生きた彼の態度は，ストア派に強い影響を与えることになった。

キュレネ派　キュニコス派の説に反対し，快楽を重大事とみる。その祖アリスティッポス（Aristippos）もまた，一つの国家の市民であることを拒否し，自分はいずこの国にあっても客人だと主張した。だが，故国なき人にとっては，すべての道徳が，人の偶々定めたにすぎぬ法〔ノモス〕になるのは当然であろう。その彼にとって残された確実なものは，己れの肉体の感覚だけである。この点で彼はプロタゴラスと等しく，故にその徒といわれる。彼のモットーは，肉体の快楽こそ求むべきものである。ソクラテスの死について，「自分も死にたくな

るような〔見事な死〕」と答えた彼に続く者の中に，死の誘惑者とあだ名されたヘゲシアスがいた。彼は魂が肉体と共にあるかぎり完全な快を得，幸せとなり切ることはありえぬとし，死こそ望ましいものと考えたのであった。〔左近司祥子〕

35　快楽主義——エピクロス学派

　快楽主義とは，快楽をもって生の目的とする生活態度である。その場合，快楽を無差別に認めるなら，これは，快楽の限りない追求に走るという反道徳的結果を導くものとなる。すなわち，快楽を生の目的とし，これを善とする時には，快感のより大なるものがより大なる善ということになるが，快感の大小は苦痛との相対で絶えず変化するため，絶えず新たな快楽を求めざるをえなくなり，遂には快楽の奴隷と化すからである。一般に，快楽主義に対する世の非難もこの点に向けられてきた。しかし，快苦の感情を行為の選択と回避の基準とすることは，歪められていない自然の状態においては，きわめて健全かつ基本的なことだということも，一方では認めざるをえない。嬰児や動物に見られる快楽への本能的欲求がその証拠である。この段階での快は，飢えて食し，渇いて飲むといった，生命維持の基本条件を充たすことに伴う快である。エピクロス（Epikouros, 341頃—270 B. C. 頃）が快楽を生の目的とする場合も，この種の快をその基本としている。「一切の善の出発点であり，根をなすものは口腹の快である」。しかし，エピクロスが肉体の快を基本的なものとするのは，

128　第1部　古代の哲学

そのアトム論的世界観からくる当然の結論であり、なまの感覚が、思考の関与がない（alogon）との理由で、明証的とされるのと軌を一にするものであって、必ずしも快楽の無差別な追求に通ずるものではない。

快楽の限界　エピクロスの独自な点は、快楽の大きさに限界を設け、その限界以上は快楽を多様化させるにすぎない、としたことである。この限界を、彼は一切の苦痛が取り除かれた状態に求める。つまり、渇きが癒され、飢が消えた状態である。だが、いわば苦痛の欠如にすぎないこの状態を快楽と見ることに対しては、疑義が出るのは当然である。

動的な快と静的な快　快苦は、一般に、肉体の欠乏状態に基づく欲求とそれの充足とに伴う感情と見なされていた。その根底には、乾－湿、暖－冷など構成要素である対立性質の均衡状態に自然本来の姿を見ようとする思想が横たわっている。つまり、この均衡が破れ、たとえば湿が欠乏すると、渇きが生じ、苦痛が伴うことになる。そこで均衡回復のために飲むことへの欲求が現われ、これを充足すると、その過程で快楽が生ずる。したがって、快苦は、自然状態の破壊（欠乏）と回復（充足）の過程に伴う動的な感情と言うことができる。こう解すると、エピクロスの言う苦痛が除かれた状態とは、均衡が回復された安定状態であって静的なものとなる。一般には、これは快でも苦でもない状態と見なされ、キュレネ派はこれを、屍の状態として排除する。たしかに、病気にあっては健康ほど望ましいものはなく、回復の過程は悦びに溢れている。しかし、回復してしまえば健康であることの悦びが薄れていくのも事実である。だが健康が意識されず、したがって悦びと感じられないのは、まさに健全そのものであるこ

Ⅵ　ヘレニズムの哲学　129

との証拠とも言えよう。ここに生の目的を見ることには何の不自然さもない。ただ，この状態を快楽と見るかどうかは価値観の違いである。

　快楽に限界を設けたことは，欲求の充足，苦痛からの脱却を容易ならしめたと言える。飢をしのぐには一切れのパンで足り，渇きは一杯の水で癒すことができるのであって，それ以上をあえて求める必要がないとなれば，そのために心を煩わすことも少なくなり，快楽の生活が拡大されることになる。エピクロスは自然のこの仕組に感謝し，自然に信頼を寄せることによって，自然理想である無苦悩（ataraxia）の心境への到達を考えていたのである。

　このように，自然的で必要不可欠な欲求の充足に快を限定することは，一見，禁欲者の自足的生活を思わせる。たしかに，表現こそ違え，エピクロスの思想にもストア派に共通した生活態度が見られよう。ただ，エピクロスの場合，必要不可欠と言えない欲求であっても，それが苦痛を前提せずに充足され，また苦痛を結果しない限り，抑制することはない。この点で一線を劃しているのである。つまり，快楽の限界を設けることで，それ以上の快楽を排除するのではなく，ただそれを積極的に求めないというだけである。この種の快楽を否定せぬ以上，そこから苦痛が結果しないかどうかを考量する醒めた目が常に必要とされることは言うまでもない。

魂の快楽　エピクロスは肉体の快と並んで魂の快をも考えている。と言っても，快楽を二元的に見ていた訳ではない。学問研究などにおける魂の快も，肉体に全く苦痛がない状態（静的快）と一つになって初めて至福なる生を形成するのであって，そこに最大の善を見ていたのである。すなわち，魂

には肉体におけるような自然的で生に不可欠の欲求はないし，また，神とか運命の干渉は迷信として斥けられるのであるから，前提となる固有の苦痛もない。したがって，魂の快苦は，欲求を通じ，肉体に関連して生ずることになる。欲求充足の想い出や充足の予測に伴う悦び，あるいは，充足不可能の予測から生ずる，と言える。しかし，充足が困難なのは不必要な欲望の追求に起因するのであるから，これは快楽の限界を正しく認識することで克服される。忌わしい記憶についても，なされたことをなされぬものとすることはできないと悟り，心を回想から呼び戻すことによって治療される。その治療薬を提供するのが，自然についての正しい認識である。

　かくして得られる魂の快楽は，苦悩のないことを特徴とする。それは，デモクリトスの明朗心（euthȳmiē）に通じ，海の凪に似た平穏な心境であって，混乱の世界において等しく人びとの渇望する理想でもあった。この心境は魂に帰属するものではあるが，肉体における無苦痛を伴わねば完全とは言えない。ここに，自然の叫びを抑え，精神のみに優位を置く態度との違いが見られる。だが，エピクロスのこの理想も，現実社会での実現は至難である。それは彼の「庭園の学園」を前提とする，と言うべきであろう。彼の学園にギリシア各地から多くの学員が参集したのも，故なきことではないのである。

〔戸塚七郎〕

36 禁欲主義──ストア学派

創設者　前3世紀の初めに創設され、およそ5世紀間にわたって存続した学派。一貫した思想体系の構築、当時の社会に対する影響力、近代哲学にまで及ぶその影響の大きさなどの点で、西洋哲学の諸学派のうちでは、極めて大きなものの一つである。創設者ゼノン（Zēnōn, 333頃―262 B. C.頃）は、キプロス島東南岸のフェニキア人も多く住んでいたキティオンという町の出身で、アテナイでの彼の哲学の先生たちは彼を「フェニキア人」と呼んだという。それゆえゼノンがギリシア人でなくてフェニキア人、したがってセム人種であった可能性はかなり大きい。彼は前312年ころアテナイへ行き、キュニコス派、メガラ派、アカデメイア派の哲学者たちについて学び、前300年ころ自分で学校を開いた。ストア派（当初はゼノン派とも呼ばれた）という名称は、彼がアテナイのアゴラの北西隅にあったストア・ポイキレー（多彩な柱廊）と呼ばれる壁画のある柱廊（stoa）で講義したことによる。ゼノンはアテナイ市民ではなかったので、エピクロスのように土地を私有することはできなかった。

ストア哲学の三時期　第2代学頭クレアンテス（Kleanthēs, 232 B. C.頃没）は宗教的関心の強かった人で、その「ゼウス賛歌」は有名。第3代学頭クリュシッポス（Chrysippos, 206 B. C.頃没）は論理家で、他学派に対して自派を擁護し、ストア哲学の正統的理論を大成した。第6代学頭アンティパトロスのころまでを、研究者は初期（古）ストアと呼んでいる。

132　第1部　古代の哲学

中期ストアの代表者は、第7代学頭パナイティオス（Panaitios, 110 B.C.頃没）とその弟子のポセイドニオス（Poseidōnios, 50 B.C.頃没）で、ストア主義をプラトニズムやアリストテレス哲学と総合することを試み、またストア哲学をローマ人に伝達するという歴史的に重要な役割を演じた。ポセイドニオスの研究の多方面なことはアリストテレスにも比肩し、その影響は広大であったと推定されている。後期ストアはローマ帝政期に属し、セネカ（Seneca, 65 A.D.没）、ムゥソニオス（Musōnios）、その弟子のエピクテトス（Epiktētos, 130 A.D.頃没）、マルクス・アウレリウスをその代表者とする。初期ストアに復帰する傾向が強い。すべてのストア哲学者のうち、その著書あるいは語録がまとまった形で残存しているのは、後期ストアの（ムゥソニオスを除く）3名のみである。

神の世界支配　ストア派は哲学を論理学、自然学（心理学、認識論、神論をも含む）、倫理学に区分した。このうち彼らにとって最も中心的であったのは、倫理学と神論である。彼らの神論は一種の汎神論であって、神は世界に内在し、いたる所に浸透している一種の物質と考えられた。しかしストアの神論には、当初から人格神論的な要素も混入していて、この傾向は後期ストアにおいていっそう強まる。いずれにせよ神は理性（logos）であって、世界全体を必然的な秩序を通じて、可能なかぎり最善の状態に整えているのである（運命即摂理）。そして人間の理性は、しばしば倒錯するけれども、神的理性の一片である。動物が本能によって誤りなく導かれるように、人間も直立する理性に従うならば、誤ることがない。理性的存在としてのすべての人間は、神々と共に神的な法の下に、一つの宇宙国家の市民なのである（世界主義、自然法）。

善と価値 事物のあるものは善で、あるものは悪で、他はどうでもよいもの（adiaphora）である。具体的には、徳すなわち道徳的成熟、つまり理性の倫理的完成が善である。われわれは徳に達することによってのみ、自由で安らかで幸福でありうる。しかも徳に達することは、外的事情に依存せず、全くわれわれ次第のことなのである。悪とは倫理的未成熟であり、その他のものは、富も貧困も権力も健康も病気も、アディアフォラであって、われわれの幸福を左右しない。しかしアディアフォラのうちにも絶対的なものと、相対的なものとがある。後者は価値（axia）あるいは反価値（apaxia）を有していて、それをわれわれがいかに取捨選択するかが、道徳的に重要となる。たとえば健康は価値を、病気は反価値を有していて、通常の状況では、われわれは前者を取るべきである。取られるべきもの（lēpta）のうちでも、価値が高くて善のすぐ次に位置するものを、プロエーグメナ（高位物）などと呼ぶ。

知者と愚者 人間の最高目的は幸福であるが、幸福は自然（本性）に従って、すなわち徳に従って生きることである。徳に達した人が知者で、そうでない人はすべて愚者で劣悪者である。知者の行為はつねに正しく、愚者のそれはつねに正しくない。なぜなら、人間の生は個々の行為の寄せ集めではなく、ある原則によって内面的に統一された相互関連的なものだからである。しかし愚者のうちでも、最高目的に向かって歩んでいる人は進歩者（prokoptōn）と呼ばれる。ストア哲学者自身は、みずからを知者ではなくてプロコプトーンであると見なしたようである。なお、ある状況である人びとにふさわしい行為は適当な行為（kathēkon）と呼ばれる。適当な行為のうちで、道徳的知見に基づくものは正しい行為（katorthōma）と名づけられる。外見的には同じ行為も，愚者が行なうならばカテーコンで，知者が行なうばあいはカトルトーマとなるわけである。

感情論　感情と意欲の，あるものは理性的で，あるものは非理性的である。非理性的な情意はパトス（理性の病状，情念）と総称され，欲念，恐怖，快，苦の四種に大別される。そして幸福に達するためには，パトスのない状態（apatheia，非情念）が必要と考えられた。他方理性的情意（eupatheia）は，理性的意志，配慮，喜びの三種に大別される。またパトスでもなくエウパテイアでもない自然的感情（たとえば，血縁者への愛情，自然や芸術品から受ける感動など）も承認されたようである。知者はパトスを超脱しているけれども，理性的情意や自然的情緒および生理的欲求を有しないわけではない。

論理学　20世紀になって，それまで軽視されていたストア論理学も，近代論理学を先取りする一面をもつものとして，注目されるに至っている。

〔水地宗明〕

37　マルクス・アウレリウス『自省録』

Ta eis heauton

題名の意味など　ローマ皇帝で最後の著名なストア哲学者マルクス・アウレリウス・アントニヌス（Marcus Aurelius Antoninus, 121―180，在位161―180）のほとんど唯一の著書。ギリシア語で，断章風に書かれている。順序はしばしば乱雑で，12巻に区分されているが，その妥当性は幾分疑問である。晩年の10〜15年間に，そして少なくとも第2巻と第3巻は戦

場で書かれたもののようである。著者没後に編集公刊されたものらしいが、全部残っているのか、抜萃であるのかも不明である。原題（*Ta eis heauton*）の意味もあいまいで、自己との対話、自己への訓戒、自己の生についての瞑想、（公用文書と区別して）私用覚え書、自己へ復帰する道、などの解釈がある。

思想史的意義 本書は著者が独り静かに自己の魂に語りかけたことばの記録である。ラテン語のように簡潔なギリシア語で書かれ、文章には何のてらいもない。ことばがこれ以上透明に、裏表なく用いられたことはかつてないとすら評される。キケロからアウグスティヌスに至る自己表白の歴史の一里程標を成すばかりでなく、ストア哲学の精神を近代に伝えて、多くの人びとに魂の糧を供給した。ただしアウレリウスの思想は純粋にストア的ではなく、プラトニズムその他の影響を受けている。第1巻は、彼が知的道徳的に恩恵を受けた16名の人びとへの感謝、彼らの性格描写など、そして（同巻の最終章である第17章の）自己の運命に対する神々への賛辞から成り、他の諸巻とは異なる魅力をもっている。

基本思想 人間は肉体と魂（生気）と英知から成る。英知（理性）だけが本来の自己であるが、それはまた神性の一片でもある。われわれが外部から煩わされるのは、外部の諸事象の価値についての、われわれ自身の誤った思いなしによるのである。「世界は変化、いっさいは思いなし。」事物の実相を見抜く技術に習熟し、その無価値さを悟って自己の内奥に復帰するならば、われわれはそこで神に触れ、善と真理を見いだし、安らぎをえることができる。人間存在の目的は社会的連帯である。最大の徳は正義と敬虔である。敬虔とは、神の世

界支配に絶対的信頼を寄せることであり、神の意志をもって自己の意志となすことであり、自己の運命を愛し現実を肯定することである。死後の魂の運命については、アウレリウスは一定の結論に達しえなかったらしい。消滅が神の定め給うた運命ならば、それが正しいことであるに違いないと信じつつも、死後により良き生が与えられるのではないかという幾分の希望を彼はいだいていたように見える。　〔水地宗明〕

38　ヘルメス思想

ヘルメス思想の特色　「ヘルメース・トリスメギストス」によって啓示された秘教を伝えるという文学形式をもって書かれた文書群が、ヘレニズム時代、エジプトを中心に流布されていた。このいわゆる『ヘルメス文書』（*Corpus Hermeticum*）の中に確認される思想が一般的にヘルメス思想と呼ばれ、その特色は「グノーシス主義」（Gnosticism、本来的自己の認識（グノーシス）による救済を説く宗教思想）にあるといわれている。しかしこの文書には、グノーシス主義の他に、密儀宗教、ユダヤ教、占星術、錬金術、ピタゴラス派、ストア派、プラトニズムのごとき、この時代の宗教・哲学・科学思想のほとんどすべてが混在しているので、この文書一般に固有な「ヘルメス思想」なるものを確定することは困難である。

『ヘルメス文書』の範囲　この文書は以下の五グループに分類される。①ギリシア語で伝えられている狭義の『ヘルメス文書』、第Ⅰ冊子「ポイマンドレース」から第ⅩⅧ冊子までを

含む。②ラテン語で保存されている『アスクレーピオス』と呼ばれる文書群。③ストバイオス（紀元500年頃）によって残された文書『コレー・コスムー』（*Korē Kosmū*,「世界の乙女」の意）の断片。④２〜５世紀の教父たちによって部分的に証言されている断片。⑤『ナグ・ハマディ文書』（コプト語グノーシス・パピルス）のコーデックスⅥに含まれている三つの文書。

「ポイマンドレース」『ヘルメス文書』の中でも最も有名な「ポイマンドレース」においては，「ヘルメース・トリスメギストス」（Hermēs Trismegistos,「三倍も大いなるヘルメス」の意）なる「ポイマンドレース」（Poimandrēs，コプト語で「太陽神の認識」を意味する P-EIME-N-PE のギリシア語読み），あるいは「真正の叡智」（ho tēs authentiās nūs）によって，宇宙の形成，人間の形成，人間の救済に関する教えが啓示されている。これによれば人間は，脱自(エクスタシー)の状態になり，ポイマンドレースによって開示される宇宙と原人(アンスローポス)の幻を観照して神と合一し，人間の本来的自己が神に由来することの認識(グノーシス)によって救済に達しうる。なお，『ヘルメス文書』の中に放埒主義を認めえないことが，最近，上記⑤の『ナグ・ハマディ文書』によって立証された。

このような救済論が，特に密儀宗教・占星術・錬金術を背景に展開され，あるいは宇宙そのものを対象化して地動説を示唆し（上記①の第Ⅰ，第Ⅱ冊子），あるいは人間に「自己同一化」を迫る（第Ⅰ，第Ⅳ，第ⅩⅢ冊子，②の『アスクレーピオス』）。その故に『ヘルメス文書』は，近世初期においてコペルニクスやブルーノに対し中世以来の形而上学的宇宙観を突破する手がかりを与えたといわれているのみならず，現代に

おいても，C.G.ユングやE.フロムなどの深層心理学者によって高く評価されている。　　　　　　　　　　〔荒井 献〕

39　プロティノス──新プラトン学派

1　生涯

経歴　プロティノス（Plōtīnos, 205/6頃─270）の生涯を知る史料としては，弟子ポルピュリオスの著わした『プロティノスの一生と彼の著作の順序について』（通称『プロティノス伝』，以下『伝』と略記）がある。しかしプロティノスの素姓（種族），両親，生国等については，彼自身が何も語ろうとしなかったので（『伝』1），これを正確に知ることは不可能である。たとえば「生年」についても，彼は66歳でクラウディウス帝在位第2年め（270）に病没したということから逆算して205〜6年という数をはじきだしているにすぎず（『伝』2），また彼の「生国」についても，エウナピオスの『哲学者伝』（455）やプロクロスの『プラトン神学』（I, 1）等に見られることばから，「彼はエジプト人で，リュコー（リュコポリス）の生まれだ」と推定しているにすぎないのであって，プロティノス自身の口から，これが確かめられたわけではない。しかし彼自身の口から語られたこととして伝えられているものもあるから，それらを基にして彼の経歴を簡単にたどってみると，次のようになる。彼は28歳の時に哲学を志し，当時アレクサンドリアで活躍していたアンモニオスの門をたたいた。そして11年間，彼のもとで教えを受け，39歳の時にペルシア

とインドの哲学を学ぼうとしてゴルディニアヌス3世のペルシア遠征軍に参加したが、皇帝暗殺という不慮の出来事が起こってこれが失敗に終わったため、彼はアンチオキアに逃れた。そして翌年、彼はローマに上り、以後病魔におかされるまで、ローマで弟子たちの教育にあたった（『伝』3）。

講義と著作 彼の講義は主としてアンモニオスの教えに基づいていたが、弟子たちが自由に探求できるようにとの配慮から、彼らの発言（質問）を歓迎した。したがって講義は別に順序だてて行なわれるようなことはなく、話の途中に雑談をまじえることが多かったので（『伝』3）、弟子たちは彼の話の筋道を理解するのに苦労したようである（『伝』18）。しかし彼は、質問にはていねいに答え、話しぶりは堪能で、話が核心にはいってくると顔にはうっすらと汗がにじみ、知性に満ちた表情は美しく輝いて見えたと言う（『伝』13）。彼は49歳頃から著作を始め、病没するまでに59篇の論文をのこしている（『伝』4～6）。その内容は倫理的なもの、認識論的なもの、宇宙論的なものなどいろいろあり、アリストテレス的な要素やストア的な要素が見られるものもあるが、教説の根本はプラトンの流れをくむ彼独自のものである。これらの作品はポルピュリオスによって9篇でひと組（エネアス）の論文集、すなわち九論集（エンネアデス）全6巻にまとめられている。

臨終のことば プロティノスのまわりには、彼の人柄と学識にひかれて、いろいろな国からいろいろな職業の人が集まってきたが、流行病におかされ療養のためカンパニアに移転してからは、彼に近づく者もいなくなった。この病気が何であったか、確定的なことは言えないが、彼の臨終につきそった

弟子エウストキオスがポルピュリオスに語ったところによると，喉がおかされて声がつぶれ，目がかすみ，手足が潰瘍におおわれるという恐ろしい病気だったらしい（『伝』2）。ハンセン病ではなかったかと思われる。彼は医者として治療にあたってくれたエウストキオスに，「われわれのうちなる神的なものを万有のうちなる神的なものへ戻そうとしているのだ」と語り，見守る家族も友人もなく，孤独のうちに息をひきとったと言う（『伝』2）。

2 思想

プロティノスはプラトン哲学にたいする深い理解を基礎とし，部分的にはアリストテレスやストアの教説なども取りいれて，プラトン，アリストテレスと並ぶ壮大な哲学体系を樹立したが，その柱となっているのは，超越的絶対者としての「一者(ト・ヘン)」，真実在としての「ヌース」と「魂(プシューケー)」，魂（世界霊）の影もしくはロゴスとしてのピュシスで，それぞれが「流出(エマナチオ)」と「観照(テオリア)」という二つの働きで関係づけられている。一者は万有の原因となるもので，これなしには何物も存在しえないが，一者自体は万有のいずれでもなく，万有の彼方にあるもの，一切の価値を超えた超存在である。この一者の充実しきった力が一者から溢れ出ることによって（つまり流出して）生まれたのがヌースで，これは常に真実在の世界に居を占め，自己自身にたいする直知活動を通して一者を観照し，その光に満たされて魂を生む。魂には全霊，およびその部分としての世界霊と人間の霊がある。世界霊は自己の影もしくはロゴスとしてのピュシスを素材界に送り，素材(ヒューレー)に形相(エイドス)を付与して感性界を創る役割をさせる。つまり感性界は世界霊

とそのロゴスとしてのピュシスを通して投影された真実在の世界の影であるから，考えられる世界のなかでは最も善く最も美しい世界で，われわれ人間の魂はその美しさに魅惑されて真実在の世界から降下し，肉体に宿ったのである。しかし感性界はいかに美しくとも影の世界にすぎない。したがってわれわれはこれに拘泥せず，真実在の観照を通して，われわれの真のふるさと，真実在の世界に帰るよう努めなければならない。哲学の役割もここにあるのである。

新プラトン派 このプロティノスの教えはポルピュリオス（Porphyrios, 233/4頃—305頃）の努力によって普及したが，後にプロクロス（Proklos, 411頃—485頃）によって強力な理論的支柱をあたえられ，それ以後の西欧思想に大きな影響をあたえることになる。なお，ここにあげた2人の思想家のほかに，アメリオス，ヤンブリコス，アイデシデオス，ヒエロクレス，さらにはマクロビウス，カルキディウス，ボエティウスのようなラテン世界の思想家も含めて，プロティノスの教えの流れをくむ思想家の一派を総称して，新プラトン派と言う。この派の創始者はプロティノスの師アンモニオス・サッカスであるとされているが，実際にその基礎を確立したのはプロティノスである。

〔田之頭安彦〕

Ⅶ　キリスト教の起源

40　古代ユダヤ教

契約と律法　古代ユダヤ教はイスラエル人の宗教であり，彼らの民族形成とふかくかかわりつつ歴史の過程において旧約聖書とタルムードを生むことにより，一方では原始キリスト教の前史としての役割を担うと共に，他方ではパリサイ派の宗教思想を根底とした後代のユダヤ教の基礎となった。

　古代ユダヤ教の性格を決定づけたものはその契約と律法観であるといってよい。卓越した民族的指導者モーセのもとにシナイにおいて神との契約に入り（「出エジプト記」19の1以下），さらにカナンの地を取得したのち同族の12種族を糾合して宗教的契約共同体を形成したことを民族の伝承はつたえる（「ヨシュア記」24の1以下）。そこでは神ヤハウェとイスラエルの民との関係は自然的紐帯によるものではなく，自己の存在と意志を明確に啓示する主体的な神とこれを自由な決断にもとづいて受容する民との人格的なものと把握されている。いうまでもなく神が契約の一方の当事者であり，人間の相互関係は，神の保護のもとにある者同士のかかわりとして理解された。この宗教的な契約が，法的・道徳的・政治的・経済的諸分野で，すなわち生活全般において彼らのあり方の基礎となった。契約の履行に彼らがとくべつの関心をよせたのは，半遊牧民としての社会学的特徴にもとづく。小家畜飼育者と

して沃地周辺部で営む生活は，農耕民と自由なベドウィンとの中間にあって，外部に対しては法的に規整された種々の契約関係を日常的に必要とし，内部に対しては共同体の崩壊を防ぐために強固な結集力を必要としていたからである。このような共同体が神との特殊な関係を日常生活のあらゆる側面において具体化するために，契約の基本原理に根ざしたさまざまな生活の指針，規定，法度などを伴うこととなったのは必然であったといわなければならない。「出エジプト記」20章22節〜23章33節は王国成立以前の，民族としてきわめて初期の時代におけるこのような律法の例を示すものである。

預言者と捕囚　沃地文化との接触とメソポタミア強制移住という民族的悲劇はイスラエルの民にはかりがたい影響を与えた。前者は預言者の出現をうながし，後者はその宗教の決定的転換をもたらしたのである。

沃地文化との接触は，定住生活と農耕の受容および王国制度の導入に象徴されるが，これらは，貧富の格差増大，農民を負債奴隷化に追い込む経済構造，権力の集中化と権力者の専横，ヤハウェ宗教の祭儀化と農耕的豊饒神祭儀との混淆といったこれまでにないさまざまな傾向を招来した。一連の預言者が契約思想に自らを徹底させるときに，その語る言葉が現実の否定につながる「禍いの預言」とならざるをえなかったのは，彼らが沃地文化の本質を非ヤハウェ的なものと鋭敏に看破したからであった。しかしホセアの輝しい未来の描写，イザヤにおけるダビデの再来としてのメシア観などにみるごとく，これらの預言者はなお契約に絶対的信頼をもち，その不変性の確信のゆえに未来の理想のイスラエルを想うことができた。神の審判としての否定の中に救済をみていた。これ

に対しエレミヤの場合はホセアやイザヤとは異なり、現実の否定は従来の契約そのものの否定を意味した。それにかわって心にしるされた律法とともに永遠に破棄されることのない「新しい契約」の締結を歴史的出来事として望み見ていた。いずれにせよ預言者は民族の運命の背後に歴史の主としての神の主体的行為を看破することによって終末論的に歴史を理解した。

　上述の預言者たちにとっては神の選びが一切の出発点であり、神がモーセの時代に結んだ契約のゆえに律法の遵守は当然のこととされた。これに対し律法の遵守を神の約束成就の前提とするのが捕囚期の預言者エゼキエルである。彼は律法によって規整された状況の中ではじめて契約の更新があると考え、ここで律法ははっきりと契約に優先する地位に立った。前586年の南ユダ王国滅亡に随伴した指導層のメソポタミア強制移住は、彼らの宗教と聖地、聖所との排他的結合関係の分断を意味した。安息日律法の厳守、割礼の履行が抑留民の間で強調されたのは境界世界との異質性を自覚することにより同化吸収から身を守るためであった。異境での生活の支えは、過去の自民族の歩みの中に示された神の力ある業である。祖先の信仰と生活のあり方によせた彼らの関心は、したがって、きわめて強く、歴史と伝承の集成へと彼らを導いた。これは、祖国を離れたことにより理念化されることになった約束の成就に向けて、必要条件を整えるための重要な生活上の指針となった。捕囚を契機としたこのような契約と律法相互の関係の逆転はのちのユダヤ教に決定的な方向づけを与えたのである。

口伝律法への道　捕囚帰還後にバビロンから新しい律法をも

たらしてユダヤ人社会に新しい生活と意識を吹き込み内面から祖国再興に尽力したのはエズラであった。その律法はのちの旧約聖書の一部すなわちモーセ五書であるが、神殿の庭に集まった大衆の前で朗読され、かつ解説された。律法を大衆の生活の中心に定着させたのはエズラの功績であるが、このような中心的重要性を律法がもつに至って当然のことながら律法の研究と註解、釈義を専門にする律法学者が現われた。彼らによる律法の朗読と解釈がシナゴークにおける礼拝の中心となった。シナゴークは各地に散在し、日常性をもつゆえにそこで展開される律法観は大衆の宗教生活に浸透し、平信徒としての律法学者はエルサレム神殿を中心とする祭司と並存した大きな勢力となる。ヒレルとその後継者たちに代表される律法学者の律法と伝統への内向的なひたむきな努力からすばらしい文献的業績が生まれる。初期律法学者の教説・釈義が選別集成され、いわゆる口伝律法としてミシュナに編纂されたのがそれである（200 A. D. 頃）。しかもこれはシナイにおいてモーセに啓示された律法の中にすでに内包されたものとして、その神的起源と宗教的権威が主張された。これはその後の律法研究の基本テキストとなり、ミシュナ本文の註釈と併載されてタルムードを構成し、聖書と並んで、啓示された神の意志を求めるユダヤ教の基礎となった。

〔石川耕一郎〕

41 『旧約聖書』

正典と認める宗教　『新約聖書』とともにキリスト教の正典であると同時に，ユダヤ教ではタルムードとともにこれに先行するヘブライ語（一部アラム語）の正典である。ユダヤ教と初期キリスト教では『律法・預言・諸書』あるいはその省略形で単に『聖書』を表わすことばで呼ばれる。

いずれにしろ両教徒の信仰と生活の規範になっているが，キリスト・イエス観，正典史的経緯により正典として公認されたテキストの範囲と配列に多少相違を生じている。

『旧約聖書』の成立　『旧約聖書』で聖書学的に成立年代が推定される最古の断片は「士師記」5章のデボラの戦勝歌（前12世紀）とされる。「出エジプト記」15章21節のミリアムの歌も歴史性が高いとする意見もあるが，本文外の傍証が十分でない。『旧約聖書』は，イスラエル部族連合にヤハウェ信仰が受容される時期あるいはそれ以前からの伝承をはじめ，ヘレニズム時代に成立した文書にいたるまで，千年あるいはそれ以上にわたり蓄積されたイスラエル人の宗教体験を表わす諸文学類型の資料を折にふれ繰り返し編集しなおしたものである。この経過は神の啓示による契約と救済史という基本的枠組に導かれた。

最初にヘブライ語原典の五書（「創世記」「出エジプト記」「民数記」「レビ記」「申命記」）すなわち『律法』が，バビロニア捕囚（前6世紀初）のさい破壊されたエルサレムの城壁と神殿の再建が始まったネヘミア，エズラ時代（前5—4世紀

初）に正典化されたことは重要である。政治的宗教的中心を失った民の生活規範の建てなおしが計られ，捕囚の状況におかれた「祭司」の神学再構成が現在の形の『律法』の編集の指導原理になったからである。その後『預言』『諸書』が正典に加えられたが，中世のマソレ本文にいたるテキストの範囲が確定したのはローマ軍によるエルサレム攻略（70 A.D.）後の90年のヤムニア宗教会議においてである。

正典性の理解　初期のユダヤ人キリスト教徒を中心とするエルサレム教会ではイエスの出来事を旧約預言の成就と理解した。『新約聖書』の旧約引用が示すように，当時教会は前3～2世紀にアレクサンドリアで訳されたギリシア語70人訳をもっぱら使っていた。これにはユダヤ教側がヤムニア宗教会議で排除した外偽典が含まれていたため，外偽典はカトリックの標準聖書ヴルガタに残った。プロテスタントはヘブライ語原典に依拠する立場をとっている。他方『新約聖書』成立後，キリスト・イエスの事実に始まり再臨とともに終わる終末論的時におかれているという理解からキリスト教側は『新約聖書』の福音書・書簡・黙示（預言）の配列にあわせ『旧約聖書』も律法・諸書・預言の順に配列しなおした。

〔後藤光一郎〕

42　イエス

1　生涯

史料　イエス（Jesus，ギリシア語ではIēsous, 4 B.C. 頃—30

A. D. 頃）の生涯を知るための史料は極めて乏しい。宗教的色彩を持った史料以外にも，イエスらしき人物について述べた古代の文献がないわけではないが（タキトゥス，スエトニウス，ヨセフス等），いずれも，単に実在を示唆するにとどまり，伝記的要素はほとんど含んでいない。また，正典としての『旧・新約聖書』に採用されなかったいわゆる外典的諸文書やユダヤ教諸文書は，かなり後の時代のもので，直接的史料にはなりにくい。そうなると，結局，正統的キリスト教が伝えてきた諸文書，特に「共観福音書」（マルコ，マタイ，ルカ）が，唯一の史料として浮かび上がる。ところが，これらは，イエスの死後数十年たってから書き下されたものであるだけでなく，はじめから，現代的意味での伝記として書かれてはおらず，明白な宗教的意図によって貫かれている。したがって，ここでは，史料批判が必然的に要求される。

研究史 福音書の記述をそのまま史実とみなす素朴な見解が，近代の歴史的・批判的方法の適用によって動揺させられてからも，しばらくの間は，イエスの生涯の復元は，ある程度可能であると考えられていた。しかしながら，次々に生み出された数多くの「イエス伝」は，要するに，著者の世界観を，イエスの名をかりて語ったものにすぎなかった。18世紀から19世紀にかけて現われた一群の「イエス伝」のそのような性格を明らかにしたのは，アルバート・シュヴァイツァーの『イエス伝研究史』（1906）であったが，彼自身が描こうとした「イエス伝」も，やはり，同じ運命の下にあったのである。その後，ルドルフ・ブルトマンの『イエス』（1926）にいたって，遂に，伝記的要素に対する関心は廃棄されることになった。それを修正しようとする試みもなかったわけではない

が，基本的方向は変わっていない。

批判的結論　今日では，イエスの生涯に関して，確かな史実として語りうる事柄はほとんどないといってもよい。比較的確かなのは，十字架の死という事実であるが，それすら，具体的な経過については，伝承の食い違いを免れることができなかったのである。広く知られている生誕物語は，ほとんどすべてが，メシア的表象に基づく教団の創作であるから，生い立ちについては，おそらく，ヘロデの治世（37―4 B. C.）の終り頃，ガリラヤのナザレで生まれたのではないかという推定がなされうるにすぎない。家族関係もよくわからない。ガリラヤで公的活動を開始したのは，30歳位の時であるが，やがて，エルサレムにおいて，ローマの総督ポンティウス・ピラトゥスの下で，十字架刑に処せられたものと思われる。その間の活動を時と場所に即してたどることは，もはや困難であろう。

2　思想

神の支配（国）の到来　イエスの生涯の場合と同様に，彼の思想に関しても，史料批判が不可欠である。イエスは，書いたものを何も残さなかったし，また，彼が語ったことの忠実な記録も保存されていない。イエスの言葉伝承は，伝承者達の様々な動機を反映しているので，そのままの形をイエスに帰するわけにはいかない。最古の福音書記者マルコは，イエスの教えの内容を統括して，次のようにいう。「時が満ちて，神の支配（国）が近づいた。悔い改め，福音によって信じなさい」（「マルコ」1の15）。もちろん，これは，用いられている言葉から見ても，後になって構成されたものではあるが，

イエスが語ったことの中心的内容が，神の支配（国）の到来であったということは，ほぼ確かであろう。

考えることと生きること　神の支配（国）の到来を語ったとしても，イエスは，その内容を定義づけたり，そこから思想体系を展開したりすることには，意を用いなかった。彼は，種々の立場の人びとと折衝する具体的状況の中で，神の支配（国）に直面して生きるとはどういうことであるのかを示そうとする。それが，律法問題をめぐって当時の宗教的権力と対決する姿勢として現われてくるのである。また，そのような姿勢は，同時に，一種の政治的態度にもつながらざるをえなかった。したがって，イエスの思想をイエスの生から切り離して論ずることはできない。つまり，イエスは，自ら生きぬくことを通じてしか知りえないようなことを，共感，連帯，挫折，断絶等の経験を媒介として，伝えようとしているといえるであろう。

3　イエスとキリスト教

イエス観としてのキリスト　イエスとキリスト教の関係を考えてみると，イエスは，その教えが直接継承されてキリスト教の教義となったという意味での「教祖」ではない。キリスト教は，イエスを「キリスト」（「救い主」の意味，ヘブライ語の「メシア」）とみなす信仰に基づいて，はじめて成立したものである。そして，イエスの思想からキリスト教へいたる道は，実は，必ずしも一直線ではなかった。むしろ，いわゆる正統的キリスト教は，一つのイエス観が，幾多の経緯の後に，それを担う教団の世俗的確立をともないながら，勝利をおさめた結果，現われたものなのである。そこでは，やがて，イエ

スの存在は,「三位一体論」における一つのペルソナとして,神格化された形で,教義の中に位置づけられていくことになる。

イエス観の多様性　初期キリスト教は,その出発点においては,イエスに対する見方をめぐって,多様な思想潮流が交錯する宗教運動であった。したがって,福音書にまとめられる以前のイエスの言葉伝承や物語伝承すらも,元来,それぞれ特定の見方と対応していたと思われる。前述のように,史的実在としてのイエスの姿は,さらにそれらの背後に求められなければならない。しかし,歴史をふりかえってみれば,イエスは,このように一つの公式では割り切れない存在であるが故に,古来,今日にいたるまで,彼と真剣にかかわろうとする者にとっては,常に新たに出会う未知の人として,自己変革の指標となってきたともいえるのである。　〔土屋　博〕

43　『新約聖書』

多様な諸文書としての性格　『新約聖書』は,一種の古代文献とみなされうる限り,単一の文書ではなく,著者も,成立した時期や場所も多様な27の諸文書の集成である。著者問題は複雑で,同一の著者に帰せられうるものもいくつかあるが(ルカ文書,パウロ書簡等),著者がはっきりしないものも多い。また,福音書記者は,伝承の編集者であり,厳密な意味での著者ではない。成立の時期を見ると,紀元50年頃のもの(「テサロニケ人への第一の手紙」)から,2世紀中頃のもの(「ペテロの第二の手紙」)までが含まれている。成立の場所は,多く

の場合明らかでないが，パレスティナを中心として，古代地中海世界に分布していたと考えられる。これら諸文書の文学類型も多様で，福音書，書簡，黙示文学等に分けられる。さらに，書簡にもいろいろな種類があり，具体的な状況と結びついたものもあれば，一般的な性格のものもある。「使徒行伝」は，歴史書というよりも，むしろ，「ルカによる福音書」に続く一種の福音書というべきであろう。

正典としての性格　キリスト教会においては，『新約聖書』は，『旧約聖書』と共に，「正典」すなわち教義と信仰生活の基準を示すものとみなされてきた。しかし，『新約聖書』におさめられた諸文書は，必ずしもはじめから正典になることを意図して書かれたものではなく，また，これら以外にも，同様な種類の諸文書が存在していた。そのような文書群の中から，現在の正典を選び出し，その他を「外典」としたのは，最終的には4世紀の教会であった。当時の教会の眼には，『新約聖書』は，全体が一つの基準を提供するものとして映ったのである。ところが，現代の歴史的・批判的方法に基づく研究は，『新約聖書』におさめられている諸文書においては，成立事情や文学類型が多様であるだけでなく，思想も多様であることを明らかにしつつある。さらに，正典外諸文書の研究によって，これらの思想が，それぞれ特定の思想潮流に属していることも知られるようになった。今日でも，『新約聖書』としての思想を求める立場もないわけではないが，その場合にも，そこに含まれている思想の多様性は認めた上で，それらの統合を考えるのが常である。ともかく，従来大雑把にとらえられてきた「キリスト教思想」は，個々の文献に即して再吟味されなければならない。

〔土屋　博〕

> **コスモス（kosmos）** この語は，本来はただ一般的に「秩序」「配列」などを意味し，ホメロスでは女性の装身具や馬具の装飾品などを表わすのにも用いられている。だが，この語はやがて哲学者たちによって「宇宙の秩序」を意味する語として用いられ始め，遂に「宇宙」そのものを意味するに至った。宇宙がつかみどころのない混沌ではなくて秩序と美を現わす統一体であることを，ギリシア人が鋭く洞察した次第がここに示されている。

44 原始キリスト教

原始キリスト教の範囲 原始キリスト教とは，初期カトリシズム成立以前のキリスト教のことである。初期カトリシズムの特色は「教会の時」から「使徒たちの時」を明確に区別し，単独の司教を「使徒伝承」の正当な継承者とみなすことにあり，このような特色が出揃うのは紀元後1世紀末から2世紀後半にかけてである。したがって，原始キリスト教の下限は2世紀初期ということになる。その上限は，イエスをキリストと信ずる信徒たちを成員とする共同体が成立した時期であるが，これはイエスの死後，紀元後の30年代に当たる。

原始教団の成立 最初のキリスト教共同体（いわゆる「原始教団」）は，ルカによれば，聖霊の降臨に与った十二使徒を中心としてエルサレムに成立し，ペテロに代表される彼らの宣

教内容はイエス・キリストの復活にあった。キリスト信仰の成立に，かつてのイエスの弟子たちが有した，復活のイエスの顕現体験に基づく復活信仰が大きな役割を果たしたこと，このような信仰を共有する共同体の一つがエルサレムに誕生し，このエルサレム教団が地中海沿岸諸地域に成立しつつある他の原始教団に対し，ローマ軍によるエレサレムの崩壊（70）に至るまで，一定の影響を与えたことは事実である。しかし，「十二使徒」はルカまたはルカ時代（80—90年代）のキリスト教の理念であって史的存在ではない。また，原始教団がまずエルサレムに成立し，ここから，エルサレム教団に対するユダヤ教の迫害を契機に，サマリア，シリアへとキリスト教が布教されていったというルカの記事には，「エルサレム中心主義」に傾くルカの傾向が強く出ていて，必ずしも史実と一致しない。エルサレム以外の地，たとえばガリラヤの周辺にもキリスト教共同体が成立し，しかもここからすでに，デカポリスやスロ・フェニキアの諸地域に布教が始められていたことは，マルコ福音書から間接的に立証される。

原始教団の伝承　パウロの手紙やマルコ福音書が著わされる以前の時代（30—60年代）における原始キリスト教の信仰内容は，これらの文書に前提されている諸伝承から推定される。これらの伝承は，その様式上，次の二つに大別される。

　①ケーリュグマ伝承——これは，主としてパウロの手紙に前提され，「イエスは主である」「神が死人の中からイエスをよみがえらせた」という信仰告白に基づき，「キリストの福音」を「宣教(ケーリュグマ)」する目的で形成された伝承で，これには，(a)キリストの死を人間の罪の赦しとみなし，その死と復活（および再臨）を旧約における預言の成就として解釈するユダ

Ⅶ　キリスト教の起源　155

ヤ型の伝承と, (b)キリストの死を, 神と共にあった神の子の, 神に対する従順の極みとみなし, それ故にキリストは神により「主」として天に挙げられたというヘレニズム型の伝承に別けられる。

　②イエス伝承——これは, (a)イエスの業（主として奇跡）と, (b)言葉に関する伝承であり, 前者は次第に後者の中にとり入れられ, 終末論的に解釈されていく。(b)の伝承者の一部は, ①の伝承の要素をも採用し, 一つの教団（いわゆる「Q教団」）を形成するが, 他の一部はカリスマ的巡回説教者として放浪生活を送った。いずれにしても彼らにおいて, 復活し天に挙げられた「人の子」または「栄光の主」と共に生きることが強調され, ①の伝承(a)の贖罪信仰は後景に退いている。

パウロ　ユダヤ教徒として律法に対する熱心の余り, キリスト教徒を迫害さえしたパウロは,「イエス・キリストの啓示によって」キリスト教に回心し（34頃）, 3回の伝道旅行により地中海沿岸諸地域に教会を設立し, ついにはローマにまで至った（60頃）。この間彼は, シリアのアンチオキアからエルサレムにのぼり, 同地の教団の「重だった人たち」（イエスの弟ヤコブ, ペテロ, ヨハネ）と会談し（いわゆる「エルサレム使徒会議」, 48頃）, 割礼を前提とすることなしに異邦人に福音を宣べ伝える承認を得た。にもかかわらず律法の遵守を救済の条件とするユダヤ人キリスト教に対し, パウロは, 上記①の伝承に拠りつつ, 信仰によってのみ義とされるといういわゆる「信仰義認論」を展開したが, この世にあって義とされ救われた存在を持続する手段として律法の有効性を認めた。他方彼は,「栄光のキリスト」にあって生きることに

より，すでに終末が実現されたとみなして放埓主義と熱狂主義に陥ったヘレニズム・キリスト教に対しては，キリストの十字架を身にひき受けることと，終末の将来性とを強調した。こうしてパウロは，教会内におけるあらゆる差別をキリスト信仰の故に排棄したが，生前のイエスの生には信仰に対する有効性を認めず，社会的・政治的には現状の肯認に傾いている。

福音書記者　マルコはその視座をガリラヤの民衆に据え，イエスの言葉伝承に，奇跡物語伝承と受難物語伝承を介して史的状況をとり戻し，十字架に至るイエスと共なる生を示唆することを目的として福音書を創出した。マタイの場合は，マルコ福音書とイエスの言葉伝承（いわゆる「Q資料」）その他に拠り，彼に独自の福音書を編集して，イエスの教えを旧約の律法の完成とみなす立場を打ち出した。これに対してルカは，マタイと同様マルコ福音書とQ資料その他に拠りながらも，神による救済の中心に「時の中心」としてのキリストを据え，「十二使徒」によって担われたエルサレム原始教団の歴史の中に「真のイスラエル」の完成を見出し，「時の中心」から「原始教団の歴史」を質的に区別して，福音書と使徒行伝を著わした。こうしてルカは初期カトリシズムの立場に一歩近づく。これに対してヨハネの場合は，地上のイエスを，十字架を通して天に挙げられた「人の子」または「栄光のキリスト」の「しるし」として描き出しており，その二元的人間観は，初期カトリシズムにより「異端」として排斥された「グノーシス主義」に極めて近いのである。

「ヨハネ黙示録」を例外とすれば，パウロの立場を継承する「第二パウロ書簡」と「牧会書簡」，およびユダヤ人キリスト

教的「公同書簡」を経て，原始キリスト教は次第に初期カトリシズムへと移行していく。　　　　　　　　　　〔荒井　献〕

第2部　中世の哲学

I	中世哲学の発端	45 〜 49
II	カロリング・ルネサンスと 　　　　　　神秘主義の起源	50 〜 52
III	アラビアとユダヤの哲学	53 〜 59
IV	スコラ哲学の形成	60 〜 66
V	13世紀の知的綜合 　　　──スコラ哲学の開花	67 〜 72
VI	14世紀の革新 　　　──ノミナリストの運動	73 〜 75
VII	ルネサンスの思想	76 〜 83

西欧文明の基盤としての中世哲学

　中世はヨーロッパ文明の基盤をつくった時代である。それゆえまた中世哲学は深く西洋思想の根柢を形づくっている。中世哲学といえば，その中核はなんと云ってもキリスト教哲学であるが，それはキリスト教（ヘブライズム）とギリシア哲学（ヘレニズム）を結びつけようとする最初の試み，「教父哲学」にはじまる。この思想の動きはカロリング・ルネサンス以降は神秘主義をとり入れ，ついで「スコラ哲学」の形成にいたるが，アリストテレス哲学とキリスト教を統合しようとするこの思想動向の内容は決して一様ではなく，14世紀にいたるならば，近代哲学に直結するような「ノミナリズム」を生み出していく。このような中世哲学のさまざまな思想的営為は，その後のキリスト教ヨーロッパの知的世界をいろいろな場面で，深く規定している。

　さらに本書では，中世キリスト教哲学だけでなく，それに先立ち，その思想形成に参与したアラビアやユダヤの哲学も視野に入れて，これに一章を割いている。また近年大幅に研究が進んだ，この時代の科学思想も繰り入れているところは，これまでの中世思想史の欠を補う新しい内容を提供するであろう。

　「ルネサンスの思想」が「中世」の部分に入れられているのはやや異例だが，このいわゆる「ルネサンス」とは実のところ中世を通じてしばしば起っていた文化運動（カロリング・ルネサンスや12世紀ルネサンス等）の最後のものとも受けとめられうるゆえに，許される取扱いであろう。　　　〔伊東俊太郎〕

I 中世哲学の発端

45 教父哲学

教父哲学 教父哲学はまた，教父時代におけるキリスト教哲学と呼べる。その教父時代とは，使徒時代に続く時代を指し，通常 1 世紀から 7，8 世紀までが考えられている。本書ではアウグスティヌスは別に取り上げられているので（→46），ここにはアウグスティヌス以前のキリスト教思想に限定して，その概要を述べることにする。キリスト教思想を直ちに「哲学」と呼べるかということには問題があるが，それを哲学ではないと言い切ることもできない。まさにそのような性格を教父思想は持っている。というのは，イエス・キリストの，また彼についての，福音としてのキリスト教の内容はヘブライズムの連関のうちに理解さるべきものであって，ギリシア哲学とは発想を異にする。だがそのキリスト教は早くからヘレニズム世界の哲学思想と相触れたのであり，特に 2 世紀以後は両者の交渉は本格的なものとなり，それによってヘレニズムとヘブライズムとの交流による西洋思想の形成過程が始まる。それは「ある」（ト・エイナイ，ト・オン）の論理としてのオントロギアと，「なる，起こる」（ハーヤー）の論理としてのハヤトロギアとの交流過程と言いかえられよう。そう解して始めて，それは哲学史的意義を帯びるものとなる。その過程の性格を明らかにするため，ユスティノス（Justinus

Martyrus, ?―165頃), エイレナイオス (Irenaeus, 140頃―200頃), クレメンス (Clemens Alexandrinus, 150頃―215頃), オリゲネス (Origenes, 185頃―254頃) の4人を選んで, ここに取り上げることにする。

ユスティノス　パレスティナのフラヴィア・ネアポリスに生まれ, 長じて哲学の研究に志し, ストア, アリストテレス, ピタゴラス等の学派の門を叩いたが, 最後にプラトン哲学の門をくぐり, そこにしばらく落着いた。ところがエフェソスでキリスト教に接し, より勝れた哲学をここに見出した彼は哲学者の衣を着けたままでキリスト教の真理弁証のために献身し, のちローマで殉教した。彼の回心は,「あるもの」(ト・オン) としての神から, 創造者 (あらしめるもの) としての神への転向であったが, しかし神についての擬人的表象を比喩的に解し, 言表を絶した神の超越性を強調した。創造および啓示のはたらきはロゴスを通してなされるのであるが, ロゴスは「生まれざる神」から「生まれたもの」である。それは「ことば」でもあり「ことわり」でもあるが, その概念の適用によってユスティノスはキリスト教の独自性, 普遍性, 優越性, 真理性を弁証しようとした。現存の著書は『弁証』ⅠとⅡ,『トリュフォンとの対話』である。

エイレナイオス　小アジアの, おそらくはスミルナの人で, のちガリアに移り, 177年頃ルグドゥヌム (リヨン) の司教になった。その主著『いつわりのグノーシスを反駁する』(通常 Adversus haereses と呼ばれている) は, グノーシス主義の流出論を排して聖書の人格的一神論を主張する。一切を無から創造した神は, また歴史の主であるが, そこには人間救済のための経綸 (オイコノミア) がはたらいている。神の子

キリストは，人間がアダムによって失ったもの，「神の像と相似性」としての存在を回復する救主であり，彼の業によって人間とその歴史は総括・完成される。それがすなわちアナケファライオシスである。そしてそれはキリストの千年王国の出現によって地上に実現され，そののちさらに最後の審判があって，新しいエルサレムが天から降る。このように旧新約聖書を一貫するハヤトロギア的救済論の構想をエイレナイオスは提示するが，これと鮮やかな対比をなしているものがクレメンスおよびオリゲネスの思想である。

クレメンスとオリゲネス　この2人は最高度のヘレニズム的教養を身につけて，キリスト教信仰の哲学的理解を追究したのであって，ユスティノスのロゴス・キリスト論をうけつぎながら，それをさらにオントロギア的に展開した。クレメンスは諸所遍歴ののちアレクサンドリアに来てパンタイノスの許に学び，師の死後はその後任としてキリスト教校を主宰した。彼はギリシア哲学を高く評価し，それの研究が人をキリストに導くだけでなく，また信仰の意味を開明して真のグノーシスを悟得させるものであると論じた。主著『ストロマテイス』（交織袋<ruby>まぜおりぶくろ</ruby>）のほか，『ギリシア人への勧告』『師表』等がある。オリゲネスは202年クレメンスが去ったのち教校の責任を委ねられたが，231年にカイサリアに移り，250年デキウス帝の迫害のもとに一時投獄され，のちチュロスで死んだ（254頃）。ほぼ69歳であった。その著書は多数にのぼるが，6世紀に彼の思想が異端の宣告を受けたこともあって，今日伝わっていないもの，またラテン訳だけで残っているものも少なくない。彼の思想体系を展開する『原理論』のほか，『ヨハネ福音書註釈』『ケルソス駁論』等が特に重要である。

I　中世哲学の発端　163

彼もクレメンスのように啓示信仰に根ざした覚智（グノーシス）または智慧（ソフィア）の展開・悟得の道を追求したが，それは旧新約聖書のうちにロゴス・キリストの真理を探ることであった。そのことはまた福音の意味についてのオントロギア的再思考であったのである。「神は一切の叡知的存在また精神の始めが出てくるところの精神であり源泉である」が，その神は認識を超えた一者（モナスまたヘナス）であり，しかも意志的主体として不断の創造者である。創造はある時点でなされたものではなく，時はかえって世界創造とともに成り立ったものである。被造者としての叡知的存在（ノエス）は自由意志を与えられていて神から離反の可能性を持つので，その訓練と教育の道場として物的世界は造られる。そこで永遠の神の子・ロゴスとしてのキリストに導かれ，神との相似性の完成へと成長する。そして究極的には万人はみな救われて，多なる世界は原初的一に帰る。〔有賀鐵太郎〕

46 アウグスティヌス

アウグスティヌス（Aurelius Augustinus, 354—430）は，ギリシア教父ニュッサのグレゴリオスと並び称されるローマ・キリスト教会最大の教父であり，正統的信仰の完成者，世界史における有数の著述家，大思想家として今日なお極めて大きい影響力を持つ。

1　生涯

回心　彼は北アフリカ，ヌミディアの小都市タガステ（現スーク・アラス）に異教徒のパトリキウス，敬虔なキリスト教徒であり後に古代キリスト教会三賢母の一人に数えられたモニカの子として生まれた。13歳の頃マダウラに行き修辞学を学び始め，ウェルギリウスを始めとするローマ文学とラテン語に深い興味を抱く。15歳頃勉学を中断してタガステに戻ったが，この頃より彼のいわゆる肉慾に溺れた放縦な生活が始まった。370年ロマニアヌスの援助でカルタゴに遊学。この頃ある女性と同棲，一子をもうける。また同じ頃マニ教に入信した。19歳のとき今は散逸したキケロの『ホルテンシウス』を読み生涯におけるひとつの光明として哲学の途（不変の真理への愛）を見出した。22歳頃よりカルタゴやローマで修辞学を教えていたが，29歳のときマニ教の司祭ファウストゥスと会いマニ教への期待を裏切られてアカデミア派の懐疑論に傾斜した。

　ところが30歳のときローマ市の長官シュンマクスの推挙によってミラノに修辞学の教師として赴任したのを境として彼の生涯はキリスト教の正統へ転回する。この頃彼に最も大きな影響を与えたのは，司教アンブロシウスであり，アウグスティヌスは彼の下でカトリックの信仰と権威や旧約聖書の比喩的解釈を学んだ。またこの頃彼は新プラトン派の書物を読み超越的存在ないし霊的存在への目を啓かれアカデミア派の懐疑論を克服した。こうして彼はアンブロシウスや聖書（殊にパウロ書簡）の尊さによってようやく受洗の決意を固めるに到った。32歳のときミラノのある家の庭で「取りて読め

(Tolle, lege)」という歌声を聞き，直ちに聖書（ローマ人への手紙13の13—14）を読んだところ一切の迷いが去って回心が成就した（ミラノの回心）。同年修辞学の教師を辞し友人や近親者と共にミラノの郊外に移り受洗の準備に入ったが，この間『アカデミア派駁論』『幸福な人生』『秩序論』『独語録』を書く。387年友人アリュピウス，息子アデオダトゥスと共にアンブロシウスより受洗した。同年秋帰国途次母モニカ死す。翌年帰国し修道生活に入る。

論争 回心，受洗を契機に彼の著述活動は本格化しマニ教との論争を開始した。391年ウァレリウスに請われてヒッポ・レギウスの司祭となり，396年ウァレリウスの死後司教に就任した。この間教会活動に奉仕する傍ら，『教師論』(389)，『真の宗教について』(390)，『信仰の有用性について』(391)などを次々と著わし，ローマ・カトリック教会の中心的存在となる。ヒッポの司教に就任した後も，マニ教，ドナトゥス派，ペラギウス派，アリウス派などとの論争に身を投じ数々の駁論を書き続ける一方，「教会の外に救いはない」との根本的信念に立脚してキリスト教の根本的教義の確立に貢献する幾つかの極めて重要な著作を著わした。430年ヒッポはウァンタル族に包囲され，アウグスティヌスはその包囲のなかに76歳の豊かな生涯を閉じた。

2 著作と思想

『告白』 彼の著述は膨大な量にのぼり著作に限っても113に及ぶ。代表的著作としては，『告白』(397—400) 13巻，『三位一体論』(400—19) 15巻，『神国論』(413—26) 22巻，『創世記逐語註解』(401—14) 12巻，『詩篇講解』(391—418)，『キ

リスト教教義論』(397, 426) などが挙げられる。この内『神国論』については別項に譲るが (→47)、ルネサンス以来最も広く親しまれたのは『告白』である。この書は司教に就任して名実共に指導的立場に立った彼が、回心、信仰の確立への途上における学問的な迷い（マニ教や懐疑論への傾斜）や快楽への耽溺、母モニカとの葛藤、神の愛からの離反の苦悶を余す処なくてらいなく再現し、併せて聖書の解釈を録すことによって、読者と共に悩みその信仰を力づけ、人間的な弱さやその罪から自らと共なる栄光に救い上げる神を讃美しようとするものである。

内なる超越　しかし『告白』はまた彼の神学や哲学を研究する場合にも第一にそしていつも取り扱われ引照されるべき基本的文献でもあり、彼の思索の態度や方法が最も典型的に現われている。それに従えばアウグスティヌスが新プラトン派から学んだ最大のものは自己自身への還帰という視座の転換であった。彼は自己を内的経験の確実な場として捉えその確実性に拠って真理を求めるという途を採ることによって懐疑論を克服し、さらにこの内的経験に深まるにおいて、神の照明 (illuminatio) としての知的な光に援けられて、魂の眼によってしかし自己自身の精神を越えた位相に (supra mentem)、真理 (veritas)、不変の光 (lux incommutabilis)、永遠 (aeternitas)、神の真なる愛 (vera caritas) に出会う、といういわゆる内なる超越の途を説いた（『告白』 7 巻10章16参照）。この思想は魂の内に神の三位一体の影（記憶、知性、意志）を求めてゆき超越の位相において三位一体としての神にふれるという思想に発展したが、彼の方法の基本的構造とみなされる。しかしこの神への超越、自己超克の途において

I　中世哲学の発端　167

なお注目すべきことは，神の人間への愛，恩寵の眼差しの下にそれに応ずべく神のあわれみにすがりつつ自己の神への愛，信仰を成就する，という互いに呼応する愛のかたちである。

かかる方法的自覚に基づいて展開された三位一体の神の自由意志による無からの創造や世界の秩序ないしは善と悪についての省察，あるいは信仰と知解や恩寵と自由意志の関係についての解釈など神学上彼の果たした役割は測り知れないが，彼の思想はキリスト教神学の枠を越えて，一方ではプラトニズムの流れを汲む形而上学的存在論，認識論として，他方では限りある弱き人間が自己の実存を希望と共に生きる途を示した愛の哲学として，後世に多大の影響を与えた。

〔藤田一美〕

47 アウグスティヌス『神国論』

De civitate Dei

著作の時代と背景　4世紀後半からの民族大移動はやがてローマ帝国にも危機を招来し，410年ローマは遂に西ゴート族アラリックの侵奪を受けた。当時キリスト教はすでに帝国の国教としての地位を獲得していたが，帝国内において依然として伝統的宗教を奉じていた人びとは帝国衰亡の原因をキリスト教に帰し，キリスト教非難の声は急速に高まった。本書はかかる危機的状況下において直接には異教徒によるキリスト教批判の論駁を意図したもので413年から約14年にわたって書き継がれた。

著作の構成と内容　本書は大別して，異教の神々と唯一神の

本質的な相違について論じた1〜10巻と，神の国と地上の国を対比しつつ人類の歴史と最後の審判について論じた11〜22巻とに分かたれる。彼は，まずローマの歴史においては神々への信仰・礼拝に関わりなく数々の災いが生じたこと，さらに神々への礼拝や祭礼は人びとの現世的な快楽の追求と密接に関わり，神々もまた善や正義についての規範たりえずかえって人びとを道徳的退廃に導いたこと，したがって現在の危機的状況はキリスト教信仰ではなくむしろローマの人びとの精神的堕落に由来することを述べる。そしてさらにこの神々に対しキリスト教の神は如何にしてこの世を正しく生き祝福された永遠の生命に与るかを教える神であり，それ故現世の人びとを裁き試みるのであり，この逆境においても人びとはそのあり方を問われているのである。したがって人びとはむしろ現世の幸福のためにも希望をもってこの唯一の神を信仰すべきだとしている。というのもたとえばローマ帝国の広大な版図や繁栄には人びとの美徳の力，それをよしとする神の恵みが認められるからである。なお神学上の問題については神を人間の軌範とするプラトンの神学が最も実りある論争の相手として引合に出され，さらにキリスト教の優越性が論じられている。

　後半では，この神への信仰や愛の方位によって二つの国が成立し人類の歴史がこれら2国の対立抗争や調和によって彩られていることが示される。2国とは神を蔑み自らを誇る自愛より成る地上の国と，己れを卑下し主において喜ぶ神への愛より成る神の国である。この2国は必ずしも現実の国家と教会を意味しない。帝国や異教徒の中にも教会の隠れた子がおり，教会の中にも反キリスト者がいるからである。言わば

神の国は地上に巡礼として旅する自国の民を教会を通じて自らへと招来するものであり，両者の対立は，終末の時において一方が永遠の断罪を受け，他方が永遠の浄福に与ることによって決定的に際立つ。

このようにして本書は基本的には駁論，護教論の形をとりつつもアウグスティヌス最大の著作として言わばその神学の集大成であると共に，終末論的歴史観によって企てられた壮大な歴史哲学である。　　　　　　　　　　　　〔藤田一美〕

48　ボエティウスとラテン編纂家

ギリシア文化の復興と自由学芸の伝統　紀元後6世紀，ギリシア文化はアフリカやゴール地方では衰退の一途をたどったが，東ゴート族テオドリック王朝の支配下にあった当時のイタリアでは，その積極的な受容とラテン化が行なわれた。その中心となったのがボエティウス（Boethius, 480頃—524頃）とカシオドルス（Cassiodorus, 485頃—580頃）である。カシオドルスは「ウィウァリウム（Vivarium）」と称される修道院を建立したが，それはギリシア語文献の蒐集からなる図書館と一種の翻訳センターの機能を持つものであった。また彼は，『綱要』を著わしギリシア以来の「自由学芸（artes liberales）」の伝統の基本を西方世界に示すと同時に，聖書研究に対する予備教養としてのその意義を強調し後代に影響を及ぼす。そして彼の活動は，西ゴート族の支配下にあった当時のスペインに，イシドルス（560頃—636）のような百科全書的

知識人を生む機縁となり，古代ギリシア・ローマの文献の蒐集・編纂とそれらの後代への伝承に大きな寄与を果たすことになるのである。

アリストテレスの翻訳と註解　ボエティウスは，プラトンとアリストテレスの全著作のラテン語訳と註解とを生涯の念願としたが，政治上の事件にまきこまれ44歳で処刑されたため所期の目的は果たされなかった。しかし『エイサゴゲー』と呼ばれるポルピュリオスによるアリストテレスの論理学への入門書，ならびにアリストテレスの『カテゴリアエ』と『命題論』とに対するラテン訳と註解とは完成された。また彼は三位一体をめぐる神学論文を著わし，ことにそこにみられる「理性的本性を有する個的実体」という「ペルソナ」定義は，その「位格」という神学上の観点からも，「人格」という意味においても一つの伝統として定式化されることになる。「ペルソナ」にとどまらず，彼によってラテン語へと訳されたギリシア哲学の用語は，たとえば，"Universale"等，中世を経て，近・現代の哲学の基本的術語となっていく。それと共に，アリストテレスの実体に対する彼の解釈や，実体と類・種・個の関係を系統樹で表示した「ポルピュリオスの樹」は，中世におけるアリストテレス解釈の一つの基本となり，また「普遍論争」の淵源としての意味を持つ。さらに彼が獄中で著わした『哲学の慰め』は，神と世界との関係を，プラトンの『ティマイオス』を軸としつつ，新プラトン主義的観点から考察したものであるが，カロリング朝以降，哲学入門書としてルネサンスに至るまで，自由学芸の伝統の中で不可欠の意味を持つものであった。また同書にみられる，認識を，認識対象ではなく，認識主体の本性に即してなされる

I　中世哲学の発端　171

とする観点は,「等しきものは等しきものによってのみ知られる」という古代・中世に伝統的な認識論のシェマの中では,特異な位置を占めるものといえる。
〔野町 啓〕

49 プラトニズムの伝統

プラトニズムの源泉 古代末期から中世初頭にかけて,プラトンの諸対話篇のうち西方ラテン世界に比較的まとまった形で知られていたのは,『ティマイオス』のみであったといってよい。ヘンリクス・アリスティッポスによる『パイドン』『メノン』のラテン訳が出るのが,ようやく1156年になってである。したがって,そこで伝承されいわゆるプラトニズムの伝統が形成される際の有力な核となるのは,プラトン自身の教説というよりは,新プラトン派の系譜に属する著作家によるそれに対する解釈である。なかでもプロティノスの弟子ポルピュリオスの影響は,その『エイサゴゲー』がボエティウスにより訳出されたことと共に,彼の思想の禁欲主義的側面からも多大であった。その他アウグスティヌスの友人マリウス・ウィクトリスによるプロティノスの『エンネアデス』の部分的ラテン訳,同じく4世紀のマクロビウスのキケロの『スキピオの夢』に対する註解も,中世に至るプラトニズムの源泉として大きな意味を持つものであった。さらにボエティウスと同時期ギリシア語世界における学問の中心はアレクサンドリアであり,そこではプロクロスの弟子アンモニオスとその一統によるアリストテレスに対する註解活動がなされ

た。その意図は，真理は一つという見地からプラトンとアリストテレス両者の教説の一致を示すことにあったといえるが，その所産が後代のプラトニズムの展開に及ぼした影響もみのがすことはできない。しかし特にプラトニズムの典拠として注目する必要のあるのは，4世紀頃の成立と推定されるカルキディウス（Chalcidius）による『ティマイオス』の約3分の2のラテン訳と註解である。

『ティマイオス』とキリスト教　『ティマイオス』は，デミウルゴスと称される神によるこの宇宙の形成というその主題ゆえに『創世記』と内容上親近性を持ち，そのため早くからキリスト教教父達から注目され，その摂取と援用が試みられていた。この傾向は12世紀シャルトル学派において一つの頂点に達する。そしてこの過程を通して，プラトンのイデアを神の心の中へと位置づけたり，創造の究極因として神の意志が重視される等，キリスト教神学に新たな発想と理論的根拠が提供されていくとともに，『ティマイオス』それ自体においてはかならずしも明確に示されていない宇宙生成の素材がアリストテレスの「質料」と同一視されていく等，プラトン解釈にも新たな局面が開かれていく。なお『ティマイオス』の伝承に関しては，ボエティウスの『哲学の慰め』第3巻にみられるその要約も，カルキディウスと共に多大の影響を及ぼした。

〔野町　啓〕

II　カロリング・ルネサンスと神秘主義の起源

50　カロリング・ルネサンス

カール大帝とカロリング・ルネサンス　フランク王国ではメロヴィング王朝末期に王権が弱まり，文化も衰微した。カロリング王朝のカール大帝は，当時のヨーロッパを勢力下に入れると共に内政を整え，学芸を奨励した。ここに8〜9世紀にかけてカロリング・ルネサンスがおこった。大帝は聖職者の教養を高めるため，正しいラテン語を学ばせた。カロリング・ルネサンスは本来教会のためのルネサンスであり，その基本は言語改革であった。大帝は各国からその宮廷に人材を集めた。イギリスからアルクィン（Alcuin, 735頃—804），北イタリアから文法家ピサのペトルス，歴史家パウルス・ディアコヌス，スペインから詩人テオドルフなど。この点でカロリング・ルネサンスは国際的な文化運動であったといえる。その中心人物はアルクィンで，彼は大帝の学芸上の相談役となった。彼はヨーク修道院で学び，大帝に招かれて宮廷に仕えた。カロリング・ルネサンスは島国に展開した中世初期のキリスト教文化が，大陸に移されて開花したものである。アルクィンはすぐれた教師で，晩年にトゥールのサン・マルタン修道院長となったが，ここから始まったカロリング小文字は，今日の西洋のアルファベット書体の基礎となった。これによって書かれた当時の写本は，古典作品の伝承に重要な役

目を果たしている。マイン河地方の出身で少年時代から大帝に仕えたアインハルトは,『カール大帝伝』を残している。これはローマの歴史家スエートーニウスの『皇帝伝』を手本とし,中世でもっともすぐれた伝記の一つとされている。

カール禿頭王治下の後期文化　フランク王国の文化活動は,大帝の死後も続いた。とくに西フランク王国のカール禿頭王の宮廷は,文化の中心地として知られる。後期の文化は前期に比べて視野が狭くなり,キリスト教的色彩が強くなったが,内容的にはすぐれた作品が出ている。後期文化の指導的人物として,「ゲルマニアの教師」と言われるラバヌス・マウルスがある。その弟子に学者セルウァトゥス・ルプス,詩人ウァラフリド・ストラボーがあり,ゴットシャルクはすぐれた神学者であった。哲学ではヨハンネス・スコトゥス・エリウゲナが重要である。彼はアイルランドの出身でカール禿頭王に仕えた。彼はギリシア語に通じディオニシウス・アレオパギタの作品をラテン訳し,『自然の区分』でプラトン主義にもとづくキリスト教哲学を展開した。彼は後のスコラ学の先駆と言われる独創的な思想家であった。

　カール大帝時代には美術でも新しい活動が見られた。アーヘンの宮殿に付属した八角形の集中式大礼拝堂は有名である。写本彩飾画,象牙細工,金銀細工などのいわゆる小芸術が盛んで,とくに写本彩飾画には傑作が多い。　　　　〔兼岩正夫〕

51　ディオニシウス・アレオパギタ

1　生涯と著作

『新約聖書』使徒行録第17章に出てくる，パウロによってキリスト教に回心したアテネのアレオパギテイス（最高裁判所判事）なるディオニシウス（Dionysius Areopagita, 500頃）が書いたと自称する一群の著作がある。偽作なので偽ディオニシウスともいう。ただしルネサンス頃までは一般に真作と思われていて，そのためもあって大変尊重された。それは『神名論』『天上階制論』『教会階制論』『神秘神学』と10の書簡とよりなる。著者は大体500年頃いたシリアの修道僧と推定されている。思想は新プラトン主義とキリスト教の混合であり，その独創性の評価については種々意見がある。著者の意図は新プラトン主義をキリスト教の中に包みこもうとすることにあったと思われる。

2　思想

『神名論』　新プラトン主義によれば神の本質は知られえず，したがって神は名づけられえないが，聖書においては神は光，生命，愛等と呼ばれている。この関係をどう説明するか。著者は肯定神学と否定神学とを併せ含むものとして象徴神学を考える。感覚的なる名前は超感覚的なるものを象徴する。被造物が体系をなすように，名前も秩序づけられることができる。著者は善から始めて存在，生命，知恵，力，平和，静止，運動，絶対支配者，一者等の名前が神において何を意味する

かを説明する。これらの名前は当時一般にいわれていたものと考えられる。

『天上階制論』　『天上階制論』『教会階制論』を貫く思想は、この世界全体を神へと導く大きな救済組織として見ることである。神の啓示を人間に伝える仲介者は天使である。従来、天使の性格は曖昧であったが、著者はこれを整理し、三つの位階を区別し、さらに各位階に三つの天使群を序列的に配置した。熾天使、智天使から始まり、大天使、天使に終わる九つである。各天使は上の天使より啓示、光を受け、これを下なる天使に伝える。この天使論は後の天使論の基礎となった。

『教会階制論』　教会の階制は天上の階制の似姿である。著者は当時有力であった異端的要素を排除して教会の制度、秘蹟等を明確にし、秩序づけようとしている。

『神秘神学』　小篇ながら、深い思想を蔵し、尊重され、大きな影響を及ぼした。霊は深化の最終段階においては、すべての知を滅却し、「無知の黒闇」に突き進む。これはただの暗黒を意味せず、光の過剰によって目がくらむのである。これは東方思想に特有な瞑想的なものであるが、後の西方神秘主義思想に大きな影響を及ぼした。

〔高橋　亘〕

52　スコトゥス・エリウゲナ

1　生涯と著作

エリウゲナ（Johannes Scotus Eriugena, 810頃—877以前）の生涯については僅かのことしか知られていない。810年頃ア

イルランドで生まれた。アイルランドは当時 Scotia maior と呼ばれていた。850年頃カール禿頭王の宮廷におり，宮廷学校を指導していた。877年のカールの死以前に死んだと思われる。著書はディオニシウス・アレオパギタやマキシムス・コンフェソールの翻訳，註解の他，教会から嫌疑を受けた『神の予定』『ヨハネ福音書註解』等があるが，一番重要なのは『自然の区分』である。彼は当時の西ヨーロッパの学的水準を遠く抜く大思想家で，平地に聳える大山に喩えられている。彼はギリシア語を能くした。西ヨーロッパは長年にわたる混乱のため，学的水準が下り，ギリシア語を読める人も僅少であったが，彼が育ったアイルランドは辺境のため影響を受けること少なく，修道院においても伝統的なギリシア語による教育が維持されていた。彼はディオニシウス・アレオパギタ，マキシムス・コンフェソール，ニュッサのグレゴリオス，オリゲネス等を読み，またラテン教父ではアウグスティヌス，アムブロシウス等を読み，これらを消化して彼の体系を建てた。彼の思想には新プラトン主義とキリスト教の二つの要素が混在している。彼が汎神論者か否かということはしばしば議論された。

2　思想

『自然の区分』　これは先生と弟子との対話の形で書かれている。5巻に分かれ，第1巻は神について，第2巻は範型因あるいはイデアについて，第3巻は被造的世界の本性について，第4巻および第5巻は万物の神への還帰について述べられている。「自然」という言葉の意味する所は甚だ広く，「存在」と「非存在」両方を含む。「非存在」は無という意味ではな

く，否定態という意味である。たとえば感覚や理性の把捉を超えたもの，現実態に対しての可能態，不変恒常なるものに対しての生成消滅するもの，罪によって神の「類似像」を失った人間等が「非存在」と呼ばれる。要するに「自然」とは一切を意味する。この「自然」は四つに区分される。①自らは創造されずして，創造する自然。②創造され，また創造する自然。③創造され，創造しない自然。④創造されもせず，また創造もしない自然。

自らは創造されずして，創造する自然　これは創造主としての神を指す。神が何であるかについては我々は確実には何も知らない。否定神学的に「神は実体ではない」等というか，あるいは「神は超実体である」というより他ない。アリストテレスの範疇は被造物に妥当するもので，神には適用できない。神は三位一体であり，したがってその中には「関係」があるが，それはアリストテレスの範疇でいう関係ではない。

創造され，また創造する自然　これはイデア，範型因であり，プロティノスの所謂ヌースである。ただしエリウゲナはキリスト教的立場をとるが故に，イデアは神によって「御言葉（Verbum）」の中に創造され，永遠より「御言葉」の中に存すると考える。「御言葉」とイデアとの関係は，「一」と諸々の数との関係に等しい。「一」の中に諸々の数が含まれているように「御言葉」の中にイデアが含まれている。イデアも被造物と呼ばれるが，しかし時間・空間の中にあり，生成変化するこの世界のものが被造物と呼ばれるのとは若干意味を異にする。それは「神より後なるもの」（論理的に）という意味である。なお「イデアが創造する」とは，芸術作品の制作の場合，芸術家の頭の中のイデアが芸術家を駆って作品を

制作せしめるのと類比的に考えたらよいであろう。

創造され，創造しない自然　これは神の外にある，狭義の自然である。ちょうど人間において心内の，思惟されている言葉が，発声されて音声ある言葉となるように，「御言葉」中のイデアが表現されてこの世界となる。この世界は時間・空間の中にあり，生成変化する。それの存在はイデアの分有による。この面においてエリウゲナの思想はプロティノスのような流出説の影響が強いが，しかし他面，彼は，神はすべてを無から造ったと主張する。この両面をつなぐ思想としてエリウゲナは「神の顕現」の考えをとる。自然は「光の父」により与えられた光である。すべての被造物は光である。神的光の反映である。万物は神の顕現であり，象徴である。この神の光の照明の程度によってこの自然には三つの段階がある。天使と人間とそれ以外の存在者である。

創造されもせず，また創造もしない自然　これは目的因として見られた神である。すべての運動はその端緒へと向かい，そこへ戻ろうとする，そしてその終りの状態において「神はすべてに於けるすべて」となる（コリント前書15）。このような「神への還帰」の思想は，新プラトン主義的な「自然的な，愛の流れ」の考えに影響を受けていると思われるが，エリウゲナは，キリストすなわち受肉したロゴスにより，神へ戻るという考えもこれに結びつけている。「神への還帰」はキリストの復活をもって始まった。キリストにおいて成就したことは，すべての人類において，普遍的復活によって成就されるであろう。三通りの「神への還帰」がある。第1は感覚的世界の範型因への，イデアへの，還帰であり，第2はキリストによって贖われた人間が，原罪以前の状態に戻ることであ

る。第3はキリストにおいて選ばれた者が神と合一することである。神において神と一つになることである。ここにはキリスト教と新プラトン主義との混合が見られる。しかしエリウゲナは汎神論の非難を警戒する。神との合一といっても各個物の実体が失われる訳ではない。白熱した鉄片が猛火の中において白くなって火と区分できなくなっても実体を失わず，また光に満たされた空気が依然空気であることを止めないのと同じである。

エリウゲナは汎神論者か　エリウゲナ自身は自らを正統的なキリスト者と信じていた。しかし彼の著書には汎神論的と解される面も少なくない。彼は855年有罪宣告を受け，『自然の区分』も1225年禁書となった。　　　　　　　　　　〔高橋 亘〕

Ⅲ　アラビアとユダヤの哲学

53　ギリシアとアラビアとの懸橋

アレクサンドリアからエデッサへ　アレクサンドリアの教理学院はキリスト教聖職者養成機関であったが，オリゲネスの時代以後，ギリシア哲学の方法論による教理の体系化が図られていた。ニケア宗教会議（325）のあと，ギリシア語を教会用語とする地中海東岸のキリスト教徒のためアンチオキアに，アラム語を用いる内陸部の教徒のためニシビスに，それぞれアレクサンドリアのそれに倣った学院が設けられた。やがて

新プラトン派哲学が盛んになるに及び、教会それ自体は決して新プラトン派哲学を公認しなかったが、これらの学院では新プラトン派哲学の教理との融合の試みが続けられた。

　363年、ニシビスがササン朝ペルシアに割譲されると、この学院の教師たちはエデッサに逃れて学院を開いた。エフェソスの宗教会議（431）のあとエデッサの学院が閉鎖されると、ネストリウスの教えを支持していたエデッサ学院の教師と学生とは、ペルシアに亡命してニシビスの学院を復興した。彼らはエデッサ学院の学問的伝統をそのままニシビスに移し、アラム語のエデッサ方言であるシリア語をニシビスでも用いた。やがてシリア語は西アジア共通の学問用語となるが、このことは、エデッサの学問的伝統が西アジア各地に広まったことを意味する。

東方のギリシア哲学　ニシビスの学院も新プラトン派哲学の強い影響を受け、アリストテレスの『オルガノン』とポルピュリオスの『エイサゴゲー』とが神学研究の不可欠の前提とされ、ともにシリア語に翻訳されていた。555年、西南ペルシアのジュンディー・シャープールに学院が開かれた。それは本来、医学と天文学との研究を目的としたもので、ネストリウス派のキリスト教徒によりヒポクラテスやガレノスの医学書がシリア語に翻訳されたが、のち『オルガノン』の一部の新訳もなされた。アラブの征服後、ネストリウス派の総大主教フナイン・イショー2世は『分析論』の註釈書を書いたという。8世紀の半ば、いわゆるアリストテレス書簡のいくつかと『オルガノン』の一部とがアラビア語に翻訳されたが、それはシリア語からパフラヴィー語（中世ペルシア語）に翻訳されていたものを、アラビア語に翻訳したものである。

ギリシアからアラビアへの懸橋は，ネストリウス派のキリスト教徒だけに限られなかった。北シリアのキンナスリーンの修道院はモノフィジート派の学問の中心地であったが，アラブの征服のときの院長セヴェルス・セボフトはアリストテレスのいくつかの著書の註釈書を書き，その弟子アタナシオスは『エイサゴゲー』を，その弟子ゲオルギオスは『オルガノン』の全部を翻訳したというが，これらの仕事はすべてシリア語でなされた。

〔嶋田襄平〕

54　アラビア哲学

　アッバース家がカリフ職に就任して，ほどなくギリシア哲学の諸著作がアラビア語に翻訳されるようになった。カリフのアル・マアムーン（在位813―33）の頃になると，その翻訳はかなりの規模にまで組織され，「知恵の館」（バイトル・ヒクマ）という公共施設が作られ，ここで書写・翻訳されるに至った。アリストテレスの著作もほぼすべてが訳されたが，こうした仕事に参加した学者たちにとって，さらにこの訳業の上に註釈を加えたり，解説を付したりして独自の見解を表明しようとの意欲が生じ，またイスラム教の教義と一致する方向に哲学的結論を導こうとの必要性も生まれてきた。こうした端的な例証を我々はアル・キンディー（al-Kindī）に見出すことができる。

アル・キンディー　アブー・ヤースフ・ヤアクーブ・イスハーク・アル・キンディーは796年か805年頃にクーファで生ま

れ，アッバース家のカリフのアル・アミーン（在位809—13），アル・マアムーン（在位813—33），アル・ムアタシム（在位833—42），アル・ワーシク（在位842—47），アル・ムタワッキル（在位847—61）の治下に活動したと考えられる。いわばアッバース家の政治的にも知的にも最も輝かしい時代を生きたといえよう。南アラビアのキンダ族の貴族の出であり，純粋なアラビア人であるところからファイラスーフ・アル・アラブ（アラビア人哲学者）と称され，その著述はイスラム教徒のためのギリシア哲学と評される。彼の学問修業や教育については余り知られていない。彼の父はカリフ，アル・マフディー（在位775—85）とその子アル・ラシード（在位786—809）の治下にクーファの太守であったが，809年より前に没し，そのため彼は孤児となったが財産に恵まれ，少年時にバスラに住み，アル・マアムーンの時，バグダードへ移った。ここはアッバース家の首都であり，この学問の中心地で，ここの学者たちの影響下にギリシアの諸学に鋭意専心することとなる。アル・ムアタシムの頃，その子息の家庭教師を務めたりして，宮廷に仕え，他の追随を許さぬ地歩を占めた。教義上は合理主義的なムアタジラ派に共感したようであるが，アル・ムタワッキルの頃，廷臣の讒言によって蔵書を没収され，バスラへ追放された。現存する彼の著作は40ないし50も挙げられているが，イブン・ナディームの「フィフリスト」（図書目録）による210もの著作群からすれば，ほんの一部に過ぎない。現存の著作はアリストテレスの諸研究，形而上学，知性論，自然学，論理学，神学，音楽等多面にわたっている。彼によれば世界は第一原因で，真理（ハック）たる神の業（わざ）であるが，神の力は直接にこの世界に及ばず，いくつかの層な

いし介在者が存し，上層は下層の原因としてすぐ一つ下の層へ働きかけるが，下層から上層へ働きかけることはない。こうして神から物質的世界まで階層的に繋がり続き，存在の鎖は神の行為に依存している。知識には大別して二種類の形態があり，一は神から予言者に与えられる神的知（アル・イルム・ル・イラーヒー）（アクル・ファアール 能動理性と同じ）であり，他は人間的知であって，人間的知の最高の形態こそ哲学である。神的知は神からの流出として人間の霊魂に作用し，しかも人間の肉体から完全に独立している。神から啓示された真理は哲学によっては論証され得ず，哲学と矛盾するとしても受容されねばならず，哲学や他の諸学は啓示の下に置かれており，予言者より啓示された真理が形而上学的知識であり，哲学と啓示の間には何らの矛盾もないとした。アリストテレスも新プラトン派の眼を通して見られ，この新プラトン派の流出説の中へ彼は「無からの創造（イブダー）」を導入した。

アル・ファーラービー アブー・ナスル・アル・ファーラービー（al-Fārābī）は870年に生まれた。ファーラーブ地方のトランスオキシアナのトルコ系の出である。若くしてバグダードに旅し，マッター・イブン・ユーヌスに論理学と哲学を学び，次にハッラーンに赴きユハンナ・イブン・ハイラーンの弟子となり，その生涯をハマダーン朝のサイフ・アッダウラに仕え，950年，カイロに没した。アリストテレスへの深い理解により「第二の師（ムアリム・イスナー）」と称され，その論理学を紹介することによって，イスラム哲学界の眼を開かせた。彼の学問もアル・キンディーと同様に百科全書家（アンシクロペデイスト）ともいうべき博識さを示し，哲学の他に自然学，心理学，数学，音楽等多面にわたるが，イスラム哲学における彼の意義は，政治上の著作によ

って新たな寄与をなしたことにある。新プラトン派の影響の下に『二賢者プラトンとアリストテレスの見解の綜合』を書き，この2人の哲学者の調停を通して，哲学と啓示を調和させんとした。また『プラトンの哲学』においても，その政治的性格を強調している。彼の特徴は理論的・形而上学的であり，彼の理想はプラトンの哲人王にあった。その著『幸福の達成（アッサアダ）』はバグダードで書かれ，『理想国家論（アル・マディーナ・アル・ファーズラ）』は942年頃バグダードで始められ，ダマスカスで完成，『政体論（マダニーヤ）』は948年頃エジプトで作られ，『政治的箴言（フスール・ル・マダニーヤ）』はその死の直前，950年頃ラジャブで成就されたといわれている。『政体論』では前半に霊魂論・知性論が詳述され，後半で人間と国家におけるその完成が討究されている。『幸福の達成』では国家において他者との共同生活の中でのみ到達できる人間の幸福について述べ，「人間の善が政治学の目的」という考えをアリストテレスより借りている。『理想国家論』では始めの25章で一者・神についての論考がなされ，更に宇宙論・哲学的諸学の解明へと進み，最後の9章で政治問題へと筆を進めていく。プラトンと同様に国家を諸々の社会組織に分割していくが，その種類は前者より多く，生活必需国家（マデイーナ・ダルーリーヤ），寡頭制（ナザーラ），栄誉制（カラーマ），僭主制（タガッルブ），民主制（ジヤマーイヤ）の諸国家といったプラトン的なものにさらに三つの無知なる国家を加えている。彼は，プラトンやアリストテレスの著作における諸々の理念に遭遇するに及んで，自分らの生活様式に類似するものを学び取り，やがてこれをイスラム教の概念に適合させ，再構成していく道を辿っていくのである。

〔福島保夫〕

55 アヴィセンナ

生涯と著作　アヴィセンナ (Avicenna) はラテン訳された名で，本名はアブー・アリー・アル・フサイン・イブン・アブドッラー・イブン・スィーナー (Abū ʿAlī al-Husain b. ʿAbdullāh b. Sīnā) といい，後世のイスラムの哲学者達の間では"偉大なシャイフ"(al-shaykh al-raʾīs) と呼ばれ尊敬されている。980年に中央アジア，ボハーラー市に近い一村に生まれ1038年イランのハメダーンで病没した。彼の生涯は彼自身と弟子の筆になると言われる伝記によって知ることができる。彼の著書と伝えられるものは95ある。著作はアラビア語，ペルシア語によってなされていて，内容は哲学，医学，天文学，数学等多岐に亘っており，アラビア語による哲学書の多くは中世ヨーロッパにラテン訳されスコラ哲学に深い影響を与えた。また医学書もラテン訳され15世紀ころまで西欧諸大学の医学教科書に用いられていた。

その思想　哲学者としてのアヴィセンナは常に存在とは何かという問題を研究し続けた。彼によると存在は定義しえないが，先験的に人間の心の中に確立されるものとされている。彼はこのことを"空中人間"(al-insān al-muʿallaq) の比喩により，自我の存在が直観により把握されるとして説明している。彼にとって存在とは感覚的所与の分析の結果知られるというよりは，むしろ霊魂の純粋直観により把握されるものなのである。一方，存在を本質との関係において見る時，存在は本質に対する偶有であると彼は言う。この前提により，あ

る物の本質はそれが現実存在する以前に、それとは別な状態で存在していると結論され、この状態の本質を彼は"本性"(ṭabīʻah)と呼んでいる。この結果、存在可能である"本性"が現実存在になるためには、その存在を必然化する原因が必要であり、その原因によって実現化した存在者は当然必然的性質を有することになる。ここから、現実存在するものはすべて必然的であるという結論が導き出された。そしてこの世界は第一原因の流出によって出現するのであり、この第一原因を頂点とした必然存在の体系を構築するのである。

しかし、彼が真に目ざしたものは"東方の哲学"(ḥikmah mashriqīyah)と彼自身呼ぶ所のものであった。この思想を表わした書物は現在散佚してしまっていて、内容は断片的にしか知り得ないが、それはおおむね新プラトン主義の色彩が濃厚で、しかも神秘直観主義的な傾向のものである。この神秘主義的傾向と前記の論理的形而上学との関係については様々の解釈が存在するが、現在ではこの二つの傾向は密接な関係にあり、その神秘主義的傾向は彼の知的活力の源泉であると見られている。

〔松本耿郎〕

56 アヴェロエス

アリストテレスの研究　アヴェロエス (Averroes) はラテン訳の名で、本名はアブー・アル・ワリード・イブン・ルシュド (Abū al-Walīd b. Rushd) といい、1126年にスペインのコルドバに生まれ、1198年にモロッコで没した。彼の作品の大部分

は13世紀にラテン語訳され，中世スコラ哲学に絶大な影響を与えた。

彼の思想は，イスラム思想界で第一の師（al-mu'allim al-awwal）と呼ばれて尊敬されているアリストテレスの文献学的研究から出発している。イスラム世界に伝えられたアリストテレスの思想は，かの有名な偽書"アリストテレスの神学"が代表するように新プラトン派的要素が多く紛れこんだものだった。アヴェロエスはギリシア語を知らなかったが，カリフ，アブー・ヤアクーブの保護の下で，可能な限りアラビア語訳されたアリストテレスの文献を集め，これに文献批判的研究を行ない，純粋なアリストテレスの思想を探る努力をした。この努力によって彼はある程度までアリストテレス本来の思想に接することができたが，それとてもいまだ不完全なもので，彼のアリストテリズムの中には新プラトン派の流出説と知性論が残っている。

アヴェロエスの哲学　しかし彼はアリストテレスの方法に忠実に従い質料と形相の関係の考察に基づいて哲学を築いた。アヴェロエスにおいて質料とは，形相をその内に潜勢態として含んでいるものであり，しかもそれは永遠的なものとされている。したがって彼はイスラム神学者の主張する世界の無からの創造に反して，世界の永遠性を主張する。彼において世界は神の流出により出現するところの永遠的存在なのである。彼はここで新プラトン派の原則"一から生ずるのは一のみ"（al-wāḥid lā yaṣdru min-hu illā al-wāḥid）に従って第一者からは第一知性のみが発出すると主張している。そのためアヴェロエスにおける神は個物を直接認知しえないのである。一方，かの第一知性より順次発出してくる知性は最後に質料

的知性となって個々の人間に顕現する（この点は，ラテン・アヴェロイズムにおける単一知性論と少し趣を異にする）。そしてこれは個人の努力および自然的成長に伴って能動的知性の地位にまで到達することが可能と考えられている。そして肉体の死とともにこの発達の極に達した知性は能動的知性と合体して永遠に存在し得ると主張する。この知性上昇の思想は後に神秘哲学（'irfān）に受けつがれ発達する。一方，現世にいながらにして能動理性の域に達した人間としては，優れた哲学者や預言者が考えられている。それ故，彼は預言者は真理を日常的な表現で大衆に説き，哲学者はその言葉の中に真理を見出すことができると彼は主張する。これが西欧中世思想における二重真理説の源となった。

〔松本耿郎〕

57 アル・ガザーリー

　アル・ガザーリー（al-Ghazālī），またはアル・ガッザーリー（al-Ghazzālī）は，イスラム史上最大の思想家の一人で，西洋ではラテン名アルガゼルとして知られている。

生涯　1058年イラン北東部のトゥースで生まれ，1111年にそこで没した。当代の碩学イマームル・ハラマイン（1085没）について聖法学，神学，哲学，論理学等の諸学を学び，その学才はその師を驚嘆させるに十分であった。当時，セルジュク朝スルタンの宰相ニザームル・ムルク（1092没）は幼いスルタンを助け，事実上の政治支配者としてシーア派ファーティマ朝に対して，正統イスラムを擁護し，それによってカリ

フ＝スルタン体制の強化を計ろうとしていた。彼は1091年にこのアル・ガザーリーをその協力者としてバグダードのニザーミーヤ学院の教授に任命した。アル・ガザーリーは文字通り正統イスラムを代表する神学者・聖法学者として，具体的政治にも関わる複雑な聖法上の問題を処理しつつ，同時にまた当時の異端思想であったシーア過激派や哲学（新プラトン主義的アリストテレス哲学）を研究・論破して正統教義の弁護に心血を注いだ。しかし，その間，理性的学問，理性そのものに対する彼の懐疑はますます深まり，究極的真理（啓示）に対する確信は理性的弁証によっては得られないことを悟り，直接体験によって神を知る以外に方法はないとしてスーフィズム（イスラム神秘主義）に転じる。そして1095年，永い葛藤と躊躇の後すべてを放擲して，ついにスーフィズムの実践のためにバグダードを去る。そして一介のスーフィー（イスラム神秘家）としてシリア各地を放浪するが，やがて郷里に隠遁し修行を続ける。これらの経緯については，彼の精神的自伝『誤りから救うもの』に詳しい。やがて自己の思想遍歴や神秘体験に基づいて新しいイスラムの在り方を模索し，その成果を晩年の大著『宗教諸学の再興』に集大成した。

思想 アル・ガザーリーは哲学の中でも，数学，自然学と並んで特に論理学は思考・論証の普遍的基準としてこれを積極的に評価する。ただその形而上学説については，論理学的基準による厳密な論証に耐えうるものではないとして，これを『哲学者の自己矛盾』の中で徹底的に批判した。これはカントの理性批判を約700年も前に先取りするものであった。ただカントが哲学者として理性の独断を批判し，同時に懐疑論に対しては一定の限界内における理性的諸学問の基礎づけを

行なったのに対し，アル・ガザーリーはむしろ求道者・神学者として，理性批判だけに満足せず，スーフィーの修行によって超理性的真理に自ら到達し，そのようにして啓示の真実性を確証しようとした。そして彼は，その方法を他の一般のイスラム教徒にも実行可能な形で提示し，それによって形式化したイスラムを内側から改革しようとした。〔中村廣治郎〕

58 アラビア科学

アラビアの科学者 750年の「アッバース革命」の後，8世紀後半から9世紀にかけてギリシアの科学書を大量にアラビア訳することによって出発したアラビア科学は，10世紀から11世紀にかけて頂点に達し，医学におけるアヴィセンナ（アラビア名イブン・スィーナー），物理学におけるアルハーゼン（アラビア名イブン・アル・ハイサム），天文学におけるアル・ビールーニー，数学におけるウマル・ハイヤームのようなすぐれた学者を輩出した。12世紀になるとアラビアの科学書のラテン訳がはじまり，みずから発展させていたアラビア・ギリシアの科学をラテン西欧世界にひきつぐ。13世紀から14世紀にかけてもなおアル・トゥースィー，アル・シーラーズィー，イブン・ハルドゥーンらの有為な人材が現われたが，この辺からアラビア科学が次第に没落していったことは否めない。
グノーシス的性格 ギリシア科学のテオリア的性格に対し，アラビア科学を特徴づけているのは，そのグノーシス（'ārif）的性格であると言えよう。彼らが自然を探究するのは単なる

知的好奇心によるのではなく，それによって魂のあるべき場所を求め，究極的には神と一体となろうとするのである。そうした目的をもった自然研究者にとって，自然は一箇の象徴（āyāt）の体系である。この自然にひそむ象徴を明らかにすることによって，神の知に到ろうとする。錬金術や占星術のような秘教科学がここで最も盛んであったことは，このことと密接に連関する。数学といえどもこうした傾向の例外ではない。それは数的なシンボリズムを通して叡知的な世界へと人を導く「ヤコブの梯子」であった。ウマル・ハイヤームは単なる代数学者ではなく，当代きってのイスラム神秘主義者（スーフィー）であった。アル・ラーズィーやアル・ビールーニーも同時代のイスマーイール派グノーシスと明白な関係をもっており，アヴィセンナもこのグノーシス的傾向と無縁ではない。彼の主著が「治癒の書」とよばれたのは，そのあるべき場所からさまよい出た魂の無知の病を治すことを目的としたからである。

神の知への従属　このようなイスラム的次元における科学の知識は，神的な知識を究極的中心として，その周りに階層的秩序をつくりつつ，互に関連し合いながら調和的に存在している。神的統一の反映であるこの自然の統一と調和を彼らは探究しようとした。したがって自然研究は今日のように個別科学者ではなく，「ハキーム」と称せられる綜合的知識人――「賢者」によってなされた。ここでは一般に科学すなわち「知識（‘ilm）」は神の知，すなわち「智慧（ḥikma）」に従属する。ここにはしたがって「二重真理説」の生ずる余地はなく，グノーシス的なものが抑圧されて裏街道にまわってしまったラテン・キリスト教世界とは対照的である。〔伊東俊太郎〕

59 ユダヤ哲学

ユダヤ哲学の成立　ユダヤ哲学は，ユダヤ教の聖書の中に示された啓示と伝統を理性と経験によって合理的に解釈しようとする哲学である。その初めは，前2世紀のアレクサンドリアでギリシア人とユダヤ人との接触からはじまった。その代表はピロン（Philon, 25 B. C.頃—40 A. D.頃）である。彼は，神を永遠不変で純粋の非物質的知性とし，可見的世界から遠く隔たったプラトンのイデアのような存在と考えた。そして神と世界をつなぐロゴスを神より劣った第二の神または神の子と考え，聖書をプラトン哲学で解釈する立場に立った。

イスラム世界とスペインのユダヤ哲学　ピロン後のユダヤ哲学は，長いことふるわなかった。しかしイスラム世界にギリシア文化が流入した紀元10世紀頃，エジプトのサーディア・ベン・ヨセフ・アル・ファユミ（Saadya ben Joseph al Fajjumi, 892—942）によって復興された。彼は「ユダヤ哲学の父」といわれるが，啓示と理性の相補性を説き，啓示は理性の疑惑を解き，理性は啓示の真理を明らかにすると説いた。

　次に11世紀のスペインに『生命の泉』の著者ソロモン・イブン・ガビロル（Solomon Ibn Gabirol, 1020頃—1070頃）が現われた。キリスト教世界からアヴィケブロン（Avicebron）と呼ばれた彼は，新プラトン主義の流出説を採用した。ただし彼は，流出を神意によるものとみなし，事物が流出の最初の一つとした点に特色がある。彼の思想はむしろキリスト教世界に影響を与え，スコラ哲学研究に大きな示唆を与えたの

である。

マイモニデスとユダヤ哲学の終焉　スペインのユダヤ哲学は，マイモニデス（Moses Maimonides, 1135—1204）にいたって黄金時代に達した。その著『迷える者たちの手引き』は，ユダヤ哲学全体の基礎になった。彼は，信仰と伝統の合理的解釈をアリストテレス哲学に求めた。しかし彼は，人間の論証には欠陥があり，真理の究極的な基準にはなれないとして，最終的には啓示に頼らないわけにいかないと考えた。こうした立場に立って，彼は，聖書の中にある非本質的なものと本質的なものとを区別した。非本質的なものは，理性の導きにゆだねることができるが，本質的なものは，啓示に訴えざるをえないとしたのである。

　15世紀になると，キリスト教会は，スペインでユダヤ教に徹底した迫害を加えた。迫害に耐えかねたユダヤ哲学者たちは，いち早くユダヤ教を棄てたため信用を失い，合理主義的ユダヤ哲学は，その後カバラー（「伝統」の意）の哲学のような神秘主義思想に取って代わられてしまい，ついに終焉を告げざるをえなくなったのである。　　　　　　　〔小泉 仰〕

IV　スコラ哲学の形成

60　普遍論争

発端　普遍概念（universalia, 類と種）の存在をめぐる論争

(Universalienstreit) は，神の存在証明と並んで中世哲学の大きな問題である。新プラトン派のポルピュリオス（Porphyrios）は，『アリストテレス・カテゴリー論入門』の中で，普遍概念を存在論的根拠から切り離して純粋に論理学的に理解する方向を示した。この書はボエティウスの註解を通じて西欧ラテン世界に紹介され，普遍の存在の仕方をめぐって対立する二つの考えが生ずるようになる。それは，普遍の実在を主張する実念論（概念実在論，Realismus）と，これを否定して普遍は単なる名辞（nomina）でしかないとする唯名論（Nominalismus）とであるが，その中間には概念論（Konzeptualismus）と呼ばれるものもある。

実念論 最初に実念論を強く主張したのは，カロリング・ルネサンス期にあるスコトゥス・エリウゲナである。彼は新プラトン主義の流出説を用いて，自然全体が神より出て神に帰ること，したがって神性の現われである自然（natura）は最も普遍的で最も実在的であることを主張した。普遍は特殊を含み，個物は自然から出る。この場合，流出という物理的過程と，類・種・個という論理的構造とが重ね合わされ，それによって普遍の類比的実在が主張されるのは，キリスト教的創造観や受肉観を背景とするものである。カトリック教会は最初実念論のほうを受け入れた。なぜなら，アダムに普遍的人間が実在するのでなければ原罪の教義は成立せず，またキリストが普遍的人間として教会の主であるのでなければ，普遍的教会（ecclesia catholica）の権威はないと考えられたからである。さらに三位一体に関しても，実念論は多神教的な三神論を防ぐのに有効な考えとみなされていた。

11, 12世紀の論争 しかし汎神論的な仕方で主張される超実

念論に対しては，問題をより厳密に考えようとする人びとから強い反論が加えられる。その口火を切ったのはロスケリヌス（Roscelinus, 1050頃—1120）であって，彼によると普遍は単なる音声（vox, flatus vocie）にすぎないとされる。しかしこの規定は，当時の人びとに思われたように普遍概念そのものまで否定するのではない。彼は，真に実在するものは多数の個物であるから，それを全体の部分というのは単なる言葉でしかないと考えたのである。結局彼の主張は，論理的秩序と実在の秩序の単純な同一視に反対するものであったので，これをめぐってさまざまの見解が生じた。その多くは実在論の立場に立って，普遍の在り場や在り方の違いを説明し，しかし普遍の存在それ自体は擁護するというものであった。だがアベラルドゥスは，普遍は物理的な音声ではなく，意味や概念を持つ言葉（sermo）であるとして，その存在が事物そのものにでなくむしろ知性の中に認められることを明らかにした。この考えは概念論とも呼ばれる第3の立場であって，普遍を事物に対応し（諸物の共通性として），多くのものについて述語される概念とみなすものである。

トマスの調停的考え　トマス・アクィナスも根本的には実念論を支持しているが，アラビアの哲学者アヴィセンナの考えに触発されて，問題を次のように整理する。第1に，万物の本質は創造に先立ち，イデアとして神の中に先在する（universalia ante rem）。第2に，それは創造によって神から固有の存在をうけ，実在界に個別化されて存在する（univ. in re）。第3に，人間知性によって抽象されて類・種の普遍概念が得られる（univ. post rem）。以上は，純粋現実態である神において存在と本質は一致するが，被造物においてそれは区別さ

れる，しかし神と被造物との間には存在の類比（analogia entis）が成り立つ，という根本思想にもとづくもので，この点でトマスの解決は基本的には実念論的であるといえる。しかし同時に彼は，事物の知性認識は能動知性（intellectus agens）によるとした。ただし，これは，アヴィセンナのいうように万人に共通の単一のものでなく，むしろ各人において個体化されており，したがって認識は感覚的表象から出発してしだいに抽象的概念を獲得するのだと考えた。

唯名論 13世紀の終りごろから，中世の形而上学への強い批判と唯名論の本格的承認がはじまる。それは，われわれの持つ概念が形而上学に対してどの程度有効であるかを問うものである。ペトゥルス・アウレオルス（Petrus Aureolus, 1280—1322）は，普遍が人間精神の外に実在することを認めない。実在するものは個別的な事物だけであり，概念は知性に現象するかぎりでの事物である。したがってそれは事物の映像（apparentia）にすぎない，と彼は考える。オッカムも，普遍は神あるいは事物の中に存在するのではなく，ただ精神の中に語（terminus）として存在するにすぎないとした。これは語られ書かれる言葉ではなく概念名辞であって，意味ないし論理的意味内容に従って考えられたものである。このように語として考えられた普遍は個物を表示し（significare），語の結合である命題によって事物を指示する（supponere）。普遍の存在については，この機能を示す以上のことは言えない。また普遍の成立は個物間の相似や一致によるのであって，その成立のためにトマスの言うような知的形相の存在を必要とすることはない。したがってオッカムの場合，認識の真の基礎は個物の直観であり，普遍の真理性はこれに引きもどされ

て吟味されることになる。彼のこの経験主義は神学にも適用されて、神の存在や単一性は論証されないこと、またプラトン主義者のように神における事物のイデアの先在をいうことは無からの創造と矛盾することなどが主張された。神の超越は神の無限な恣意的な力によるものであり、これに対する信仰もまた一般的な神概念にもとづかない特殊な活動であるとされる。オッカムのこの主張は宗教改革者の思想に通じるものを持っている。このように、中世における普遍論争は神学とかさなり、信仰と理性の問題と関連して推移したと言うことができる。

〔泉 治典〕

61 アンセルムス

生涯と著作 アンセルムス（Anselmus, 1033—1109）は北イタリアのアオスタに生まれ、26歳の時ノルマンディのル・ベックにあるベネディクト会修道院に入った。院長ランフランクス（Lanfrancus, 1010—1089）に学び、彼がカンの聖ステパヌス修道院に移ったあと副院長となり（1063）、ついで院長となる（1079）。この間『モノロギオン』（独語）、『プロスロギオン』（対語）をはじめ、『文法家論』『真理論』『悪魔の堕落について』『自由意志論』『三位一体の信仰について』などが書かれた。1093年カンタベリの大司教に任ぜられ、最後までその職にあったが、ウィリアム2世やヘンリ1世との間がうまく行かず、二度も財産没収の目にあった。しかしその困難の中で、贖罪を深く論じた名著『何故神は人となり給うた

か』が書かれた。

知解を求める信仰（fides quaerens intellectum）　アンセルムスは理性に対する信仰の優位を主張するが、それはテルトゥリアヌスのような「不合理なる故に我信ず（Credo quia absurdum）」ではなく、またアウグスティヌスのように知性の神秘的上昇によって信仰対象に触れるということでもない。アンセルムスの場合、知解は信仰から出発して信仰に至る過程の中間にあるが、知解自体はあくまで推論過程であり、これは純粋に論理的に展開されるものであって、誰にでも理解可能であるとされる。この方法はとりわけ『プロスロギオン』2～4章が論ずる神の存在証明に明らかである。神は「それ以上大きなものの考えられないもの」である。そしてこれは知性的にあるだけでなく、同時に実在する。なぜなら、知性的にあるだけのものよりも、知性的と同時に実在的にあるもののほうがより大きいから。それ故、神は知性的にあると共に実在するのである、と。この論証が最初に神について述べる命題は、概念ではなく表示記号である。したがって、これをカントのように概念から存在を導出する「存在論的論証」とみなすのは正しくない。さらにアンセルムスは、「神はその非存在を考えることのできないもの」として、神の実在性と同時に、その必然性を強調した。

受肉の哲学　アンセルムスの方法を支えているものは「神が人となった」という受肉（incarnatio）の事実である。したがって、神は人間精神を超えるというよりもむしろ対向する仕方でその外に実在し、かつ自己によりその存在具体性を可能にするものとされる。トマスに受け継がれる神の存在・本質の一致というこの考えは、プラトン＝アウグスティヌス的な

神の非質料性の主張と大いに異なっている。事物認識に関しても，形相認識から存在認識への転回がここでなされたことになる。この点でアンセルムスが形而上学の歴史の中で果たした役割は大きく，その意義はかえって現代に至って一層よく理解されるようになった。　　　　　　　　　　〔泉　治典〕

62　アベラルドゥス

生涯と著作　アベラルドゥス（Petrus Abaelardus, Pierre Abélard, 1079—1142）はナントに近いパレに生まれ，哲学（弁証論）をロスケリヌス（Roscelinus, 1050頃—1120頃）とギヨーム（Guillaume de Champeaux, 1070頃—1120頃）に，神学をラーンのアンセルム（Anselme de Laon, 1050頃—1117）に学んだ。1113年パリで神学教授となったが，有名なエロイーズとの相愛事件をひきおこして，サン・ドニの修道院に退いた。1118年の著書『神の唯一性と三一性について』は，弁証論を神学に適用して三位の区別を強調したため，三神論的なサベリウス主義ではないかと疑われ，1141年異端宣告を受けるに至った。しかし彼が弁証論の才をもって，相反する学説を対置させた『然りと否』（1121）は，討論を重視するスコラ学の発展に大きく寄与した。また，20世紀に入って発見され刊行された論理学的著作は，グラープマンをして「中世の哲学的頭脳の第一級」と賞賛せしめたほどのものである。

普遍の問題　アベラルドゥスは11，12世紀の普遍論争の真直中にある。彼は，普遍は音声（vox）であるとしたロスケリ

ヌスの考えを発展させて，それはむしろ言葉（sermo）であると言う。すなわち，事物について述語されるものは，物理的・事物的な言葉ではなくて，論理的内容のものでなければならない，ということである。これによって彼は直ちに唯名論の立場を採ったのではないが，普遍が思考されると同じく個々の事物の中にも実在するという超実念論(Ultrarealismus)を拒否し，論理的秩序と実在的秩序の区別を立てようとしたのである。普遍概念は純粋に知性の中でだけ作られたもの（res ficta）であり，それは抽象作用による。したがって，普遍概念は対象をあるがままに捉えるのではない。だが抽象作用は全く主観的であるというのではなく，対象の内的形式を捉え，それを対象について述語づけるのである。この調停的な実念論はトマスへと受けつがれる。

心情倫理 論理学において主観的なものに一定の位置を与えたアベラルドゥスは，倫理学においても同様であって，ゲルマン法における行為と結果の重視に反対して，道徳行為を意図（intentio）と良心（conscientia）を基準にして判定しようとした。そこで，罪の行為には実質（substantia）がない，と言う。これは，悪を善の欠如（privatio boni）と考え，同時に主意主義を強調したアウグスティヌスの考えにも通ずるといえよう。しかし，この心情主義が単なる主観主義となり相対主義に終わることに対しては，十分な配慮があったと思われる。「意図が善であるのは，それが善く見えるからではなくて，実際に人が思う通りにそれが善であるときである。」この点で，彼は倫理的客観的秩序の存在を否定したのでないことは明らかである。

〔泉 治典〕

63　12世紀ルネサンス

ギリシアとアラビアの学問の移入　12世紀は学芸が特有の多彩な輝きを示す重要な時代である。古典古代の文化にたいする関心が高まり，古代の学芸が新しい意義をおびて再生するため，12世紀ルネサンスと呼ばれる。この世紀にシチリア，ヴェネチア，トレドを中心に，ギリシア語やアラビア語の原典，あるいはギリシア語文献のアラビア語訳が盛んにラテン語に翻訳され，東方の高度の文化がはじめて西欧に知られることになった。その中にはプラトン，アリストテレス，プロクロス，アヴィセンナ，アヴェロエス，アル・ガザーリーなどの哲学書，ヒポクラテス，ガレノス，プトレマイオス，ユークリッド，アル・フワーリズミーなどの科学書が含まれている。古代の学芸に関心を抱く12世紀知識人は，この豊かな遺産から，新たな時代を切り開く力を汲み取ったのである。

自然の発見　12世紀は，自然と人間理性を再発見した。シチリア，ギリシア，小アジアを旅行し，ユークリッドの『原論』を，そのアラビア語訳からラテン語に翻訳したバースのアデラード（Adelard of Bath, 12世紀前半）は，理性を導き手にすることをアラビア人から学んだといっている。彼は東方旅行から帰った後で書いた百科全書的著作『自然の諸問題』で，権威主義にたいして，理性にはものの内的法則を発見する力があることを力説している。またオータンのホノリウス（Honoré d'Autun, 1080頃—1137）は大胆にも，理性による証明以外に権威はないと断言した。このように，自然が自

Ⅳ　スコラ哲学の形成　203

然として肯定され，理性による自然探究が芽生える。これまでのように超越的世界との直接的関連から世界に意味を見出すという，いわば自然の象徴的解釈にたいし，理性により自然世界の原因を究めることが提唱された。世界は合理的秩序をもつコスモス，法則に支配された有機体と見られた。

小宇宙としての人間 自然はまた尽きることなき創造力を秘めた生ける大宇宙であり，人間はこの大宇宙の中心に位置を占める小宇宙である。両者はともに理法に支配され，親密な相応関係にある。世界は美しく，自然観照は悦びの泉である。このようなオプティミスティックな自然観を表現した典型的な例として，ベルナルドゥス・シルヴェストリス（Bernardus Sylvestris）の『大宇宙と小宇宙』(1145—48) があげられる。大宇宙が調和を維持しているごとく，小宇宙としての人間も理性と感覚，心と身体が均衡を保っている。心と身体は対立するものではなく，身体器官が蔑視されることもない。身体をも含めて，人間それ自体が自然として肯定されたのである。

〔柏木英彦〕

64 シャルトル学派

人文主義 10世紀末にシャルトルのフルベルトゥスが創立したシャルトルの学院は，12世紀前半に全盛期を迎える。シャルトルのベルナルドゥス（Bernard de Chartres, 1126没），シャルトルのティエリ（Thierry de Chartres, 1155没），コンシュのギヨーム（Guillaume de Conches, 1080頃—1154），ソールズベリのヨハネス（John of Salisbury, 1118—1180）などが，シャ

ルトルと関係のあった代表的人物である。一般に「シャルトルの人文主義」と特色づけられているように，彼らは古典古代の学芸を重視し，自由学科 (artes liberales) の研究に力を注いだ。三学科 (trivium) を通じての言語能力と理性の練磨を人間形成の中心に据え，言語による精神の自己現出に人間の特長を見ている。シャルトルのティエリの『七自由学科』はその教材であり，おびただしい数の著作があげられていて，当代の学問にたいする関心の広さをうかがわしめる。一方，理性による自然探究という点から，四学科 (quadrivium) も不可欠の学科であった。シャルトル派の世界像の典拠となったのは，それまでラテン訳されていたプラトンの唯一の著作『ティマイオス』である。コンシュのギヨームは『ティマイオス註釈』『世界の哲学』などを著わしたが，その宇宙像は従来のごとく，百科全書的記述でも神学的叙述でもなく，自然学的な体系的説明である。

ソールスベリのヨハネス イギリスに生まれ晩年シャルトルの司教を勤めた。主著『メタロギコン』『ポリクラティクス』。12世紀を代表する人文主義者で，彼によれば，古典文芸の精読は美的享受に尽きるものではない。古典は人間性を高める優れた教材と考えられている。文法，修辞学，弁証論の三学科は，基礎知識を与えるにとどまらず，全人的叡知 (sapientia) の獲得を目指すものであった。ソールズベリのヨハネスの『メタロギコン』(1159) は三学科の研究を勧め，その意義を説いたもので，12世紀人文主義の精神をもっともよく表わしている。エロクェンティア (eloquentia) は単なる雄弁術ではなく，言語使用の習練を通じて身につけてゆくべき表現の論理であり，キケロにおけるごとく叡知を伴うものでなく

てはならない。弁証論は学問の有益な道具であるが,論証の理論という形式学である以上,詭弁術に堕する危険性を伴うから,他の学科との関連を失わないよう注意すべきである。彼は哲学の諸部門の中で,とくに倫理学を重視し,徳の育成に実りをもたらさない哲学は無益だと主張した。倫理学は人間に美を授ける。真理は判断の確実性の根拠であるが,真理へ向かって登高するためには,人間は自らの中に真理の光が輝くよう,自らの人間性を高めなくてはならない。彼にとって古典は人間の理想像,人倫の一つの規範を示すものであった。叡知とは真善美の調和に基づく人間性の輝きにほかならない。

〔柏木英彦〕

65　ヴィクトル学派

ヴィクトル学派の人びと　12世紀にパリ郊外サン・ヴィクトル修道院で栄えた学派。当時の神学大全といえる『秘蹟論』で知られるフーゴー (Hugues de St. Victor, 1096—1141),観想について『ベンヤミン・マヨル』『ベンヤミン・ミノル』を著わしたリカルドゥス (Richard de St. Victor, 1173没),『哲学の泉』『小宇宙』を書いたゴドフロワ (Godefroid de St. Victor, 1194没),『フランスの四つの迷宮』でアベラルドゥス,ギルベルトゥス・ポレタヌスなどを攻撃したゴティエ (Gauthier de St. Victor, 1180頃没) の名があげられるが,この学派の名を高からしめたのは,第二のアウグスティヌスと呼ばれたフーゴーである。彼の数多い著書の中で,哲学的に重要なのは

『学芸論』(1130),『哲学提要』『天上階序論註解』である。

学芸論 『学芸論』は自由学科と聖書に関する読書論であるが,学問の分類を試みていることで有名である。しかし正確にいえば,これは哲学の区分であり,数学・自然学・神学から成る理論学,倫理学,論理学,技能(ars mechanica)の四部門に分けられる。予備門たる論理学に続く三部門は,人間の不完全を克服するものとして設定されている。理論学に進むためには,まず倫理学を学んで自己の内面を匡し,心の眼を純化しておかなくてはならない。技能が一部門を成している点は,職能の意義が高まった12世紀の社会状況を反映しているともいえるかもしれない。フーゴーは「すべてを学べ」と勧めているが,その知識とはいわば客観的知識の集積ではなく,知と徳とが結合しているような知でなければならない。自己と関わりなき知は空しい。そこで自己を自己へ結集すること,自己回帰が要求される。ものの価値は自己との関わりにおいて見られないかぎり,明らかにならない。哲学とは,他の学問と並ぶ一部門ではなく,事象の意味を読みとりつつ,自己の内面空間を拡げ,叡知へ向かう精神の登高運動である。

光の美学 フーゴーにとって世界は,見えざる超越的美の象徴である。彼は光より美しいものはないといって,自然を輝きとして捉える。人間は,光の放射る多彩な自然美の享受を契機に,その根源,美の原像への憧れを喚起される。いいかえれば,それは美しいものに倣おうとする営みであり,美の原像との一致へと呼ばれることである。彼の光の美学における基本的モティーフは光と闇の対立ではなく,一なる光の放射,輝きである。これはゴシック大聖堂の精神的背景をなす原理といえよう。絵ガラス窓を通じて差し込む多彩な光は

暗闇に差し込む光というよりは、全体を美しくする光の放射であり、人びとに根源的な一なる光の美を「あらかじめ味わわしめる」のである。

〔柏木英彦〕

66 スコラ哲学と大学

概要 スコラ哲学（philosophia scholastica）はほぼ9世紀から16世紀に及ぶキリスト教哲学の主流であり、キリスト教とギリシア哲学の総合として13世紀にその頂点に達したとされる。しかし13世紀におけるスコラ哲学の開花は12世紀におけるギリシア哲学（なかんずくアリストテレス）の復活とイスラム思想の流入、そしてかかる精神運動の場となった大学（universitas）の成立、アベラルドゥスらによるスコラ学の方法の確立などに起因する。

大学の意義 12世紀には少なくともボローニア、パリ、オクスフォード、モンペリエ、ベギオの五大学が成立した。西洋文化史において単に学問研究の場という観点よりすればその研究水準よりして古くはアカデメイアやリュケイオンから間近くはスコラ（学院——ギリシア語のscholēに由来）に至るまでいくつかの学園が大学に比肩する。しかし大学はこれらいずれの学園とも異なる性格をもっていた。8世紀にカール大帝によって設立されたスコラは各々王室や司教座あるいは修道院の保護の下にいわゆる七科の学問を教授し官吏や司祭となる人材を養成していた。この職能的教育制度に対してより自由な学問研究への気運が11世紀後半より生じ、12世紀に大

学という形を持つに至ったのである。大学は学院に比して施設などの面で劣ってはいたものの，veritas（真理）という一つの目的（unum）に向かって（vertere）合体した人びとの集団（uni-versitas）として学院と性格を異にした。また大学にはstudium generale（国際研究所）という呼称もある通り，トマス・アクィナスの足跡に典型を見るように，自由な学問研究のために各地（国）より参集した人びとの団体として，地域的あるいは民族的色彩の強い他の学園からも区別される。

大学での学問　12世紀の大学の主な活動は古典古代の学問研究（哲学，科学，法学など）であった（→63）。それらを基礎としてスコラ的方法を確立し，13世紀の正しくスコラ学の現実態とも言うべきsumma（大全——たとえば，トマス・アクィナスに代表される『神学大全』の如く学問の論理的体系化を企てたもの）の成立を導いたのがアベラルドゥスである。彼は世俗の権威から自由な学院(スコラ)をつくって教授するという活動を続け，パリ大学設立前史の主要な一端を担う一方，教会における権威（auctoritas）の諸説の矛盾に着目しその矛盾の解決のためには，まず基礎的な文献操作として，書物の損傷(スクリプトゥーラエ・コラプティオ)，著者の再論や修正(リトラクタタ・コレクタ)，歴史的状況，語義の多様性の研究(デイベルサ・シグニフィカテイオ)，次に論理的妥当性の検証，自己の思索，判断の自由(スペキュラテイオ・ユーデイカンデイ・リベルタス)による解決という論理的操作（判断弁証法）が必要だとして，自らは158の教父たちの命題を選んで矛盾の解決を企て *Sic et non*（『是と非』）を著わした。学院や大学における研究は彼以後すべてこのスコラ的方法を踏襲しスコラ学（scholas-tica）と呼ばれた。

〔藤田一美〕

V　13世紀の知的綜合——スコラ哲学の開花

67　グローステストとロジャー・ベイコン

グローステスト　12世紀末から13世紀にかけて、フランスでは神学が盛んだったのに対し、イギリスでは自然科学が栄えたといわれる。たしかに前者ではオセールのギヨーム、クレモナのローラン、オヴェルニュのギヨームのような、アリストテレスを消化したすぐれた神学者が輩出し、他方後者ではアレクサンダー・ネッカム、ダニエル・モーリー、サレシエルのアルフレッドのような、アラビア科学を受け入れた自然研究者たちが出現した。ロバート・グローステスト（Robert Grosseteste）もこの後者の系列から出て、その独特な「光の形而上学」によって、数学的方法と実験的方法とを結びつける、その後の西欧科学に伝統的となったすぐれた科学方法論をうちたてた。彼は1170年頃サフォークに生まれ、1221年頃オクスフォード大学の総長となり、35年にはリンカンの司教に任ぜられ、53年に没するまでその職にあった。彼の数学的実験科学の方法論的考察は、当時はじめてラテン世界にもたらされたアリストテレスの『分析論後書』における科学方法論を、これまた12世紀にはじめてラテン訳されたユークリッド『原論』とアラビアの実験科学、とくにその光学によって再解釈することによりはじめられた。そもそもユークリッド幾何学に示されるように、ある命題が論証されたということ

は，その命題がそれをとり扱う幾何学の公理系から導き出されることが示されたときにおいていえる。それと同様にある観察された経験的事実が説明されたということは，その科学の第一原理からその事実が導き出されてくることが示されたときにおいてである。この事実がそれから導き出される第一原理をグローステストは「本質 (essentia)」ないし「原因 (causa)」とよぶ。したがって科学はこうした原因や原理を求めるのであるが，そのためには，まずある現象がしばしば関連していることがみてとられ，そのことによってそれらの現象に共通する原因が発見される。こうした原因の発見は，必ずしも事実の枚挙だけからは得られず，直観による飛躍を必要とする。彼はこうした事実から原理，原因への遡及を「分解 (resolutio)」とよんだ。それは複雑な現象をつくっているものが，その構成要素の単純な原理に還元されるからである。逆にこうした原理から事実を導き出すことを「合成 (compositio)」とよんだ。それは単純な要素の原理が組み合わさって結論が出て来るからである。さらに彼はこうして導き出される結論を「検証 (verificatio)」または「反証 (falsificatio)」とよぶ実験によってチェックする。この「検証」または「反証」により，さきの「直観の飛躍」により措定された原理は受け容れられたり拒絶されたりする。このグローステストの科学方法論は，一方において合理的な数学的体系があり，他方において経験的な実験的方法がある場合，この両者を結びつけて数学的にして実験的な科学知識をつくり上げるときに不可欠なもので，その後の西欧科学の方法的基礎づけを先駆的に行ったものといってよい。

光の形而上学　グローステストがこのように実験科学と数学

とを結びつけ，この両者を分けがたいものと考えた根拠は，実在についての彼の独特な形而上学であった。それは「光の形而上学」ともいうべきものであって，彼によれば，神は最初「無」からまったく無規定な「第一質料」と光をつくり出したが，この光は空間の次元を生み出すものであり，この無規定な質料に物体的形態を与えるものであった。かくして彼は光を，ものに物体性を与える形相つまり「物体性の形相 (forma corporeitatis)」とよんだ。ところでこの光は，当時ラテン世界に知られるようになったアラビアの実験的光学が示すように，厳密な数学的関係によって支配されているものである。したがって光によってつくり出され規定され，実験的にためされるこの世界も，当然数学的関係を内在させているというのであった。この意味で光学の研究はこの自然的世界の数学的構造を理解する鍵を提供するものであった。「光の形而上学」そのものは彼の独創ではなく，早くから新プラトン主義のなかに起源をもち特に11世紀のユダヤ人哲学者アヴィケブロン（アラビア名イブン・ガビロル）の『生命の泉』に同様の考えがある。しかし，グローステストにおいて新しいことは，この新プラトン主義の「光の形而上学」に物理的意味を与え，それを一つの数学的自然学に変換し，独特な科学方法論を樹立したことである。また彼の「光の形而上学」は自然学ばかりではなく，その「宇宙創造論」や「認識論」でも大きな役割を果たしている。

ロジャー・ベイコン このグローステストの科学方法論や自然学研究は弟子のロジャー・ベイコン（Roger Bacon）によってさらに発展させられた。彼は1214年頃イギリス（生地不明）に生まれ，オクスフォードでグローステストに学んだ後

パリに出，1247年オクスフォードに戻り，1294年頃同地に没した。従来は「実験科学」の最初の提唱者として高い声価を得ていたが，最近の研究によれば，彼の独創とされていた多くの思想は師のグローステストに由来することが明らかになって来ている。両者の間に存在する注目すべき平行的類似性は，まずその自然科学の方法論的把握であり，ついで自然学において光学に与える特別な位置である。ベイコンも光を「物体性の形相」とする師の学説を受け容れ，自然界のあらゆる作用は光による「形象の多化（multiplicatio specierum）」に基づくと考えた。彼もグローステストと同様に，アリストテレスの『分析論後書』の註釈からその方法論的考察をはじめるが，ここでも師に従って実験的方法と数学的方法の統合を試みている。またこの数学的方法と実験的方法との結びつきを可能ならしめる「光学」に特別の研究の意義を認め，師のグローステストやアラビアのアルハーゼンの研究成果を利用しながら，いっそう進んだ光学研究に従事した。彼の思想の本質的な点はグローステストによっており，これまでのように大きな独創性を彼に帰すことはできないとしても，彼による数学的実験科学の雄弁な唱導は，後世に甚大な影響を及ぼした。

〔伊東俊太郎〕

68 アルベルトゥス・マグヌス

生涯 アルベルトゥス・マグヌス（Albertus Magnus, 1206/7—1280）はスワビアのラウインゲンで生まれ，ボローニア，

パドヴァ等で勉学し，1223年ドミニコ会士となった。その後ケルンで勉学を続け，ドイツやパリで教鞭をとった。1254年博士号を得，その後48年までここで神学を教授した。1245年ドミニコ会の研究所を設立するためにケルンに赴いた。その折の弟子の中にトマス・アクィナスがいた。1254 〜 57年の間ドイツ管区長，1260 〜 62年の間レーゲンスブルクの司教であった。彼はケルンをほとんど離れることなく1280年この地で没した。彼の著作および出版年代等については正確に知ることができないが，*Summa de creaturis*（『被造物全書』），ペトルス・ロンバルドゥスの『命題集』註釈，アリストテレスの著作の註釈解説書その他ボエティウス，偽ディオニシウスの著作および『原因論』の註釈を著わした。*Summa theologica*（『神学全書』）は彼の生涯の後期の作品である。

思想 彼は多方面に亙る知識と学問的関心とを持つ人として偉大な（Magnus）アルベルトゥスと称された。特にユダヤ，アラビア哲学，さらにこれらを通じて得たアリストテレスの思想についての該博な知識を持っていた。彼の哲学史における意義は，キリスト教的西欧世界をしてアラビア哲学およびアリストテレス哲学という新たな財宝を知らしめたという点にある。神学者として，彼はアリストテレスの哲学を高く評価し，哲学を攻撃する無学の徒を「己れの知らざるものに対して悪口をたたく野蛮な獣」ときめつける。彼の哲学的立場は新プラトン主義と，イスラム哲学そしてアリストテレス哲学を融合したものと考えられる。たとえば発出（emanatio）という言葉を用いるが，キリスト教神学の立場を固く護り，また霊魂を身体の形相とするアリストテレスの説を採るが，霊魂の本質と，生命を与える形相としての霊魂の機能とを区

別して，アウグスティヌス的な霊的実体としての霊魂を採用して二つの立場を調停しようと試みる。彼の哲学は後にトマス・アクィナスがアリストテレス哲学を満足のゆく形で採用するまでの移行的段階にあると言えよう。

つぎに注目しなければならないのは，彼の科学的な態度である。彼はアリストテレス，アラビア哲学者に従って経験を重視し，特に観察に対する必要性を強調する。いかなる伝統的な形而上学的論議も経験による検証なしでは認めないとする態度は他のいかなるアリストテレス主義者よりもアリストテレスの精神に近いと言い得よう。彼のこのような経験への強い関心と信頼は弟子のトマス・アクィナスに受け継がれ，さらにアリストテレス哲学，アラビア哲学についての彼の知識と併せてトマス自身の哲学形成に大きな役割を演ずることとなった。

〔箕輪秀二〕

69 ボナヴェントゥラ

生涯と著作 ボナヴェントゥラ（Bonaventura, 1221—1274）の本名はジョヴァンニ・ディ・フィダンツァといい，中部イタリアのヴィテルボ近郊で生まれた。1243年頃フランシスコ修道会に入り，パリ大学に学び，1253年に，当時のパリ大学でフランシスコ会に割り当てられていた教授のポストを占めた。1257年にトマス・アクィナスと共に，托鉢修道会員にはじめてゆるされた神学マギステルの地位を得た。これは，12世紀の福音主義運動の中から生まれた，新しい，都市市民層に支

えられた修道会が，法王権の理論的支柱として中世思想界に君臨する最初のきざしであった。ボナヴェントゥラは同じ年にフランシスコ会長に任命されていたので，教授活動はこれ以後行なわなかった。彼は一方では教団内部の対立の融和に努め，他方では当時のパリ大学人文学部を中心とする急進的アリストテリスムに警告を発しつづけた。枢機卿として，東西教会の融和をめざす1274年のリヨン公会議を準備・出席したが，会期中リヨンに没した。著書としては『命題集註解』『精神の神への道』『六日の業について』その他がある。

思想の特色 彼は当時の教会の人びとの例にもれず政治家であり，神学者であり，哲学者であり，神秘家であった。思想家としては盛期スコラにおけるフランシスコ会最大の人であり，ドミニコ会のトマスと並び称される。ディオニシウスおよびアウグスティヌスの影響を強く受け，そのスコラ的著作においてさえも，分析的であるよりは連続的・総体的な存在観を分析的なスコラの用語を用いつつ表現する。ネオ・プラトニスム的な照明説・光の形而上学の，盛期スコラにおける代表者であり，またアウグスティヌス的な神の似姿の説を展開して全世界に神の足跡を見る象徴主義思想家でもある。アリストテレス哲学を十分受け入れてはいるが，トマスほど真剣にそれをとりあげたふしは見られず，そのため，哲学的な掘下げや体系化において欠けるという非難があるが，彼の強味は神と被造世界に関する流動的・包括的なキリスト中心の全体観にあろう。彼が12世紀人文主義の豊かな世界と，その象徴主義・福音主義などを13世紀スコラの世界に救い入れていることは注目に値する。このような彼のキリスト中心主義は，受肉という出来事を宇宙と歴史との中心におくことによ

り，必然的にそれまでの思想と比べて肉体や質料を重要視する傾向と，質料を持てる個体を観念より高く評価する傾向とを内に持った。それにより彼の思想は，13世紀後半から14世紀にかけてのフランシスコ会思想家の特徴である個の存在および個体の体験的認識を重視する考え方の基礎となり，ひいては近代思想のある重要な側面を準備したといえよう。

〔坂口ふみ〕

70 トマス・アクィナス

生涯と著作 トマス・アクィナス（Thomas Aquinas, 1225頃—1274）はローマとナポリを結ぶ「ラテン街道」のほぼ中程にあるロッカ・セッカ城に生まれ，5歳の時近くのベネディクト会のモンテ・カシーノ修道院に送られたが，年に似ずおとなびていて，読み書きを教えた修道士に「神とは何か」と繰り返し尋ねたという。15歳の頃ナポリ大学に入り，ここでアリストテレス哲学と，学問研究を通じての福音の宣布をめざすドミニコ修道会と出会ったことが，トマスの生涯を決定した。家族の強い反対をおしきってドミニコ会入りを果たしたトマスは，パリを経てケルンへ赴き，同じ修道会員で博学をもって鳴るアルベルトゥス・マグヌスの下で学んだ。寡黙で体軀の偉大なトマスが「シチリアの啞牛」とあだなされたのはこの頃である。しかし，トマスの才能を見抜いたアルベルトゥスは，彼をパリ大学神学教授候補者に推し，折から紛争の嵐が吹き荒れていたパリ大学で，規定に従ってペトルス・

ロンバルドゥス『命題集』の解説講義を行ない、『有と本質について』その他の論文で自己の学問的立場を確立したトマスは、56年学位を得、その翌年から教授としての活動を開始した。

トマスがパリ大学神学部の教授であったのは、1257〜59, 69〜72年の間にすぎないが、それ以外の期間も、死の直前までドミニコ会関係の学校か教皇の側近にあって絶えず教授と著作に従事していた。彼自身は有名な悪筆であるが、いつも数人の秘書に、ほとんど信じ難い程の速度で口述していたという。約20年の著作期間を仮に三分すると、初期の代表的な大作は既述の『命題集註解』4巻と、定期討論集『真理論』である。とくにトマスがパリ大学教授になって、自己の学問的立場をはじめて公けにする機会である定期討論の第1回目の主題として「真理」をえらんだことには重要な意味がある。いうまでもなく真理はアウグスティヌスの「キリスト教的プラトニズム」の中心概念であり、トマスはアリストテレスから学びとったものによって、アウグスティヌス的伝統を補い、完成しようとする意図をもってキリスト教神学者・哲学者としての第一歩を踏み出したのである。

初期と中期を結ぶのが、イスラム文化を主として頭におきつつカトリック信仰の真理を弁証した護教的著作『対異教徒大全』である。中期にはトマスの思想の成熟を示す『神の能力について』『霊魂について』『徳一般について』などの定期討論集も数多く著わされているが、第一にあげなければならないのはこの時期に着手され、死の数ヵ月前に未完のまま擱筆された『神学大全』である。また聖書註解の多くもこの頃に書かれた。

これにたいして後期の主要著作は『形而上学註解』をはじめとする『自然学』『ニコマコス倫理学』『分析論後書』その他のアリストテレスの諸著作の註解である。トマスとアリストテレスとの関係については様々に論じられているが，何よりも，トマスがアリストテレスの著作の研究を生涯継続したことを見過してはならないであろう。

　1272年秋，若き日に学んだナポリにもどったトマスは，他の著作と並行して『神学大全』第3部を書き進めていたが，73年12月6日，聖ニコラスの祝日をもって，一切の著述を停止した。驚いて理由を訊ねた僚友にたいしてトマスは神秘的な啓示を経験したことを示唆し，自分の生涯が終りに近づいた旨をのべたという。翌年，教皇の要請でリヨン公会議に出席するため病軀をおして旅立ったトマスはローマに着く前に病いが重くなり，フォッサ・ノーヴァのシトー会修道院で3月7日に没した。死の直前，病床にもたらされた聖なるパン（キリストの体）に向かって，「私が学び，夜を徹して目覚め，労苦したのはすべてあなたの愛のためであった」と宣言したという。

思想史的位置と学説　13世紀西欧のキリスト教世界は二つの意味で危機（岐路）に直面し，重大な決定を迫られていた。その一つは優越的なイスラム文化の波に乗ってラテン世界におしよせてきたアリストテレス哲学であり，もう一つは様々の福音的運動，つまり原始キリスト教の理論に立ち帰ろうとする運動——その多くが異端の形をとった——であった。トマスの神学・哲学思想——「トマス的綜合」と呼ばれるもの——は，このような二重の危機にたいする応答として形成されたものであり，この二つの要素——アリストテレスと福音

——のいずれか一つを切り捨てるのではなく、徹底した仕方で両者をえらびとったところに、トマス的綜合の思想史的意義がある。

　トマス的綜合とは信仰と理性との統一であり、神学と哲学との区別と統一（それは一方においては、学としての神学の確立であると同時に、自律的な学問としての哲学の基礎づけであった）といえるが、この統一は、信仰の真理を規準に立て、それに適合するような理性的真理だけをとりいれる、といった安易な仕方で行なわれたのではない。むしろそれは、あくまで経験に根ざしつつ、信仰の光に導かれながらどこまでも真理を探求してゆくという、トマス自身の生命あるいは実存と一体化した「智慧の探求」において獲得された統一であった。その意味でトマス的綜合はアウグスティヌスやアンセルムスにおける「悟りを探求する信仰」の継承・発展であった。

　このトマス的綜合の中心に見出されるのが「本質」から区別され、それにたいして現実態が可能態にたいするような関係に立つところの「存在」の思想である。そしてこの存在思想の論理的側面が類比論（アナロギア）であり、それによって、われわれを無限に超越しつつ、われわれ自身よりも親密にわれわれに現存する神の秘義が示唆されている。倫理思想の領域では、トマスは人間の究極目的・至福、法、倫理的卓越性（徳）に関するアリストテレス思想を受容しつつ、信仰によって可能となった人間本性のより深い洞察に照らして、それを根元的に変容させた。至福は見神（ヴィジオ）であるとの主知主義をとなえたトマスは、同時に「より多くの愛（カリタス）を有する者はより完全に神を見る」と宣言した人だったのである。

〔稲垣良典〕

71　トマス・アクィナス『神学大全』

Summa theologica

教科書　中世スコラ学の黄金時代を代表する著作であり、それについて後に無数の註解や研究書が書かれた本書は、神学（聖教, sacra doctrina）の初心者のための教科書である。さらに本書は著者の死のために未完に終わったというよりは、著者の視野が飛躍的な発展ないしは転換を遂げたことのゆえに、著者自身が未完にとどめることをえらんだ作品である。第3に、本書の構成単位である項（articulus, 全部で2,669個ある）は「……であるか？」という問いの形をとっていて、常にトマス自身の立場に対する議論の導入をもって始まっている。『神学大全』を綜合的な体系の書であるというとき、これらの諸点を見落としてはならないであろう。

新プラトン哲学？　本書において成就された神学の綜合のよりどころは、万物のその始源よりする発出（exitus）と、その終極へ向かう還帰（reditus）という、新プラトン哲学の原理である。トマスはこの原理にもとづいて全宇宙・創造世界を、第一原理・創造主なる神から発出して（本書第1部）、究極目的なる神へ還帰する（第2部）運動として捉えた。しかし第3部では、こうした神への還帰の「道」としてのキリストが考察の中心にすえられ、それによって、はじめからトマス的綜合の根底にあった救済史的立場が前面におし出される。

トマス神学と救済史的立場　トマス以前の神学においては、救いの出来事は、聖書の記述に従って歴史的な順序で考察された。これにたいしてトマスは神学の順序を「学習の順序

（ordo disciplinae）」にもとづいて再構成しようと試みたのであって，その構成原理が新プラトン哲学の「発出」「還帰」であった。しかし，トマスによると人間（ならびに万物）は，神自身の自由な決定・恩寵によって備えられた「道」であるキリストによることなしには，神へ還帰することはできないのであるから，彼の世界理解の根底にあるのは新プラトン哲学ではなく，救済史的立場であるというべきであろう。さらに内容の叙述にあたっては，アリストテレスの学知・論証知（scientia）の要求が満たされており，その意味でトマスにおいてはじめて学としての神学が成立したといえる。

綜合の書　本書のなかにはアウグスティヌスをはじめとする教父たちの思想，アリストテレスとそのギリシア・アラビア註釈家，新プラトン哲学の影響の下にある著作家たち，キケロやローマ法学者・教会法学者の思想が豊かに流れこんでいる。また第1部の人間論，第2部の情念論，習慣論(ハビトゥス)など，哲学的に興味深い論考と並んで，創造，旧約の律法，その他の主題をめぐる詳しい聖書解釈もふくまれていて，中世の学問の一大綜合たるの観を呈している。　　　　〔稲垣良典〕

72　ドゥンス・スコトゥス

生涯　ヨアンネス・ドゥンス・スコトゥス（Joannes Duns Scotus, 1265頃—1308）の生涯は，その生年，出生地，幼年時代および死因など，多くの点がまだ明らかにされていないが，そうした細部の不確かさは，彼の生涯の本質的な性格を見て

とることを妨げるものではない。まことに、勉学、著作、教授に捧げつくされたその短い生涯を言いあらわすのには、墓碑銘のつぎの簡潔な言葉がもっともふさわしいものであった——「スコットランドわれを生み、イングランドわれを受け、フランスわれを教え、ケルンわれを捉う」。これを多少補足すると、名前の示す通り、彼はスコットランドの農村に生まれ、1278年頃フランシスコ修道会に入り、91年に司祭となっている。学才を認められてパリ大学へ送られ、そこで勉学を続けるが、パリ大学での教師の一人、同じフランシスコ会のゴンサルヴスは当時の有力なトマス批判者であったことが注目される。

スコトゥスは神学教授への道を歩むため、1297年からケンブリッジおよびオクスフォードで、当時の規定に従いペトルス・ロンバルドゥス（1095頃—1160）の『命題集』について解説講義を行なったが、これは非常な評判を呼んだ。1302年からはパリ大学において、同神学部の教授候補者として再び『命題集』の講義にとりかかるが、3年にはフランス国王フィリップ4世がとった反教皇政策に従わなかったかどでパリから追放され、オクスフォードで講義を続行する。やがてパリ大学に復帰して学位を取得し、6年には教授としての仕事を始めるが、翌年ケルンに移り、1308年11月8日その地に没して、フランシスコ会の教会に葬られた。

スコトゥスの学説はフランシスコ会の内部で大きな権威を持つにいたり、トマス・アクィナスに従うドミニコ会の神学者たちとの間で活発な論争が戦わされた。現代において、トマス学派と匹敵するような規模のスコトゥス学派は見出されないが、スコトゥス研究のための学会や雑誌があり、研究文

献も多い。周知のように，ハイデガーにはスコトゥスに関する研究論文があり，パースの著作にもスコトゥスへの言及が数多く見出される。

著作 スコトゥスの体系的著作として第一に挙げなければならないのは，『命題集』の註解であるが，これには三つの種類がある。第1はスコトゥスの講義を聴講者が筆記したもの（Reportatio）で，部分的にスコトゥスによって校閲されている。第2はオクスフォード大学における講義に際してスコトゥスが使用した覚え書（Lectura）であり，第3はそれら二種類の資料をもとに，スコトゥスが自らの「スンマ」（神学綱要）を著わそうとの意図の下に，自分で書いたか，あるいは口述した定本（Ordinatio）である。スコトゥス自身の見解を知るために拠るべきは「定本」であることはいうまでもないが，他の二種類の註解も彼の思想の発展や変容を跡づけるのに重要であり，スコトゥス解釈には欠かせない。この他，『第一原理論』『任意討論集』およびアリストテレスの若干の著作についての註解，などがある。17世紀にウァディングの編集で刊行された全集（19世紀のヴィヴェス版で26巻）はかなりの数の偽作をふくみ，他方そこにふくまれていないスコトゥスの真作も数多く確認されているため，スコトゥスの著作の全貌は現在スコトゥス編集委員会（Commissio Scotistica, 1938年創設）の手で刊行されつつある批判的な全集の完成をまってあきらかにされる。

思想史的位置と学説 スコトゥスはかつて「スコラ哲学のカント」と称せられ，またその精密な批判的議論のゆえにつとに「精妙博士（doctor subtilis）」の異名をとっているが，思想史における彼の意義を理解するためには，そうした批判的

議論のよって来るところに目をむける必要がある。13世紀にアルベルトゥス・マグヌス，トマス・アクィナス，ボナヴェントゥラ等によって成就されたスコラ学の偉大な体系的綜合は，ラテン世界へのアリストテレス哲学の導入によってひきおこされた危機にたいする，それぞれ独自の対応の成果であったが，それら綜合自体の間に——とくにトマスとボナヴェントゥラの場合——著しい相違が認められ，それが対立にまで発展したことも事実である。ここからして，スコトゥスにとっての学問的・思想的課題は，これらの綜合をひとたび徹底的な批判にさらした上で，新たな綜合を追求することでなければならなかった。このスコトゥス的綜合は根本的にはアウグスティヌス的であるが，それはアリストテレスとの厳密な接触と対決を通じて新たにされたアウグスティヌス主義であった。

　スコトゥスがもっとも意を用いたのは，人間のうちに，直観的認識および愛による神との一致にまでたかめられうるような，何らかの根元的な可能性があること，その意味での人間の尊厳性を確立することであった。このことは，なによりも，人間の意志があくまで自由で自己決定的な能力であり，知性にたいして優位に立つとの学説において顕著に認められるが，同じことが，人間の知性にとって第一かつ固有的なる対象は，本質的にいって，有たるかぎりでの有にほかならぬ，との学説についてもいえる。この後者との結びつきにおいて，スコトゥスは有の類比的性格を強調したトマスに反対して，有の概念が一義的であることを主張したが，これも人間の知性が，有限者と無限者を問わず，すべての有にたいして根元的に開かれていることを主張するものであって，やはり人間

の尊厳性の確立にかかわりがある。さらに，たとえばある人間の種的な本性（人間性）と個体性との間には，単なる観念的な区別でもなければ，実在的区別でもなく，（事物に由来するところの）形相的なる区別がある，という学説も，認識の客観的妥当性を基礎づけ，ひいては人間知性の根元的な能力を論証しようとする意図にでるものである。さいごに，スコトゥスは神存在の論証を，トマスにくらべて遥かに精密に展開したが，これも人間知性が，神の本質の直観的認識への受容的能力を有することを示すためであった。〔稲垣良典〕

Ⅵ 14世紀の革新——ノミナリストの運動

73 ウィリアム・オッカム

生涯 ウィリアム・オッカム（William Ockham, 1285頃—1349頃）はロンドンの近くのサリーのオッカムで生まれた。生年は定かでない。オクスフォードでフランシスコ会士となり研究活動に入る。1324年教授（magister regens）として教える前に，ペトルス・ロンバルドゥスの『命題集』についての彼の主張に対する教皇の譴責に答えるため，彼はアヴィニョンに赴くこととなる。この事件が決着する以前に彼はこの地を去るが，1327年教皇ヨハネス22世とフランシスコ会総会長チェセナのミカエルの福音的清貧についての論争に，総会長の側に立って関係することとなる。この論争の結果1328年ミカ

エルと共に破門され，アヴィニョンを去り，バイエルンのルートヴィヒ皇帝のところに身を寄せ，ピサから皇帝と共にミュンヘンに行った。これを機として彼は政治的・教会的著作を通じて皇帝と教会との争いに関与することとなる。1347年彼の保護者の皇帝は急逝し，彼自身も教会との和解を求めたが，生前この和解が成立したか否かは明確でない。1349年ミュンヘンでペストで亡くなったといわれる。

「経験論」的側面　彼の哲学には種々の側面があるが，第1に「経験論」的側面が考えられる。彼は直観ないし個物の直接的な認識を強調する。「直観的に知られるのでなければ，いかなるものも本来自然的に知られない。」直観的認識は世界に関するすべての認識の必然的な基礎であり，またこの認識は経験によってはじめて成立すると彼は考える。しかも彼の経験は個々のものの直接的経験を意味する。経験論的なこの主張は，有名な「剃刀の刃」として伝統的な形而上学的思弁に対する鋭い批判となって現われる。事物の認識が直観ないし直接経験によると言われるかぎり，直観的に検証されない事物についてその存在は主張できないこととなる。またあるものが他のものの原因であることは一般に論証されるのでなく，経験的にのみ確証されるとする彼の「刃」は，当然自然神学における原因―結果による思弁的議論を排除するに至る。

上述した彼の「経験論」的な側面はまた彼の論理学的考察の際にも見られる。論理学上の名辞は，彼によれば，あるものを指し示す（suppositio, スポジチオ）という働きを持つ。したがって「人間は死ぬものである」という命題における「人間」という名辞は当然個々の具体的な人間を指し示す。というのは彼にとっては個物のみが存在し，普遍というものは存

在しないからである。普遍は名辞ないし名前に属すると言うかぎり，彼は「唯名論者（Nominalist）」と名付けられる。普遍を個々のものの属性ではなく，命題における名辞の機能と考える彼にとっては，普遍の問題は，形而上学的な問題ではなく，名辞の命題論的機能の分析の問題となる。したがって従来主張されてきた普遍的な存在はその姿を消すこととなる。

「合理論」的側面　さて彼の経験論的な側面に加えて，彼の論理学において演繹的ないし三段論法的な推論を高く評価する「合理論」的な側面がある。命題において真偽が言われるかぎり，学問は命題に関係する。ところで分析命題は学問を構成しない。というのは彼の考えでは「学問」とは演繹的推論の過程の基礎となっている第一原理などよりは，むしろ推論の結論の集積だからである。三段論法の推論によって得られる「必然的真理」が学問を構成するのである。これはまさしくアリストテレス的な学問論であり，経験論的オッカム哲学の合理論的・論理学的側面と言えよう。彼の「経験論」的側面を考える場合この点を考慮に入れねばならない。

神学的要素　第3に彼の思想の神学的要素について述べてみよう。上述したように彼の経験論的な立場から，13世紀の思弁的形而上学に対して，特に神の存在証明や，哲学的な霊魂論に対してこれらが持つ論証性に疑問を提出し，これらに対しては蓋然的な論証以上の議論は不可能だと彼は考える。また神の属性に関しても，哲学的神認識が被造物の側からの経験に基づいて行なわれるかぎり，この三段論法における媒介項は存在しない。その意味で神の全能や全知についての論証は不可能となり，我々に可能なことと言えば，神についての「名辞」を論ずることでしかない。しかし留意せねばならな

い点は，上述した議論における哲学的論証性を彼は疑問視するのであって，神の存在そのものや霊魂の不滅に疑いをさしはさもうとしているのではないということである。これらの点については信仰によってのみ，すなわち啓示された真理を受け入れることによってのみ知られると彼は言う。その意味では彼は近代的な「合理論者」ではなかった。彼は一義的には神学者であり，フランシスコ会士であった。特に神の全能に関する強固な信念は彼の哲学に重要な影響を与えた。彼が神のイデアに関する伝統的なアウグスティヌス的学説を拒否した理由は，彼の経験論的立場から神に知られたかぎりでの個別的なものとしての神のイデアを，彼らは普遍的な原型と考えた点であるが，神についての彼の信念は神が創造作用において創造のイデアないし原型によって導かれるかのように述べる神学者への批判となる。彼にとってはこのような言い方は神の自由と全能を制限することを意味する。このことはまたキリスト教神学の中にギリシアの形而上学を導入することによって，キリスト教信仰を汚すことを意味する。したがってこの汚された神学を異教の形而上学から解放し，これを純化するのが彼の意図である。彼の真の意図は哲学と神学との分離ではなく，13世紀の神学者—哲学者達のギリシア形而上学の軛からキリスト教神学者を解放することである。

彼の哲学は上述したように多面的なものであるが，彼の哲学の立場を決定づけているものは神の自由と全能に対する彼の強固な信念によると言えよう。したがって彼の「経験論」的要素や「合理論」的側面を考察する際，彼が近代的な懐疑論者でも合理論者でもなく，また「剃刀の刃」で示されるようなたんなる破壊的な批判者でもなかった。彼は徹底的に体

系的に問題の解決に向かう独創的な13世紀の神学者であり哲学者であった点に留意せねばならない。でなければ彼の哲学の根本的な性格を見誤ることになる。　　　　　〔箕輪秀二〕

74　オトゥルクールのニコラウス

ノミナリズムの思想家　オッカムにつぐノミナリズムの重要な思想家としてオトゥルクールのニコラウス（Nicolas d'Autrecourt）を挙げることができる。彼は1300年頃ヴェルダン教区に生まれ，1320年から27年にかけてソルボンヌに学び，1338年メッツ大聖堂の聖職禄を得た。1347年彼の命題は譴責され，パリ大学教授団の面前でその著作・書簡を焼却するように命ぜられ，その通りに実行された。1350年再びメッツ大聖堂の役職を得たことは知られているが，没年は明らかでない。

その思想　彼は絶対に確実な認識として，直接に明証的なもののみをとり上げる。ところでこの明証性を支える源泉は二つしかない。すなわち直接経験による実験的検証と矛盾律による論理的保証である。矛盾律は，これに先立つ法則はないという消極的意味でも，また他の法則の前提であるという積極的意味でも，第一原理である。すべての明証的に確実な知識は，これに基づくか，これに還元されなくてはならない。この原則に基づいて，まず因果律をとり上げてみよう。まず因果律は直接経験そのもののなかにあるのではない。それでは矛盾律に基づいているか。明らかにそうではない。一つの

ものが存在するということから、もう一つのものが存在するということを、矛盾律は何ら保証しない。Aが存在するとき、それとは別のBが存在しても、存在しなくても、そこから何ら矛盾は、出てこない。したがって原因と結果を結びつけるきずなは、決して明証的ではなく、必然的でもない。因果律は二つのものが規則的に継起するという過去の経験に基づく蓋然的なものである。目的因や完全性についてもまったく同様の議論が成り立って、これらは決して明証的なものではない。したがって目的因や完全性に基づく神の存在証明も、また妥当なものではない。神の存在はこうした哲学的議論の対象となるものではなく、啓示に基づく信仰の事実である。また実体の概念についても同じことがいえる。まず実体は直接、経験によって感覚的に捉えられるものではない。それはある物体の物理的特性の知覚やある心理的状態の直観が与えられるとき、それを担う物質的ないし心的基体として、その存在が推論されるのである。この推論は明証的であるか。再び否である。なぜならここでも因果律のときと同じように、一つのものの存在からもう一つのものの存在が推論されているが、これは矛盾律に基づいてもいないし、それに還元されもしない。かくして彼は実体を名のみにとどめ、それを内的および外的な経験内容と同一視した。

中世のヒューム 以上の議論がヒュームのそれと似ていることは容易に見てとれよう。両者とも、観念の間の分析的関係と事実の経験的認識とを峻別し、因果律は分析的命題ではないとした。実際彼は中世のヒュームといわれている。

〔伊東俊太郎〕

75　科学思想の発展

ガリレオの先駆者たち　1277年にパリの司教エチエンヌ・タンピエが，アリストテレス自然学のもっていた非キリスト教的異端性を論難したのをきっかけとして，14世紀に入るとパリのノミナリストの間にアリストテレス自然学を革新しようとする科学思想が急速に発展し，いわゆる「ガリレオの先駆者」の時代を迎えることになる。

ビュリダン　こうした運動の中心に立ったのは1328年にパリ大学の学長となったジャン・ビュリダン（Jean Buridan, 1358以後没）であり，彼はアリストテレス運動論のもつ自然学的諸困難に目を向け，特に「投射体」の問題と「自由落体の加速度」の問題を考え直した。まず石のような投射体がその運動を続けてゆくのは，押しのけられた空気が物体の背後に出来た真空をうめるべく飛び込んで来てそれを押すからだというアリストテレス流の考え方に対し反論する。たとえば垂直な軸の周りを自転するコマはその全体の位置を変えずに廻り続けるが，そこでは押しのけられる空気というものはなく，したがってこの運動を持続させるものが空気でないことは明らかである。また後端の平たい投槍は両端の尖った投槍よりも速く飛ぶということはなく，むしろその逆であるが，もし空気の後押しがその推進力であるならば，前者の方がいっそうよく押されて遠くまで飛ぶはずである。かくして彼は投射体の運動の持続は，空気のような媒体の作用によるのではなく，その運動の起動者（手）から運動体（石）に「インペト

ゥス（impetus）」という一種の「駆動力」が移し込められて，これにより石は手を放れた後も運動をし続けるのであるとした。さらに彼は，これを精密化して，運動体のインペトゥスの量は，その物質の量（quantitas materiae）と速さ（velocitas）に比例するとした。これはデカルトが定式化した近代の運動量の概念に通ずるものである。彼はこれによって鉛の球が木片より遠くまで飛ばされること，また速く助走すればいっそう遠くまで跳べる等の事実を説明した。自由落下の加速度も，彼はこのインペトゥスにより説明する。すなわち自由落体はその落下の最初の瞬間はみずからの重さだけによって運動せしめられるが，次にはこの運動自体が新たなインペトゥスを生み，それが重さとともに物体を動かすゆえ，この次々に付け加えられるインペトゥスにより，落下運動はますます速められることになる。また彼のインペトゥスは「抵抗や反対の傾向」がない限り減少せずそのまま存続するから，そのような場合には物体はいつまでも一様な運動を続けることになる。ここにまたある意味では近代の慣性法則に類似したものが認められよう。

アルベルト　ビュリダンに続いて1353年にパリ大学の学長となったサクソニアのアルベルト（Albert von Saxen, 1316頃—1390）は彼の説を継承したが，さらに「インペトゥスの合成」というものを考え，投射体の軌跡の新しい説明をなした。アリストテレスによれば単一物体は同時に二つの運動をもつことはできないとされた。なぜなら実体は矛盾する二つの属性を同時に所有しえないからである。そこでペリパトス学派の運動論では投射体は最初媒体の推進力が尽きるまで直線的に進行し，推進力が尽きたとき今度は重力の作用で垂直に落

下するとした。アルベルトはこれに反し，投射体の経路は次の相続く三つの段階に分けられるとした。第1段階は物体に与えられたインペトゥスが物体の重さの作用にうち勝って，これだけで直線的に運動する場合であり，第2の段階は外から加えられたインペトゥスが次第に弱まり，重さと共に働き，この両者が合成されて曲線を画く場合である。これに続く第3段階では，インペトゥスが抵抗のために全く尽きてしまい，重さの作用だけで物体は垂直に落下する。この合成運動の理論は，パルマのブラシウス，ニコラウス・クザーヌス，レオナルド・ダ・ヴィンチ等の人びとにうけつがれ，16世紀においてタルタリアによる根本的修正をうけた後，17世紀に至りガリレオの放物体運動において正しい明確な定式化を得たものである。

オレーム パリのノミナリストの最後の圧巻は，1362年ナヴァル学院の院長となったニコル・オレーム (Nicole Oresme, 1382没) である。彼もビュリダンのインペトゥス理論を受け入れたが，これを運動体に内在せしめられた一種の「付加的性質 (qualité accidentelle)」とし，これに「駆動性 (impétuosité)」なる名を与えた。アリストテレスによれば周知の通り，質と量とは全く異なる範疇に属し，両者は截然と区別され，この間の関係は認められなかったが，オレームによればかかる「性質」はすべて数学的分量として表現されるものであるとした。そしてこの「駆動性」の強度変化をグラフによって表現する仕方を案出したのである。すなわち彼は水平線 (longitudo) によって運動する物体の通過した距離または時間を表わし，水平軸に直角な垂直線 (latitudo) によって与えられた点におけるインペトゥスなどの強度を示すようにし

た。この強度を示すそれぞれの垂直線の上端をつなぐと一つの幾何学的図形ができるが、それが長方形の場合は「一様(uniformis)」な運動を、三角形または梯形の場合は「一様に不整(uniformiter difformis)」な運動を、曲線図形の場合は「不整に不整(difformiter difformis)」な運動を表現することになる。「一様に一様でない」運動といった表現を、後のエラスムスのような人文主義者たちは全く理解しえず、好んでこの言葉をとってインペトゥス理論の唱導者たちを嘲笑したが、しかし彼らがここで等加速度運動ととり組んでいたことは明らかである。オレームにおける質の量化とこれのグラフによる表現は、種々なる物理量の幾何学的処理を可能にし、ガリレオの『新科学対話』の方法的中核をなしている力学問題の幾何学的証明への途を拓いた。実際ガリレオは自由落下運動の数学的定式化に必要ないわゆる「マートン規則」の幾何学的証明において、このオレームのやり方をほとんどそのまま踏襲している。またオレームは地球の自転の可能性を論じ、コペルニクスの地動説を部分的に先取りしていた。

〔伊東俊太郎〕

Ⅶ ルネサンスの思想

76 ルネサンスの自然哲学

思想的特徴　16世紀に輩出した多彩な自然哲学はルネサンス

の典型的思想であるが，その意義を的確に述べることは容易でない。現在でも研究が進んでいないこともその一原因であるが，しかしその思想が複雑多岐にわたり，さらに科学的思考に慣れた現代人には曖昧で不可解なものに見えることが最大の原因である。ルネサンスの自然哲学は，すべてを超越的第一原理から説明しようとする中世のスコラ的アリストテリズムの閉じられた自然体系と，デカルト的純粋合理性を重んずる個別的知としての近代自然科学の間にあって，両者の要素を同時に含み，さらにこの両者を同時に否定している。前者の閉じられた不動の世界に対しては，あらゆる可能性を持った無限に開かれた世界であり，後者の個別的知から成る合理的世界に対しては，自然の局部的理解と自然全体の把握が切り離すべからざるものとして結合しており，その意味で科学と形而上学が融合した世界である。この非常に多様で微妙な性格を持つ自然哲学の大きな特徴は，生命的自然観，言うなれば自然の人間化にある。ルネサンス人にとって，自然は何らかの驚くべき秘密が隠されているもの，魅惑に満ちた奇蹟的なものであった。人間はその無限の豊かさの中に棲む一匹の寄生虫のようなものである。自然は人間に対立するものではなく，人間を包むものであり，自然を探究するとは，自然の懐の中に飛び込み，自然の助けを借りて（理性もまた自然の一つの所産である）その隠れた秘密を発見することである。このように神秘的な自然観は魔術的世界との何らかの血縁関係を想定させる。生命に満ちた宇宙，万物を結ぶ隠された照応と交感の関係，万物を貫いて流れる精霊などルネサンスの自然哲学を特徴付けている観念は，すべて当時の魔術思想の内に見出せるものである。実際，ルネサンスの自然哲学者は

すべて魔術の信奉者か，少なくともその是認者であった。結論的に言えば，彼らの思想は，中世の閉ざされた時間も歴史もない可能性を持たぬ不動固定の世界を打ち倒し，人間が能動的活動によって参加しうる，あらゆる可能性を秘めた開かれた世界を打ち建てようとするルネサンスの衝動を体現したものであり，その胎内には近代自然科学が宿っていた。したがって，これらの革新的思想家たちの不倶戴天の敵は，常に人間の可能性を否定するアリストテリズムであった。

自然哲学者たち　テレジオ（Bernardino Telesio, 1509—1588）はルネサンス科学運動の父とも呼ばれるべき自然哲学者で，彼の故郷コセンツァに科学アカデミーを設立し，経験的方法を重視した自然研究を行なった。彼はあらゆる物理現象を対立する二原理，熱と冷によって説明しようとし，いわゆる有機的一元論を主張した。すなわち，精神作用とは高度の感覚であり，感覚作用とは物質に内在する熱と冷とによって惹き起こされる運動の一種である。したがって万物の運動を第一動力因のような超越的原理から説明しようとするアリストテレス説は排斥され，その世界像は虚構に過ぎないと断定される。このテレジオの感覚的経験論は，経験と合理性を尊重する点で，近代科学的自然観に近似している。だが，科学が合理性と経験を尊ぶと同時に，その限界から逸脱しないことによって知識の厳密性と客観性を守ろうとするのに対して，テレジオはあえてその限界を乗り越えようとする。彼は合理的把握能力を超えた事物の本性を感覚的直観によって捉え，そこに世界観の原理を置くのである。たとえば万物に内在する感覚活動は自己保存の能力を具有するものとされている。これは自然科学の立場からすればすでに一つの形而上学的仮説

といわねばなるまい。自然はかかる本性を善なる神によって授けられている、という前提が肯定されているからである。この点からすれば、パトリツィが批判したように、テレジオは自然を見ようとしてむしろ「超自然を見ていた」のである。プラトン主義者パトリツィ（Francesco Patrizzi, 1529—1597）は、ここから逆に形而上学への方向を意識的に押し進め、錬金術の伝統を取り入れることによって、光の形而上学を構成した。彼の立場は、一見するとテレジオとは正反対に見えながら、実は共通の立場に立つものといわねばならない。なぜならば、パトリツィによって世界構成の原理とされる光は、目に映る感覚的所与でありながら、他面光そのものとしては感覚的把握を超えた超物質的存在であるからである。ルネサンスの自然哲学者たちは、個々の自然現象の解明と自然全体の把握とを切り離すべきではないと考えていたのである。あるいは、合理的理解では超えることのできない限界をあえて超えようとする衝動を秘めていたと言ってもよかろう。カンパネッラ（Tommaso Campanella, 1568—1639）、ブルーノといった人びとも、多かれ少なかれこうした自然哲学の系統に属していた。

魔術者たち　実を言うとルネサンス時代においては自然哲学者と魔術者を区別するのは当を得ていない。なぜならば、デッラ・ポルタ（Giambattista della Porta, 1550—1615）がその著『自然魔術』に述べているように、魔術は呪術と自然魔術に区別され、後者は学問の頂点をなす自然哲学に他ならぬからである。すなわち、魔術は多くの知能を総合して、事物を支配して変化させるので、俗人は人知を超えた奇蹟と見るが、実は自然の業以上の何事もなす訳ではなく、人間の知ないし

技術は自然の業を成就させるために奉仕し準備するものにすぎない。ただ魔術者のみにこれが可能であると言われるのは、彼らが常人以上に豊かな知識を具え、自然の秘密を開示する自然哲学に精通しているからである。今日では奇妙な魔術師・錬金術師として名前も殆ど忘れられているデッラ・ポルタは、当時最も高名な学者であり劇作家であった。望遠鏡の発明ではガリレオの先駆者でもある。しかし彼が最も精力を費したものは、個々の自然現象の解明ではなく、全自然の統合・合成の秘密を解く鍵となる「哲学の石」の発見、いわゆる錬金術であった。彼と同じく、新しい発見についての先駆的直観を持ちながらも、それを生かすことができなかった人に、三次方程式の解法を証明したカルダーノ（Girolamo Cardano, 1501/6—1576）がいる。　　　　　　　　　　〔清水純一〕

77　パラケルスス

生涯　パラケルスス（Paracelsus）ことテオフラスト・フォン・ホーエンハイム（Theophrast von Hohenheim）は、1493年12月17日（あるいは11月10日）スイスの巡礼地アインジーデルンに、放浪の医師ウィルヘルム・フォン・ホーエンハイムと無名の教会隷民の娘との間に生まれた。10歳で母の死とともにオーストリアのフィラハに移り、そこで基礎教育を受けてから、イタリアのフェラーラ大学でニッコロ・マナルディの人文主義医学の洗礼に与り、以後ヨーロッパの南北を縦断する大遍歴時代（1516—24）を経験してから、バーゼル大

学に医学を講じた1年間を例外として，その余の生涯を放浪の旅に過ごした。

思想と哲学　パラケルススの医学思想は，中世医学に支配的だったヒポクラテス，ガレノス，アヴィセンナのスコラ的文献学的解釈にたいして真向から自然の直接の探究を主張し，大宇宙と小宇宙（人間の肉体）との新たな対応関係を基盤とする統一的世界像を，崩壊した中世農民世界の断片から形成することにあった。そのため古き世界の固定観念と神学・医学・本草学・政治社会学のようなあらゆる領域において戦わねばならず，事実彼の著作のほとんどは論争書として成立した。百科全書的博識は，しかし文献研究よりは実践の子であって，彼の医学は記号論的読替えによる当時のあらゆる知の総合の学としての学であった。

医学的著作は初期の『パラグラヌム』(1530)，『パラミルム著作群』(1529—31)を経て晩年の『大天文学・あるいはフィロソフィア・サガックス』(1537—38)に集大成されて行くが，その間梅毒研究の『フランス病論』(1529)，『鉱山病論』(1534)，近代最初の精神病理研究たる『不可視病論』のような個別研究も数多く発表した。

同時代の偉大な精神たちの例に洩れず，彼は復興した地中海的精神の南国の祝祭を北方に転移することによって，南と北との交点となったが，同時に中世ドイツの孤独な神秘家たちが構想した魂の救済（ハイルング＝治癒）の計画を具体的対象物たる肉体‐自然に投与することによって，中世的なものと近代的なものとを媒介した。

放浪の生涯のなかで，ザルツブルグでは1524年の農民鉱夫連合軍の蜂起に立ち会ってこれを煽動し，バーゼルではエラ

スムスと親しく交わったが、パラケルススの思想はルターの福音思想とも人文主義とも截然と異なる秘教主義哲学の流れを汲んでおり、一種の魔術的自然哲学であって、いみじくもエルンスト・ブロッホの言うように、彼にあっては「哲学そのものが見えない自然にほかならず、自然は目に見える、可視の哲学」であった。自然と交わり、人びととは論戦しつづけたこの男は、1541年9月24日、ザルツブルグで客死した。享年48歳であった。

〔種村季弘〕

78 ジョルダーノ・ブルーノ

生涯 ジョルダーノ・ブルーノ（Giordano Bruno, 1548—1600）は、ナポリの近郊ノラに生まれた。17歳の時、ナポリのドミニコ会修道院に入るが、次第に異端的思想を抱くようになり、身の危険を感じた彼は、1576年に脱出し、以後15年にわたりヨーロッパ各地を遍歴した。宗教対立の渦巻く当時の西欧には、いずれの宗派にも与しないブルーノにとって安住の地はなく、貧窮と危険の連続であったが、ヒューマニスト的自由による諸対立宥和の理念に燃えながら数多くの著作を出版した。91年、ヴェネツィア貴族の招聘に応じて故国イタリアに戻るが、裏切りによって異端審問所に引き渡され、8年余を獄中で過ごした後、1600年に異端の罪でローマで火刑に処せられ、その悲劇的生涯に終止符を打った。

世界観 ブルーノの世界観は、神、自然、人間の世界の三つに区分され、それらはイデア、その跡、その影の関係にある。

神は多たる万物がそこから流出する一者であるゆえに、有限的存在たる人間の理解を絶する超越者である。人間は、その跡（自然）と影（人間）のうちに映る限りでの神を捉えられるに過ぎない。この意味で、神は無限な広がりとしての宇宙であり、同時にその動力因たる宇宙霊と見なすことができる。

アトム論 ブルーノは、世界をアトムの集合合成と捉える点で、近代宇宙観の先駆をなす。アトムの集合は流動的なものであり、その繰り返す離合集散によって万物は絶えず変化しつつ存在し、人間の生死もその一形態にすぎない。一方、宇宙霊は万物に浸透してこの宇宙の自己完結的ダイナミズムを司っていることから、ブルーノのアトムはその内に霊魂を内在するものと考えられ、いわゆる汎神論的自然観となる。

人間観 人間もまた宇宙一存在として宇宙の自己完成運動の中に置かれている。しかも人間の本質は影たることにあるゆえに、神において一として在るものが、ここでは対立・矛盾として現われる。したがって神への帰一によって己れの矛盾を解消しようとする衝動が愛と呼ばれる。だが、その愛が深まる程、憧れの対象は到達し得ぬ存在へと高まり、愛は絶望の苦しみを続けながらも、求めることを止めない。これが愛の狂気であり、神への愛はこの英雄的狂気に成り立つ。人間の対立抗争を人間存在の本質として捉えながら、しかもその対立を統一しようと願う普遍的人間愛こそ、ブルーノが真の宗教と考え、一生そのために努力した目標であった。さらにそれはまた、彼によれば、自己の中に内在する宇宙霊の働きに他ならず、したがって自己完成に向かって進む宇宙の運動に共鳴するものでもあったのである。

〔清水純一〕

79 人文主義的新プラトン主義

成立の過程　プラトンやその学派の思想は中世を通じて断片的に知られてはいたが、完全な形で紹介され、西欧社会に決定的な影響を与えるようになったのは、15世紀の文献学的人文主義の功績である。特に1438年から開かれたフィレンツェ公会議に参加したビザンツの学者達は、人文主義者達にギリシア語とその哲学に親しむ道を拓き、フィレンツェの支配者コジモ・デ・メディチはマルシリオ・フィチーノ（Marsilio Ficino, 1433—1499）を庇護してプラトンのラテン語訳を命じた。かくしてフィチーノのまわりには、ピコ・デッラ・ミランドラ（Pico della Mirandola, 1463—1494）などの人文主義者が集まって、「プラトン・アカデミア」を形成し、ためにフィレンツェの新プラトン学派の名は欧州全土に広まった。

フィチーノの功績　フィチーノの功績は二つに分けられる。一つは、プラトンやプロティノスの原典を初めて完全な形で紹介したことである。それは西欧の知性発展史における最大の出来事の一つとなり、彼の卓越したラテン語訳は18世紀までテキストとして使用された。他の功績は、中世の遺産たるキリスト教神学と古典のプラトン哲学の融合によってその両者を革新し、新たなルネサンス哲学を体系化したことである。

フィチーノの哲学　彼はキリスト教神学とプラトン哲学の根源的帰一性から出発して、宇宙を神から物質まで下降する五つの存在様態（神、天使、霊魂、質、量）として捉え、中でも人間の霊魂に中心的かつ特権的な地位を与える。霊魂はその

無限な愛や思考を通して，宇宙の最上位と最下位の存在を結ぶ絆の役割を果たしているという彼の主張は，人間とその尊厳性を讃美するルネサンス人文主義思想の理論的定式化である。人間存在の役割は，より高い段階の知や愛を求める霊魂の内的上昇にあり，その究極的目的は，神を直接的に観照し享受することである。だがこの目的には現世において成就不可能であることから，彼は霊魂の不死性を要請し，主著『プラトン神学』においてその証明を企てている。

ピコの思想　フィチーノの友人であったピコの思想は，前者の思想を大胆に発展させたものである。神は人間精神の到達を許さぬ絶対者であるゆえに，理解を絶した無の如きものであり，人間はその無の深淵につり懸っている悲惨な存在である。だが人間には，その中で進むべき道の選択が与えられている。この選択の自由こそ人間霊魂のみに与えられた特権であり，そこに人間の尊厳性の根拠がある。また，神への道の絶対的な遠さこそ，人間の無限の可能性を神が保証した証拠である。彼の思想は，独創的な自由観と実存的な人間観の点でルネサンス哲学の頂点をなすと同時に，近代思想の先駆ともなっている。

〔清水純一〕

80　ドイツ神秘主義

マイスター・エックハルト　キリスト教的神秘主義は，ある意味ではキリスト教そのものと同じく古いといってよいが，13世紀から14世紀にかけてのスコラ哲学の完成・開花の時期に，

ドイツではとくにドミニコ会士の中にマイスター・エックハルト（Meister Johannes Eckhart, 1260頃—1327頃）をはじめとする一群の独自の神秘主義者たちが輩出する。その思想は宗教改革者たるルターに深い刻印を残したばかりでなく、19世紀のドイツ観念論の哲学者たちにもさまざまな影響を与えているから、「ドイツ精神の展開の最初の段階」を示すものとしてとくに注目されるわけである。

マイスター・エックハルトは、その伝記的詳細は不明であるが、チューリンゲン地方のさる騎士の家に生まれたとされている。早くからドミニコ会の修道院に入り、ケルンの同修道会学問所に学び、パリにも学んで、ザクセン管区長となり、ボヘミアの司教総代理ともなっている。ラテン語の著作とドイツ語の説教が残されているが、前者は精神主義的新プラトニズムへの強い傾向を示しながらもなおスコラ哲学的であるのに対して、教区民への俗語での説教たる後者にはより大胆に体験に立脚する神秘主義的思想が表白されている。

その思想 エックハルトが「神性（Gottheit）」と名づける一切の事物の根源は、その言表を越えた「奈落（Abgrund）」から現実の生ける「神」となるために「自己の言葉を発し」なければならぬ。かくして「神の言葉」すなわち「子」が生まれ、この「子」と同じく一切の被造物も無から生み出される。世界創造以前において神は無と言うほかなく、被造的世界の中で神ははじめて自己を自覚する。そして一切万物は神から発し、神に還帰しようとする。人間の心は一方でこの世の事物に向かうが、他方で直接に神を志向しており、そこに神的なるものの発現としての「火花（Fünklein）」が働く。この人間の心の内部に認められる神的なるもの、自由精神の発

動の神秘主義的容認が，彼の死後に教会から異端とされたものであるが，その深い道徳的・精神的内面化がまた後の宗教改革を準備するものとなったのである。

その影響 マイスター・エックハルトの弟子と目される人に，同じドミニコ会のゾイゼ（Heinrich Seuse, 1295頃—1366），タウラー（Johann Tauler, 1300頃—1361）などがある。後年ルターが『ドイツ神学』（*Theologia deutsch*）の名のもとに刊行した小著の著者は不明とされているが，その思想内容はほとんどエックハルト，タウラーと合致するものであった。17世紀初頭のドイツに出た神秘主義者ベーメ（Jakob Böhme, 1575—1624）の思想は，直接エックハルト等の著作に学んだものではないが，ルターを介して14世紀以来のドイツ神秘主義の底流につながるとは言うことができよう。　　　　　〔生松敬三〕

81　ニコラウス・クザーヌス

生涯 ニコラウス・クザーヌス（Nicolaus Cusanus, 1401—1464）は，モーゼル河畔クースの富裕な船ぬしの家に生まれた。1416年にハイデルベルク大学に赴き，パドヴァに移って1423年に教会法令博士の学位を得る。1425年の春以来ケルン大学に籍を置き，ハイメリクス・デ・カンポから偽ディオニシウス・アレオパギタの思想を学び，さらに彼に刺激されてライムンドゥス・ルルスに傾倒する。1432年以来バーゼル公会議に参加し，会議派の一員として活躍，教皇と公会議との関係を解明すべく『普遍的和合』を執筆する。教皇と会議派

との分裂がそのきわみに達したとき，トルコの脅威を受けているギリシア教会の使節が東西両教会の合一を求めて到着する。彼らが西方教会の代表者として選んだのは教皇派であった。この頃クザーヌスは教皇派に転じる。1437年8月，彼は教皇使節団員としてコンスタンチノープルに赴き，11月，東ローマ皇帝，東方教会総主教，随員の学識ある高僧らと共に公会議開催地フェラーラへと航海する。船上における思想の交換と相まって「光の父」から「知ある無知（docta ignorantia）」についての霊感を受ける。1448年，枢機卿に上げられ，ドイツとその近隣における教会改革のために奔走する。1458年，ピウス2世に招かれてローマに移り，やがて十字軍陣頭に立つピウス2世の命を受けてアンコナに向かう途上トデイにて没す。

和合 バーゼル公会議に参加しながら彼は，教皇と公会議とが聖霊という絶対的な合一によって和合しうると考える。「無限な和合（concordantia）という一人の平和の君主から，あの甘美で和合的な霊的調和が段階的に連続してあらゆる構成体へと流出し，彼らのもとで合一を実現する。ちょうど，一なる神が万物として万物のうちに存在するようにである」（『普遍的和合』第1章）。この引用の後段は，『神名論』Ⅶ，§3の $\dot{\epsilon}\nu$ $\pi\hat{\alpha}\sigma\iota$ $\pi\acute{\alpha}\nu\tau\alpha$ $\dot{\epsilon}\sigma\tau\acute{\iota}$「彼（神）は万物のうちに万物として存在する」にほかならない。この思想は，『知ある無知』における「万物の展開と包含」へと発展する。

人間的な神 神は万物を包含する。人間の精神もまた人間的な「縮限（contractio）」に従って万物を包含する。それゆえ，人間の精神は「人間的な神（humanus Deus）」と呼ばれる。神が世界を展開するように，人間的な神もまた「推測的な世

Ⅶ ルネサンスの思想 247

界」を展開する。これが『推測について』のモティーフである。　　　　　　　　　　　　　　　　　　　　　〔大出 哲〕

82　ニコラウス・クザーヌス『知ある無知』

De docta ignorantia

知ある無知　「神を知解することは、或るものへ近づくというよりはむしろ何ものでもないものへと近づくことである。知性には何ものでもないもののようにみえるものこそ、把握しえない最大なものである」（Ⅰ, 17）。このことを知るのが「知ある無知（docta ignorantia）」である。知ある無知の状態にある精神は、闇のなかに歩み入ったと言われる。闇のなかで精神は、「把握されえない仕方で光っている真理の厳密性（praecisio veritatis）」（Ⅰ, 26）と出合う。真理の厳密性とは、「対立物の一致（coincidentia oppositorum）」としての神のことである。闇へと歩み入った精神は、キリストへの愛によって「最も単純な知解性」（知的直観）へと引き上げられる。偽ディオニシウス・アレオパギタの『神秘神学』を彷彿させる思想である。

対立物の一致　第1巻において、神は「対立物の一致」として把握される。クザーヌスは、「それよりも大きなものは何も存在しえないもの」というアンセルムス的な神規定を、「絶対的に最大なもの」と言いかえる。「絶対的に最大なものは、存在しうるかぎりのどんなものでもあるがゆえに、もっと大きなものではありえないと同じように、もっと小さなものでもありえない。しかるに、最小なものは、それよりも小

さなものは存在しえないものである。ゆえに，最小なものが最大なものと一致することは明白である」（I, 4）。

宇宙　第2巻の主題は，「絶対的に最大なもの」（神）から下降する「縮限された最大なもの」（maximum contractum, 宇宙）である。「縮限された最大なもの」を媒介として，父から個物の質料が下降し，子すなわちみことばから個物の形相が下降し，聖霊から個物の質料と形相の結合が下降する。こうして個物は，宇宙を媒介とする・三一的な神からの三一的な下降として把握される。この下降によって神が万物のうちに存することとなり，逆に，万物が神のうちに存することとなる。これが「万物の展開と包含」の思想である。

イエス・キリスト　第3巻の主題は神人キリストである。「絶対的に最大なもの」（神）と「縮限された最大なもの」（宇宙）との間には，さらに「絶対的であると同時に縮限された最大なもの」という媒介が存しなければならない。この媒介は，中間の本性としてそのうちに万物を包含する人間でなければならない。この媒介が神人キリストである。彼のうちには父も聖霊も現存し，万物も現存している。それゆえ，万物はキリストを介して神のうちに包含され，神によって統御される。包含は摂理の知解なのである。　　　　　〔大出　哲〕

83　レオナルド・ダ・ヴィンチ

思想形成の環境　レオナルド（Leonardo da Vinci, 1452—1519）は，フィレンツェで活躍した公証人セル・ピエロの庶子とし

て生まれた。彼が30歳まで過ごしたフィレンツェ時代については、ヴァザーリの伝える神童的逸話以外ほとんど記録がないが、それよりむしろルネサンスの精神的冒険を大胆に試みていた当時の例外的な都市フィレンツェにおいて、通常の人間形成を遂げたことを想起する方が有益であろう。彼は職人階級に必要な限りでの「読み書き算盤」を学んだが、哲学や科学の言語であったラテン語を知らぬ「無学な男」である点でも人並みであった。一方、彼が徒弟修業を積んだヴェロッキオの工房は、絵画彫刻から建築や祭りの企画までこなす「万能人」養成所であり、彼らは人間世界の製作者として、自然世界の秘密を奪取して自分の作品に利用するために、広く経験界全体に目を向けていた。同時に当時の芸術家の霊感となった「自然の模倣」という芸術理念の根底には、宇宙の調和的・数学的構造とか自然を統べる神の数学的理法などの新プラトン主義的自然観があった。

学としての絵画　レオナルドの天才性は、これらの時代的制約を打破して近代の先駆者となったことにではなく、この制約の内で自己の思想を深化させ、この時代の象徴となったことに求められる。彼の絵画理念は単なる表面的な自然模倣ではなく、自然の内奥にあって自然を統括している神の理法の認識による自然の再創造である点で、その内に客観的な自然研究と哲学的考察を含むものであった。なぜならば、自然の生命を内部から規定し統括している無数の理法を認識しない限り、自然そのものを絵画に再現することは不可能だからである。かくして、彼の「絵画の学」は自然哲学と同義となり、さらに絵画作品はその哲学の成果となる。

経験と科学　アカデミックな学説にうとかったレオナルドは、

経験を主な武器として自然界に自由な考察を加え、その天才的な直観によって近代科学の在りかを的確に探り当てた。この意味で彼は近代科学の先駆者と言えるが、しかしその実際的意義は見かけより割り引いて考える必要がある。「力学は数学の楽園である」という彼の有名な言葉は、すでに科学研究における数学の重要性を予見しているように見えるが、現実には力学研究の論理的手段としての数学よりも、プラトン的な形而上学的前提としての絶対数をさしている。彼が追求した理法も数学言語で語られる自然法則ではなく、自然の内に棲む調和的数であった。現実のレオナルドは近代科学者よりもルネサンスの自然哲学者に、さらには自然の神秘を窺う魔術者により近い。　　　　　　　　　　　　〔清水純一〕

中世のラテン世界とアラビア世界　中世にはラテン世界とアラビア世界とが併存しており、そこにおける思想の発展も両者が微妙に影響し合いまた反発し合って進行しており、一方の流れも他方を無視しては十分に把握されえない。従来はともすれば両者の研究は別々に分離して行なわれてきたきらいがあるが、これからの中世思想研究の一つの重要な課題は、この二つの世界を複眼的に把え、両者の動的関係をよく見てとった上で、同時にそれぞれの世界のもった独自性を認識してゆくというのでなければならないと思われる。

　ところでこのラテン世界とアラビア世界の思想史を較べると、前者のキリスト教、後者のイスラム教、またそれを支える護教神学とカラーム（回教神学）、ギリシア思

想をうけ入れたスコラ哲学とファルサファ（回教哲学）というような平行現象がきわめて多く、イスラム世界はキリスト教世界でなされた思想的営為を一歩先に行なっていたと思える場合もしばしばである。しかしここに注目すべき両世界の一つの相違点は次のことではなかろうか。ラテン・キリスト教世界ではヘレニズムのグノーシス思想ははっきり異端として拒斥された。その影響の認められるところでも、それはいわば裏街道にまわってしまって正統的なものとなり得なかった。アウグスティヌス以降こうしたグノーシス的秘教思想は抑圧され、このことはトマス以降の正統スコラ哲学においても a fortiori にいえる。これに反し、アラビア世界では、グノーシス思想は異端とならず、かえってイスラム思想の一つの中核をつくったといってよい。「アーリフ」（グノーシス）はアラビアの思想の根柢を規定した一つの思想動向である。これは「純潔兄弟」（イフワーン・アッ・サファー）の運動にはじまり、アル・ファーラービー、アヴィセンナのような哲学者にも貫いて見出される特徴である。

　西欧ラテン世界では、占星術や錬金術の思想がアラビアの刺戟により強い魅力をもったにもかかわらず、結局は異端として弾圧され、「乾いた合理主義」がとられたのに対し、アラビアではこうしたグノーシス的秘教科学が全盛を極めたことも、このことと密接に関係していよう。

第3部　近世の哲学

I	ユマニスムと宗教改革	84～88
II	17世紀の理性主義	89～111
III	18世紀啓蒙	112～128
IV	ドイツ観念論	129～141
V	ヘーゲル以後	142～158

哲学史上の近世

　中世末期から15・16世紀にかけて，これまでそれなりにあるまとまりを示していたヨーロッパのキリスト教社会に，前後して二つの亀裂が走った。一つは，キリスト教出現以前のギリシア・ローマ文化やその人間観の復興・再生，つまりは近代ヒューマニズム（ユマニスム）の成立を促したルネサンスの運動であり，もう一つは，キリスト教社会内部の分裂，つまりはルターやカルヴァンによって主導された宗教改革の運動である。この二つの運動が，国民国家の成立を目指す多様な政治勢力と提携しあったり反発しあったりしながら，17・18世紀の近世哲学を生み出していくのだが，本書からその連関を生き生きと感じとることができよう。

　しかも，ここでは個々の思想家やその著作だけではなく，その底流となった「科学革命」や「機械論的自然観」といったもっと一般的な思想の動向，「感情論」や「自然にしたがえ」といったさらに漠然とした時代の風潮，「学会」といった制度の成立や「百科全書」のような時代を動かした叢書の刊行などをも，適切に視野にとりこみながら紹介している。「17世紀の理性主義」を概観した第Ⅱ章，「18世紀啓蒙」を論じた第Ⅲ章，「ドイツ観念論」の展開を追った第Ⅳ章と読みすすんでいけば，バランスよく近世哲学の世界にふれることができよう。　　　　　　　　　　　　　　〔木田　元〕

I ユマニスムと宗教改革

84 ユマニスム

語義 一般的には,人間および人間に関する事象に最大の関心を払い,最高の価値をおく考えかたや精神的態度,あるいは普遍的人間性への信頼に基づいて人間と人間社会の向上を志向する倫理的態度を意味する。ユマニスム（humanisme, humanism, Humanismus）のラテン語源フマニタス（humanitas）は,古代ギリシアに見られる人間的理想を,ローマ時代に概念化したものとして,「人間性・人間の本性・人間らしい感情・礼節・基本的教養・善意・隣人愛・人間愛」などを意味した。しかし人間そのものが,あるいは政治的動物であり,あるいは宗教的動物であり,あるいは理性的動物であり,さらには天使と獣との中間的存在とみなされるなど,複雑な存在であるために,ユマニスムという言葉もまたさまざまな理解のされかたをしており,日本語でも「人本主義・人間主義・人間中心主義・人道主義・人文主義」などの訳語があてられている。

永遠のユマニスム 「フマニタス」の概念を自覚的に確立して,そこに普遍的な人間の本質のみか実現すべき生の理想をも見出したのは,キケロ（Marcus Tullius Cicero, 106―43 B. C.）だとされるが,西ヨーロッパにおいては,キリスト教の発展にともない,そこに異教古代の英知を組み入れ一体化してゆこ

うとする努力が,教父時代からほぼ一貫して続けられている。その意味でジルソンが「中世ユマニスム」の存在を強調したことは誤りとはいえない。

一方また,人間ないしは人間的事象に最大の価値をおく考えかたは,その価値を絶対的価値とみなす場合には神の否定に至る。したがって宗教改革を始めとするキリスト教的リゴリスムは,近代のユマニスムのうちに原罪を忘れた傲慢を見出し,これを弾劾してきた。しかしこの「価値」を経験の領域に限定する場合,ユマニスムは必ずしも宗教と両立しないものではない。歴史的にもっとも広範な展開をみせたルネサンス・ユマニスムの運動は,そのことを明示している。

ルネサンス・ユマニスム 歴史的運動としてのユマニスムは,一定の哲学体系や思想体系を意味するものではない。運動の先駆をなすペトラルカ(Francesco Petrarca, 1304—1374)から,運動の到達点に立つモンテーニュ(Michel de Montaigne, 1533—1592)に至るさまざまな傾向のユマニストたちに共通の意図は,人生とも真のキリスト信仰とも遊離した,いたずらに観念的な哲学・神学体系に自由な検討を加え,より完全でより美しい人間像の具現,理想的な人間関係の実現を計ることにあった。

そのための手掛りとなったのは異教古代文化,のちには聖書を始めとするキリスト教古代の再検討・再認識だった。とくに前者に対する熱っぽい傾倒の根底に,自己および社会の新生を求める倫理的かつ審美的な衝動が働いていたことが注意をひく。このような古代研究の営みを,彼らは人間的学芸(studia humanitatis)とかより人間的な学芸(litterae humaniores)と呼んで,神学を頂点とするスコラの学問体系と区別

した。中世ユマニスムの対象が知的・哲学的分野に限定され，しかも不正確なラテン語訳や本文を歪めた釈義類に頼っていたのに対し，ルネサンスのそれは根源にさかのぼって古代文化の総体を，倫理的・美的・形而下的・肉体的な面に至るまで百科全書的関心の対象とする。ラブレー（François Rabelais, 1494頃—1553頃）の物語『パンタグリュエル』第8章の有名な教育論は，この新しいユマニスムのプログラムを集約したものといえる。

歴史的・文献学的方法の確立　200年の歩みを通じて，ルネサンスのユマニスムは近代思想の成立を促すことになる精神的・知的方法を獲得した。歴史的・文献学的なこの方法は，ロレンツォ・ヴァラ（Lorenzo Valla, 1407頃—1457）からデシデリウス・エラスムス（Desiderius Erasmus, 1469頃—1536）およびギヨーム・ビュデ（Guillaume Budé, 1468—1540）に至る間に，活字印刷の発展に支えられつつ一つの完成に達し，ユマニスト的心性の根幹となる。

　異本校合による正確な原典の確立と，言語学的・歴史的注解という，一見純学問的なこの方法は，とくに15世紀末以後聖書解釈学の分野にまで適用されるに及んで，現実との鋭い対決なしには具体化しえないことになる。伝統的プラトン像アリストテレス像の否定はいわずもがな，聖書本文の校訂作業は教会公認のラテン語訳の誤りを暴露し，歴史的注解は教義や制度慣習の根拠を揺るがす。

　しかしこうした革新的態度は，反キリスト教的意図に出たものではなかった。エラスムスが「キリストの哲学（Philosophia Christi）」と呼ぶところのキリスト教的ユマニスムは，信仰生活の中心に聖書との直接的内面的な触れ合いを据え，

I　ユマニスムと宗教改革　257

人間の作った歴史的な制度や教義は時の流れに応じて改善するのが当然とするのである。

懐疑と寛容　聖書への復帰とキリスト教古代の重視という二点で，ユマニスムは宗教改革と共通点を持っている。しかし両者を決定的に分かつものは，エラスムスからモンテーニュに至って全貌を現わす方法的懐疑の精神の有無だといえるだろう。それは，己れの限界を自覚した理性への信頼といってもよい。

　ユマニスムが人間や社会の向上をめざす以上，それは個人の信仰や教養のみならず，あらゆる経験的領域——法や政治や教育や外交に関与せざるをえないが，その際この懐疑の精神は，専政ではなく国民全体の幸福を基準とした共和制を，流血の革命ではなく漸進的な改善を，戦争ではなく平和を，強制ではなく説得を主張する。マキァヴェリ（Niccolò Bernardo Machiavelli, 1469—1527）とエラスムスの政治哲学の著しい対照，ルター出現時における保守的カトリックとエラスムスとの対立，再洗礼派異端に対するルターとエラスムスとの対蹠的態度，ジャン・カルヴァンとセバスチヤン・カステリヨン（Sébastien Castellion, 1515—1563）の異端処刑をめぐる論争などから，われわれはユマニスムのめざすところを知ることができるのである。　　　　　　　　　　　　〔二宮　敬〕

85　モンテーニュ『エセー』

Les Essais

成立の事情　祖父の代からの新興貴族，西南フランスのボル

ドー市長を父として生まれたミシェル・ド・モンテーニュは，1570年若くしてボルドー高等法院評定官を辞任し，翌年2月末日誕生日には「自由と平安と閑暇」を求める有名な隠棲の辞を書斎の壁に記して，読書と内省の生活に入った。その後間もなく，読書余録ないしは反省録の筆をとり始め，1580年『エセー』（試み，吟味）という風変りな表題のもとに全2巻94章を出版した。

ついで彼は，このテクストにおよそ600箇所に及ぶ修正を加える一方，新たに13編の文章を綴り，88年全3巻107章から成る増補新版を世に問うた。退官後も彼は再度ボルドー市長に選任されたほか，宗教戦争の渦中にあって政治的調停者の役割すら果たしたが，新版発表後の晩年は宮廷出仕の誘いを固辞し，20年来の腎臓結石とたたかいながら座右の3巻本余白に筆を加えることに没頭，その分量は88年版の半ば近くに達する。現行のテクストは80年版テクストをa，88年初出分をb，その後の加筆をcの各記号で示し，20年の歩みが辿れるよう配慮されている。

『エセー』の独創性　エッセイという文学ジャンルを創始することになった本書は，いわゆる体系的哲学の書ではない。あらゆる専門的著作とは異質な，何の肩書もない一個人の随想というところに最大の特色があり，また著者の正当な自負がある。読書余録的な初期から，精神的・肉体的自画像をめざした中期を経て，やがて著者は，豊かな体験や古今の書物から得た広い知識と柔軟な判断力に照らしつつ，自己のうちに刻々と移りゆく人間の内面を克明に追究し検証する。

その過程は，伝統的価値の崩壊と内乱の時代に確固不動の生きかたを求めてストア派哲学に深い関心を寄せた初期，

I　ユマニスムと宗教改革

「われ何をか知る？」(Que sais-je ?) の銘句で知られる懐疑主義的な時期，さらにエピクロス流の自然主義に共感を寄せた時期というように，年代的に一応はその傾向を区分はできるものの，それはむしろ乱世に生きるものとして一貫して実践的英知を求めた彼の模索と人間的成熟を示すものであって，これほど観念的思弁と遠いものはない。既成のいかなる権威にもとらわれない自由な精神が，自己省察を通じて人間性そのものの真実を追い求め，人事百般について含蓄ある所信を披瀝した点，まさに先例のない作品といえよう。また自然と人間とを肯定し尊重し，大らかにこれを享受する晩年の境地は，ルネサンス・ユマニスムの到達点を示すものといってさしつかえない。

〔二宮 敬〕

86　宗教改革——ルター，カルヴァン

神の超越性　宗教改革は何よりもまずキリスト教神学上の改革運動である。法王神権政という世俗化を許すローマ教会の神学を批判し，福音の純粋さを求めて原始教会の信仰に帰る神学運動である。教会には聖者たちの余剰の功徳が貯えられているという思想に基づく贖宥券販売を，ルター (Martin Luther, 1483—1546) が告発したことに端を発し，法王神権政を支えていた教会の職制機構（法王，司祭，司教，修道士）や七秘跡の制度を改変する動きが全ヨーロッパに波及して，プロテスタント諸教会を生み出すこととなった。

この改革を推進した根本思想は，〈神の絶対的な超越性〉

であり、人間の営みの相対化である。人間に内在する自然的諸能力に神と交わる要件を認めたローマ・カトリック教会の神学に対し、改革者たちは、人間の自然本性が自己の救いに益するものではなく、むしろ人間は聖者といえども本性上罪人である、と考える。そこで、ルターは神に絶対的に依存する人間の〈奴隷意志〉を説き、カルヴァン（Jean Calvin, 1509—1564）は神の主権を強調する〈予定説〉を展開した。

万人祭司主義と聖書至上主義 人間の思惑を捨てて神の超越性に重点を置く宗教改革の精神は、ルターの「信仰のみ（sola fide）」の標語に示されるような〈信仰義認論〉を導く。人間の善行や制度の権威は罪の救済に無効であり、ただキリストを信じて神の恩寵を受容する各人の信仰によって人間は義とされる。したがって、万人は宗教的身分にとらわれずに神の前に信仰ゆえに等しく責任をもつという〈万人祭司主義〉が説かれる。

また、救いの条件としての人間のわざが信仰のみであるということは、神の恩寵に対する全面的な依存であり、「恩寵のみ（sola glatia）」という〈福音主義〉に立つことでもある。世俗の権威を否定して直接に神の側から語られる福音に聴従する具体的な態度は、聖書に神のことばを求めることとなる。信仰にとって権能をもつものはこの世では「聖書のみ（sola scriptura）」であるとする〈聖書至上主義〉が生じ、それにともなって宗教改革は各国語訳聖書を普及させて、万人が聖書に触れる道を開いた。

ルター 腐敗した法王庁への批判はすでにウィクリフ（John Wycliffe, 1324頃—1384）やフス（Jan Hus, 1369—1415）らの運動に見られるが、福音主義教会の成立を誘った宗教改革は、

1517年にルターがヴィッテンベルクの城教会の扉に贖宥券批判の95カ条提題を公示したことに始まる。ルターは中部ドイツの生まれ。法学を修めたが,落雷にあって修道士の道を決意,アウグスティヌス派修道院に入る。ヴィッテンベルク大学に神学の講座をもつに至り,ここで得た内省的な「塔の体験」から,神による〈義認と福音〉の思想を形成した。95カ条提題が反響を呼び,改革の決意へと促されて『キリスト者の自由』(1520)ほかの著作をあい次いで出版。21年にヴォルムス国会に召喚され,「われここに立てり」との決定的な発言をして,同調者の実質的な改革運動を誘うこととなった。しかし,その運動がカールシュタット(Andreas Karlstadt, 1480頃—1541)やミュンツァー(Thomas Münzer, 1490頃—1525)らによって予想を越える過激な方向に走ると,ルターはその動揺を静めて秩序回復に努めた。また,農民戦争を併発するに及んではこれを激しく非難し,福音主義の純粋な信仰を貫いた。

カルヴァン ドイツに起こった宗教改革はスイスに伝わり,チューリッヒにツヴィングリ(Huldereich Zwingli, 1484—1531)を立たせる。スイスでの改革運動は当初から政治色を帯び,諸州が新教派と旧教派に分かれて戦いを起こした。ツヴィングリが戦死したあと,1536年にたまたま旅行中のカルヴァンを引きとめたジュネーヴから,スイスには新たな火の手があがった。北フランス出身のカルヴァンは,フランス各地で人文主義の教養を学び,33年ごろに回心を体験する。スイスのバーゼルに移って宗教改革の精神を汲んだ『キリスト教綱要』(1536)を著わした。この書は,神の主権による救いの確かさを説く予定論と常に聖潔な新生活を保証する教会論

とに特徴がある。ファレル（Guillaume Farel, 1489—1565）に乞われるままに協力してジュネーヴの改革を指導したカルヴァンは，市会と衝突して一時期ここを離れたが，41年にジュネーヴ市民の要請で呼び戻され，民主的な長老制を採用するとともに厳格な相互信徒訓練を課して，キリストのみを権威と仰ぐ改革派教会の礎を築いた。

文化史的意義 ローマ・カトリック教会から離れたプロテスタント福音主義教会は，地上の体制を軽視することから，多くのセクトを生み出す。ルター派教会はドイツおよび北欧で主導的地位を得，スイスに起こった改革派教会は，フランスの改革派ユグノー，オランダ改革派教会，ノックス（John Knox, 1514頃—1572）の指導するスコットランド改革派教会などを生んだ。イングランドには改革派の流れを汲むピューリタン運動が起こるが，これに刺激されて，新教旧教に偏らない独自の英国国教会が成立する。そして，この英国国教会の周辺にはメソジスト教会や会衆派教会が生じた。こうしてプロテスタント教会は急速に全世界を包んでいくが，それにつれてキリスト教神学運動にとどまらない文化史的な意義も強まってくる。

聖書に帰れ，という宗教改革の精神は，ルネサンスの古典復興と軌を同じくするもので，当時の人文主義との相互影響が認められる。聖書主義に基づく聖書の翻訳はそれぞれの国語の統一に大きな力となるとともに，セクト化による教会の個別化が，ナショナリズムを育てて近代国家の成立に与った。また，宗教改革による信仰の内面化は，神秘思想に新たな精神を吹き込む一方，近代的人間の主体性の確立をも促し，神の前での万人平等の思想は近代民主主義の成長に影響を与え

I　ユマニスムと宗教改革　263

た。さらには、ルターとカルヴァンに見られる〈職業召命観〉が、プロテスタンティズムの禁欲的職業倫理を誘い、これが近代資本主義を生んだ思想的根拠になった、とも言われている。
〔柏原啓一〕

87　自由意志論争

背景　人文主義者エラスムスと宗教改革者ルターとの間で、神と関わる人間に自由意志（liberum arbitrium）が存するか否かについて争われた討論を、自由意志論争という。1517年に当時無名のルターが贖宥券批判の提題を公示するや、各地に共鳴の渦が生じる。『愚神礼讃』（1511）で当代の著名人であったエラスムスもこれを歓迎し、ルターへの好意を周囲に語っていた。19年にルターはエラスムスに手紙を送り共闘の呼びかけを行なうが、熱狂や愚乱を愚神の自己礼讃と諷刺していたエラスムスにとって、ルター陣営への直接の接近は警戒すべきことであった。多くの人がエラスムスをルターの擁護者とみなすに至って、エラスムスは自分がルターに関して傍観者であると宣言するようになる。だが、ローマ法王はじめ旧教側はそれだけでは満足せず、旧教会に僧籍を置くエラスムスに対して、ルターへの反論を書くよう強要する。そこでついにエラスムスはカトリック的人文主義の立場からのルター批判の書『自由意志論』（1524）を著わし、ルターに挑戦することとなった。

論点　エラスムスの『自由意志論』によれば、ルターのよう

に人間の自由な行ないを極端に無視して神の恩寵の超越性のみを強調すると、人間が善をなす根拠が希薄となり、聖書の道徳的勧告も無意味になる。人間には神へ向かったり神に逆らったりする〈自由意志〉の力があるということを聖書に即して論証し、救いは神の恩寵と人間の自由意志との相互作用として成立する、と説く。

これに対してルターは『奴隷意志論』(1525) を書いて反論する。救いは神の恩寵のみによる出来事であり、キリストの代価のほかに何の価もなしに与えられる。したがってキリストを信じる信仰のみによって人間は義とされるのであり、人間の意志による神の意志への適応というような人間の側からする義の行ないが救いにいささかでも関与すると考えること自体、人間の思いあがった罪なのである。恩寵を受容する信仰とは、決して自由に決定する意志ではなく、むしろ神にとらわれていると知る〈奴隷意志〉であることを、ルターも聖書に忠実に論証した。信仰の自由は神の義の上に成立する。人間が義の根拠をもつのなら、自由による善行をする必要もなくなってしまう、という。

人間の内なる自然が救いに有効か否かのこの議論は、古くはペラギウス論争に、近くは弁証法神学の自然神学論争に見られ、〈自然神学〉か〈啓示神学〉かという神学の根本に触れる問題である。

また、近世哲学においては、こうした自由意志の問題が、神の救いの必然との関係を離れて、理性の内部へと移され、理性的論理の必然と理性的行為の自由との関係として論じられるようにもなった。 〔柏原啓一〕

88　イエズス会──伝統の擁護

1　歴史

イエズス会の創立とその特徴　1534年の夏,パリの町を見おろすモンマルトルの丘にある聖母マリア聖堂に,7人の大学生がつどい,神への奉仕に一生を捧げる誓願をたてたとき,近代400年にわたって西洋思想史に深く関わるはずの修道会——1540年に教皇パウロ3世により公に認可されたイエズス会(Societas Jesu)——は誕生した。ルネサンスとヒューマニズムと宗教改革の渦巻く当時の社会の中にあって,この新しい修道会にゆるぎない指針を与えたのは,同志の指導者であったイグナチオ・ロヨラ(Ignatius Loyola, 1491—1556)の回心と体験から生まれた『霊操』であった。会員は,イグナチオの教える霊的修練を重ね,キリストとその教会に対する従順をとおして,近代人が求める主体的な生き方を実行しようとしていた。それまで千年以上の歴史をもっていた観想中心の修道生活の伝統は,いまや,世俗への積極的な参加という形で受け継がれ,古き伝統は生まれ変わることにより守られていった。

教育事業への参加　時代の要求に応じてイエズス会は,当初から教育事業に特に力を注ぎ,18世紀の半ばには,会の経営する諸大学や中等教育施設で学ぶ学生の数は20万にも達した。国家による教育管理が整っていない当時の事情を考慮するなら,イエズス会が「ヨーロッパの教師」と呼ばれるようになったのも不思議ではない。しかし,伝統の擁護を旗印にして

いたイエズス会は，しだいにローマ離れを進める教会内外の諸運動の攻撃目標になり，ついに1773年，教皇クレメンス14世は，フランス，スペイン，ポルトガル政府の圧力によって，イエズス会を廃止することに決した。だが，1814年に復活されたイエズス会は，現在（1970年代当時）28,800余人の会員を擁し，第二バチカン公会議（1962—65）以来，カトリック教会の刷新を推進する団体のひとつとして活動している。

日本との関わり　会創立時の同志のひとりであるザヴィエル（Francisco Xavier, 1506—1552）の鹿児島上陸をもって，日本におけるキリスト教宣教の歴史は始まった。その布教活動の主力であったイエズス会は，学問の領域でも日本とヨーロッパとの最初の出会いを仲介したのである。日本の高度な文化に接して感激したザヴィエルは，来日してまもなく，都に大学（コレジオ）を設立する夢を抱いた。その計画が実って，1583年に府内（現在の大分）にコレジオが開かれ，そこで哲学課程が教えられるようになったのは，主として巡察師ヴァリニャーノ（Alessandro Valignano, 1539—1606）の努力によるものである。このコレジオは，日本人司祭の育成を，ヨーロッパなみの学問的水準で行なう神学大学として出発したが，しかし，やがてキリシタン弾圧のあおりを受けて，天草，長崎などへ転々と所を変え，ついに鎖国の日本から姿を消したのである。1913年，東京に開校した上智大学は，そのコレジオのいわば生まれ変わりである。

2　学術的業績

講壇哲学　1599年に発表された『イエズス会学習要綱』にしたがって，同会経営の学校では，古典文学，自然科学および

神学とならんで哲学も重要な位置を占めていたが、その哲学は、アリストテレスを師と仰ぐスコラ的体系であった。当時のイエズス会士が著わした哲学の書物は、カトリックとプロテスタントの相違をこえて、ヨーロッパ各地の学校で教科書として採用され、デカルトをはじめとする17世紀の偉大な哲学者たちの新しい思想を引き立てる「大学哲学」(17世紀の講壇哲学)として大いに注目されている。

スアーレス 17世紀の「大学哲学」を代表する文献のひとつとして、スアーレス(Francisco Suárez, 1548—1617)の『形而上学討論集』(1597)をあげることができるが、彼のもっとも独創的な業績は、むしろ『法について』(1612)や『信仰の擁護』(1613)などにおいて展開されている政治論ないしは法哲学である。彼によれば、政治権力の根源的主体は国民であり、国家は国民の同意を要する契約によって成立し、各個人は自然法に基づき、生命、自由、財産に対する権利をもつ。さらに、彼はスペインの植民地政策を批判したが、その批判の理論的根拠を求めることをとおして、彼は近代的な国際法研究における創始者のひとりとなったのである。

日本における学術的活動 府内にあったコレジオの教科について知るには、来日前までポルトガルのコインブラ大学で教えていたゴメス(Pedro Gomez, 1535—1600)が1593年にラテン語で著わした『日本人イエズス会士のためのカトリック要綱』という教科書を参照すれば、およその見当はつく。この『要綱』は、「天球論」「アリストテレスの3巻の霊魂論と小論集の要約」および「トレント公会議の教理解説に基づくカトリック信仰体系の概説」の三部から成っている。1595年に日本語に訳されたこの本は、西洋哲学を日本に紹介した最初

の書物である。ゴメスは，アリストテレスの霊魂論をスコラ哲学の伝統にしたがって解釈し，人間存在の究明を哲学の中心にすえることにより，日本の精神風土とその要求に答えようとしたのである。しかし，鎖国とともにイエズス会は日本を一旦離れたが，ゴメスの著作，特に，16世紀ヨーロッパの自然科学研究をまとめた「天球論」は，日本の思想史に影響を与え続けたのである。その理由は，小林謙貞（1601—1683）の著書『二儀略説』は，実は，「天球論」の日本語訳からキリスト教的叙述の部分を取り除いたものに他ならないからである。

コレジオの研究活動から生まれた，もうひとつの記念すべき業績は，1595年に天草で印刷された『羅葡日辞典』である。908頁におよぶこの辞典は，伝統的な西洋哲学の用語の大部分を含んでおり，ローマ字で記された16世紀の哲学小辞典として，現代において見直されるに値するものといえよう。

〔L. アルムブルスター〕

II 17世紀の理性主義

89 17世紀の理性主義

科学的自然観の成立　17世紀において最もめざましいできごとは，新しい自然科学の登場ということであった。ギリシア以来の伝統的な自然学は，「物の本性は何であるか」という

問いのまわりをめぐり、「それは何々である」と答えられる、その物の形相あるいは本質をつきとめることに終始していた。それは、自然現象の背後にひそむ「隠れた性質（qualitas occulta）」をつきとめることにのみ専念し、自然現象がいかなる仕方で生じてくるかを法則的に説明しようとしなかった。これに対し、近代の数学的自然科学は、物の本性や形相よりも、現象相互の関係を問題にし、「なぜ」ということよりも「いかに」という問いに答えようとするものであった。

デカルトの合理主義　科学的自然観を哲学的に基礎づけ、新しい時代の世界観としてこれを確立したのは、近代合理主義の父とよばれるデカルトであった。彼は物理学に数学的解法を適用する理論的研究の成功に力をえて、この物理数学的方法を一般化し、あらゆる学問に通じる普遍的方法の理念に到達した。つまり、「普遍数学（mathesis universalis）」の構想がそれで、こういう考え方が確立されるとともに、宇宙を支配している数量的関係をつきとめることが自然研究の唯一の課題となる。物体の運動変化はまったく数量的に把握され、可能態から現実態への移行として変化を目的論的に説明するところのアリストテレス・スコラの方式は当然否定される。数学的合理性の観念が確立され、自然のできごと全体を、必然的な因果の連鎖でとらえつくすことができると考えられるようになる。こうして、自然の世界全体が因果の法則にしたがった一つの巨大なメカニズムであるとなすところの、いわゆる機械論的自然観が成立することとなる。

知性の時代　17世紀における機械論的自然観の成立は、ただたんに自然認識の考え方の転回を意味するばかりでなく、ひろく人間観、価値観の変換にもつながる画期的なできごとで

あった。世界の機械論化が徹底して推し進められると同時に，人間の精神は世界から独立した知的主体として確立される。人間は世界の外に超え出た，独立したものとなることによってのみ，世界を自分に対立してあるもの，つまり認識の対象として考えることができる。ハイデガーのいうように，「人間が主体になった」ということが近代における最も重要な変化であったのである。しかも，このような変化は17世紀という一時代におきたことであった。「知は力だ」といったのは，フランシス・ベイコンであったが，科学による自然支配が実現されるためには，まずもって人間が知的主体として世界に対して君臨することが必要だった。自然的世界の合理的把握，つまりその徹底した機械論化は，このような，世界とは独立な主体によってのみ可能であったのである。

大陸合理論 デカルトの思想はスピノザ，ライプニッツ，ヴォルフなどの哲学に対し，特に大きな影響を与えた。これらの系譜の哲学はしばしば大陸合理論とよばれる。大陸合理論に共通する性格はなによりも，数学的方法に対する絶対的信頼ということである。スピノザはデカルトの考えをうけつぎ，数学をもって学問の模範と考え，徹底的に幾何学的方法を哲学に応用して，哲学を厳密な論証的学問にしようとした。ライプニッツは数学的記号を使って最も単純な真理からすべての真理を演算的に演繹しようとする「結合術（ars combinatoria）」を考えだした。

イギリス経験論と対比して考えたとき，大陸合理論の考え方の特性は，とりわけ，認識の起源を問題とする認識論的見地から論じられる。すなわち，すべての認識は経験から生ずるとなす経験論に対し，合理論は，すべての確実な認識は生

得的で,明証的な原理に由来するという立場にたつ。経験論は個々の感覚的印象から出発するが,合理論は一般概念と悟性の根本命題から出発し,感覚的経験を混乱したものとして軽視する。方法としては,経験論が観察と帰納的方法を重んじるのに対し,合理論は演繹的方法を重んじる。一般的傾向としては,たしかにこういう違いが認められるが,デカルトは大陸合理論にのみ影響を与えたわけではない。イギリスのホッブズやロックにも大きな影響を与えた。いや,それどころか,ほとんどの近代思想家がデカルトの精神を分有している,少なくともその思想的影響圏の中に生きたといっても過言ではない。そういう最広義の意味では,デカルトの合理主義は近代ヨーロッパの思想的源泉であるということができるだろう。

〔伊藤勝彦〕

90 フランシス・ベイコン

育った環境 フランシス・ベイコン(Francis Bacon, 1561—1626)は,新しいタイプの大法官,国璽尚書ニコラス・ベイコンの末子としてロンドンに生まれ,母はカルヴァン派の信奉者であった。農耕を象徴する穀物の女神ケレスの像の描かれた居間で育ち,早くから額に汗することの尊さを教えられた。12歳でケンブリッジのトリニティ・カレッジに入寮,主として古代の文献に学んだが,プラトン,アリストテレスなど古典的大哲学者が有能な知力の持主であったにもかかわらず「人間生活を益する何物をも生みださない不毛」に終わっ

ていることに早くから不満を感じたと伝えられる。世界一周の栄誉と莫大な富財を手に入れた冒険家ドレークの出帆はベイコンが14歳,成功裡の帰国は17歳の時であった。北米英人定住地建設を唱導したハクルートの『航海記』も著わされ,世人は行動にかりたてられていた。ベイコン自身も15歳のとき駐仏大使の随員として内戦中のフランスに渡り,陶工パリシーなど新しい技能知識人の成果に学んだ。

法曹界,政界,官界での経験 父の急死により,ベイコンは1579年に帰国し,相続した遺産も貧しく,法曹機関のひとつグレーズ・インに籍をおき3年の修業を経て弁護士の資格を得,その後も引き続き同インに居を定め,そこから政界,官界に乗り出した。まず1584年下院議員に選出されたのを手初めに以後40年近く政界にあり,その間下院の自由を擁護してエリザベス女王の不興をかったり,恩人の権臣エセックス伯の査問委につらなったりするなどにがい経験をなめ,政敵からは忘恩者の汚名をきせられた。また,長年にわたってエリザベス女王の財政上の権臣,ベイコンの伯父でもあるバーリー卿と無節操の寵臣レスター伯との権勢争いの間にあって官途につくことは至難の業であった。かかる時代の体験,観察の集約が『エッセー』(1597; 1612; 1625)である。

「文芸王」と「大革新」の構想 1603年以降「文芸王」ジェームズ1世の治下に王室弁護士(1604)を手初めに官途が開けた。『学問の進歩』(2巻,1605)はこの新王に捧げられた。法務次官(1607),法務長官(1613),枢密顧問官(1616),国璽尚書(1617),大法官(1618)と栄進の道を順調に歩んだ。未刊に終わった学の「大革新」に関する多数の手稿はこの頃に書かれた。1618年ヴェルラム男爵家創立を許され,さらに

1621年にはセント・オルバンス子爵家創立の栄誉を加えられたが，同年政敵から大法官としての収賄の罪を問われ，ついで有罪の宣告をうけ，公職剝奪，罰金刑，ロンドン塔禁錮刑に処せられた。わずか2日の幽閉ののち王命によって赦免され，以後1626年65歳で没するまでの残された5年間は郊外ゴーランベリおよび再びグレーズ・インで学問の探求と著述にふけった。「大革新」の理想は，結局「文芸王」の好んだ教養とは質を異にするもので実現を見ず，ユートピア『新アトランティス』(1627刊) の著述に終わった。時ならぬ降雪に肉の冷凍保存の実験を思い立ちその際の悪寒がもとで「大プリニウスの幸運にあやかるように」死を迎えると臨終に書き残している。

社会的経験の反省——「三つの野心」 ベイコンはそのロンドン塔幽閉の時期にそれまでの生涯を振り返って「私は天から授かった才能を空しいことに誤り費してしまった」と後悔し，自分の生きた時代が個々人の良心を無意味なものにしてしまうほど「時代の悪」の大きい時代であったと回顧している。そのきわめて野心的な悪の時代にベイコンは「三つの野心」を区別する。その第1は，自国一国のうちに自分一個の出世を望み「人対人」の権勢を伸ばそうとする最も卑しい野心である（例，バーリー卿対レスター伯）。第2は，他国に対して自国の権力を増大させようと望む，これまた貪欲の域を脱していない「国対国」の野心である（例，冒険家ドレーク対スペイン無敵艦隊）。これらに対する反省にもとづいてベイコンが自分のものとして抱こうとした第3の野心は，対個人，対国家ではなくて，全人類の諸事物支配による，対自然の人間王国の建設であった。ギリシア，ローマの故事をひいてベイコ

ンは，古代に技術の発明家が「神」として祭られたのは故あることであり，「人が人にとって狼」である野蛮状態から「人が人にとって神」になる文明状態への移行は「人間愛」にもとづく対自然の諸技術の発明によってのみ可能であるとした。

「時の最大の生産」——知は力なり　それゆえ「発明の力と効果と帰結とを観察することは有益なことである。それらは三大発明，すなわち印刷術・火薬・羅針盤にもっとも顕著にあらわれている」。たまたま行なわれた三大発明が学芸・戦争・航海において世界の様相をいかに全面的に変えたかを見るならば，文明の基礎である技術的発明へと系統的に導くような知識こそが時代の求め生みだそうとしているものであるかに思われた。ベイコンは「時代の悪」のただなかに「時代の生みだす偉大なもの」としての新学問を想望する。諸学は時代の「観察によって得られる英知」に導かれなければならない。在来の諸科学芸も弓が胸のため散歩が胃のためによいように，精神の諸機能のために役立つ。しかし，新しい諸学は，古来の万巻の書をもってしてもかなわぬ「自然の驚異」のなぞを解き明かし，その光によって実りをもたらすものでなければならない。知は力でなければならない（scientia est potentia）。

学問の分類　かくて学問はいわば「人間精神の農耕詩」であり，まず同一の人間精神の諸機能を起点にして分類される。すなわち，人間の知力の三機能である記憶・想像・理性に対応して歴史・詩・哲学の三部門に分かれる。それと平行に「啓示と感覚の示すところは異なるが人間精神は同一なるがゆえに」啓示神学にも同様の区分がある。ついで同一の人間

理性があたかも光線のように,被造物をとおして屈折して神に及ぶか,じかに自然を直射するか,人間自身に反射するかに応じて「神・自然・人間についての哲学」に区分される。自然哲学は原因の究明の部門と結果の生産の部門に分かれ,人間哲学は個別的人間を扱う部門と集団的人間を扱う部門に分かれる。
〔花田圭介〕

91　ベイコン『ノーヴム・オルガヌム』

Novum organum scientiarum

執筆と出版　ほぼ1605年以降ベイコンが「時の偉大な生産」として企てた学問の「大革新」のプランは大規模なものであって次のテーマを含む。すなわち「諸学の分類」「ノーヴム・オルガヌム」「宇宙の諸現象」「知性の梯子」「先駆者」「新哲学」の六部門である。アリストテレスの論理学書『オルガノン』の革新をめざし「新論理」を提唱する第2の部門は「自然の解釈の導き」と副題され,長年にわたる執筆改稿ののち1620年未完のまま単独に出版された。在来の学問を批判する「否定的部分」と帰納の新方法を提示する「肯定的部分」との2巻に分かれ,それぞれ130項,52項のアフォリズムの形で叙述されている。

第1巻　理論の原理,推論の規則の双方において新しい思想を他に伝えることの困難さを痛感していたベイコンは,同時代の学者の心に巣食っていた虚栄への執着,実利の追求を明るみに出し,あわせて文明の歴史的説明を行なっている。貧弱な経験にしかもとづかない原理から「クモのように」徒ら

に精緻なスコラ議論を張りめぐらすのは虚栄のなせる業であり，理論を軽蔑して「アリのように」性急に金銀を集めようとする錬金術者のやり方は欲得のなせる業であって，これらに対し雑多な花から同一の蜜を求める「ミツバチ」のやり方にこそ見習うべきである。自然における神の創造の跡であるイデアを知る真の「実験的哲学」に到達するためには，人間の心のゆがみであるあらゆるイドラ（idola）から清められた「赤児の心」をもってしなければならない。

第2巻 物の性質について形相（法則）を求めることを知識の目的として，まず自然および実験の事例を網羅し，ついでそこから帰納によって形相を見出す手続きが示される。すなわち，第1段階は，ある性質の現存する事例（「現存表」），その裏をかくような事例（「不在表」），その性質の増減の事例（「程度表」）を列挙し，それらの比較によって偶然的要素を除去して形相の第一次的定義（「最初の収穫」）を得る段階である。ベイコンは熱の事例によって例示し「熱とは膨張の運動，しかも物体の小部分において抑止されつつ発現しようとする運動である」との定義を得ている。さらに完全な自然の解釈に至る第2段階の帰納にあたって知性を助ける手段として，「特権的事例」「帰納の支柱」「修正」「本性に応じた探究法の変更」「探究の前後関係」「本性の一覧」「実践への応用」「探究の備え」「一般命題の上昇下降」の九つが問題とされる。しかし特に帰納に役立つ「特権的事例」について，知識，技術的応用の両面にわたり27種に分けて論じられたにとどまり，他は断片的に触れられているに過ぎない。　〔花田圭介〕

92　科学革命

「科学革命」（The Scientific Revolution）とは17世紀を中心として生起した近代科学の成立にまつわる一つの根本的な知的変換を意味し，現代の科学技術文明を生み出す原点となったものである。そこで行なわれた転換の具体的内容を挙げれば次のごとくであろう。

世界像の変換　古代・中世を貫いて存在してきた世界像はアリストテレスのコスモス的世界像である。それは宇宙の中心に地球が静止しており，その周りをいくつもの天球群が囲み，その一番外側が恒星天球によって限られている有限な宇宙である。コペルニクスはこの地球中心の有限宇宙を太陽を中心とする無限宇宙へと変換し，ブルーノがその途を思想的に推し進めた。またこのコスモス的世界像は質的で目的論的な秩序をもっていたが，デカルトは世界を幾何学的な「延長」に還元し，その形，大きさ，運動のみによって一切を説明する，量的な機械論的世界像をもってこれに代えた。

科学的方法の確立　「科学革命」においてはじめて今日われわれのいう「科学的方法」というものが確立された。その方法とは単なる受動的な観察とは区別された構成的実験の精密な規準を要求し，それが数学的な量的定式化とかたく結びついているものであって，もはや現象の背後にある本質や実体を把えるのではなく，もっぱらその研究対象を経験的現象に限り，その間に数学的合法則性を樹立しようとするものである。この「科学的方法」を形成し実践したのが，ガリレオにほか

ならない。

累積的知識の成立　以上の結果，ここに科学は累積的知識としてはじめて成立することができた。すなわちその後の科学的知識がその上に積み重ねらるべき知識体系の枠組および方法が獲得されたのである。天文学においてはコペルニクス＝ケプラーにより，力学においてはガリレオ＝ニュートンにより，化学においてはボイル＝ラヴォアジエによって，それぞれ築かれた基本的構図の上に，「科学的方法」を適用することによって累積的知識の前進が可能となった。以後今日まで10年間でそれまでの知識の2倍になるという，急ピッチの幾何級数的増大をとげてきている。これは「科学革命」以前には考えられなかったことである。単なる事実の付け加えではなく，事実の定位さるべき枠組の根本的転換をまって，またそのうえにほどこさるべき方法の確立をまってはじめて，このような累積的知識の加速的な前進が開始されたのである。

制度としての科学の成立　古代や中世においては科学研究が十分制度化されるということはなかった。プラトンの「アカデメイア」もアリストテレスの「リュケイオン」も，師の講義を聴き，それを研究発展させる同志的な学団であり，アレクサンドリアの「ムーセイオン」やアラビアの「智慧の館」は，君主の庇護による一時的な研究機関であり，ともに平等の資格をもつ独立な会員の相互的知識の交流をこととする学会ではなかった。しかるに16〜7世紀における学会の成立，たとえばイタリアの「アカデミア・デイ・リンチェイ」「アカデミア・デル・チメント」，そしてとくにイギリスの「王立協会」やフランスの「科学アカデミー」の成立は，科学者相互の情報の交換やその共同研究を可能にし，定期刊行物に

よって公共的な発表機関を与え，科学研究を恒常的に制度化した。また18世紀以後は大学や研究所が科学研究の中枢となり科学者集団の職業化を推進した。これも「科学革命」のもつ，科学社会学的な重要な要素である。

科学と技術との提携　古代や中世にあっては，科学は実践的というよりも本質的に観照的であり，自然を理解しようとするにとどまって，それ以上にこれを利用したり支配しようという意図をもたなかった。したがってそこにおける科学は本来技術との結びつきが薄く，これと分離して存在していたといってよい。しかし「科学革命」以後は，フランシス・ベイコンについて典型的に示されるような「自然の解剖」を通しての自然支配を標榜する実践的知識がこれにとって代わり，「知識は力である」としてのその現実的有効性が強調される。したがってここでは科学は本質的に技術と結びつくこととなる。このベイコン的イデオロギーはロンドンの「王立協会」の指導理念となり，バーミンガムやマンチェスターに飛び火して，やがて「産業革命」への途を拓き，今日の工業文明を形成するにいたった。

科学の社会へのインパクト　古代・中世においては，科学は社会に対してほとんど現実的影響をもつことなく，それは一部学者の問題であり，社会から比較的分離して存在していた。しかし「科学革命」を通して科学は技術と結合する基盤が確立され，やがて人間生活および文化の中軸となり，それらに強大な力を及ぼすこととなった。「科学革命」は，科学の本質的性格や構造を根本的に変えたと同時に，このことによってまた科学の社会に対する関与のあり方を本質的に変換し，古代・中世とは全く比べものにならない巨大な現実的勢力を，

科学は社会に対してもつようになった。ここにまたかつて存しなかった科学の「社会的責任」という問題が生じて来た。

科学の担い手の変換　ギリシアにおいては科学は世界全体を観照する哲学者のものであり，中世では究極的に神に志向する神学者のものであった。人間の合理的知識と経験的実践とは，前者では哲学者と奴隷，後者では神学者と職人という風に分離して担われ両者が結合されることがなかった。「科学革命」以後においては理論的な考察を行なうと同時に実験的操作にも従事する合理的にして実践的な知識人——今日のいわゆる「科学者」と同じタイプの学者がはじめて登場し，人間の「頭」と「手」がはじめて結びつけられる。そしてこの「科学者」はもはや世界全体を問題とするのではなく，それぞれの分野の個々の問題に考察を限定してここに「専門家」が出現し，科学は単なる科学として自立するにいたる。このことは科学の進歩とその現実への応用に大いに役立ちはしたが，また科学技術と他の人間文化との亀裂や不調和を生み出すことにもなってきている。

〔伊東俊太郎〕

93　デカルト

1　生涯

世間という大きな書物　ルネ・デカルト（René Descartes, 1596—1650）は，中仏トゥレーヌ州のラ・エイで生まれた。父ジョアシャンはブルターニュ高等法院評定官。10歳のとき，イエズス会のラ・フレーシュ学院に入学する。そこで教えられ

II　17世紀の理性主義　281

たスコラ的学問にあきたらず思い，卒業後は「世間という大きな書物」において学ぼうと決意して旅に出る。1618年，志願将校としてオランダ軍にはいる。イサーク・ベークマンと知り合い，物理数学的研究への刺戟をうけ，やがて「普遍数学」の構想に達する。この年，ドイツで30年戦争がおき，旧教軍にはいる。1619年11月10日のこと，1日の休暇をドナウ川のほとりウルム近郊の小村ですごすこととなったが，「終日炉部屋の中でただ一人閉じこもり」，静かに思索にふけった。この夜，彼は三つの夢を見たが，その中で真理の霊が神によって送られてきたと感じ，哲学全体を彼一人の力で新たにする仕事を神からあたえられたと信じた。20年，軍籍を離れ旅に出，北ドイツ，オランダをへてフランスに帰り，やがてまたイタリア旅行に出かけ，25年からはパリに滞在，メルセンヌなどの自然研究者と交わる。

哲学者への道 1628年秋，長年心にあった学問改革の計画を実行する決意を固め，オランダに移住し，以後20年間各地を転々としながらオランダに隠れ住む。その最初の9カ月間，形而上学の短論文の執筆に従事したが，29年3月，弟子のレネリからイタリアで観察された「幻日現象」の解明を求められたことを機縁として，中途で自然研究に転じ，やがてそれは全自然学を包括する『宇宙論』の構想へと発展していく。しかし，これが完成し，いざ印刷というときにガリレイ事件がおきる。33年6月23日ガリレイはコペルニクスの地動説を支持したために，ローマの宗教審問所から有罪の宣告を受けた。これを知ったデカルトは，地動説を重要な内容とした『宇宙論』の公刊を断念し，その代わりに37年，『方法序説』およびこれを序論とする『屈折光学』『気象学』『幾何学』の

三試論を世に問うた。さらに，4年後の41年には形而上学の主著『省察』を出し，44年には『哲学原理』，49年には『情念論』を刊行する。

北国での客死　『省察』を公刊した前後から，デカルト思想の革新性がようやく世に注目されはじめ，さまざまの論争の渦中にまきこまれていく。こうして，かつて彼が「自由の国」としてたたえたオランダも次第に住みにくくなった。折しも，スウェーデンのクリスチナ女王から熱心な招請があったので，49年秋，ストックホルムにおもむき，5カ月たらずの滞在ののち肺炎となり，50年2月11日，同地で54年の生涯を終えた。

2　思想

数学的方法　デカルトは近代哲学の父といわれる。数学者としては，幾何学に代数的解法を適用した解析幾何学の創始者として知られている。数学的明証性を学問的認識の典型と考え，数学的方法を学問の普遍的方法として一般化し，「普遍数学（mathesis universalis）」の構想に到達した。彼は物理数学的研究を通じて，たとえば物には重さという実在的性質があるから落下する傾向をもつのだ，と説くようなスコラ的自然学ではどうしても満足できなくなって，「物質即延長（corpus sive natura）」と説く機械論的自然観に導かれた。ところが，この物質即延長というテーゼは，物質現象の数学的解法を可能にするばかりでなく，人間の精神性・自由意志を確保するという役割を果たすことに気づくようになる。ここから，デカルトは自分の道徳的・宗教的関心と新しい数学的自然学を一つの体系において統一することができるという確信をえて，新しい哲学の建設を企てるにいたったのである。その哲

学体系は一本の樹にたとえられ、根は形而上学、幹は自然学、枝は医学・機械学・道徳の三つで、この最後の道徳こそ人間的知恵の究極だという。

形而上学　デカルトの形而上学的思索は、いわゆる方法的懐疑から出発する。学問において確実な基礎をうちたてようとするなら、少しでも疑わしいものはすべて疑ってみることだ。感覚はときとして誤るものだから信頼できず、私がいまここに、上衣を着て炉ばたにいるということも、これが夢でないという絶対の保証はないから信じられない。だが、こうして世界におけるすべてのものの存在を疑わしいとして退けることができても、このように考え、疑いつつある私自身の存在を疑うことはできない。このようにして、「われ思う、ゆえにわれあり（cogito ergo sum）」という根本原理が確立され、この確実性から世界についてのあらゆる認識が導きだされる。

　私は疑いつつあるのだから、不完全な存在である。その不完全な存在から完全なる存在者の観念が結果するはずがない。なぜなら原因のうちには結果におけるのと同等、あるいはそれ以上の実在性がなければならないことは理の必然であるから。そこで、私の中にある神の観念がどこからきたかといえば、それは無限に完全な存在者、つまり神自身からにちがいないといわざるをえない。ここから、神の存在が証明される（「結果からの証明」）。この他、神の無限なる完全性という概念的本質のうちには必然的に存在が含まれている、存在も完全性の一つなのだから、存在を欠いた神というのは、一つの完全性を欠いた最高の完全性というに等しい自己矛盾的概念なのだと説く、いわゆる「本体論的証明（la preuve ontologique）」によっても、神の存在は証明される。

さらに、神が完全存在者である以上、誠実であり、人をあざむくはずがないということから、われわれが明晰・判明に認識する通りに物体が存在することが結論される。物体（身体）の存在が証明されたのち、精神は思考することによってのみ、すなわち身体なしにも存在しうるものであり、身体はただ延長をもつものであるかぎりにおいて存在するものであることが確認され、こうして心身の実在的区別が論証される。こうして、スコラ的自然観の根本前提、つまり、実体形相の思想や目的論的な考え方が徹底的に打破されると同時に、ルネサンスの自然哲学者たちのアニミスティックな生命的自然観が克服された。　　　　　　　　　　　　　　　〔伊藤勝彦〕

94　機械論的自然観

17世紀以降の自然科学の展開のなかで、その根底をなすものとして次第に明確化されるに到った世界観で、具体的には、原子論的発想と力学的発想の結合としてみることができるが、デカルトの場合のように、原子論そのものは否定した形においても、機械論的世界観は可能である。

16世紀までの機械論的自然観　元来、機械論的自然観の祖型と認められるのは、近代原子論の祖型でもあるデモクリトスの自然観である。デモクリトスは、この世界を、物質の究極的構成要素としての原子とその決定論的運動に還元しようとした、と言われる。そこには、自然のなかでの有機体のもつ特異性や、部分と全体との間に通常立てられる区別や、意志的な

行動のもつ特殊性などを排除し,純粋に自然をその構成要素の機械的振舞いだけで描き上げようとする発想の萌芽がある。

中世後期からルネサンスにかけて,自然を時計細工に喩える「時計細工の比喩」や,レオナルドのように,生物体の運動と機械の運動とをみごとに並行関係として把えた例はあるが,しかし16世紀には,ケプラーのように,宇宙全体を有機的な関係のなかで把えようとする考え方もまだ濃厚であった。

デカルトとニュートン力学　しかし,ガッサンディ (Pierre Gassendi, 1592—1655) の手でデモクリトス的原子論が本格的に紹介され,また,ガリレイ,デカルト,ニュートンらによって,運動力学が整備され,とくに,天体の運動に応用されて,華々しい成功を収めるようになると,近代科学の根幹をなす一つの自然観が形造られ始めた。

デカルトはすでに,この自然界を創り上げる素材と,その素材の振舞い方を規定する法則さえ定められれば,現在の状態を混沌から再現することもできる,という言い分のなかで,事実上神の自然に対する働きかけを,創造(素材と法則の)の一点に制約してしまったと考えられているが(パスカルも,ニュートンも,それゆえにデカルトを許さなかった),皮肉にもニュートンの原子論に対する帰依と,彼の運動力学体系とが結びつけられた結果,デカルトの言う素材は原子に,法則は運動法則にそれぞれ具体的対応が見出され,デカルトのプログラムはニュートン力学的自然観という形で,強力に実現されることになった。

その最終的な形は,ニュートン力学の数学的大成者としてのフランスの数学者たち,ラグランジュ,ラプラスらによって完成されるが,結局この自然界のすべての現象を,原子の

空間内での運動によって説明し，しかも，その運動は厳密にニュートンの運動法則に従う，という最も包括的かつ厳密な意味における機械論的自然観が誕生することになる。今日の科学にもその伝統は残されている。　　　　　　〔村上陽一郎〕

95　物心二元論

機械論的人間学　デカルトは，コギトの明証から出発し，必然的な因果の連鎖をたどって物心分離の二元論に到達した。これによって自然からあらゆる霊的要素が排除され，自然の機械論的説明が可能になった。動物を複雑な仕組をもつ一種の機械と考える「動物機械論」が唱えられ，人間の身体も心臓の熱機関を中心とする自動機械と考えられた。デカルトの『人間論』はもっぱら人体についての機械論的説明に終始するもので，モラルの問題を含む人間性の理論ではなかった。もっとも，彼の場合には，人体を一つの機械とみて，その構造と機能を明らかにすることは，道徳の問題とはけっして無関係ではなかった。

理性による情念支配　デカルトは精神が機械としての身体に働きかける点を，動物精気の統御の中心である松果腺にあると考えた。この松果腺において精神と身体は結びついているのであり，精神はここにおいて動物精気の運動を統御し，それによって理性的行動を形づくっていく。愛や憎しみや欲望などの「情念（passions）」を理性的意志によって徹底的に支配するところから道徳問題が発生する。これに対処するために

Ⅱ　17世紀の理性主義　　287

は情念のメカニズムを客観的に分析する必要があると考えた。

心身の交互作用 このように，少なくともデカルトの意識の上では，自然学と道徳は一体のものと考えられていたことは疑えない。しかし，心身の合一と交渉がここではすでに既知の事実として扱われているが，これは物心分離を説く彼の形而上学的立場といやでも矛盾せざるをえない。物心二元論の立場にたてば，精神と身体はまったく本性を異にする二つの実体なのだから，両者の交互作用を理論的に基礎づけることができない。だが，この交互作用を認めなければ，道徳の問題を説くことはできない。では，この矛盾をどう説明したらよいか。この心身分離と心身結合という二つの立場の矛盾の調停にデカルト以後の哲学の主要な関心が向けられることになる。

機会原因論 たとえば，ゲーリンクスなどは，「機会原因」という考えによってこの難問を解決しようとした。つまり，精神と身体という二つの異なった実体相互の間に交渉が生じるのはどうしてかというと，そのわけは，神が両者を媒介しているからなのだという。身体のうちに何か運動が行なわれるとき，神はこれを機会(オカジオ)として精神のうちにそれに相応ずる運動を生ぜしめ，また，精神のうちに何か運動がおきると，神はこれを機会(オカジオ)として身体のなかにそれに相応ずる運動を生ぜしめるというわけである。彼らは結局，神の全能の力にたすけを求めて，それによって事実としての心身の対応関係を説明しようとしたのだが，神の力への依拠を離れて，合理的説明の範囲にとどまるかぎり，彼らはますます物心分離の考え方を徹底する方向に進んでいったのである。　〔伊藤勝彦〕

96 デカルト『方法序説』

Discours de la méthode

冒頭の一句　1637年に公刊されたデカルトの主著。「良識（bon sens）はこの世で最も公平に配分されているものである」という，有名な言葉で始まるこの書は，しばしば思想の領域における「人権宣言」と称されてきた。しかし，深くこの一文を読めば，そこに秘められている懐疑的調子はおおいかくしがたい。彼はけっして良識の普遍性を楽観していたのではない。その証拠に「すべての人は同一の自然的光（サンス）をそなえているから，彼らは同じ観念をいだいているはずだと思われる。ところが，……この光を正しく使用する人は，ほとんど絶無なのだ」と断言しているくらいだ。いうまでもなく，彼は事実としての人間理性の平等を主張しているのではない。むしろ反対に，今はどこにも存在しない理性能力の平等な発現を未来において実現しようではないか，と人びとに訴えかけているのである。そのためには，なによりも理性を順序正しく導くところの方法が必要だといっているのである。

方法の話　さて，この書はなによりも「方法の話」である。「この本を一つの歴史として，あるいはお望みなら，一つの物語としておめにかけるのだ」という。彼は，自己の精神の歴史として哲学を語ろうとしたのだ。彼がここで提起する方法は，だれかれなしに，無差別に適用される一般的方法ではない。『彼（つまり著者自身）の理性を正しく導き，諸学における真理を探求するための方法についての話，ならびに，この方法の試みである光学，気象学および幾何学』というのが，

II　17世紀の理性主義　289

詳しい題名であった。ギリシア語の方法（methodos）は，meta（に従って）＋hodos（道）ということだが，彼はこの語源どおり，自分がどういう道すじに従って真理を探求してきたかを示してみせただけのことで，人がそれを手本として見ならうかどうかは本人の自由意志に委ねられている。

方法の四則　デカルトの方法の四則というのは，驚くべきほど単純なものである。要するに，もっとも単純な諸事実の明証的直観と，これらを結合する必然的演繹という二つに帰着する。しかし，彼はその方法を実際に駆使して，自然認識や形而上学的真理を導きだしたばかりでなく，「生活の指導，健康の保持，すべての技術の発明」にも役立つような知識を導きだしたのである。この書はフランス語で書かれた最初の哲学書であり，その意味でも記念碑的著作であった。〔伊藤勝彦〕

97　感情論

17世紀の感情論　17世紀の代表的な哲学者であるデカルトやホッブズ，スピノザ等が，いずれも感情あるいは情念をその哲学的考察の主題に据えていることは注目すべき事実である。感情・情念を問題にすることで，彼らはまさしく「人間」の研究を試み，「道徳」の確立を志向していたのだと考えることができる。

　たとえばデカルトの『情念論』（1649）は，その基本的な物心二元論に立脚して「情念」を「心の受動（passion de l'âme）」ととらえ，心臓から脳髄にのぼる「動物精気」の運

動によって生理的・機械論的に諸情念を説明したが，これはあくまで身心合一体としての人間が肉体と情念を自由に支配し統御することができるようにするためであった。その支配・統御は「徳」または「知恵」の問題に通じるわけである。

またホッブズの場合にも，人間の欲求，意欲と嫌悪，意欲と愛，嫌悪と憎悪，等々についての克明な考察と分析が行なわれているが，これはまさしく「自然的物体」と「人工的物体」（たとえば「国家」）の中間的存在たる人間の自己認識のためにほかならない。つまり，人間が集まって生活を営むためにはいかなる条件が必要かということを，人間の分析それ自体から導き出してくることがその眼目である。

スピノザにおいては，デカルトとは異なり，そしてホッブズにやや似て，「受動感情」だけではなく「能動感情」があるとされる。これは「十全な観念」もしくは「理性」から生ずる感情であり，外物に依存することなくわれわれの本性にのみ原因をもつ。そして理性の機能は認識することにほかならず，われわれは十全なる認識の上にのみ自己の存在を真に保持しえ，外的事物への「隷属」から免れることができると説かれるわけである。

このように17世紀の感情論の多くは，直接に人間を動かし駆り立てる感情を対象化することによって理性による支配を実現しようとしたのである。

18世紀の感情論 ところが，18世紀になるとこの理性と感情の位置の逆転が見られる。たとえば，ギリシアの「カロカガティア」（美にして善なるもの）の理想を回復せんとしたシャフツベリの感情論では，感情そのものの意義が非常に重視され，さらにヒュームになれば理性は習慣に，そして結局は感

情に解消される方向が明確化してくる。つまり、理性を根底において支えるものとして感情がとらえられるにいたる。この感情の優位に、神的理性に対するより具体的・世俗的な人間主義の出現の方向が示されており、この方向はルソーをへてロマン主義においていっそう深く展開されてゆくことになるのである。

〔生松敬三〕

98 パスカル

1 生涯

科学者として ブレーズ・パスカル（Blaise Pascal, 1623—1662）は、フランス中部クレルモンの町に生まれ、法服貴族出身の知識人であった父エチエンヌから独自の方針に基づく教育を受けて育ち、早くから傑出した才能を示した。真理だけを目標として、事柄の本質を徹底して追究し、自分で納得のいく理由を見出さない限り満足しなかった。11歳の時に音響に関する一論文を書き、翌年には自力で幾何学の解法を案出し、16歳で『円錐曲線試論』を公刊するに至った。10代中頃から、父に連れられ、メルセンヌ神父の主宰するパリの学会に出席し、当代一流の数学者・自然学者と対等に議論を交わした。1639年、父の任地ルーアンへ移り、計算機の発明にかかる。この頃から、病いの最初の徴候がみえる。1646年、父が骨折の事故にあい、その治療に当たった接骨師を通じて、恩寵の絶対と厳しい倫理を説くジャンセニスムの信仰に導き入れられる。この年には、トリチェルリの真空実験の再試に

成功し，ガラス管内の水銀の上下が大気の圧力によることに着眼，さらに真空問題をめぐりノエル神父らと論争し，実験と観察に基づく近代科学の方法を強く主張した。

社交人として　病いが悪化し，医師のすすめで，1652年頃から社交界に出入りをはじめ，抽象的な学問の領域とは違う具体的な生きた人間の世界に触れる。幾何学などの準拠する，推論に基づく方法とは異なり，複雑で反応も多様な人間性の現実を深く洞見しうる「繊細の精神」の働きに開眼する。社交界では，適切な言葉づかいや礼法を心得，優雅の風を備えた「オネットム」といわれる人間の理想像を追求する人びとと出あう。次第に，交際社会の虚栄に耐え切れず，先にジャンセニストの本拠ポール・ロワイヤル修道院に入っていた妹をたずね，苦悩をうち明ける。1654年11月23日夜，火のヴィジョンをもって迫ってきた神を見，決定的に回心，すべてを捨てて修道院の外郭に引退し，熱心な信仰の修行にはげむ。

信仰者として　1656年初めから，ジャンセニストとジェジュイット（イエズス会）の論戦にまきこまれる。純粋な福音の教えを世俗の要求と妥協させ，政治的にも絶大の権力を得ていたジェジュイットに対抗し，ひたすら真理の立場を固守して次々と論争文書（『田舎の友への手紙』(*Provinciales*)）を匿名で発表しし（全部で18通），相手側教団の偽善と道徳的退廃を追及した。親しみやすい文体，巧妙な論理，率直な人間的主張によって，読者は魅了され，世論の喚起に成功した。しかし，絶対権力の側の迫害弾圧は激しく，ジャンセニストは追いつめられ，その教説の異端を宣告する教皇の回勅があい次ぎ，フランスの全信仰者に信仰宣誓文への署名が強要されるが，パスカルは少数の人びとと共にさいごまで抵抗する。

1656年3月24日に,「聖なる茨の奇跡」が起こり,姪マルグリット・ペリエが3年ごしの眼病から癒やされる。この出来事を機縁に奇跡の意味を深く省察し,自らの到達した唯一の真理を,社交時代に知りあった自由思想家・無神論者に訴えるためキリスト教弁証論の計画を立てる。おびただしい読書ノート,思索の覚え書を手もとの紙片に書きとめ,一日,ポール・ロワイヤルでもその構想を人びとの前に語った。晩年は,歯痛の一夜,気ばらしにサイクロイドの問題を考案したり,乗合馬車の事業を企てたりしたが,ただ信仰一すじの聖なる生活をつらぬいた。キリスト教弁証論の未完の草稿を残して,1662年8月19日,病が篤くなり死去,パリのサン・テチエンヌ・デュ・モン教会に葬られた。

2 作品

小品と手紙 パスカルの思想の特徴は,何より現象の実態やその理由を把握するのに,先験的な命題や抽象観念の構築によらず,主体の実験(経験)に即していることであり,また対象の性質が異なるにつれて精神の機能も理解の手続きも当然変化すると認めながら(たとえば,自然学研究と歴史研究に対して),あらゆる場合に事柄の本質を的確にとらえる方法論を確立していた(一例として,幾何学の方法,説得術など)。作品のうち,数学・自然学論文にも彼の発見した成果ばかりでなく,時代に先んじた独創的な見解が随所に見出されるが,残されたいくつかの小品,手紙は,後期の重要著作の論理構造や主要テーマを知る基礎資料として逸することができない。『真空論序文』(1651)における諸学の秩序の違いの思想,ノエル神父への手紙(1647)に表明された科学研究に適用され

るべき諸規則，『幾何学的精神について』(1657) の中の幾何学的秩序の明快な規定，姉ジルベルトあての手紙 (1648) の中の象徴論，スウェーデン女王への計算機献呈文 (1652) 中の三つの秩序論の萌芽，『エピクテートスとモンテーニュとに関して，隠士サシと交わした対話』(1655) に見られる弁証法的思考とアポロジーの内的構造分析への手がかりなど注目すべきである。弁証論のためのノートに含まれる，言語，文体，思考法などについての諸考察も貴重であり，祈りや信仰文書，個人的な冥想の記録なども，著者の内面の成熟をうかがい，奥深くにもえる熱情をしのぶのに欠かせぬ文献である。

『プロヴァンシアル』 ソルボンヌで論議されている問題を田舎に住むひとりの友人に報じるという形式で書かれたこの論争の書は，前半，対立する宗派が多数を頼んで手段を選ばぬ術策に走り，放漫な道徳を許容している事態を，存分にアイロニーをこめて痛烈にえぐり出す。ジェジュイットの応用倫理神学者（いわゆる決疑論者）の詭弁と便法とが戯画化されて，批判にさらされる。第11通め以後は，直接相手側の神父あてとなり，後期の手紙には抗議とともに悲痛な調子がこもり，覚え書として残された幾多の断片をともに読み合わせると，作者がただ恩寵だけを頼りにひとり立つ状況へと押しつめられ，この世の秩序の根本的な歪み・堕落を注視する姿がうかびあがってくる。「政治参加(アンガージュマン)」の文学の先がけとして重要であるばかりか，後期の手紙には『パンセ』へといたる過渡的な意義をも認められる。　　　　　　　　　　〔田辺 保〕

99　科学と信仰

融和の時代から分裂の時代へ　古代ギリシアでは，科学研究は一種の宗教的探求に結びついており，共通の霊感に導かれていた。中世では，教会の権威のもとに，聖書に基づく一元的な世界観が支配していて，疑惑をさしはさむ余地はなかった。宇宙像，物質観，人間の世界内における位置などについて既成の見地が動揺しだしたのは，中世末期から近世初頭にかけてであり，コペルニクス（Nicolaus Copernicus, 1473—1543）の提唱した地動説はその一具体例であった。ルネサンス期の諸思想家は，超越神を自然に内在するものにまで引き下げたが，デカルトに至り，物質と精神の二元的対立が確立され，独自の法則に服する物質界に対して，一切の感覚的印象を排した客観的接近が可能となる道が開かれた。1632年，ガリレオ・ガリレイは，『二大宇宙体系についての対話』を公刊したが，そこに表明された地動説への共鳴が教会側の忌諱に触れ，有罪判決を下される。この結果を知ったデカルトは，『宇宙論』の刊行を断念する。ジョルダーノ・ブルーノの焚殺をはじめ，一連の不幸な事件は，新興の科学と，時の支配的権力に代表される信仰との衝突を象徴する出来事とみなされる。

パスカルの場合　パスカルは，信仰深い学者であった父エチエンヌから，信仰の対象は理性の対象とは違うことを早くから教えられ，科学研究を進める上で余計な懐疑にとらわれずにすんだ。『真空論序文』の中では，限りなく進歩の可能な

自然科学の次元と，歴史や神学のように文献資料に最終の権威を求めねばならぬ学問の分野とははっきり違うことを述べており，初期には信仰の奥義をそのまま信じる精神の従順さを持ち続けながらも，諸学問に適用されるべき普遍的な規則を堅持しようとした。その結果，彼は科学研究を徹底的に追求することができた。ジャンセニストたちにおいても，一定の限界内において理性の使用は認められていたが，パスカルも後期の『幾何学的精神について』の中では，なおこの学問の秩序が人間の到達できる最も完全なものと記している。しかし，回心後のパスカルについて姉は，伝記の中で，この「なくてはならぬもの」にすべてを捧げつくすため，科学研究を放棄したと記しているが（事実は必ずしもそうでなかった），宗教信仰に傾倒した瞬間からそれは二義的なものと見られるに至ったことは確かである。『パンセ』のパスカルはコペルニクスの説を学ぶよりも人間にとっての唯一の重大事の方に関心があった。『パンセ』においても，理性の行使はまったく否認されているのではなく，一定程度まではそれを完全に用いた上でその限界を悟らせ，より高い秩序へと導く別な原理の必要を説いている。たとえば，「心情」。　〔田辺 保〕

100　パスカル『パンセ』

Pensées

執筆の動機　『プロヴァンシアル』論争は，純粋な宗教的真理を汚す者に対する抗議であったが，その後期，相手側権力からの弾圧の嵐の中で，パスカルは宗教を害するさらに大き

い敵である無神論者や自由思想家に自己の信じる唯一の真理を説得しようとして，キリスト教弁証論の計画を立てた。直接には，1656年の「聖なる茨の奇跡」の感激が動機になっており，絶対なるものの語りかけに無感覚となった時代精神の倒逆を攻撃するために筆をとった。数百枚の草稿断片を残して彼が死んだ後，友人知己の編集により，1670年，『宗教およびその他の諸主題に関する，パスカル氏のパンセ』の題で，初版が公刊された。現行の諸版の中では，独特の編集方針により，ブランシュヴィク版，ラフュマ版などが有名である。

内容 キリスト教弁証論ではあるが，自然にあらわれた摂理の偉大や抽象的な推論により神の証明をしようとしない。全体は二部に分かれ，第1部は「神なき人間の悲惨」と題され，神を失った世界での人間の条件の空しさ，倦怠，惨めさ，しかもその条件を意識しうる悲惨の中の栄光と矛盾とを，豊富な引用例，暗色の暗いヴィジョン，力強く圧倒的な文体で描き出す。第1部は，現代の実存主義的哲学者の人間分析にも通じ，恩寵なき世界の欠如の様相を暴露している点で無神的精神状況の恐怖をも予感させる。第2部は，「神とともなる人間の至福」であり，一旦理性の有効な使用によって人間に自己の限界を知らしめたのち，聖書全体の中心に位置するイエス・キリストの啓示の意味を注視させる。受肉した神の子の十字架上の死の中に，人間の偉大と悲惨の謎を解く鍵が秘められていることを結論する。聖書解釈の方法には時代的制約も指摘しうるが，救済史を信仰の目で一貫して展望し，理性の及ばぬ心情と愛の秩序に最終的な真理への門が開かれることを示す。著者自身の生きた主体的体験のパトスがこもり，真理は目が開かれぬ限り見えぬこと，見えるためには愛さね

ばならぬとするパスカル的論理が読者の胸に強くひびく。

後世への影響 デカルト的合理性を追求しながらそこにとどまらず，モンテーニュの懐疑とエピクテートスの断定とを弁証法的に統合し，ヒューマニズムの次元を超えて，断乎たるキリスト教的立場の一代表者となった。幾何学の精神と繊細の精神の区別，「考える葦」「クレオパトラの鼻」などの名句，賭け，二つの無限，気ばらしなどの壮大な考察は有名であり，十分説得術に意をこらした修辞の魅力には抵抗しがたい。ヴォルテール，コンドルセ，さらにヴァレリーなどの激しい反対者に欠けなかったと同時に，熱烈な讃仰者をいつの時代にも持っている。〔田辺 保〕

101 ホッブズ

生涯 トマス・ホッブズ（Thomas Hobbes, 1588—1679）は，スペイン無敵艦隊の来襲におびえるマームズベリ（ブリストル近郊）に，国教会牧師の子として生まれたが，父はけんかがもとで行方をくらまし，富裕な手袋製造業者であった伯父にそだてられた。オクスフォードのモードリン・ホールに学んだのち，キャヴェンディシュ家の家庭教師となり，この開明的貴族の家庭との関係は，短期間の断絶をのぞいて，彼の死までつづいた。彼の政治的立場は，旧体制の支配階級に属しながらブルジョア的発展に対して敏感な，この種の貴族にきわめてちかいものと考えられる。

　家庭教師としての数回の大陸旅行中に，旧思想の崩壊を確

認し，新思想に接触したホッブズは，1637年に帰国してから哲学体系の構想にとりかかり，国内の重要な知的サークル，グレート・テュウ・サークルに参加する。しかしこのころすでに，イギリス市民革命の序曲ははじまっていて（たとえば，ハンプデンの船税拒否事件が1637年），ホッブズは，1640年に発表した（手稿で回覧）『人間の本性』および『政治体について』（あわせて『法学要綱』ともいう）によって，これにまきこまれる。彼の絶対主権論が，ステュアート絶対王政を支持するものと解釈されて，議会側の攻撃をうけたのである。そのためにホッブズは，最初の亡命者のひとりとして，フランスに亡命し，『市民論』（1641，哲学体系第3部）も，主著『リヴァイアサン』（1651）も，亡命中に書かれることになる。これらの著作でしだいにあきらかになってきたホッブズの思想の，反教会的で人権（自己保存権）主義的な傾向は，亡命イギリス人のなかでの非難をよび，彼は1651年末に，ひそかに帰国する。したがって『リヴァイアサン』は，革命政権のために書かれたのだという説もある。

　帰国後のホッブズは，直接に政治にかかわりをもつことなく，ウィリアム・ハーヴィーやジョン・セルドゥンなどの学者と交際し，『物体論』（1655），『人間論』（1658）の出版によって，哲学体系三部作を完成した。ロバート・ボイルなど，のちに王立学会をつくる自然科学者たちとの，はげしい論争も，この時期に行なわれたが，これは，当時の自然科学の発展からみると，ホッブズがたちおくれていたことを意味する（たとえば，ホッブズには，実験の概念がない）。

　1660年の王政復古は，直接にホッブズに危害をもたらさず，チャールズ2世は彼を宮廷によび，肖像をかかせたり年金を

約束したりしたが,教会および王党の政治家の憎悪はつよく,ホッブズの著書は,出版を許可されなかった。しかしこの時期にもなお,彼は,長期議会史『ビヒモス』(1679,秘密出版)をかき,『リヴァイアサン』ラテン語版(1667,アムステルダム)を出版している。1675年からロンドンをはなれて,デヴォンシャー伯の別邸でくらし,そのひとつのハードウィックで,1679年に死んだ。

思想 ホッブズの代表的な著作は,哲学体系三部作よりも,『リヴァイアサン』であって,最初の『法学要綱』から『市民論』を経て,『リヴァイアサン』へと,思想が展開されたとみることもできるし,また,リヴァイアサンとビヒモスという,ともに聖書にあらわれる巨獣の名前を題名にした両著を,国家論とイギリス革命論としてむすびつけることもできる。

ホッブズは『リヴァイアサン』序説で,国家を,人間が自己保存のために,人間を素材としてつくりだす,人工人間であると定義し,第1部で素材としての人間を,第2部でそれらの人間がつくる国家における主権者および臣民の権利を,第3部でキリスト教の政治的意味を,第4部でキリスト教の堕落形態を,分析する。

人間は,自己保存の権利を自然権としてもち,そのための手段を確保しようとするが,すべての人がそれをもとめ,しかもすべての人の自然的な力には,決定的な差はないのだから,万人対万人のたたかいがおこる(自然状態)。

これはいうまでもなく,自己保存権の自己否定であるから,彼らは理性のおしえ(自然法)にみちびかれて社会契約をむすび,主権を設定してそれに秩序の維持を委任する。主権は,絶対かつ不可分でなければ,平和を維持できない(限定また

は分割されていれば，社会は，唯一の意志＝秩序によって統一されるのではないからである)。

　この点でホッブズは，絶対主義の支持者だといわれるが，彼は絶対主権の設定の目的が，人間の自己保存にあることを，最後までつらぬこうとする。したがって，彼によれば，国家のなかで人が主権者によって，たとえ合法的にであっても，身体をきずつけられたり生命をうばわれたりするような事態になれば，この当人は抵抗する自由をもつという。なぜなら，彼が主権者にたいして服従の義務をもつのは，契約によるのだが，契約は彼の自己保存のためであって，彼はその契約によって，身体生命を放棄するように義務づけられてはいないからである。同様にして，主権者が，内戦または外戦に敗北して，臣民の身体生命を保護しえなくなったときは，臣民は服従義務を解除されることになる。革命期の彼自身の行動について国王への忠誠義務を放棄したというはげしい非難があったが彼は晩年の小著で，服従と保護は双務的だと主張した。

　宗教論は，教会とくにローマ教会の，政治介入に対するきびしい批判であって，その批判は『リヴァイアサン』において，もっともきびしい。宗教は，内面の信仰の問題であって，政治権力は外面の行為にかかわることだというのが，彼の批判の根拠であった。

継承　ホッブズは生活資料の生産を考えなかったためにかえって人権（生存権）対主権の対決が明白になったが，ロックは生活資料の生産と土地私有を導入したために対決があいまいになった。明示的にホッブズを継承したのは，コリンズなどの理神論者とアダム・スミスであり，近代的ホッブズ研究の開拓者はドイツの社会学者テニエスであった。　〔水田　洋〕

102 機械論的社会観

　機械論的社会観は，近代初期のブルジョア的社会観の主流で，力学的社会観ともいう。社会をひとつの巨大な機械と考える立場だが，機械の各部分の質的差異に注目しているのではなく，むしろ等質の諸部分の集合とみるのであるから，原子論的社会観とほぼおなじことになる。この社会観は，力学を中心にした近代初期の自然科学（ガリレイからニュートンまで）と，単純で等質な労働を組織することによって生産を増大させた工場制手工業（manufacture）の原理とに，対応するもので，したがって，代表的思想家とみられるのは，ホッブズ，デカルト，スピノザからアダム・スミス（およびベンサム）にいたる人びとである。

マニュファクチャー時代　工場制手工業は，それまでの職人の名人芸的な，自己完結的な（一人でひとつの製品をはじめからおわりまでつくる）労働のかわりに，分割された諸工程の単純な労働をあつめて生産する。ここでは，労働対象も労働もそれぞれ，量的に（同一単位で）計算できるものとなる。こうして，自然についても人間についても，質的な差異は二次的なものとなるから，社会を構成する人間は，基本的には平等な，原子となる。

ホッブズからアダム・スミスへ　ホッブズは人間を，等質な，自己保存権をもつ個人と考えたが，彼はこの人間が自己保存のために生活資料を生産することを考慮しなかったので，人間の生活はまず，万人対万人の戦争状態としてあらわれ，こ

れを克服するために絶対主権が導入された。だから、ここには、等質な原子の集団の外側に、その秩序を維持する権力があることになる。ロックが、労働投下による生活資料の生産に注目し、アダム・スミスが経済学によって、その生産と流通の自律的な機構をとらえるにおよんで、等質な原子の集団は、外的規制なしに、自分たちだけで社会秩序を維持することとなり、機械論的社会観は完成する。この過程で、たとえばホッブズやケネーによって、生体と社会体との類比が考えられたが、それも（有機体説ではなく）機械論のなかにふくめることができる。

批判と継承 機械論的社会観は、人間の質的差違を、基本的には否定するものであるから、階級支配と衝突する。社会のなかの諸個人を、それぞれ異質的なものと考え、優劣の差があるものと考える立場からは、それに対抗して有機体的社会観が主張される。とくにロマン主義はその代表的な思想とされるが、問題は、人間の個性というものを、どう考えるかに帰着する。個性が人間の価値の優劣を意味せず、分業と協業の原理と衝突しないならば、そのかぎりで、機械論的社会観とも衝突しない。

〔水田 洋〕

103 スピノザ

その出自 デカルトやライプニッツとならぶ17世紀の大哲学者スピノザ（Baruch de Spinoza, 1632—1677）は、アムステルダムのユダヤ人地区でマラノスと呼ばれていたユダヤ人の家

に生まれた。マラノスというのは、スペイン国王による苛烈な異端審問のとき、表面的にはカトリックに改宗しながら秘かにユダヤ教の信仰を守ってきたスペイン・ポルトガルのユダヤ人のことであるが、彼らの多くは、オランダがスペインから独立し、宗教の自由を認めるにおよんで、続々とアムステルダムに移住してきた。スピノザ家もそうした移住者であった。哲学者の父は豊かな商人で、アムステルダムのユダヤ社会で声望を得ていた。母は父の三度目の妻であった。

スピノザはユダヤ人学校でユダヤ神学と商業を学び、13歳になると父の商館で働きながら、学問をつづけ、1654年に父が亡くなると、56年まで義兄とともに商館の経営にあたった。

ユダヤ社会からの追放 1656年、スピノザは異端としてシナゴーグ（ユダヤ教会）から破門され、ユダヤ人社会から追放された。彼は父の生前ファン・デン・エンデンの私塾でラテン語とデカルト哲学を学んだ。そして、ファン・デン・エンデンはカトリックでありながら自由思想家的な人であった（彼は74年、フランスで叛乱に加わり処刑された）。しかし、スピノザの破門はファン・デン・エンデンの影響をうけたことによるのではない。当時のアムステルダムのシナゴーグは教義的には必ずしも厳格ではなかった。非ユダヤ的文化に曝されてきたマラノスたちは厳格な伝統的教義に立ち戻ることはできなかったからである。だが、彼らの主流は、経済的・政治的利害の点から、オレンジ家を首領とするカルヴァン派と結びつき、オランダの（政治上の）自由主義勢力に敵対する態度をとり、その主流の支配下にあるシナゴーグは、ユダヤ人のなかの自由主義な傾向を「異端」として抑圧しようとしていた。56年には、信仰を無用とみなしていたファン・デ

プラドが「異端」として破門され、追放された。スピノザの破門はこの事件と密接なつながりをもっていた。しかし、シナゴーグはスピノザを破門するつもりはなく、むしろ彼との妥協を望んだが、スピノザはシナゴーグが自分を破門するように自らしむけた。彼はユダヤ社会を離脱することを欲したのである。シナゴーグが破門を宣告したのち、ある狂信者が彼の暗殺を企てた。スピノザはそれを機会に家業を捨て、ライデンに赴いて、その近郊リーンスブルクに下宿した。そこは、汎神論的・共産主義的傾向をもつコレギアント派やメンノニート派の人びとの中心地であった。

その著作 スピノザはレンズ磨きの術を学び、それで生計を立てながら、哲学の研究に専念した。そして、彼の周囲に集まったコレギアント派やメンノニート派の人びとにラテン語で哲学の講義をした。それが『神、人間および人間の幸福にかんする短論文』である（今日われわれに伝えられているものは、ヤーラッハ・イェレスが訳したと思われる講義ノートのオランダ語訳である）。

1661年頃、彼は自らの哲学をうちたてる仕事をはじめ、まず『知性改善論』の執筆にとりかかった。スピノザ主義の方法を述べるこのみごとな著作は、しかし、未完のままに終わった。63年、彼は同宿のライデン大学学生のために『デカルト哲学原理』を書いて与えた。この著作は、スコラ哲学の諸概念を批判的に検討した『形而上学的思想』を加え、ルドヴィーコ・マイエルの序文を付して出版された。それはスピノザの生前、彼の名を冠して出版された唯一の著作であった。彼の哲学者としての名声はこの著作によって高くなった。しかし、スピノザはけっしてデカルト主義者ではなかった。

『短論文』以来,一貫して,デカルト哲学はスコラ哲学やユダヤ思想やルネサンス思想を浄化して,そこからスピノザ独自の思想を引き出すための一つの手段として用いられたにすぎないし,彼はむしろ反デカルト主義者であった。

1663年頃,スピノザは首都ハーグの近郊フォールブルクに住いを移し,やがてハーグに移り住んだが,それは政治的理由によるものであった。ヤン・デ・ヴィットの指導する共和体制をくつがえして絶対主義権力の樹立をめざすオレンジ家とそれを支持するカルヴァン派にたいして,スピノザはヤン・デ・ヴィットの自由主義を理論的に擁護しようとしたのである。65年,彼が61年頃から着手していた『エチカ』の仕事を中断して,『神学政治論』の執筆を始めたのも,ヤン・デ・ヴィットの自由主義を擁護するためであった。この著作は70年に匿名で出版されたが,著者が彼であることはすぐに知られ,聖書のはじめての科学的批評としてすぐれた意義をもつこの著作はあらゆる非難と呪詛とを加えられた。爾来,「スピノザ主義」はもっとも忌わしい無神論思想とみなされ,スピノザを非難しない者はそれだけで非難を浴びせられるほどになった。

死と著作の運命　1672年,ヤン・デ・ヴィット兄弟がカルヴァン派の群衆に暗殺され,オレンジ家が権力を握ると,スピノザは孤独のなかで『エチカ』の完成に専念し,73年にはハイデルベルク大学からの招聘をも,自らの思想の自由を貫くために断わった。『エチカ』は75年に完成したが,すでにその出版は困難であり,彼は出版を断念するほかなかった。彼はますます孤独になり,宿痾の肺病も悪化した。ヤン・デ・ヴィットの死による共和政の崩壊について省察した彼は,自

由な共同体の可能性の問題を追求して『国家論』の執筆を始めたが，それは，象徴的にも，民主主義を論ずる章の入口で永遠に中断された。1677年の2月，彼はその生涯を閉じたからである。死を見とったのは，リーンスブルク以来の友人マイエルだけであった。『エチカ』をはじめ彼の著作はマイエルに託され，同じ年の末，『遺稿集』がB.d.S.という頭文字だけを付して出版されたが，それも間もなく発売禁止となり，『エチカ』の卓越した思想は，19世紀のはじめにドイツで復活するまで，西欧の思想界では，少なくとも，公然とは問題にされることがなかった。

〔竹内良知〕

104　近世の汎神論

16世紀汎神論　汎神論は，神と宇宙（自然）とを同一視する立場であって，一般に，神と宇宙とについてかなり明瞭な概念がすでに形成されていて，両者がどのように関係するかが問われる宗教的・哲学的状況のなかで成立する。それは古代にも，そして中世においてさえ，存在したが，汎神論的潮流が大きく復興したのはルネサンス時代であった。新プラトン主義の影響のもとで，人文主義のなかに，ポンポナッツィに代表される潮流が現われた。しかし，鮮明な汎神論的態度がヨーロッパで繰り返し現われるようになるのは，16世紀からのことである。

　16世紀の汎神論の代表的思想家はジョルダーノ・ブルーノである。彼は反キリスト教的態度を鮮明にした汎神論者であ

った。ブルーノは大胆に宇宙の無限性を主張して，アリストテレス的宇宙観を覆すとともに，神を自然そのものの内在的原因としてとらえ，キリスト教的な創造，摂理，奇蹟等の概念を否定し，一切の出来事は神的（自然の）法則にしたがうことを主張した。彼にあって，自然は神的であったが，その神性が否定されれば，この汎神論は無神論的な自然主義に移行することになる。

16世紀にはもう一つの型の汎神論があった。ヤコプ・ベーメの神秘思想がそれである。ブルーノの汎神論が宇宙（自然）を可知的なものとして説明する努力から成立したのにたいして，ベーメのそれは神秘的体験にもとづいていた。彼は自己の内面の根底に直観される「無底（Ungrund）」に絶対的な神性を見て，現実の統一性が「無底」の直観的自覚において成立すると考えた。この思想は現実を絶対者の自覚としてとらえる19世紀のドイツ哲学に道を開いた。

スピノザ的汎神論と汎神論論争　もっとも完全な汎神論は，17世紀になって，スピノザによって形成された。それはある意味でブルーノとベーメを綜合するような汎神論であった。

スピノザ的汎神論の伝統ともいうべきものが姿をとりはじめたのは，やっと18世紀になってからであった。「汎神論（pantheism）」という名称が成立したのは1709年であったが，汎神論が重要な思想として注目されるにいたったのは1785年にヤコービが『スピノザ学説について』を発表し，レッシングがスピノザ主義者であったかどうかをめぐるメンデルスゾーンとの論争を公表したときからであった。この論争はドイツの知識人の注目を集め，ヘルダーやゲーテもそれに参加した。スピノザ的汎神論の重要性が認識されたのは，この「汎

神論論争」をつうじてであった。そして、シェリングとヘーゲルの哲学はこの汎神論をいわば母胎として成立したということもできよう。　　　　　　　　　　　　　　　　〔竹内良知〕

105　スピノザ『エチカ』

Ethica ordine geometrico demonstrata

成立と刊行　哲学史上に独自な光芒を放つスピノザの主著。スピノザは人間にとって何が幸福であり、何が最大の善であるかを一貫して追求した哲学者であった。その哲学体系を述べた主著が「エチカ」（倫理学）と題されたのは、そのためである。

『エチカ』の第１部をなす形而上学の重要な部分は、1652年頃には出来上がっていたと思われる。そして、当初スピノザが構想していた『エチカ』は、第１部形而上学、第２部心理学、第３部情念論を前置きとする狭義の倫理学から成るもので、それは1665年にはほとんど完成していたようである。だが、それに彫琢を加えることによって、現在見られるように五部から成る形態をとるようになって、それが完成したのは1675年であった。『神、人間および人間の幸福にかんする短論文』が『エチカ』の前身であることを思うと、『エチカ』はまさにスピノザが全生涯を傾注した著作である。しかし、彼の友人であり保護者でもあったネーデルランド連合州の国務長官ヤン・デ・ヴィットが虐殺され、絶対主義をめざすオレンジ派が権力を握り、一方、『神学政治論』が発禁になるなど、彼をとりまく情勢が悪化し、カルヴァン派の神学者た

ちの策謀もあって、出版はできなかった。1677年、スピノザが死んだあとに出版されたが、それも翌年発禁となり、爾来ながく『エチカ』は公衆の眼から姿を消すことになった。それでもひそかに読みつがれたが、スピノザ全集が編まれ、『エチカ』が広く人びとの手に届くようになるのは1802年のことである。

内容 『エチカ』は何よりも人間の最高の善と幸福が何であるかを解明する倫理的・宗教的性格の書であるにもかかわらず、定義、公理、定理というユークリッド的な「幾何学的秩序」にしたがって叙述されているが、それは、『エチカ』の序説ともいうべき『知性改善論』からわかるように、観念の本性にかんするスピノザの把握の仕方にもとづいている。

『エチカ』は「神について」「精神の本性と起源について」「感情の起源の本性について」「人間の隷属あるいは感情の力について」「知性の能力あるいは人間の自由について」の五部から成り、第1部では「神即自然」という汎神論の体系が展開され、一切の存在を能産的自然の表現と見る有機的動的な自然観が示され、神（＝自然）の様態としての人間についての省察が第2部以下で展開される。とくに第3部および第4部に示された情念論はフロイトを思わせる深い洞察を含んでいる。第5部では個体的本質の自覚としての自由が「神の知的愛」として説かれている。こうして、絶対知と絶対愛、絶対合理主義と絶対的宗教性とを統一し、しかも超自然的なものを拒否する汎神論的自然主義の体系を示している点に、『エチカ』の独自性がある。　　　　　　　　　　　〔竹内良知〕

106 ライプニッツ

早熟の天才 ゴットフリート・ヴィルヘルム・ライプニッツ (Gottfried Wilhelm Leibniz, 1646—1716) は、30年戦争の終わる2年前、ライプチヒに生まれた。父はライプチヒ大学の道徳哲学の教授、母も著名な法学教授の女であった。ライプニッツは近代ドイツ哲学の定礎者と見なされ、『形而上学叙説』(1686)、『弁神論』(1704)、『モナドロジー』(1715) 等の著作があるが、哲学者であったばかりでなく、数学者、論理学者、物理学者として傑出し、歴史、法学、政治学、言語学等々の学問に通暁し、さらに外交官、技術家、実務家としても活躍した、ほとんど万能の学者・思想家・実践人であった。

幼時から旺盛な知識欲の主であったライプニッツは、あらゆる事象に心を開き、積極的に立ち向かった。特に形式・記号に対する感受性は抜群であった。ライプチヒ大学で法学を専攻するかたわら哲学、神学、歴史、数学、論理学を学んだが、課程を終えて法律の学位論文を提出したところ、若年を理由に学位を拒否されたのがもとでライプチヒを去り、生涯どこの大学にも就職しなかった。この頃『結合法論』(1666) を書いたが、この論文は20歳の青年の書としては信じがたいほどの博識と洞察に満ち、早くも「人間思想のアルファベット」の考えに基づく独自の記号法を展開している。

遍歴・パリ滞在 郷里を去ったライプニッツはニュールンベルク、フランクフルトに遊んだが、その間に知り合ったマインツ侯国の前首相フォン・ボイネブルクに推薦されて同国の

選挙侯ヨハン・フィリップ・フォン・シェーンボルンに仕え，法律家・政治家として画策することになる。当時のドイツは西からはフランスの，東からはトルコとロシアの脅威にさらされていたが，特に領土的野心の強いルイ14世は，オランダを攻め，ドイツに侵入しようとしていた。マインツ侯は，その野心を他に向けさせ，ドイツの安全を確保する目的で使節団を派遣した。ライプニッツは使節団の参謀格として，1672年パリに着き『エジプト計画』を草してフランス王に働きかけたが，間もなくフランス・オランダ戦は勃発してしまい，所期の目的は達成されなかった。

しかしライプニッツは，その後も4年間パリに滞在し，すでに目覚ましい発展をみせつつあった近代解析学の研究に没頭し，やがてその水準を抜いて，微分学の基本定理の発見という偉業を成し遂げた。ところがこの間，マインツとの公式関係は杜絶し，給与も支払われなくなったので，新たにハノーヴァー侯ヨハン・フリードリヒの招聘を受諾し，1676年の秋パリを発ち，イギリス，オランダを経て帰独した。その途中，ハーグにスピノザを訪ね，しばらく当地に滞留して，哲学上の問題について何度も話し合った。時にライプニッツは30歳，スピノザは44歳，死の数カ月前にあった。しかし，あらゆる兆候からして，両巨人が論題について合意した形跡はない。

晩年の不遇 ハノーヴァーでライプニッツに与えられた役職は図書館長と宮廷顧問官で，後にハノーヴァーの宗家ヴェルフェン家の歴史の編纂が公務となった。彼は三代にわたる君主に仕えたが，2代目のエルンスト・アウグストはまだしも，3代目のゲオルク・ルートヴィヒは，ライプニッツのごとき学者を単なる臣下としか見ない凡庸の君主で，ただヴェルフ

Ⅱ　17世紀の理性主義　313

ェン家史の完成を督促することだけに急であった。

ライプニッツは、ヨーロッパの各地にアカデミーを建設しようと努め、まずベルリンにこれを創設してみずから初代総裁となり、さらに新旧両教会の、また福音教会の内部ではルター派と改革派の統一に奔走し、百科学の体系的組織を構想するなど多忙をきわめたから、ハノーヴァーを留守にしがちであったが、これがいっそう君主の機嫌を損じた。こうした失意のなかで彼は『モナドロジー』を起草し、死の前年1715年の1月に完成したと推定される。全く見捨てられた、いたましい最期であった。

普遍数学 数学の長所を一般化して真理を発見するための普遍的方法としようとする企ては、すでにデカルトにあったが、ライプニッツによると、デカルトの記号法は適切でなかったために成功しなかった。ライプニッツは、人間の思考そのものの記号的本性を見抜き、記号が単なる符号でなく、実在的なものの「シンボル」として機能するものと見る。

彼は錬金術の結社「ローゼンクロイツァー」に入会して錬金術師の用いる謎めいた記号を利用したことがあり、ライムンドゥス・ルルスその他の神秘主義者の著作に現われる象徴的表現をも愛惜した。ここには確かに記号法は存在一般の普遍的秩序の表現でなければならないとする形而上学的・世界観的洞察がある。ライプニッツの論理学は現代の記号論理学の嚆矢とされ、それは事実であるが、にもかかわらず彼自身は、そのいわゆる「普遍的記号法（characteristica universalis）」を存在論抜きの単なる論理学と考えたわけではない。

普遍的調和の体系 普遍的記号法はモナド（monade）すなわち単子の形而上学という、独自の世界把握に導き、調和の体

系を呈示する。モナドは単純実体，形而上学的点，第一エンテレケイア，不可分者（個体）などとも呼ばれるが，要するに真の，実在的実体として，それぞれの固有の視点から全宇宙を映す，永遠の活きた鏡である。逆に，宇宙はそうしたモナドの集合体である。モナドの本性は表象（perception），表現（représentation）にあり，その判明・錯雑の度に応じてモナドは無限に多様である。完全に同一なモナドは決して二つない。モナドは，実在的には独立自全で窓がなく，相互に断絶しているが，観念的には切れ目なく配置しており（連続律），相互に映し合い，また宇宙を映しつつ宇宙そのものを構成する。

　神はすべての可能的世界の中から最善の世界を選んで，この世界を創造した（最善律）。神はモナドのモナド，最高のモナドである。神の設定した世界秩序には，例外も欠陥もない。予定調和（l'harmonie préétablie）の真の意味もそこにあり，対応，適合，和合，併起等々の基礎概念もまた，そこから理解されるであろう。　　　　　　　　　　　〔永井 博〕

107　ライプニッツ『モナドロジー』

La monadologie

成立の事情　ライプニッツが晩年の円熟した思想を要約した著作で，90節から成る小篇ではあるが，豊富な内容をもち，彼の哲学的著作のなかで最も重要である。かねてこの哲学者の熱心な帰依者であったオルレアン公の顧問長官ニコラ・レモンの要望にこたえて，死の前年に脱稿したらしいが（1715年1月），レモンへは送られず，遺稿として残った。このフ

Ⅱ　17世紀の理性主義　315

ランス語の手稿には表題がなく，現行の書名は，最初に公刊された独訳（1720）に付されたもので，本人の命名ではない。フランス語の原文は，1840年，J. E. エルトマンが初めて刊行した。なお，本書は，ほぼ同じ思想をやや通俗的に述べた『理性に基づく自然と恩寵の原理』（1714）とながく混同されていた。以下，その要旨を述べる。

モナドの形而上学 モナドは単純実体で，単純とは「部分がない」ことであるから，広がりがなく不可分で，物質的でなく精神的である。こうした存在としてモナドは，宇宙の真に実在的な要素(エレメント)，完全実体であり，独立自全であって「窓がない」といわれる。

モナドの本性は表象にあるが，表象は「一における多の表現」として定義され，しかもその判明度には無限の段階があるから，最低の，いわゆる裸のモナドから最高のモナド（神）へと連続的につながるモナドの無限系列が存在する。ただし，神だけは原初的モナドとして別格で，他のすべての派生的・被造的モナドから原理的に区別される。

神と世界 ライプニッツは真理を永久真理と事実真理とに分け，それぞれに矛盾律と充足理由律を配当したあとで，神と世界との関係を多面的に分析する。神はその全知をもってすべての可能的世界を認識し，あり余る善意をもってそのなかから最善の世界を選び，全能をもってそれを創造したのであるから，われわれの現実世界は単に可能的(ポシブル)でなく共可能的(コンポシブル)な世界であり，ここでは不完全・悪の存在もかえって神の完全性を引きたてる補完的機能を果たすのである。

モナド相互の，またモナドと物体，宇宙，さらには神との関係は形而上学の基本問題であるが，ライプニッツによると，

これらの関係はすべて「万物照応」の対応的調和によって成り立ち，神自身の設定した普遍的秩序のもとにあることになる。これを「予定調和」という。彼は，身心関係はもとよりのこと，自然の国と恩寵の国との間にも同じ調和が成り立つことを指摘し，最後に，神の愛と正義に基づく道徳界の真相を描き出す。道徳界は神の国であり，神はこの国の優しい君主として，臣下である理性的精神としての人間の至福を配慮する，というのである。

ライプニッツのいう「調和の体系」の思想は，その後のドイツ哲学の最も重要な基調の一つとなった。　　　　〔永井　博〕

108　ヴィーコ

貧困と不遇の生涯　ヴィーコ（Giambattista Vico, 1668—1744）は，貧しい本屋の息子として1668年にナポリで生まれた。短期間学校教育を受けはしたが，ほぼ独学といってよい。店でイスキアの司教に見出されて，その甥にあたる貴族の家庭教師を9年間務めた。1694年，ナポリ大学から法学士の学位を受け，99年から1741年まで，同大学の修辞学教授の職を務めた（彼の職は息子のジェンナーロに世襲された）。常々彼は，法学の予備学科としての修辞学の教授より地位も報酬も高い法学教授の職を願っていたが，1723年，その最後の試みが失敗してからは決定的にその願望を捨てた。35年に王室修史官に任命されるが，一生涯を貧困と不遇につきまとわれて，1744年1月22日，ナポリで没した。

その著作 修辞学教授の一任務は、学期始めにラテン語の講演を行なうことであり、ヴィーコの最初の著作『現代学問方法論』(1709)は、これらの講演から発展させたものである。続いて形而上学的エセー『古代イタリア人の知恵』(1710)が出版された。また、『万民法論』3巻（1720—22）は、法を主題としつつ、新しい学の理念を展開したものである（以上の著作は総てラテン語作品であり、以後は総てイタリア語である）。1725年、有名な自叙伝に着手すると共に、初めて「新しい学」の名を冠した彼のライフワーク『諸民族の共通本性に関する新しい学の原理』初版を出版、さらに30年には全面的に書き改められた『新しい学』第2版、彼の死後、44年には、大幅な改訂第3版が出版された。

新しい学 もっぱら数学的に構築されたデカルト的世界においては、神話、芸術、法、歴史などの人間的世界がそれにふさわしい地位を見出しえないことに不満を持ったヴィーコは、デカルトの方法より厳格さの少ない、そしてこの人間世界の評価により適した方法の再評価を主張した。このような見地から、個々の歴史的事実の検証としての言語文献学と、一般的真実の証明としての哲学を総合し、人間性の普遍的真理を捉えようとしたのが、彼の新しい学である。

新しい学の認識論 ヴィーコは、1709年と10年の著作で表明した独創的な認識論をもって彼の新しい学に向かった。彼は明証性というデカルト的真理の基準を批判して、原因過程の認識という基準を標榜する。この原因過程の認識は、その事物を作った者にしか所有しえない。これが彼の有名な「真なるものは創り出されたものに等しい（verum ipsum factum）」の原理である。たとえば、数学が確実なのは、数学の体系は

人間が作り出したものだからである。また，われわれが自然界についておおよその認識を持っているのは，われわれが実験手段によって自然の営為をうかがい，それによってわれわれの知っていることを作るからである。だが，より厳密に言えば，自然界はそれを作った神によってしか理解しえない。一方，われわれが文化や歴史など人間に関する世界を認識できるのは，われわれがこの世界を作ったからであり，したがってその諸原理は，われわれ自身の人間的心情の諸形態の内に見出せるからである。

歴史哲学としての新しい学　ヴィーコの新しい学は，個々の事実の検証としての「確実なもの (il certo)」と，その事実の合理的把握としての「真なるもの (il vero)」の総合である。彼の言葉に従えば，「言語文献学」と「哲学」の総合としてある。彼の「言語文献学」は，人間の思考と不可分の関係にある言語を手懸りとして，言語の古い意味を掘り起こし，過去の人間の生活環境とそれに対する彼らの態度を捉えることである。この文献学的方法による成果としては，次の二つが有名である。第1は，ローマの十二銅表がギリシアから伝わったとする伝説に対して，彼は当時のローマの社会条件と思想を示してその謬りを証明した研究。第2は，叙事詩時代におけるギリシア人が後の哲学的叡智とはほど遠い未開状態にあったことを示して，偶像的ホメロス像を打破した「真のホメロスの発見」。だが，彼の新しい学は，単なる事実の集積分類だけでは充分でなく，それらの事実が従っている普遍的な法則，彼の言葉によれば「時の流れとともに展開する総ての民族の歴史の基盤となる永遠の理念史」の確立が必要である。この普遍的法則は，精神の本性自体の内に求められる。

人間精神の発達法則は，①単なる知覚の支配する段階，②空想の支配する段階，③理性の支配する段階であるから，それに従って諸民族の歴史も対応する三段階にわたって展開する。①神々の時代。人間は動物的条件のもとに置かれ，宗教が生まれる。②英雄たちの時代。厳しい掟による支配が行なわれ，叙事詩が生まれる。③人間たちの時代。諸闘争を通じて平等が実現され人間的な社会が成立する。これが本質において捉えられた人間の歴史，その理念史の実相であり，ヴィーコによれば，この三時代区分は古代エジプト人の叡知から学んだものである。

神の摂理と歴史の循環法則　歴史の進行は，その原動力である個々人の意図を越える自律性を持っており，それは神の摂理の介在を考慮に入れることによってのみ理解できる。人間の無秩序な欲求から自ずと社会的秩序が生まれ，その秩序によって人間が人間的社会の中で生活するようになるのは，人間も神によって創られ，神の摂理に導かれているからである。同時に，前述の三段階を経て絶頂に達したある民族の歴史は，次いで停滞と後退，「理性の野蛮化」に陥り，再びこの三段階を螺旋状に繰り返すことになる。人間の創造物であるにもかかわらず，その意図を越えた自律的な歴史の展開を歴史の循環法則と呼び，ヴィーコは，この歴史循環の出発点をギリシア神話時代と中世時代の内に検証した。ヴィーコの歴史学は，それまでの年代記中心の歴史に対して，法則的認識としての歴史観を打ち建てた点で，近代歴史学の先駆となり，その思想は特にミシュレによって忘却から呼び醒まされ，近代ヨーロッパ思想，とりわけドイツ観念論の形成に影響を与えた。

〔清水純一〕

109 力学的自然観

力学的自然観と機械論的自然観　力学的自然観と機械論的自然観とは通常あえて区別して考えられてはいない。しかしながら，17世紀後半〜18世紀前半における思想的対立（ニュートンのデカルト的自然観への批判やライプニッツ・クラーク論争等）を解明するためには，両者を区別して論ずることが必要である。一般に機械論とは自然現象は物体（系）とその運動によってすべて説明されるという考えであり，この自然（地球，生物，人体等）・宇宙をことごとく一種の機械装置・時計とみなす見方である。力学的自然観とはこれら機械とみなされた物体系の運動の源泉・動力源，「力」に着目するところから出発する。

ニュートンの自然観　ニュートン（Isaac Newton, 1642—1727）は自然現象の根底には，その現象をひきおこしている何らかの「力」が存在していることを認めその数学的ないし自然学的究明が自然哲学の役割であるとする。さしあたっては宇宙の体系の運動を「重力」によって説明することが課題であった。さて問題はこの「力」「重力」の原因・起源をめぐって生ずるのである。彼はこの原因については有名な「我仮説をつくらず」という態度を表向きは採用しながら，ひそかに思索をめぐらしていたのである。一方ではエーテルによる機械論的説明を試み，他方それは論点先取であるとし，「力」を基本的な自然の要素ではあるものの非物質的非機械的なものとする。そして，自然界における運動は物質の粘性や摩擦の

ため絶えず減少させられるので，能動原理によって補充し保存される必要があると考える。この能動的原理，「力」とは究極的には遍在する全能の神が世界の内で行なう不断の働きである。「この能動者はあらゆる場所に存在し，……宇宙の各部分を形成し改造することができるのである。」これがニュートンの結論であった。

力学的決定論　18世紀も後半になると種々の保存力が発見され，宇宙の運動力，エネルギーは減少しない，世界という時計はニュートンが予想したよりも完全であり，巻き直しの必要がないことが明らかになってきた。こうして諸力は純粋に自然力となり，世界という機械自身に具備されているものとなった。機械論的自然観と力学的自然観が同一のものとなった。すなわち力学の決定論の登場である。力学の運動方程式は，初期条件さえ与えられれば，系のその後の運動を一切一義的に決定することを許すものである。したがって，宇宙に生起するすべてのことは，厳密な因果の連鎖として過去から未来まで完全に一義的に決定づけられていると見なければならない。この考えはラプラスによって1812年に表明された。

〔吉仲正和〕

110　近世物理学の成立

　自然科学の一分野としての物理学（力学，電磁気学，熱力学，光学等）が西欧17世紀に一挙に成立したとは言えない。しかしながら，アリストテレス以来の自然学が物理学へと意味を

転換してゆくための諸々の契機が全面的に出揃い，そして物理学の一領域でありまたそのモデルともなる力学が成立するのは，まぎれもなく17世紀においてである。

物理学成立のための諸契機　すでに14世紀のスコラ学者オッカムは個別的・経験的事物は神学を離れてそれ自体において論究することができるし，そうしなければならないと主張していた。16世紀のコペルニクスはアリストテレスの同心天球説とプトレマイオスの周転円説の対立矛盾から地動説を提唱し，このことによって，天界と月下界の峻別を廃絶する方向が切り開かれ（ガリレイによって徹底され），やがて無限宇宙（ブルーノ），等方等質の空間概念（ニュートン）が形成された。地動説はまた運動概念の再検討（ガリレイ，デカルト）をせまることになり，位置運動のみを運動として取り扱うことになった。ガリレイは自然落下運動の説明に幾何学的方法を適用し，デカルトは事物の「秩序と計量」に着目すべきことを述べていた。ともに自然の研究に数学を用いることの強調である。古代の原子論もキリスト教の神概念と調和するやり方でガッサンディによって復活させられ，粒子論的自然観がデカルトとボイルによってひろめられた。

自然法則の概念と実験　自然は自立した存在であって，その現象は普遍的な例外を許さない法則によって規制されているという観念，自然法則の概念が形成されたのもこの頃である。デカルトは自然にある法則が確立されており，宇宙に存在する事物一切はこれに従うという考えを表明し，自然についての学問はまず自然の根本的法則を見出すことに努めねばならないと述べている。実験という言葉も中世以来しばしば用いられてきたが，単なる観察と区別された意味で実験的方法が

成立するのはガリレイ以降のことである。彼は多くの見事な実験を述べており，実験を工夫する卓越した才能の持主であったことは疑いがない。しかし彼自身は直接手を下さなかったようである。彼はまた人工的に製作された条件下においてこそ自然の真理は開示されるという実験的方法の理念をも提出している。

このようにして近代的な物理学が成立するために必要な概念の枠組や方法が形成されてきたのである。そうしてその最初の成果として近代力学が成立したのである。それ以後，物理学において，その理論構成の模範が力学に求められることになる。

〔吉仲正和〕

111　学会の成立

学会の発生　学会として今日のような形式と機能を備えたものの発生は，17世紀の西欧においてである。この頃，自然の研究者たちは協同による知識の開拓・知識の累積的発展の意義にめざめ，各種の会合をもつようになった。イタリアではルネサンスの人文主義者のサロンの伝統をひきつぐものとして，たとえば，ある貴族の庇護のもとにアカデミア・デイ・リンチェイが1601年に設立された。ガリレイもその会員であった。実験アカデミーとして有名なアカデミア・デル・チメント（1657—67）では，ガリレイの流れをくむトリチェリーやボレリらが気圧・温度・音速・毛管現象に関する実験的研究に従事し，共同で報告書『自然的実験の試論』（1666）を

出版した。フランスではメルセンヌ・アカデミーが有名であるが，これの流れをくむ科学者の会合において実験的研究の規模をさらに大きくするために国からの援助を求めた。こうして，1660年に王立科学アカデミーがパリに設立された。これは国立研究所の先駆とも言われるものであって，会員は国から俸給を受けて研究を職業とすることになった。当初このアカデミーはフランシス・ベイコンの思想の影響を強く受けていたが，70年代にはデカルト的方向へ転換した。ホイヘンスがこの会員であった。

ロイヤル・ソサイエティ　自然科学的研究を単なる秘儀におわらせないで，一般に公認のものとして正統化し，その実用性を認識させ，科学研究の制度化のために大きな力を発揮したのはロンドンのロイヤル・ソサイエティである。この起源は1645年頃数学者で牧師のジョン・ウィルキンズを中心にグレシアム・カレッジの教師や医者・牧師その他科学に関心をよせる人びとが10人ほどロンドンのある酒場で一種の昼食会を結成したことにある。会員の一人であるロバート・ボイル (Robert Boyle, 1627—1691) はこのクラブを「見えない大学」と呼んだ。彼らは医術・解剖学・航海術・静力学・機械学・自然法則の実験等の研究を行なった。その際彼らを駆りたてたのは学者・専門家の関心よりも，好奇心や功利的考えとでも言うべきものであった。清教徒革命の推移にともない一時オクスフォードに本拠を移した時，大学の研究者を会員に引き入れた。1660年にロンドンに戻ってから再び広く教養ある人びとに門戸を開放し，1662年に国王の特許状によって正式に認可された。新興の科学者は素人にも理解できる証明や実験によって研究を進めた。新しく発明された学会という社会

制度は，実験による知識，協同による知識という新しい型の知識を社会の中にすえることを可能にした。　　　〔吉仲正和〕

Ⅲ　18世紀啓蒙

112　認識論

自覚的認識論のはじまり　認識の問題，知識の問題はもちろん古代ギリシアや中世の哲学においても問題とされてはいたが，ギリシアではもっぱら存在とは何かを問うて「質料－形相」という基本範疇に依拠して哲学的思索が営まれ，中世ではギリシア的論理を媒介として神信仰の弁証が中心課題であって，認識・知識の問題が主題的に哲学の中心問題となり，認識論ないし認識批判として展開されたのはまさに近代においてのことであると言ってよい。その自覚的なはじまりはロックの『人間知性論』(1689—90)にあり，カントの『純粋理性批判』(1781)において集大成される。それは，近代的自我の登場とともに，理性的自律性が現実的な自然世界に対する人間の能動性として明確に自覚化されるにいたったことを示すものにほかならない。

カントの「超越論的意識」　人間の知性の自己反省，これがわれわれの最初の研究課題であるべきだとして，ロックは認識論・認識批判の課題を提起したが，その反省はいまだ常識的・経験的であって，真の意味における「批判」にまではい

たっていない。しかし，そこで第一歩は踏み出されたのである。カントにおいて「超越論的意識」が設定されることによって真の意味での認識批判が遂行される。それはルネサンス以来の近代哲学が志向してきた「主観－客観」という思惟方式がここにはじめて明確に自覚的に定式化されたことを意味する。つまり，存在と思惟の一致という古い真理概念はロックにおいてはまだ素朴に前提されていたが，この明確に自覚化された「主観－客観」の思惟方式においては，力点は自体的存在としての存在にではなく，主観の側にはっきりと移されている。かくして存在に思惟が合致するのではなく，思惟が存在を把握することが問題となり，存在はまさに対象（客観）となって，思惟はこれを自己の対象とする意識的主観となるわけである。この意識的主観はすべてを自己の対象として把握するが，それ自身は決して対象となることのない意識的主観である。これこそがカントの「超越論的意識」である。

ヘーゲルとそれ以後　ヘーゲルにおいてはこの「超越論的」主観は「絶対精神」となり，一切はこの精神の内的契機とされるが，これは「主観－客観」という思惟方式の動的性格を概念化したものと見られる。ヘーゲルの弁証法はこの思惟方式の自己貫徹として形成されたものでもある。

　ヘーゲル以後のヨーロッパ哲学は，ヘーゲルにおける「主観－客観」の思惟方式の完成と解体のあとをうけて，新たな基本方式を見出すべくさまざまな模索の努力をつづけている。19世紀後半にはカントの認識批判の試みを復活して科学批判を行なった新カント派も出たが，20世紀に入ってからは認識論から再び存在論・形而上学への方向が決定的であるように見える。

〔生松敬三〕

113 ジョン・ロック

1 生涯

成長過程 イギリス経験論の創始者であるジョン・ロック (John Locke, 1632—1704) は、厳格な法律家を父として、スピノザと同年に生まれた。15歳で入学したウェストミンスター・スクールでは、徹底的な古典教育を受け、のち、オクスフォードのチューターとして、ラテン語、ギリシア語の講義を行なっている。しかし彼は、ウェストミンスターの「詰め込み教育」にも、伝統的スコラ哲学にも、強い不満を抱き続けていた。その中で彼は、デカルトの著作を知り、ロバート・ボイルに出会う。デカルトにおいて、彼は、スコラに代わりうる哲学の可能性を見出した。デカルトを学び、それを批判してゆくことを通して、彼は哲学へと向かったのである。またボイルからは、「粒子論」の考え方と共に実験科学的方法を学んだ。ボイルの影響は、ガッサンディからの影響と共に、デカルト批判を通じて形成されるロックの哲学にとって、極めて重要なものである。

活躍の時代 1667年、ロックは、アンソニー・アシュリ（のちのシャフツベリ卿）の招きにより、家庭医としてアシュリ家に住むことになる。それ以来、あらゆる方面での助言者としてシャフツベリ家に仕え、17世紀後半の政治的動乱の時代を、ホイッグ党の領袖シャフツベリ卿と共に生き、政治的・実践的手腕を発揮する。しかしその間にも、主著『人間知性論』(1689――ただし、1690年出版と印刷されている) は、1671

年の二つの草稿以来,ほぼ20年にわたって断続的に書き続けられた。1691年以降は,マシャム卿夫人の招きでオーツに移り,そこを安住の地とした。オーツでは,ニュートンやサミュエル・クラークとの交流を深め,また『教育に関する考察』(1693),『キリスト教の合理性』(1695)等を執筆している。生来病弱であったロックは,1704年10月28日,マシャム卿夫人の『詩編』朗読を聴きながら息をひきとったという。

2 『人間知性論』

成立の事情 ロックに『人間知性論』を書く機縁を与えたのは,アシュリ家の彼の居間で開かれていた,数人の友人達との会合である。そこでは様々な主題で議論が行なわれたが,ロックはある時,まず「われわれ自身の能力を調べ,われわれの知性が取り扱うのに適した対象と適さない対象とを見る必要がある」と提案した。そしてそのために彼が用意した草稿が,その後20年近くにわたって練り上げられた『知性論』の端緒を成したのである。

生得観念 ロックは『知性論』の目的を,「人間の知識の起源,確実性,および範囲,ならびに,信念,意見,同意の根拠と程度」の探究であると宣言する。そしてまず第1巻において,生得的原理,生得観念が存在しないということを主張する。ロックの言う「生得的原理」「生得観念」とは,人が生まれる時にすでに「心に刻みつけられて」いるような知識,観念である。そのような生得的原理,生得観念を否定することによって,ロックは,「あらゆる観念の起源は経験にある」という経験論的テーゼを立て,われわれの知識とは,経験によって得られる「諸観念の結合と一致,不一致と背反にほかな

らない」という結論を引き出したのである。

観念の分類 ロックは「観念」を,「およそ人間が考えるとき知性の対象であるもの」と定義している。そしてロックによれば,そのような観念をわれわれが得るのは,感覚と内省という二種類の経験を通してである。色,熱,甘さ等は感覚による観念であり,考える,疑う,信ずる等の観念は,われわれが自分の心の作用を内省的に知覚することによって得られる観念である。ロックはまた,観念を「単純観念」と「複合観念」とに区別する。単純観念は,経験を通してしか決して与えられないが,ひとたび単純観念が得られると,心はそれを様々に組み合わせ,新しい複合観念を作ることができる。

第一性質と第二性質 ロックは,物体のもつ性質を第一性質と第二性質とに区別する。第一性質とは,物体から全く分離できない性質で,固性 (solidity),延長,形等である。それに対して第二性質とは,音,色,香,味等の感覚的観念をわれわれの内に作り出す,物体のもつ力能 (power) である。そしてロックは,第一性質の観念は物体のもつ性質自体の似像であるが,第二性質の観念はそうではない,と言う。しかし,ロックの経験論的立場に立つならば,われわれに与えられるのは観念のみであり,その観念の原形となる物体そのものの性質は与えられない。したがって,観念と性質との類似関係は不可知のはずである。のちにバークリによって批判されたこの難点を,ロック自身もすでに知っていた。だが当時,ボイル,デカルト,ガリレオ等もこの区別をしており,新しい科学の進展を前にして,このような物理的実在論を否定することは,ロックにとってはどうしてもできなかったのであろう。

抽象観念　ロックは,「抽象観念」の存在を認める。そしてこの点も, バークリ, ヒュームが経験論を徹底してゆく中で, 批判の的となった。だが, バークリやヒュームが,「観念」ということばを, ほぼ明確に「知覚像」「想像心像」の意味で使ったのに対して, ロックの「観念」は「思考の対象一般」なのだから, 必ずしもバークリ等の批判が的を射ているとは言えない。しかし逆に, 知覚像, 想像心像より広い意味での「観念」とは何であるのか, という問題は残ることになる。それはまた, ことばの「意味」をめぐる今日的問題でもある。

3　その他の著作

前述のように, ロックは政治的にも活躍した。そして, 彼の政治思想上の著作としては, 若い時期に書かれた『自然法論』(1660—64頃) の他, 王権神授説を批判して「自然法」の思想を説き, また「名誉革命」の正当性をアピールする (ロックは, オレンジ公ウィリアムとも親交があった) 意図も込められていたと言われる『統治に関する二つの論考』(1690) がある。宗教, 教育の方面では, 既出の著書の他に, 宗教的寛容を論じた三つの『寛容に関する書簡』(1689—92) がある。

〔丹治信春〕

114　社会契約論

社会契約 (social contract) 論とは, 社会または国家の成立

を平等な個人間の契約によって説明し基礎づけようとする考え方で，17, 18世紀のイギリス，フランスにさまざまな形であらわれている。その代表的なものとしてはホッブズ，ロック，ルソー等が挙げられよう。

ホッブズ ホッブズは，人間は自然状態にあっては「万人の万人に対する戦い」の状態にあり，そこには正義も行なわれず，死の危険に脅やかされざるをえないとした。だから，この死の危険を免れ，快適な生活を獲得するためには，人間は理性に導かれてある協約を結ばざるをえない。つまり，自己保持という「自然権」の本能的な主張を抑えて，その合理的実現を目ざす「自然法」の要求により「自然権」の相互譲渡，すなわち「契約」がなされねばならないとしたのである。ところがホッブズは，この契約を保証する「公的な権力」を不可欠と考えたから，この社会契約論は絶対君主制を擁護し基礎づけるものとなった。

ロック ロックはこれに対して，「自然状態」を万人の闘争状態ではなく，すでに不完全ながら「自然法」も実現されている「自由で平等」な状態だと考えたから，「自然権」は「自然法」によって否定されはしないとした。ただ，この生命・自由・財産の権利を守る「自然法」の執行は「自然状態」にあっては個々人の私的な判定に委ねられているから，各人はこの私的な制裁権を放棄し，「契約」によりそれを公共の権力に委託して「自然法」の完全な実現を計ることが必要とされるのである。それゆえ，この「契約」での権利の移譲は全面的・無条件的ではない。その信託的権力が不法を犯せば，これを解任し更迭する権利（いわゆる「抵抗権」）が認められている。ピューリタン革命を背景にするホッブズと名

誉革命を前提とするロックとの差異がここに見られる。

ルソー ルソーにおいて展開された社会契約論は、「契約」によって自己の権利を全面的に政治体に譲渡するとしたが、この政治体が「一般意志（volonté générale）」の実現である限り、各人はその全体の不可分の一成員として平等の権利をもつ主権者となるわけである。「契約」によって自然状態から社会状態に入ったとき「人間が失うものは、人間の自然的自由と、彼が手に入れたがり、しかもそれが可能なすべてについての無制限の権利であり、人間が獲得するものは、市民的自由と、彼の持っているものすべてについての所有権である」。ルソーの社会契約説は人民主権の理論として共和制を志向し、フランス革命、とくにジャコバン党の指導理論となったが、全体主義を基礎づける理論ではないかとの批判も出されている。
〔生松敬三〕

115 近代の宗教論

この時代の複雑な宗教問題の一典型として以下ロックをとりあげる。17，18世紀のヨーロッパは政治的・宗教的な対立抗争が絶えなかった。英国でも国教（アングリカン），旧教（カトリック），新教（デイセンター）諸分派に分裂していた。周知のごとくロックは『統治二論』を著わして名誉革命の理論的裏付けを行なった。同じ自由主義的精神から彼は、信教の自由を主張した『寛容論』を著わし、さらに『キリスト教の合理性』を世に問うた。前者は後のヴォルテールに甚大な影響を与えた。後者は同時代にドイツの

ライプニッツが空しく奔走したキリスト教合同運動，フランスのサン・ピェールのヨーロッパ諸国連合論と同じ発想に由来し，カントの世界平和論を介して拡大EC（現在のEUの前身）の理念にまで連なっている。以上を前提に以下簡潔に解説しよう。

『寛容論』 本書の中心的思想は次の3カ条に要約される。①教会は任意団体でその参加は個人の自由意志に基づく（彼の国家論に類する「契約説」）。②したがって二権力主義である（「政・教分離」）。③以上の二信条から信教の絶対的自由が主張される。ただし絶対的不寛容ないし絶対的不信仰の主張は信仰の前提を否定するので寛容の対象にならない（旧教，マホメット教および無神論者は「寛容」の対象外）。

『キリスト教の合理性』 本書に含蓄されている根本思想を要約すれば次の諸点である。①理性（哲学）は神学の婢ではないが，啓示の上に立つものでもない。理性の範囲においてのみ人間は啓示を理解できる（彼の経験主義参考）。したがって「人間理性」の立場からすれば「啓示」も合理的たらざるを得ない。それを越えた部分は「信仰」の領域である。②したがって「啓示」について理性をもって論ずれば，カントの言う「悪しき形而上学」に堕し論争はつきない。③信仰は理性で論ずべき問題ではない。さらに信仰は実践問題すなわち道徳に直結する。したがって悪しき形而上学的似而非神学論争は社会的混乱のもとである。④信仰の基本問題を忘れた末梢的諸問題（ロックはこれをindifferentと呼ぶ）が，かくして新教の無際限な分派を喚起し政治的・宗教的混乱を惹起している。⑤信仰箇条の基本的条項は3，4カ条につきる。キリスト教信仰の原点にかえって各派は無駄な論争を止め，真の信

仰心をとり戻せ。

以上の思想に周知の『人間知性論』にもられた経験主義が影響し、ロックの哲学的宗教的思想は18世紀に強烈な影響を与えた。たとえば「自然法」の理念は一方では「時効に関係ない人権（imprescriptible right）」として米・仏の人権宣言に直結すると同時にいわゆる理神論をも生んだ。その他その1世紀にわたる様々な宗教論は何らかの形でロックの宗教理念にかかわると言ってよいであろう。しかし18世紀が理神論の時代であり、ロックがその先駆的理神論者という単純な解釈は誤りである。

〔齋藤繁雄〕

116 バークリ

生涯 ジョージ・バークリ（George Berkeley, 1685—1753）は、アイルランドの生まれで、一生アイルランドとの縁が深かったが、しかし彼の家系は、イングランドの名門バークリ伯爵につながっており、彼は極めて敬虔な国教徒であった。15歳でダブリンのトリニティ・カレッジに入学し、のちにそこで特別研究員兼助祭となる。それ以来、彼は聖職を離れることがなかった。その熱烈なキリスト教信仰の故にこそ、近代科学の「物質」信仰に無神論の危険を感じ「非物質論」の哲学を展開したのである。

彼は、若い時期から才能を発揮し、二つの主著『視覚新論』（1709）、『人知原理論』（1710）は、共に20代の半ばに書かれている。若いバークリに強い影響を与えたのは、ロック

とマールブランシュ（Nicolas de Malebranche, 1638—1715）である。バークリは、ロックの心理主義的な経験論的認識批判の方法を受け継ぎ、しかもその方法によってロック自身をも批判している。また、物体に作用因を認めないマールブランシュの考えは、バークリの哲学的思索の支えであった。1713年にロンドンに出たバークリは、『ハイラスとフィロヌスとの三つの対話』（1713）を出版したのち、二度にわたる大陸への長期旅行をしたが、その間にマールブランシュに会うことができたと言われている。バークリは後半生を、「自由思想家」に反対する神学的形而上学者として、また同時に熱心な布教家として送った。彼は、バミューダ島に宗教教育のための大学を作る計画を立てたが、政府援助の突然の中止によって挫折してしまった。1734年、クロイン（アイルランド）の司教に任命され、死の前年まで、その地方の住民を貧困と病苦から救うために尽力した。

『視覚新論』　『視覚新論』においてバークリは、われわれの感覚的経験を詳細に吟味し、視覚の対象と触覚の対象とは全く別であることを主張する。バークリによれば、視覚の対象は色や形の二次元的な拡がりであって、距離もしくは奥行きを直接に見ることはできない。距離とは、対象から眼に到る線分の長さであり、その線分の眼への射影は一点であって、対象が近くにあろうが遠くにあろうが、変わりはないはずである。デカルトは、二つの眼と対象とでできる三角形の頂角から、幾何学的に距離がわかると言っているが（『屈折光学』）、われわれは、幾何学を通して距離を知るわけではない。バークリによれば、われわれが距離を知るのは、過去の触覚的経験と視覚との経験的連合によってである。視覚の直接的対象

である形や色（その鮮明さやボケ具合）は，経験的連合によって，どのように手を伸ばせばどのような触覚的観念が得られるかを，われわれに「示唆（suggest）」するのだ，というわけである。バークリによれば視覚にとって，距離は本来，疎遠なものである。そこで，視覚の対象は「眼の中」に，いやむしろ，痛みや喜びの感情と同様に「心の中」にあると言われる。視覚の対象と触覚の対象とが全く別であるならば，「形」についても，視覚的な形と触覚的な形とを区別しなければならない。その間に成り立つのも，経験的連合という外的で偶然的な関係に過ぎないことになる。そのような見地からバークリは，視覚，触覚から抽象された形を扱う幾何学に対しても，批判を加えている。

『人知原理論』 『視覚新論』の中では，バークリは触覚の対象は「心の外」にある，というような言い方をしている。しかしバークリによれば，触覚の対象とは，結局，触覚的「観念」なのであり，厳密に言うならばそれは「心の中」にしかあり得ない。『人知原理論』の中で，バークリはそれを明言している。『人知原理論』の意図は，「心の外」に自立的に存在するものとしての物質を否定することにあった。彼はまず序論で，ロックの『人間知性論』を引用しながら，その「抽象観念」の考えに対して執拗な批判を浴びせる。彼には，事物の「心の外」における存在という考えが，抽象に基づくものと思えたからである。バークリによれば，知覚されることから区別して（抽象して）事物を考えることは，事物からその事物自体を区別することに他ならないほどの不合理なのである。ロックの立てている第一性質と第二性質との区別に対するバークリの批判（→113）も，この点に関連する。その

際バークリは,ロックが「第二性質は心の中にだけ存在する感覚である」と書いているかのように言うが,それは誤解である。ロックにおいては,事物のもつ性質とその観念とは,はっきりと区別されていた。だがバークリはむしろ,そのような性質と観念との区別を否定するのである。性質と観念とを区別した上で,はじめて第一性質と第二性質との区別も可能となる。したがって,性質と観念との区別の否定は,必然的に,第一性質と第二性質との区別の否定を含意するのである。バークリにとっては,「観念」「可感的事物」「可感的性質」は同じものを意味する。事物とは観念に他ならない。しかし,そのような事物=観念を知覚する心の存在は,キリスト者バークリにとって,疑う余地がなかった。彼は,観念とは全く別種な,観念の存在を支える「精神的実体」の存在を認める。そして事物=観念は,精神に知覚されることによってのみ存在する。思考しない(精神でない)ものにとって,「存在するとは知覚されることである(esse is percipi)」。バークリにとって,いかなる精神によっても知覚されていない事物はあり得ない。被造的精神には全く知覚されていない時,事物は「永遠の精神」すなわち神によって知覚されている。世界は究極的には神の知覚なのである。

その他の著作 以上二つの主著の構想を練っていた頃(1707—8),バークリは,学問的日記とも言うべき『覚え書』(1871年,フレーザーによって出版された)を書きつけていた。また,前記『ハイラスとフィロヌスとの三つの対話』は,『原理論』の思想を平易な対話篇の形にしたものである。その他には,ニュートンやライプニッツの力学を批判する『運動について』(1721),「自由思想家」を攻撃した対話篇『ア

ルシフロン』(1732),タール水の効能を通じて神学を語る『サイリス』(1744)等がある。　　　　　　　　　　〔丹治信春〕

117　ヒューム

1　生涯

　デイヴィッド・ヒューム(David Hume, 1711—1776)は,スコットランドのエディンバラに生まれた。母が法律家の家柄であったこともあり,エディンバラ大学では法律学を学んだのだが,彼自身は法律に興味が湧かず,経験に基礎を置く完全なる哲学体系を目指す哲学者の道を選んだ。その成果が主著『人性論』(1739—40)である。彼はこれによって,相当の名声と収入とが得られるものと期待したが,その期待は裏切られ,ほとんど何の反響も惹き起こさなかった。失望したヒュームは,それ以後,自分でも『人性論』を失敗作として嫌い,文筆家としての名声を求めて「大衆迎合的」な書き方をするようになる。その最初の試みは『道徳・政治論』(1741—42)であり,実際それは好意的に迎えられた。また,『人性論』の第1巻と第3巻から評判の悪かった部分を削除して新たに書き直した『人間知性研究』(1748)および『道徳原理研究』(1751)は,同じように好評であった。さらに『政治論』(1752)は,国内ばかりでなく,フランスにおいても反響をよんだ。1752年,彼はエディンバラ大学法学部の司書となり,そこでは歴史家ヒュームとして,『英国史』(1754—62)を書いている。1763年には,それまで個人的面識のな

かったハートフォード伯の招請で、駐仏大使館の秘書官となる。フランス滞在期間中、彼は、モンテスキュー、ダランベール、ディドロ等のフランス啓蒙思想家との交際の機会を得、ヴォルテールとも文通が行なわれた。また、ある婦人の紹介でルソーとも知り合い、一時は、迫害されたルソーをロンドンに保護したこともあったが、不幸にしてルソーとの親交は長くは続かなかった。晩年はエディンバラで、アダム・スミス等、友人達の中で過ごし、1776年、自らの消滅を快く引き受けるかの如く、安らかに死んでいった。

2 認識論

経験論の終着点 ヒューム自身は、自分の哲学的考えが示されているのは、『人性論』ではなく、二つの『研究』であると述べているが、しかしそこには上のような事情があり、やはりわれわれは、『人性論』を彼の主著と見做すべきである。『人性論』に展開される彼の哲学は、18歳の頃の発想に端を発するものと推測されている。それ以来8年間の苦心の成果が、この全3巻の大部な著作である。その第1巻を成す認識論は、ロック、バークリの路線を受け継ぎ、論理的に極限までつきつめた、イギリス経験論の終着点と見ることができる。

印象と観念 ヒュームはまず、われわれの心に現われるすべての表象（知覚 perception）を、「印象」と「観念」とに区別する。印象とは、心に直接現われる感覚、情念、感情などであり、観念とは、記憶や想像におけるその反復である。印象と観念のどちらについても、ヒュームは、ロックと同様、「単純」と「複合」との区別をする。彼は、観念とは印象の淡い像、コピーであって、印象と観念との相違はその生気

(liveliness，またはvivacity)の程度の違いに過ぎないと言う。記憶と想像の相違も，生気の程度によって説明される。そして，ある観念が心に浮かぶためには，それに先だって印象が与えられていなければならない。生得観念は存在しない。ひとたび印象が与えられれば，そのコピーとしての観念は自由に心に現われうるが，ある種の観念の間には，それらの結合や継起における連合的傾向ができる。この「観念の連合」を，ヒュームは，人間の知性的活動の重要な原理であると考えた。観念間の連合を惹き起こす関係として，彼は，「類似」「時空的近接」および「因果関係」を挙げている。

因果関係 特に彼は，因果関係の分析を詳細に行なう。もし，因果の観念が存在するとすれば，その印象がなければならない。しかし，原因や結果の印象の何等かの性質に，それを求めることはできない。むしろ，因果の観念は，原因，結果と呼ばれる対象(印象)の間の関係から導き出されねばならないだろう。けれども，原因と結果の間の関係として実際に与えられているものは，ヒュームによれば，時空的な近接と，原因の時間的先在以外にはない。だが，時空的に近接し，継起するものが，必ずしも因果関係にあるとは考えられない。要するに，因果関係にとって本質的な「必然的結合」は，印象としては全く与えられていないのである。因果的必然性を，認識論的に正当化することはできない。それならば，どうしてわれわれは原因結果間の必然的結合を考えるのか，そこでヒュームは，「観念連合」を登場させる。われわれは，ある種の印象に他のある種の印象が，近接および継起という関係で常に伴って現われることを経験してきた。この，過去の体験における「恒常的連接」によって，心に一つの習慣が生ず

る。その習慣によってわれわれの想像力に規制が生じ、一方の印象が与えられると他方の観念が自然に呼び起こされるようになる。そこから、因果的推論が行われ、反省的に因果の判断がなされるようになる、というわけである。ヒュームによれば、因果的判断は「知識」の問題というよりも、むしろ「信念」の問題となるのである。

外的対象の存在　ヒュームは「観念連合」を、外的対象の問題にも適用する。われわれに現実に与えられるのは、断続的な印象だけである。物体が連続的に、知覚されているかいないかにかかわらず存在するという考えは、やはり認識論的に正当化できない。だが、ヒュームによれば、われわれが物体と呼ぶものの印象には一種の「恒常性」「整合性」があり、それらの性質によってわれわれは自然と、実際には分断された諸印象を「一つの物体」の印象であると考えるようになるのである。

知覚の束としての心　さらにヒュームは、バークリには否定することのできなかった「精神的実体」の存在（→116）も否定する。存在するのは印象と観念だけであり、それらが次々と現われる「舞台」としての同一なる心というものはない。ヒュームにとって自我とは、「さまざまな知覚の束」に他ならないのである。

〔丹治信春〕

118　アダム・スミス

生涯　アダム・スミス（Adam Smith, 1723―1790）は、スコッ

トランドの東海岸カコーディの，関税吏の次男として生まれ，グラーズゴウ大学で，とくにフランシス・ハチスンに学んだのち，オクスフォード大学に留学，その学問的停滞と政治的反動性に失望して中途で帰郷した。1748～51年にエディンバラで行なった公開講義の好評によって，51年にグラーズゴウ大学論理学教授となり，翌年，道徳哲学の講座に転じた。1759年に出版された『道徳感情論』は，大学での講義のなかの，狭義の道徳哲学の部分であって，彼の講義はそのほかに修辞学，法学，経済学をふくんでいた。この経済学の部分から，『国富論』が成立するのだが，彼自身はこれを第二の主著としての法学・統治論の一部分にすぎないと考えた。彼は，1763年1月から66年11月まで，バックルー公の旅行つきそい教師として，フランスとスイスに旅行し，フランスの啓蒙思想家たちと，親交をむすんだ。

　帰国後は，ロンドンとカコーディで『国富論』の準備と執筆に専念し，1776年にそれが出版されてからは，税関委員としてエディンバラに居住し，ヒュームの死後の同地の文化の中心的人物となった。

思想 スミスは，ハチスンの弟子，ヒュームの親友であり，ヴォルテールを尊敬し，ルソーと『百科全書』の思想に注目していた。しかし彼が『道徳感情論』と法学講義でホッブズを継承していることは，明示されているのにほとんど注目されることがなかった。それらの先行または同時代の思想を吸収したうえでできあがったのが『道徳感情論』であり，その中心は同感（sympathy）の概念である。スミスの同感というのは，他人の不幸に同情することではなくて，市民社会における各個人の感情と行動が，街頭の見しらぬ人が同感できる

程度（社会のふつうの人間が許容する程度）に，抑制されることである。見しらぬ人だから，つめたい同感であるが，それにもかかわらず，行為者も観察者も，ともに自己の利益を追求する自由平等な個人である点で，等質的であり，今日の行為者が明日の観察者になりうる。こうしてスミスは，小集団あるいは哲人貴族の道徳にかわって，市民社会の道徳哲学を樹立したのち，その市民社会をなりたたせている商品の生産・流通を分析する。その成果が『国富論』であり，そこでは，自由競争にもとづく等価交換が，（同感に対応して）人と人との基本的な関係をあらわす。スミスはこの関係が，自由競争によって維持されると考えていたが，自由競争そのものの成立維持のためには，国家権力の発動が必要であることをみとめた。〔水田 洋〕

119 フランス啓蒙

知識論 フランスの優れた頭脳はイギリスの自由精神のうちに国力発展の原因をみ，フランスのカトリック信仰のうちに国運衰退の禍根を認め，啓蒙運動を始めたのである。神学形而上学は人の生まれながらに持つ内在的観念(イデーインネ)が疑う余地なしとするところを真理とみるが，実は事物の注意しやすい面だけを見て他も同じだと思ってしまう想像にすぎない。真に信憑しうる知識は感性の感受する刺戟の他にない。外物と感官とがまずあって，感官の受理する外的刺戟の反応が神経を伝わって脳漿に達し，そこに刺戟に応じた変化を起こさせた時

のその変化が外物についての正しい知識である。

 だから知識が成立するには感性を備えた身体の存在と感官を刺戟する外物の自存自動との二つが要る。感覚能力を西田哲学のように先天的な能動能力とみれば，認識に主体と客体とを分ける必要はないが，それはあまりに経験に反する。物体は自存自動し，ある物は感性を備えて生物となり，ある物はそれを持たないで無生物となり，全部が混在して無始無終の「自然の秩序」を構成する。だから感覚哲学を採る以上，ニュートンの発見した引力と惰力の法則に従って規則的に自存自動する物体の存在を認めないではいられまい。こうして感覚論は唯物論哲学に入ってゆく。啓蒙論者が感覚論と唯物論の二人三脚で走ってゆくとみえるのはこのためである。しかし，ダランベールとコンディヤックは感覚論に傾き，ディドロとドルバックは唯物論を主とする。

道徳論・無神論　啓蒙論者は道徳論を感覚論の上に築く。人が快を求め苦を嫌うのは当たり前のことで，利己自身は善でもなく悪でもない。それが善となるのは求める利益が全体社会（国家）の利益である時に限り，それが部分社会（家族，宮廷，組合）の利益を優先させる時には悪となる。しかし，一つの行動が全体社会の公利を結果するかしないかは，その行動をやってみるまではわからないことである。そしてやって見る前にそれがわかっていなければ行動の善悪ができたと何の実効もない。執ろうとする行動の善悪が行動に先立ってわかっているからこそ，行動の規範となることができるのである。だから，キリスト教は快楽感を善悪の判定基準から切り離し，感性を超越する神の意思を戒律と立てた上，来世で受けるべき賞罰を想定して，善行は善果を伴い悪行は悪果

を逃れ得ないようにするのが十善万能な神の配慮であると信じて，快に引かれて陥る悪への誘惑を禁圧しようとする。これに反し啓蒙論者は神意を退けて感覚の権威を貫徹させ，公共利益の実現を善の本質と見る。善は快楽の禁圧によって得られるものではなく，情欲を煽動し，享楽の経験を積み重ねていって，享楽技術を向上させる科学の力によって実現されるものであると主張して無神論を勧善の原理に推すのである。

〔松平斉光〕

120　モンテスキューとヴォルテール

1　モンテスキュー

　ルソーと並んでフランス革命の生みの親とみられる思想家はモンテスキュー（Montesquieu, 1689—1755）である。ボルドーの高等法院長をまでも勤めた碩学でイギリスを始め欧州諸国の法律制度を調査し，大著『法の精神』に集大成して，「政体の原理」と呼ぶ政治法則を説き出すと共に，「三権分立」の理論を創設して政治上の自由がこの理論を実施することによってのみ確保されると説き，大革命の進展を助けた。

政体の原理　彼は主権の所在によって国制を四種に分類し，各種の制度に適合する国民精神が習俗となって国民の間に厳存しない限り，その制度は存続できず長所を発揮することも望めないと説き，これを政体の原理と名付けた。

　まず，主権が一人によって握られている形の政体を二種に分け，独裁的でありながら国法を無視する権力の濫用に至ら

ないものを君主政体,濫用に及ぶものを暴君政体と呼んだ。君主政体は王の傍らに世襲貴族や高等法院があって王の暴行を掣肘している仕組であり,暴君政体は専権者が国法を度外視しながらも,政務の実際を一人の宰相に任せ切り自分は無為放埒な日々を送る形である。

　主権が複数の統治者に掌握された形は,全国民が等しく主権者である民主政体と,一部の国民だけが主権者である貴族政体とに分けられる。民主政体では主権は投票権に他ならないから投票の方法や民会の制度が確立した小国でなければ立ちゆかない。貴族国の貴族は封建制の貴族とは違い投票権を持つ点だけで庶民の上位に立つものである。

　以上を通覧すると民主政体が最上のようにみえる。しかし,国民が自由と平等に愛着し,質実剛健な愛国精神に満ちていなければその長所も発揮されない。君主政体にはそうした徳性は邪魔で,むしろ虚栄心の強い国民である方がよい。貴族政体は名誉心と徳性とを折衷した節制の気風が充実していることが必要である。暴君政体では国民の間に恐怖心が横溢していることが必須である。したがって無知と迷信があればよく,知識を普及さすことは危険である。君主国の名誉心,暴君国の恐怖心,民主国の徳性,貴族国の節制が政体の原理である。

三権分立の理論　モンテスキューは主権が立法権と執行権との二面を持つ点に着目し,さらに執行権を狭義の執行権と司法権とに分ける。この三種が一手に掌握されると過大な権力ができ上がって人民の自由は失われる。だから三権を異なる三機関に分掌させ互に掣肘させるのがよい。自由は法が支配して人間の恣意が支配しないことだからである。

立法権は民選の議会が持つ。議会は貴族を代表する上院と庶民を代表する下院とが同等の権限を持って組織するのでなければ貴族の自由は失われる。執行権は世襲の王が持ち，王は議会の決定に対しても拒否権を持ち，その身体は神聖不可侵とされ，また不法な行為があっても顧問者を処罰するだけで十分である。議会は王の行政に就いて監督権を持つが，議会の成立は行政府の召集を待たねばならず，行政府と議会の対立する時は上院が調停に当たる。

司法権は民選の法廷で行使され，何びとも階級を異にする者の裁きを受けることはない。貴族を裁くのは上院に限る。

軍隊の指揮権は王が持ち兵員は一般市民から徴集し，市民生活を忘れぬために民家に宿泊させる。軍を解散する力は議会が持つがよい。要するに三権の働きを巧妙に組み合わせ，互が互を掣肘して過大な権力の発生を防ぐのが三権分立の原理である。

2　ヴォルテール

ヴォルテール（Voltaire, 1694—1778）はルソー，モンテスキューと共にフランス革新思想の雄と見られているが，その本質は革命を説くのでもなく政治を論ずるのでもない。中世を貫通したスコラ哲学を排撃して理性の権威を強調し，教会のドグマ主義に対抗して人間精神の解放を要求する啓蒙運動の創設者となったのである。

フランソア・マリ・アルーエと呼ばれていた彼はパリの富裕な公証人の子として生まれ，法律学を学んだ後，文学に熱中すると共に信仰上の迫害に反対して筆禍投獄に遇ってからはヴォルテールの文名のもとに，詩，劇，哲学，歴史の各分

野で夥しい著作を残している。3年間イギリスに滞在し，イギリス謳歌の作品を通して啓蒙運動を推進した。晩年は宮廷史料官となり，退官後スイス国境に近いフェルネに土地を得て自適な生活を送りフランス文学界の大御所となった。

知識論・道徳論・政治論　彼は感覚論的認識論を採り，外物が感官に与える刺戟を人知の基調と見る。人は感性の背後に廻って感覚の原因をなす「物それ自身」を知ろうと望むが，本質上物の実体は人知の射程外にある。しかし他の個所においては感覚を神の付与する所だといい，マールブランシュ流の神学に同調する。

　道徳論にも同様な矛盾がある。快楽追求を人性の自然と見て，快楽自身は善でもなく悪でもないといい，それが最大多数の最大幸福を結果する時善となり，社会に有害となる時悪となるという。啓蒙された理性は公利の実現が個人にとっても最大の利益であることを悟るから人知を啓蒙することが勧善の道であるともいう。しかし他の個所では人性の自然は十善万能の神の実在を信ずるものだと断言し神の意思のみを善と見て功利論を遠ざけ，万能な神は必ず善行に善果を与え，善人に馬鹿を見させる事などないとする自然宗教の心境においてのみ，人は善人となることができるという。

　政治観においても同様に曖昧な立場を採る。当時流行の契約説を採らず，国家を征服の結果と見る。征服者に命令する習慣がつき，被征服者に服従の習慣がついた状態が国家だという。人が互に相愛するだけでは社会生活は生まれない。勝者の自負心が名誉心にまで増長し，私利を犠牲にしても名誉を得ようとし，やがて命令欲となって村に村役人を造り世界に教皇と皇帝とを造ってくる。支配欲に続いて競争心が起こ

III　18世紀啓蒙

ると国々の間に闘争が起きる。征服が君主国民の起源であるならば防御は共和国の起源であろうというのである。

〔松平斉光〕

121　感覚論

　感覚論とは，感覚を認識の唯一の源泉とみなす経験主義哲学で，コンディヤック（Etienne Bonnot de Condillac, 1715—1780）によって代表され，エルヴェシウス（Claude Adrien Helvétius, 1715—1771），トラシー（Destutt de Tracy, 1754—1836），カバニス（Pierre Jean Georges Cabanis, 1757—1808）らのイデオロジスト（観念学派）によって発展させられた。感覚が外的対象の反映とすれば，それはただちに唯物論に通じうるために，唯物論哲学の成立に大きな役割を果たした。

コンディヤック　ロックの経験論から出発したコンディヤックはまず『人間認識の起源に関する試論』（1746）で感覚の絶対的優位を主張し，さらに『感覚論』（1754）では自己の理論を正当化するために大理石像に五官をつぎつぎに付与して石像内部に生じた心理的変化をたどるという仮説的方法を用いた。ロックは二つの知的源泉として感覚と内省を認めたが，コンディヤックは人間精神のあらゆる活動の根源を「不安」という要因にもとめた。ロックも不安に注目し，不安は欲求から生まれるとしたが，コンディヤックは不安から欲求が生まれるとした。さらに五官のうちで触覚に格別の役割を認めた彼はこれによってバークリの不可知論を打破しうると

信じたが，所詮，その心理方法では外的対象の認識は不可能であった。だが『感覚論』の著者はそれまで充分に解明されなかった観念の起源や性格について論究した。彼がイデオロジストの祖といわれる所以である。またコンディヤックは人間と人間を結ぶ確実な手段としての言語に着目し，言語が人間社会の知識すなわち科学の唯一の方法であり，言語の進歩こそ人類のそれである，と主張し，彼なりの文法論，思考法，記述法を展開した。こうした言語論や論理学を支えるものが，社会生活に決定的役割を果たすのは最大限の快楽にたいする人間の欲求であり，正しい社会秩序とは人間の欲求が完全に充足されうることである，という感覚論的社会観であった。このようにコンディヤックの感覚論哲学は認識論上の限界を示しつつもイデオロジストのみならず唯物論者たちにもあたえた影響は大きい。

エルヴェシウス 父祖二代が医者のエルヴェシウスはコンディヤックと同様にロックの経験論から出発し，その主著『精神論』(1758)において「感じることは判断することである」という徹底した感覚論の見地に立った。彼の主張によれば，人間は才能こそ違え平等の権利をもって生まれ，人間精神の形成は偶然と教育によって決定づけられ，また人間の行動には情念が不可欠で，情念とは快不快の情すなわち自己愛に他ならず，したがってエゴイズムこそ人間の第一動因であり，情念を正しく導くことが教育，立法，政治の目的でなければならぬ，という。このように彼が立法や政治に関心をもつにいたったのは26歳年長のモンテスキューを知ったからである。この『精神論』は刊行されるやソルボンヌ神学部，ローマ教皇庁，パリ高等法院から告発され，焚書の刑に処せられたが，

それは本書がフランスの旧体制にあたえた打撃の大きさを物語る。また本書がアダム・スミスの『道徳感情論』やベンサムの『道徳及び立法の諸原理序説』さらにスタンダールの『恋愛論』等にあたえた影響についてはつとに指摘されてきた。元来が詩人でもあったエルヴェシウスの晩年の詩作『幸福論』は『精神論』の精髄を歌い上げたものである。ところで彼の『人間論』が死後出版されたのも『精神論』が受けた迫害のためであろう。この『人間論』が提起した問題は、万人にたいする幸福の平等な分配、教育の機会均等、公共教育の確立等である。そこにはフォントネルやルソーからの影響を見逃すことができない。こうしたエルヴェシウスの政治社会思想はイデオロジストや空想社会主義者に生きつづけ、初期のマルクス主義者たちにも影響をあたえたのである。

トラシー 「イデオロジー」という用語の創始者と伝えられるトラシーの主著『観念学綱要』(1804)の第1部には「いわゆるイデオロジー」という表題がつけられている。ロックやコンディヤックの衣鉢をうけついで「考えることは感じることである」という大前提に立ったトラシーの観念学の根本的性格は「イデオロジーは動物学の一部分である」という提言にうかがうことができよう。全4巻にのぼる『観念学綱要』は観念学の基礎づけに始まり、観念のさまざまな標識の中でもっとも普遍的な言語について文法論と論理学を取り上げ、最後に意志論すなわち政治経済論を展開する、というのは、人間は欲求の存在であり、能力は欲求から生まれ、能力が人間の権利と義務をつくる、というのがトラシーの意志論であり社会論であったからだ。また「感じることは自己の存在に気づくことである」と述べる彼は認識の問題を回避しな

かった。欲求は物体を知ってから生じる，と信じたトラシーは，外的存在にたいする認識は一方では欲求感覚という行動から，他方では抵抗感，惰性力，不随意運動から解明しうる，と主張したのである。彼は若干の点でコンディヤックの欠陥を克服しえたが，それ以上に，貴族階層から三部会に選ばれながら第三身分の立場を守りつづけた彼の政治家としての役割を見逃すことはできない。

カバニス 医師カバニスが哲学や社会の問題に取りくむのはエルヴェシウス夫人のサロンに迎えられてからである。彼も親友トラシー同様にコンディヤックの『感覚論』から出発した。「もしコンディヤックが動物経済をもっとよく知っていたならば，彼は魂が機能であって存在でないことをよりよく悟ったであろう」（『人間の肉体と精神について』1802）。カバニスは人間の精神活動のすべてを生理学的現象に還元することによってコンディヤックの心理学的方法における若干の限界を超えることができた。

執政政府時代にトラシー，カバニス，ゲングネらが公共教育委員会のメンバーに任命されたが，彼らを嫌ったナポレオンは「危険なイデオローグたち」と名づけた。徹底した感覚論者・無神論者であったいわゆるイデオロジストは政治的にきわめてラジカルな立場をとったが，歴史の動きにたいしては無頓着で教育と立法によって社会を改革しうると信じた改革論者であった。

〔高橋安光〕

122 機械論的唯物論

機械論的唯物論 唯物論哲学の一つの発展段階を示す考え方であり,人間の意識もふくめた一切の自然現象を力学的に解明しうるとした18世紀フランスのラ・メトリー(Julien Offroy de La Mettrie, 1709—1751)やドルバック(Paul Henri Thiry d'Holbach, 1723—1789)らの主張であるが,そこには歴史性と発展性の論理を欠いていたために機械論的と名づけられたのである。

ラ・メトリー 物質にひろがりと運動を認めつつも究極的に神の介入を許したデカルトの自然観に飽き足らなかった医師ラ・メトリーはオランダの名医ブールファーフェの比較解剖学の立場から人間の肉体が物質以外のなにものでもないことを確かめ,物質にはひろがりと原動力と感覚能力があると信じた。またロックの経験論を学んだラ・メトリーは「感官がなければ観念はない,感覚が少なければ観念も少ない,教育が低ければ観念の数も少ない」という『霊魂の自然誌』(1745)の結論を引き出した。有名な『人間機械論』(1747)は以上の霊魂論の本質的要約に他ならない。『人間植物論』(1748)も同様の論拠から生まれた。ラ・メトリーは実際に患者の治療にたずさわりながら『眩暈論』『痘瘡論』『性病論』を著わしたが,フランス医学の立ちおくれを追究して学界の権威に刃向ったために亡命をよぎなくされ,その戦闘的モラリストとしての生涯をプロシアのフリードリッヒ2世の許で閉じた。

354　第3部　近世の哲学

ドルバック　またドルバックの主著『自然の体系』(1770) によれば，自然という大きな全体以外にはいかなる存在も許されず，自然は原子から成る物体に固有なエネルギーによってたえず運動をつづけ，その運動は偶然や不可思議を完全に排する法則性をもち，また人間の知的能力もすべて感覚能力の変形に他ならず，したがって道徳や政治は自然的原理に基づくべきであり，以上にたいする無知から迷信や隷従や背徳が生まれる，というのである。したがって『キリスト教の暴露』(1767) 等の反宗教的・無神論的作品は当然の所産であった。また彼の作品の多くはディドロ，ネジョン，ラグランジュらの友人が参加したいわば共同研究の成果でもあった。社会思想家としてのドルバックは，人間を左右するのは利害であり，利害は環境によって変わり，環境は立法者によって作られ，立法者は意見によって支配される，と考え，『自然的政治論』(1773) や『普遍的道徳論』(1774) においては，環境，法律，教育の改革によって充分に人間を教化，抑制しうる，という観念論的立場に到達したのである。

　しかし当時のもっとも進んだ物理学や生理学の成果に依拠しつつ神学的偏見や宗教不寛容と闘ったラ・メトリーやドルバックらの業績は唯物論哲学史上のすぐれた古典であり，19世紀以降にみられる機械論的唯物論者たちのそれと同一視することはできない。

〔高橋安光〕

123 ディドロ

形成期 フランスの思想家・文学者ドニ・ディドロ (Denis Diderot, 1713—1784) は、シャンパーニュ州ラングルの富裕な刃物師の家に生まれた。初等・中等教育を家庭とイエズス会の学校 (1723—28) で受ける。母方の叔父のあとを継いで僧職につくことが予定されていたが、パリの自由で知的な空気にあこがれ、1728年秋 (あるいは1729年初頭) 故郷をあとにする。パリでは、ルイ・ル・グラン高等学校 (あるいはダルクール高等学校) に学び (1728—32)、パリ大学から古典と哲学の教授資格を与えられる。同郷の代訴人クレマン・ド・リの事務所で見習い生活 (1733—35) を送ったのち、法律家か医師になれという父親の厳命を無視して、遊民的生活に身を投じた。

彼は、さまざまなアルバイト (住み込み家庭教師、数学の出張教授、説教文の代作、等々) で最低限の生活を維持しながら、知的発展の素地を形成する (数学・自然科学・英語の勉強、哲学書・文学書の乱読、演劇への熱狂、社会の観察、友人——特にルソー、コンディヤック——との交際)。1743年秋、父親の反対をおしきって、下着販売を業とする未亡人の娘アントワネット・シャンピヨンと結婚。

翻訳から著作へ ヴォルテールの『哲学書簡』によって先進国イギリスの文明に触れ、ニュートンとロックの新しい方法に目を開かれた世代に属するディドロは、イギリスの著作に熱中する。彼はすでに結婚前から英語の著作の翻訳を手がけ

ていたが，今や新世帯を維持する必要から，翻訳家としての仕事に専心する。数冊の翻訳を順次出版したあと，シャフツベリ『人間の真価と徳にかんする試論』の自由訳を出版(1745)。匿名の著作活動がこれに続く。『哲学断想』(1746)，小説『おしゃべりな宝石』(1748)，『盲人書簡』(1749)。しかし，警察はすでに，ディドロにかんするさまざまな情報を密告者からうけとっていた(彼は「聖なる殉教者とわれらの宗教をばかにし，風俗を紊乱するきわめて危険な人物」である，とある密告者はいう)。1749年夏，ディドロはついに約3カ月ヴァンセンヌ城の牢獄に投じられる。彼はそこでプラトン『ソクラテスの弁明』をフランス語に翻訳する(生前未刊)。

『百科全書』 啓蒙の世紀は，この時代に適合した人間知識全体の総覧である『百科全書』の出版を要望していた。ル・ブルトンを中心とするパリの出版社連合は，すでに1747年秋，ディドロとダランベールに，この新しい『百科全書』の編集を委嘱していたのであったが，ディドロの入獄は，彼らの計画を挫折させかねなかった。だが，政府への恭順の誓約と出版社連合の画策によって釈放されたディドロは，以後編集責任者としての仕事に没頭する(編集方針の確定，執筆者への依頼，原稿の検討，政府との交渉)。さまざまな抵抗や妨害があり，特に1757年から60年にかけて百科全書派の危機は頂点に達する。宮廷内の反動派と反動的文筆家パリッソ，フレロン，モローたちの攻撃，ダランベールの脱落，ルソーによる百科全書派とディドロへの公然たる非難(『ダランベールへの手紙』)，政府による『百科全書』既刊7巻の配布・増刷の禁止と出版特許の取消し。しかしディドロは，すべての障害を克服して，1766年に『百科全書』の本文の残り10巻を，また1763年から

72年にかけて図版11巻をそれぞれ出版しおえた。

演劇・小説・美術批評　『百科全書』編集の余暇を見つけて，彼のペンは文学に向かう。幸福だった幼年期の思い出，一家の父としての経験，いくつかの恋愛体験（特に終生続くソフィー・ヴォランとのそれ），娘アンジェリクの教育・結婚問題をめぐる考察——これらのさまざまな人生体験とその反省からえられた知恵が多様なジャンルの創作のなかに開花する。

演劇の領域では，『私生児』（付録『私生児にかんする対話』）(1756—57)，『一家の父』（付録『劇作論』）(1758)，『この男，親切なのやら，意地悪なのやら』(1770—84，生前未刊)，および演技論『俳優にかんする逆説』が書かれる。小説の分野では，『修道女』(1760—82，生前未刊)，『ラモーの甥』(1761—73，生前未刊)——『精神現象学』のヘーゲルが，近代社会に内在する矛盾の最初の自覚的表現を読みとったのはこの作品においてである——，『運命論者ジャックとその主人』(1772—74，生前未刊) がうみだされる。他方，若い頃からディドロの関心の一方の極を占めていた芸術の原理的諸問題にかんする考察は，かつての抽象的理論の枠組（『百科全書』の項目〈美〉(1751)や『聾啞者書簡』(1751)のそれ）を打ち破り，作品の現実に即した，柔軟な絵画・彫刻の展覧会評『サロン』（友人グリムが編集する雑誌『文学通信』に掲載，1759—81）となって結実する。

晩年　ディドロは，すでに『自然の解釈について』(1753, 54) のなかで数理科学を中心とする「思弁哲学」の時代の終焉と生物学を中心とする「実験哲学」の時代の到来とを予告していた。だが今や，彼は，『ダランベールとディドロとの対談』三部作 (1769) において，鉱物・植物・動物・人間を

包含した全自然とひとつの連続体として説明する統一理論を提出する。やがて，晩年の「哲学者」ディドロは，関心を道徳の問題に集中し，まず「人為」が支配する誤ったヨーロッパ道徳を，「自然」の名で批判した『ブーガンヴィル航海記補遺』(1772—80,生前未刊)を書く。

この頃，ロシアの女帝エカテリーナ2世がディドロに向かって経済的援助の手をさしのべ，高額で彼の蔵書を買いあげたうえ，年金まで支給する。ディドロは女帝に感謝の意を表明すべく，ペテルブルグに旅だつ。1773年夏パリを出発，往復とも，途中でハーグに滞在し，1774年秋パリにもどる。この間，『エルヴェシウス著「人間論」にたいする逐条的反駁』『ヘムステルホイス著「人間とその関係にかんする書簡」注解』，エカテリーナに提出すべきさまざまなロシア改革案などを書く（すべて生前未刊）。

最晩年のディドロは，残ったすべての生命力をふりしぼって『セネカの生涯にかんする試論』(初版1778，2版1782)を執筆し，現実を変革しようと望む「哲学者」にとって正しく生きるとは，なにを意味するかを，暴君ネロの家庭教師であったセネカの生き方を通して検討し，それによってみずからの生涯の最終的意味づけを行なう。1784年7月31日，70歳で死亡。

〔中川久定〕

124 『百科全書』

Encyclopédie, ou Dictionnaire raisonné des sciences, des arts et des métiers

成立 ディドロとダランベール (Jean Le Rond d'Alembert,

1717—1783)の2人を編集責任者とし,264人の執筆者の協力によって成立した『百科全書』(正式標題『一群の文筆家によって執筆された百科全書,あるいは科学と芸術・工芸の合理的辞典』)は,二つ折判(縦40センチ,横25センチ,左右2段組,各段74行)で,本文17巻(各巻900ページ以上,1ページ平均1200語),図版11巻からなり,ブリアソン,ダヴィド,ル・ブルトン,デュランの4出版社連合から発行された。まず1750年10月に「趣意書」8,000部を配布して予約購読者をつのったのち,本文は1751年6月から66年1月中旬(地方と外国)・同年3月末(パリとヴェルサーユ)にかけて,また図版は1762年1月から72年にかけて,それぞれ刊行された。この間,宮廷内の反動派,イエズス会,ジャンセニスト,反動的文筆家たちのはげしい策謀があったにもかかわらず,この事業はついに成功し,最初1,000人だった購読者は最後には4,000人にまで増大した。

目的 本文第1巻所収のダランベール「序説」によれば,この総合大辞典は二つの目的をもつ。まず「百科全書」(Encyclopédie——語源的には「諸学問の連鎖」を意味する)としては,「人間の知識の秩序と連関を可能な限り明らかにすべきであり」,また「科学と芸術・工芸の合理的辞典」としては,各科学と各芸術・工芸の「基礎的な一般原理と,もっとも本質的な内容的・実質的細目とを含むべきである」。この主張に忠実に,『百科全書』は,数学,物理学,化学,冶金学,博物学,生物学,医学,生理学などの自然科学の諸分野から,文学,歴史学,地理学,経済学,政治学,法学,哲学,倫理学,神学などの人文・社会科学の諸分野までを——要するに「人間知識」の「一般原理」と「細目」の全体を,一貫した

「秩序と連関」のもとに——包含している。

歴史的意味　この「人間知識」の編成、あるいはむしろ再編成は、神を中心としたそれまでのヨーロッパ文化の古い枠組を破壊し、まったく新しい準拠点——「人間」という準拠点——を導入することによって遂行される（「人間こそ、そこから出発し、そこに一切を還元せねばならない唯一の準拠点である」——ディドロの項目〈百科全書〉）。この「人間」は当然、かつての宗教的理想人（「聖者」）でも貴族的理想人（「英雄」）でもなく、「社会に生き、科学と工芸を発明し、自己に固有の善良さと邪悪さをもち、主君をもち、法律をつくりだした存在」（ディドロの項目〈人間〉）、すなわち18世紀のフランス社会のなかで自己の力の無限の可能性を確信しつつ、幸福を追求していったブルジョアの理想化された姿である。このブルジョア的精神が、「疑いつつ求め、破壊しつつ構築するその努力において」（カッシーラー『啓蒙主義の哲学』）自己を総体的に表現したところに、『百科全書』の歴史的意味が存在する。
〔中川久定〕

125　ジャン・ジャック・ルソー

1　生涯

生い立ちと放浪　ジャン・ジャック・ルソー（Jean-Jacques Rousseau, 1712—1778）はジュネーヴの時計職人の息子として生まれた。生まれるとすぐに母親を失い、父親も彼が10歳の時に逃亡してしまう。したがって彼は幼い時から家庭の幸福

に恵まれず，またなんら正式の教育を受けたこともなかった。しかし幼少の頃，父親といっしょに夜明けまで読みふけった恋愛小説は，彼の感受性を刺戟し，その想像力を異常なまで豊かにするのに役立ったと思われる。

　1728年のある日曜日，友人と郊外で遊んでいた彼は，町の門が閉まるのに遅れてしまい，そのままジュネーヴを出奔する。やがてアヌシーの町に着いた彼は，そこでヴァラン夫人と出会い，2人の間には恋愛とも親子愛ともいえない，いわばその両者が奇妙に混り合った愛情が生まれる。その後ルソーは夫人とともに生活するが，しばしばひとりで放浪生活を送り，雇人，下僕，神学生，音楽家などさまざまな職業を経験する。

思想の確立　1742年8月パリに出たルソーは，やがてディドロと知り合い，さらにいわゆる百科全書派の哲学者や文学者の仲間に入り，『百科全書』の音楽の項目を書いて協力する。音楽家としてのルソーは，当時パリで行なわれていた，イタリア喜劇とフランス喜劇との優劣をめぐる論争に，イタリア喜劇の味方として加わり，かたわらオペラの『村の占者』（1752）をはじめ多くの歌曲を作る。なおこのオペラの一節が「結んで開いて」のメロディーであるといわれているけれども，それは誤りである。しかし，無名の音楽家にすぎなかった彼が，一躍思想家として世に知られたのは，ディジョンのアカデミーの懸賞に応じて当選した論文『学問芸術論』（1750）によってであった。ついで彼は『人間不平等起源論』（1755）を発表し，彼独自の自然状態の理念を明確にするとともに，当代の社会と文明とを痛烈に批判する思想的な立場を確立するに至る。なお『言語起源論』もこの頃に書きはじ

められたものと思われる。

　しかしながら、ルソーの立場がはっきりするにつれて、貴族やブルジョアのサロンに多くの仲間を持つ、いわゆる百科全書派の哲学者たちとルソーとの間は離れていく。とりわけ自己の思想をそのまま生きようとするルソーの「自己革命」は、社交界の人びとからは理解されず、サロンの調子とはどうしても折り合いがつかなかった。やがて彼はディドロ、グリム等と仲違いをし、さらに『ダランベールへの手紙』（1758）を出して、立場の違いを明らかにする。

大作の発表　パリの郊外モンモランシーに引きこもったルソーは、つぎつぎに大著を世に問う。小説『新エロイーズ』（1761）の大成功は、従来古典主義の心理分析的な文学に慣れていた読者たちに、自然描写への目を開かせると同時に、人生の意味を考えさせたのであった。『社会契約論』（1762）において、ルソーは人民主権による社会契約の原理をのべ、現実の奴隷的な状態にある人民が、社会の主人となって政治に参加することにより、道徳的な存在にまで高まる道を示した。そして『エミール』（1762）においては、今までの人為的な人間を作る教育観に対して、自然の人間、つまり本来あるべき姿の人間を尊重するという教育のあり方を主張した。

　けれども『エミール』が世に出ると、この書はたちまち教会によって禁止され、パリの最高法院も逮捕状を発するに至ったので、ルソーはパリを逃れざるをえなかった。

晩年　ルソーはスイス、ついで英国へと逃れるが、その間彼は自伝的作品『告白』（死後出版）の執筆を続ける。英国では、はじめヒュームから暖かく迎えられながらも、やがて両者が激しい罵り合いとともに別れたことは有名である。またこの

間，迫害のために被害妄想に悩まされながら書いた自己弁護の作品としては，『ルソー，ジャン・ジャックを裁く』（死後出版）がある。

その後フランスに戻り，各地を転々としたルソーは，最後にパリ北方のエルムノンヴィルに隠退し，そこで死ぬ。その絶筆は『孤独な散歩者の夢想』であった。

2 思想とその影響

ルソーの思想の影響は，はかり知れないほど大きい。まず『社会契約論』は，ロベスピエール等フランス革命の政治家をはじめ，近代民主主義の政治思想に大きな影響を及ぼしたことは周知の事実である。わが国においても，ルソーの政治思想は，中江兆民訳の『民約論』以来，明治の自由民権思想形成の基礎となった。

文学的には，『新エロイーズ』『告白』は，その美しい自然描写と感情の高揚とにより，ロマン主義の文学，告白の文学の先駆として，近代ヨーロッパ文学に大きな影響を与えた。わが国においても，島崎藤村をはじめ，多くの自然主義作家から，近代的自我の確立の文学，告白の文学として高く評価されている。

『エミール』の近代教育思想に及ぼした影響もまた大きい。ルソーの教育思想の最大の特徴は，「子供の世界の発見」であったといえよう。すなわち，子供を小さな大人として教育するのではなくて，自然が示した道にしたがって，子供として育てよというにある。この考え方は，近代学校教育において，絶えず問題にされた点であり，わが国においても，大正期以後，いわゆる自由教育運動の原理にとり入れられている。

最後につけ加えると，ルソーの思想は政治，教育，文学などあらゆる面で，近代の第一歩を記したのであったが，同時に近代を超える点があったことに注目すべきである。近代の政治社会体制が確立し，生産が発展し，生活が安楽で豊かになり，学問芸術の花が咲く時，一体それで本当に人間が幸福になれるのであろうかという疑問を，最初に投げかけたのはルソーであったことを忘れてはならない。その意味でルソーは，すぐれて現代的な問題を提出した思想家であるといえる。そして彼の投げかけた問題は，いまだに解決されていないのである。

〔小林善彦〕

126　自然にしたがえ

ルソーの思想と自然状態　ルソーはそのさまざまな著作において，きわめて広い範囲の問題に触れ，人間本来の姿をゆがめているその時代の社会や文化や宗教を激しく批判したことは知られている。その中で彼が一貫して主張したのは「人間の回復」であった。すなわち，人間は自然状態においては，自由で幸福で善良であったが，みずからの手で作った社会制度や文化によって，かえって不自由で不幸な状態に落ちこみ，邪悪な存在となり果てている。その中から真の人間の姿（自然）を見いだして，人間を回復しなければいけない，というのであった。

　しかし，ここで注意しなければならないのは，ルソーのいう「自然状態」とは，彼の言葉をかりていえば，「推理と憶

Ⅲ　18世紀啓蒙　365

測」の上に立てられた状態であり,「もはや存在せず,おそらくは少しも存在したことがなく,多分将来も決して存在しないような状態」だということである。つまり彼は自然状態という理念を立てることによって,現実の問題を明らかにしようとしたのであって,決して「自然に返れ」といったのではない。事実,ルソーの全著作の中に,「自然は正しい」「自然にしたがえ」といった言葉はしばしば見られるが,「自然に返れ」という言葉はまったく見られない。

　しかるに,とりわけわが国では,彼の思想は広く「自然に返れ」という言葉で要約されている。なぜであろうか。

誤解の原因とその意味　第1に,フランスにおいても,ルソーの思想はしばしば誤解された。『人間不平等起源論』を読んだヴォルテールが,ルソーに宛てて「あなたの本を読むと,四ッ足で歩きたくなります」と書いたのが,その典型的な例である。これに対してルソーは,自分は「自然に返れ」とはいっておらず,それは「わたしの敵たちの結論である」とまでいっている。

　第2に,ルソーの次の時代のロマン主義者たちも誤解した。彼らはルソーをなによりもロマン主義の先駆としてとらえ,その美しい自然描写や,「孤独,夢想,散歩」などの題材を引き継いだ。そして「自然描写」と「自然状態」とを混同したのである。たしかにルソーにはロマン主義の先駆者としての一面がある。しかしそれだけで彼の全作品,全思想を割り切ることの誤りは,19世紀の末以来指摘されて現実に及んでいる。

　それにもかかわらず,わが国では明治のロマン主義(自然主義)以来,ルソーを「自然に返れ」の思想家として理解し

て，今日に及んでいる。それはルソー思想解釈の問題というよりは，日本人の外国思想受容の問題であり，日本の文学，思想の問題として興味ある事実であろう。　　　　　〔小林善彦〕

127　ドイツ啓蒙

ドイツ啓蒙の特質　「啓蒙とは，人間が自分自身に責任のある未成年の状態から抜け出ることである。未成年の状態とは，他人の指導を受けずに自己の悟性を使用する能力のないことである。自己に責任があるとは，未成年状態の原因が悟性の欠乏にあるのではなく，他人の指導を受けずに悟性を使用する決断と勇気との欠乏にある場合のことである。知ルコトヲ敢テセヨ！　自己自身の悟性を使用する勇気をもて！　というのが，したがって，啓蒙の標語なのである。」

カントは，『啓蒙とは何か』(1784)と題された小論のよく知られた冒頭の箇所で，啓蒙をこのように定義している。イギリス，フランスなどにくらべて，近世市民社会の成熟という点でおくれをとったドイツにあって，「他人の指導」の下たる未成年状態からの脱出は，前近代的な宗教的世俗的諸権威の重圧に加えて，先進諸国というもう一つの「他人」への依存からも抜け出すという二重の困難と戦うことを余儀なからしめる。

ここに，ドイツの現実からするいわば純国産の啓蒙思想の創出が，おなじくみずからの悟性をあえて使用する「決断と勇気」の発揮とはいっても，他の先進諸国とはちがった特有

の屈折を強いられ，ひいては，平板な啓蒙的合理性を超えて，はからずも19世紀の思考にまで連なる道をひらきえたという事態のよってくるところがある。

敬虔主義，トマジウス，ヴォルフ ドイツ啓蒙の少なくとも重要な一部はシュペーナー（Philipp Jakob Spener, 1635—1705），フランケ（August Hermann Francke, 1663—1727）らにより唱導された敬虔主義(ピエティスムス)によって準備された。ルターの精神にしたがう個々人の内面的信仰の重視と道徳的自律への志向が，啓蒙の自立的思考の発展のための直接・間接の引き金となったのである。とはいえ，教理の面では保守的にとどまった敬虔主義を超えて，キリスト教そのものに合理的批判的検討を向けることをあえてし，ドイツ啓蒙の最初の代表者となったのはトマジウス（Christian Thomasius, 1655—1728）である。彼は，ドイツ語で哲学することをあえてしたという意味でも先駆者であり，この精神は，ヴォルフ（Christian Wolff, 1679—1754）に受け継がれる。ヴォルフは理性と啓示の間に矛盾のないことを説いて，メンデルスゾーン（Moses Mendelssohn, 1729—1786）ら啓蒙家に多大の影響を与えた。

ネオローグ・ゴットシェット ヴォルフ主義は，理性と啓示の間に矛盾のないことを説いたとはいえ，理性に反し（contra rationem）ない限り超理性的な啓示が理性と併存することを認めていた。ここからさらに一歩を進めて，啓示の内容を理性へと還元し，理性によって解明しうると考える一連の人びとがあらわれてくる。彼らは「ネオローグ」と呼ばれたが，その代表者はライプチッヒとゴットシェット（Johann Christoph Gottsched, 1700—1766）であった。このゴットシェットは，また，ドイツ啓蒙詩学を代表する『ドイツ人のための批判的

作詩法』(1730)の著者でもあり、ボアロー(Nicolas Boileau-Despréaux, 1636—1711)のフランス古典主義の文学理論を導入し、またコルネイユを訳し、みずからフランス古典主義風の戯曲を創作するなどの活動によって、一時期大きな影響力をもったひとでもあった。

レッシング　カントと並んで、名実ともにドイツ啓蒙の頂点に位置するのはレッシング(Gotthold Ephraim Lessing, 1729—1781)である。神学思想において、彼は、「ネオローゲ」の方向を一歩おし進め、晩年のゲッツェとの論争や戯曲『賢者ナータン』(1779)にみられるような、特定の宗派や教義にとらわれぬ真に理性主義的な宗教思想に到達した。この精神は、後年カントの『単なる理性の限界内における宗教』(1793)にも通うものであり、啓蒙の平板な合理主義は、ここに、生きた自律的活動能力としての理性の方向へと突き抜けられる。レッシングが、ゴットシェットによって導入されたフランス古典主義文学の規範を、市民社会の現実から遊離したものとしてきびしく批判して、ギリシア人とシェイクスピアをそれに対置し、またみずからドイツ市民劇の先駆的作品を産み出したことも、おなじ精神の別な面でのあらわれとみることができよう。静的形式的規範を廃したこのような生きた動的な人間把握は、造形美術と文学との限界を論じた『ラオコーン』(1766)においては、芸術創造にあたっての分析と綜合の諸相を論じた想像力の力学となって結実する。この方向は、「美学」(aesthetica)をはじめて独立の学問として立てたバウムガルテン(Alexander Gottlieb Baumgarten, 1714—1762)と、ギリシア的美の世界に対してドイツ人の目を開かせたヴィンケルマン(Johann Joachim Winckelmann, 1717—

1768)を受けて，のちのカントの『判断力批判』(1790)にまで及び，想像力の側面で自律的に立法する人間のあり方を探究する。

シュトルム・ウント・ドラングとヘルダー　人間的魅力にあふれ生彩に富んだ若きカントの講義に接するところから出発し，のちには理性批判や歴史哲学に関してカントの論敵となったヘルダー（Johann Gottfried Herder, 1744―1803）において，われわれは，啓蒙的理性の平板さを決定的に超え出て，19世紀以後の歴史哲学，言語理論，解釈学などへと道をひらく一つの個性に出会う。若きゲーテとの出会いによって，1770年代のシュトルム・ウント・ドラング（疾風怒濤）の運動の火つけ役となり，理性の規範におさまり切らぬ生まの生命的エネルギーの爆発を誘発したヘルダーは，『言語起源論』(1772)において，普遍的理性の平板さに解消できぬ各民族の言葉の生命を説き，また言語ひいては理性の動的歴史的発展という構想を述べる。啓蒙的理性の平板な形式的普遍性よりは，各民族の多元的個性を重んじながら，人類とその知性の歴史的動的発展を重視するこのような考えは，『人類史の哲学のための構案』(1784―91)をはじめとする歴史哲学の論稿の中で，レッシングの『人間教育論』(1780)の考えを受け継ぎつつ，さらに広い見地から展開されることとなる。　　〔坂部　恵〕

128　啓蒙の裏面

理性と理性ならざるもの　啓蒙とは，一般的にいえば，啓示

の光に対する自然の光 (lumen naturale) としての人間の生来の理性の自立の運動としてとらえられる。近世市民社会の発展にともなう西欧諸国での啓蒙思想の展開の歴史においては，しかし，自然の光としての理性の輝きが増せば増すほど，かえってその背景をなす闇の部分，理性の枠組に残りなく取りこむことのできぬいわゆる非合理的な要素が，反面において姿をあらわし，理性の自立をおびやかし，ひいては，19世紀の諸思想に向けて，その全面的編成変えをせまるという事態がみられる。たとえば，イギリスにおいては，早くも，『ガリヴァー旅行記』(1726) のスウィフト (Jonathan Swift, 1667—1745) が，思考の関係の規準 (ratio = 理性) を自在に伸縮させて，その相対性をあばき出し，はるか後年の論理学者 Ch. L. ドッジソン別名ルイス・キャロルの不安をさき取りする。フランスでは，理性と革命の時代のさ中に，サド (Donatien Alphonse François de Sade, 1740—1814) の理性的歯止めを失ったあくなき欲望世界の展開があり，いわば理性的生のさ中に死との深いかかわりを持ちこんで，晩年のフロイトの苦渋にみちた死の衝動の理論を予感せしめる。ドイツには，カントの知友でありながら，啓蒙の理性主義を最もきびしく批判し，「詩は人類の母語」と公言してはばからぬハーマン (Johann Georg Hamann, 1730—1788) がいる。

情念・ことば・労働　人間の本質的規定を，理性よりもより基層にあると考えられる情念の次元に求める方向を代表する人物はルソーにほかならない。他者への「あわれみの情」を基本的情念として設定するルソーは，他者の不在に悩む「サディズム」の強迫的な欲望の世界とはちがった方向に，近世の古典的自我の枠取りをつき抜け，晩年の迫害妄想と自己分

裂においていわば近世的自我とその理性との受難を体現することによって、自-他のかかわりの力学をはるか後世への課題として残すことになる。このおなじルソーが、『言語起源論』において、言語の情念的起源を説き、ハーマンとは多少別の角度からにせよ、おなじく「詩は人類の母語」とする見解を出していることは興味深い。17世紀の合理主義の一つの指導理念となった数学的論理的言語の普遍性とは別個の、言語の生命への接近の方向が、ここにはっきりと姿をあらわす。人間における情念的あるいは感情的基層の重視は、ルソーと親交のあったヒュームなどにも共通する行き方であるが、この思考圏から、スミスらの価値の問題を流通よりは生産の次元にまでさかのぼってとらえようとする経済思想が出現したことも、人間関係論のあらたな次元の設定として興味深い。

〔坂部 恵〕

Ⅳ ドイツ観念論

129 ドイツ観念論

1 概観

発端 ドイツ観念論とは、普通はカント、フィヒテ、シェリング、ヘーゲルの4人の哲学の総称である。時として、フィヒテ以降の3人を狭くドイツ観念論と呼ぶこともある。そもそもドイツ哲学はエックハルトやベーメなどのドイツ神秘主

義を祖先とし、カント以前ではライプニッツ、ヴォルフの合理主義が主流であった。カントははじめライプニッツ＝ヴォルフ哲学の立場、次いでロック、ヒュームの経験主義に開眼、それらを克服して独自の批判哲学を形成した。すなわち人間の本質を理性とし、この理性の権能と限界の確定つまり自己批判により、独断論におちいらない真に学としての形而上学を建設しようとした。その範囲は、自然の形而上学と道徳の形而上学である。ただ理性批判を体系の予備学とする場合、『判断力批判』に対応する形而上学の体系が不備である。なぜならば、『純粋理性批判』を自然の形而上学に、『実践理性批判』を道徳の形而上学に対応させ、前者を理論的理性の、実際には悟性の批判、後者を実践的理性の、勝義の理性の批判と解するとき、悟性と理性の中間項としての判断力の批判に対応するはずである美の形而上学、さらに文化ないし歴史の形而上学は、晩年のカントの小論稿以外には学的な形態を整えていないからである。フィヒテ以降の狭義のドイツ観念論は、理性を人間の本質とするカントの立場を受け嗣ぎながら、その限界を乗り越え、理性に基づく形而上学を新しくそれぞれの立場で相次いで建設しようとする試みとなる。

展開 ①フィヒテ——フィヒテは、カントの体系としての自然の形而上学と道徳の形而上学とを、ただ一つの理性から導き出そうとする。このただ一つの理性に当たるものを彼は自我と呼ぶ。自我は自我ならざるものつまり非我と遭遇し、これを克服して自我の内に取りこもうとする。理論哲学は、非我からいわば触発された自我の非我に対する受動的働きかけであり、実践哲学は、自我からの非我への働きかけである。この場合、自我は個々人の自我ではなく、自我性一般として

超個人的である。しかも主観における絶対的なものとして，絶対的自我である。すなわち絶対的自我は，自我と非我との交互限定を介して，非我を無限の努力において克服することを課題とする。フィヒテ初期の知識学はこうした意味で，主観的観念論の典型である。

②シェリング——シェリングはカントの『判断力批判』に早くから興味を抱いていたが，はじめはフィヒテの自我説に強く影響される。しかしフィヒテの自我をスピノザの実体のように解していたことは特徴的である。彼はフィヒテのように自我からすなわち主観から出発するのでは，自然の問題は解決できないとし，客観的な自然の根底に在って，自然を産出するもの——すなわち，それが分極化し勢位を高めることによって，自然と精神とに分かれるその元になる同一性としての絶対者——これを一挙に知的に直観しうるとし，これを理性と名づけ，それを原理として出発すべきであるとする。シェリングはフィヒテの反極として客観的観念論を目指すが，この同一性を理性と呼び絶対者とみなすことによってやがておのれの立場を絶対的観念論とも呼ぶ。

完成 テュービンゲン神学院での同僚シェリングや先輩ヘルダーリンの卒業後の活動をよそに，ベルンやフランクフルトで黙々と哲学研究を続けていたヘーゲルは，1801年以降の数年間，イエナ大学の私講師として，最初はシェリングの絶対的観念論の立場に立つように見える。しかしヘーゲルはフィヒテのように有限なものの反省による思考の媒介を必要と認め，シェリングのように一挙に絶対者を原理とすることに反対する。『精神現象学』は学の体系第1部として，感性的・感覚的なものにとらえられた精神が，おのれの偶然性・有限

性を次々に放免して,絶対知に至りつく道程の学である。絶対的なものの自己認識は,外的なもの・有限なものを認識し,これの止揚を介して,はじめて遂行しうる。この意味で,シェリングと等しく絶対なものを認識しようとしながらも,過程においてフィヒテのような悟性的・反省的分析を媒介しようとする。絶対的なものは,即自の段階と他在の段階とを経て,対自の段階において,すなわち弁証法的な過程によって知として概念的に獲得される。

2　哲学史的意味

近代合理主義の頂点　このように考えると,ドイツ観念論はカントの理性批判,フィヒテの知識学,シェリングの同一哲学を経て,ヘーゲルの哲学体系において完成したと言いうる。カントにおいて取り残された美の形而上学は,シェリングの『超越論的観念論の体系』においてはじめて体系の頂点となる。また文化や歴史の形而上学は,フィヒテやシェリングのいくつかの企図のあとで,ヘーゲルの精神の形而上学において完成する。すなわち,世界精神の自己展開としての世界史,世界史の最も内奥のものとしての哲学史というように,壮大な哲学史の展開すなわち哲学の自己展開として,実現する。人間における理性という有限で絶対的なものの原理的展開をはかるカントと初期のフィヒテ。この理性でもって,一挙に世界と自己の根拠としての絶対なものをとらえうるとする中期のシェリング。有限なものの止揚を介して,世界を支配する神的な理性の展開を概念的に把握しうるとするヘーゲル。これらすべては,人間における理性に対する深い信頼を共通にし,しかもこの理性を通して,人間と世界の根拠としての

Ⅳ　ドイツ観念論　375

絶対的なものの把握へと展開した点で，西洋近代の理性主義・合理主義の頂点と言わなければならぬ。

影響 ドイツ観念論自身，ヘーゲルによる完成と共に，実証主義，相対主義，歴史主義の潮流に引き渡される。とりわけヘーゲルの汎論理主義に対して，実在的なもの・個別的なものを思索の中心とする新しい実在論的傾向が優勢となる。したがってその理想主義的傾向が再び評価されるためには，20世紀をまたねばならなかった。とはいえ，西洋近代の合理主義的思索の頂点として，ドイツ観念論はいつまでも哲学史の巨峯の一つに留まるのである。

〔茅野良男〕

130 カント

1 経歴

修学時代 カント（Immanuel Kant, 1724—1804）はケーニヒスベルク（現在のカリーニングラート）の馬具商の長男として生まれた。両親はピエティスムスの信仰をもつ。1732年に同地のフリードリッヒ学院に入学，古典語を学び，40年にケーニヒスベルク大学に入学する。哲学，数学，神学を学んだが，とくに助教授マルティン・クヌッツェン（Martin Knutzen, 1713—1751）の数学と哲学の講義に影響をうけ，ニュートンの物理学やライプニッツ゠ヴォルフ哲学に関心を抱く。46年に『活力の真の測定についての思考』で卒業し，以後約7年間，数カ所で家庭教師をつとめる。

私講師時代 1755年に『火について』で学士となる。さらに

『形而上学的認識第一原理の新解釈』を就職論文として提出し，私講師となった。この年，匿名で『天体の一般的自然史と理論』を公表し，のちにカント゠ラプラスの理論として著名になった。私講師時代は15年に及ぶが，66年にやっと図書館の司書を兼任する。69年エルランゲン大学，70年イエナ大学に招かれたが断わり，70年3月，ようやく論理学および形而上学の正教授となる。

教授時代　教授就任論文は70年の『感性界と叡知界の形式と原理について』である。ほぼ10年たってようやく彼自身の独自な批判哲学あるいは批判主義が確立する。この間78年にハレー大学から招かれたが断わる。また86, 88年と二度総長をつとめる。晩年94年，フリードリッヒ・ヴィルヘルム2世がカントの宗教観を公にすることを禁止した。3年後この禁止は解かれた。カントは生涯をケーニヒスベルクで過ごしたが，次第にその名声はドイツ全土に静かに広い影響を及ぼすようになった。

2　主要著作

カントの思索活動は，彼の主著である三つの批判書の成立を境に，批判前期と批判期，さらには批判後期と二ないし三つに大別しうる。ここでは批判期および批判後期の主要な著作のみを挙げておく。

『純粋理性批判』（1781, 2版1787），『学として現われうるすべての将来の形而上学のためのプロレゴーメナ』（1783），『道徳形而上学の基礎づけ』（1785），『自然科学の形而上学的諸原理』（1786），『実践理性批判』（1788），『判断力批判』（1790），『単なる理性の限界内における宗教』（1793），『永遠の平和の

ために』(1795),『道徳の形而上学』(1797)。

3　思想の展開

批判前期　『純粋理性批判』以前の思索を批判前期と呼ぶが,大まかにいって,①ライプニッツ,ヴォルフ,ニュートンの影響をうけた時期,②ルソー,ヒュームなどの影響をうけた時期,③自己の思索の形成へ向かう時期に分けられる。①は1760年までであり,その私講師論文はもっぱらライプニッツ,または天体論はニュートンの影響下にある。②は60年代全般にわたる。合理主義的・自然哲学的な前の時期とくらべて,まずシャフツベリやルソーの影響下に,人間的・倫理的なものに開眼し,さらにロックやヒュームの経験論と接触することにより,懐疑的な傾向を示す。前者の実例は『自然神学と道徳の原則の判明性について』(1763)や『美と崇高の感情性に関する考察』(1764)であり,後者のそれは『形而上学の夢で解釈された視霊者の夢』(1766)である。この時期に至り,前の時期のような自然中心の思索は,ルソーの感化によって人間に向く。「ルソーが私を正してくれた」と遺稿にもある。自然認識も人間の理性に基づくとされ,ヒュームの説く経験が神の理性ならぬ人間の理性にとって重要となる。形而上学・哲学は「人間理性の限界に関する学」と考えられるようになる。遺稿の「69年は私に大きな光を与えた」という言葉も,人間の理性の本性を回る思索の中からの発言である。③は70年代全般を指す。教授論文はやがて批判期へと連なるカント自身の思索の第一歩であったが,『純粋理性批判』へは,まだ10年以上を要したのである。

批判期以降　①批判の意味——カントの哲学は,その主著が

すべて批判という名前を有することから，一般に批判哲学ないし批判主義と呼ばれる。では批判的とはどういうことか。まず独断的でも懐疑的でもない態度のことである。つまり思索するのは悟性があり理性があってのことであるが，この広義の理性の権能や限界を予め吟味しないで，我々にとって可能な経験の枠組を越えてでも，ただちに物について考えてゆくのが独断論である。逆に，人間の理性がいつも全体を求め，根源を探ってやまぬことを信ぜず，感覚や知覚だけで認識を済まそうとするのが懐疑論である。対象を我々が認識するときの，我々の認識の仕方——しかも普遍的で必然的な認識の仕方を認識すること，これが批判の仕事となる。カントの言葉ではこうなる。「対象に関わるというよりもむしろ，対象一般についての我々の認識の仕方——これがア・プリオーリに可能であるべき限り——に関わるすべての認識」である。これは我々の経験的認識を可能にする理性の形式の認識であり，カントはそれを超越論的な認識という。したがってカントは自己の立場を批判的観念論ないし超越論的観念論と呼ぶ。

②学としての形而上学——カントは『純粋理性批判』を自然の形而上学の，『実践理性批判』を道徳の形而上学の，それぞれ予備学とみなしたといってよい。ただ予備学といっても，展開されるべき形而上学の原理はことごとく批判において明るみに出されている。自然の形而上学は人間の経験的認識の対象としての自然，存在の世界を扱い，道徳の形而上学は人間の行為および人倫の世界，当為の世界を扱う。この二つの世界以外の美や芸術の世界，文化や歴史の世界は，『判断力批判』においてその原理的考察が企てられてはいるが，カント哲学の主眼は，悟性認識の領域と意志行為の領域にお

ける学としての哲学の建設であったといってよい。カントの哲学は，学としての形而上学の建設という面ではフィヒテ以降ヘーゲルに至るドイツ観念論に引き嗣がれ，超越論的思索の面では，19世紀末から20世紀にかけての新カント主義に継承されたということができる。　　　　　　　　〔茅野良男〕

131　カント『純粋理性批判』

Kritik der reinen Vernunft

構成　自然を対象とする人間の理論的理性の本性と限界についての論述である。理論的理性は，経験的認識としては感性と悟性という二つの幹から成り，さらに経験的現象を越えて理念や理性概念を投企することができる。ここから感性の権能を確定する「超越論的感性論」，感性による所与の多様に統一を与える悟性の本性を確定する「超越論的分析論」，現象界を越えた理念を扱う「超越論的弁証論」の三つに区分できる。

超越論的感性論　感性とは，認識さるべき対象の素材が多様なままに人間の心に入りこむのを受容し直観する能力である。この感性の形式に当たるのが時間と空間である。認識の素材は，時間と空間という感性の直観形式を通過することによって，はじめて所与となる。この多様な所与に統一性を与え，形式を与え，結合するのは悟性である。

超越論的分析論　悟性は認識の素材に綜合的統一を与えるが，その統一は感覚的・知覚的統一ではなく，純粋でア・プリオーリな統一である。これは純粋悟性概念すなわちカテゴリー

による。カントはカテゴリーを量，質，関係，様相に四大別，それぞれさらに三つを数え，合計12のカテゴリーを導き出した。この12のカテゴリーが感性的所与に適用されて経験的認識が成立する。ところでこの経験的認識に真に綜合的な統一を与えるのは，真に自己同一的な自我の認識，つまり自己意識の同一性に基づいていなければならない。カントはこれを悟性の最高の権能として「統覚」と呼ぶ。すなわち超越論的統覚の綜合的統一が，カテゴリーの感性的所与への適用にいつも伴う。この意味で経験の可能性は常に同時に経験の対象の可能性となる。悟性はこの意味で自然に対して法則を指令し，自然法則の立法者となる。

超越論的弁証論 以上のように人間の認識は経験的認識として，その内容は感性の及びうる範囲内のものであり，その形式は悟性の与えるところであった。理論的認識はこの意味で感性の限界を越え，現象の世界を越えることはできない。現象の外部の物自体，古人のいわゆる叡知体には，感性と悟性との協力による認識はありえない。それらは認識できないが思考はされる。経験を越え，現象を越えて無制約なこれらの理性概念または理念は，理性が投企する。弁証論で扱われるのは，魂，世界，神という伝統的形而上学の主題としての理念である。それらは経験界・現象界に対して構成的に働きえず，経験界を制限する限界概念として，統制的にしか働きえない。人間の理性は理論的使用においては，経験的・現象的自然の領域においてのみ，構成的に働きうるのである。〔茅野良男〕

132 カント『実践理性批判』

Kritik der praktischen Vernunft

当為の領域　人間の理性は理論的認識の面では，感性と悟性の協力の限界内でしか構成的に働きえない。しかし実践的認識の面では，つまり行為や実践の面では，自由に自発的に働くのではなかろうか。カントは実践的理性の原則を二つとする。一つは主観的・個人的な原則で，これを格律と呼ぶ。他の一つは，客観的であってどんな理性的存在者にも妥当する法則である。この実践的・道徳的法則は，自然法則と同じように普遍妥当性をもつが，道徳法則に従うのは人間の行為であり，時として法則に反したり，また意志が法則に従うように働いたりする。すなわち自然法則はいかなる自然にも当て嵌らざるをえぬが，道徳法則の場合は，行為が法則に従うべきなのである。事実問題としては，格律と法則との間に分裂と背反があるのである。

格律と命法　それゆえ道徳法則は常に命法ないし命令の形で人間に現われる。もし人間の理性が人間の意志を全く規定したならば，当然人間の行為は必ずこうなる。これを命法は示すのである。命法には，仮言命法と定言命法の二つがある。前者の仮言的な命令は特定の条件下での命法であり，特定の結果に関してのみ意志を規定する。後者の定言的な命令は端的に何の条件もない命法であり，特定の実質的結果を何ら顧慮せず，全く理性の要求からのみ生じる。前者は特定の実質的内容へと人間の意志を規定するから，ある種の欲求なり満足なりを目的とする。すなわち人間の理性と意志は快・不快，

満足・不満足によって左右されており、他律である。これに反し、定言命法にあっては、理性自らがその法則によって意志に命令するのであるから、自律である。定言命法は理性自身の自己立法であり、理性自身の形式に従う。カントは純粋実践理性の原則として次のものを認める。「汝の意志の格率が常に同時に普遍的立法の原理として妥当しうるように行為せよ。」カントはこれを純粋な理性のただ一つの事実とし、道徳法則は純粋実践理性の自律つまり自由以外の何ものをも表現していないという。

わが内なる道徳法則 「それをしばしばまた続けて熟考すればするだけ、一層たえず新たに増してくる驚嘆と畏敬の念で心が満たされるものが二つある。わが上なる星の輝く大空とわが内なる道徳法則である。」星の輝く大空は自然の領域であり、道徳法則は自由の領域である。カントにとり人間とは自然法則の立法者であり、道徳法則の立法者であり、しかも感性的存在者として、一個の自然的存在でもある。人間は悟性・理性の力で自然の領域、自由の領域の法則を認識し、あるいは立法しうると共に、感性による制限を払い落とすことのない、感性的・理性的存在者なのである。　〔茅野良男〕

133 カント『判断力批判』

Kritik der Urteilskraft

判断力の位置づけ　カントの哲学体系は自然の形而上学と道徳の形而上学の二つで成り立つものと思われていた。事実『純粋理性批判』では、あるところのものを目ざす自然の哲

学，あるべきところのものを目ざす道徳の哲学を分かち，人間理性の立法としての哲学は自然と自由という二つの対象を有するとしている。けれどもカントは，そこでもすでに言うように，はじめは二つの特殊的体系においてであるが，最後にはただ一つの哲学体系においてであるとする。果たして自然と自由とを結びつけるような原理が見出せるであろうか。カントはここに判断力に基づいてその体系を拡張しようとする。すなわち自然の領域には法則性を求める認識能力としての悟性が対応し，自由の領域には究極目的を求める意欲能力としての理性が対応し，その中間として，芸術の領域には合目的性を求める快・不快の感情としての判断力が対応する。『判断力批判』はこれによって，芸術の形而上学・広く目的論的な世界の形而上学の予備学となるのである。

構成 判断力は悟性と理性との中間に位置する。一般に普遍なものが与えられている場合，それに特殊的なものを包摂せしめる判断力の働きは規定的と呼ばれ，逆に特殊的なものが与えられていて，これに対する普遍的なものを求める場合は，反省的と呼ばれる。規定的判断力は，悟性が与える自然の普遍的な規則や法則に従って特殊を包摂しさえすればよく，これには独自の法則を考える必要はない。反省的判断力は自然における特殊から普遍へと溯る以上，ある超越論的な原理がなければならぬが，それは経験からも，おのれ以外からも与えられない。カントの解決によれば，反省的判断力は，あたかもある悟性が与えたかのような統一態としての法則をおのれ自身に与える。自然の合目的性がそれである。この場合の自然は，悟性によって認識された自然諸法則の全体ではなく，あたかもある芸術家としての自然によって合目的的に産出さ

れたかのようにみなしうる自然である。この合目的性が形式的・主観的であるとき、その概念の表現が自然美であり、実質的・客観的合目的性の概念の表現となるのが自然諸目的である。前者は趣味により、快・不快の感情により、美的に判定され、後者は悟性と理性により、論理的に判定される。

美的判断力と目的論的判断力 『判断力批判』は第1部が美的判断力の批判、第2部が目的論的判断力の批判に分かれる。前者は芸術の領域に対する考察となり、後者は自然を目的論的に解し、それをある巧みに基づいて産出されたかのように見ることを教える。カントは自然的必然の領域・意志的自由の領域と並んで、合目的的な領域に体系を拡大しようとしたのである。〔茅野良男〕

134 フィヒテ

1 経歴と著作

遍歴時代 ①貧しい生まれ——フィヒテ(Johann Gottlieb Fichte, 1762—1814)は1762年ザクセン侯国のランメナウに生まれる。父は紐織業で貧困のため家業を手伝い、就学しない。村の教会で牧師の説教を聞く。暗記した説教をマイセンの男爵ミルティッツに語ったのが機縁で、教育をマイセンで受け、プフォルタの学院に入学し、イエナ大学で1780年から学ぶ。ミルティッツ家の援助が絶え、ライプチッヒ大学に転学、生活に追われ、84年から4年間、各地で家庭教師をする。

②チューリッヒ時代——88年ライプチッヒに戻るが生活に

苦しむ。26歳の誕生日の前日,自殺を決心したところ,詩人ヴァイセからの紹介があり,9月チューリッヒのオット家の家庭教師となる。牧師のラファーター,詩人のクロップシュトックと交わり,後者の親族のラーン家に出入りし,娘ヨハンナと婚約する。翌年3月,教育方針が容れられず,オット家を去り,ライプチッヒに戻る。

③カント哲学に開眼──夏,学生のためにカントの哲学を個人教授し,パンには困るが自由の問題に開眼する。翌91年4月,ワルシャワのプラーテル家の家庭教師になろうとしたがうまくゆかず,6月下旬ケーニヒスベルクへ向かう。7月はじめカントを訪問,『あらゆる啓示の批判の試み』を起草してカントに示す。カントの友人の仲介で出版社を紹介される。またダンチッヒのクロコフ家の家庭教師に推され,秋着任,93年3月までその職に留まる。

④文筆活動──92年3月『あらゆる啓示の批判の試み』が匿名で出版され,批評者がカントの著作としたため,カント自らフィヒテの書物であることを紹介,名声が一挙に上る。この頃からラインホールト（Karl Leonhard Reinhold, 1758—1823）を研究する。93年ベルリン,ライプチッヒを経て,6月チューリッヒに到着するが,その間に『フランス革命に関する公衆の判断を訂正するための寄与』『ヨーロッパ諸侯に対する思想の自由の返還要求』を匿名で出版する。チューリッヒで10月ヨハンナ・ラーンと結婚し,カント,ラインホールト,シュルツェ（Gottlob Ernst Schulze, 1761—1833）,マイモン（Salomon Maimon, 1753—1800）を研究する。冬,のちの「知識学」の基礎となる「自我」の概念を思いつく。

イエナ時代　94年初めラインホールトの後任としてイエナ大

学にはじめ助教授として招かれる。99年7月に辞職，ベルリンへ去る。この間がフィヒテの初期の知識学の形成の時代となる。代表作は『知識学すなわちいわゆる哲学の概念について』『全知識学の基礎』が94年，『知識学の特質の輪郭』が95年，『自然法の基礎』（第1部96年，第2部97年），『道徳論の体系』が98年である。95年，同僚ニートハンマー（Friedrich Immanuel Niethammer, 1776—1848）と共同で『哲学雑誌』を編集し論稿をよせた。98年のある論文を「無神論」と誹謗され，種々弁明するが結局辞職する。

ベルリン時代 99年から逝去するまで（途中，対仏戦役のため，1806年秋から翌年8月までケーニヒスベルクに移住），ほぼベルリンに在住，私的な講義と著述に専念する。1810年からベルリン大学教授，哲学部長・総長となる。代表作は『人間の使命』『閉塞された商業国家』が1800年，『現代の特徴』『浄福な生への指教』が1806年，『ドイツ国民に告ぐ』が1808年，『知識学，その一般的な輪郭の叙述』が1810年の公刊である。1814年1月，対仏戦役の篤志看護婦となった夫人が兵士のチブスに感染し，看護するフィヒテに感染，29日に没した。

2　思想

生の模像としての知識学　フィヒテは哲学を知識学と名づける。知識はすべて反省に，抽象する悟性の自由に基づく。知識学は一切の知識の知識として，人間の生の最高の反省的模像に外ならない。初期つまりイエナ時代の知識学は，カントの理性の代りに自我を置き，自我と非我との交互限定の過程を通して，非我を無限の努力において克服しようとする。この場合，自我の絶対的性格を絶対的自我と呼ぶが，それは自

我が非我の克服を介しておのれ自身と一致しようとする過程に即してのみ考えられる。この絶対的自我は，おのれを定立し，おのれを反省的に表象する点で，人間の生の本質を示すが，表象し反省する作用がある限り，どこまでも生そのものではなく，生を反省し表象する知的な働きに留まる。知識学は生の最高の知的模像である。

中期以降の知識学 ベルリン移住後のフィヒテの思想は，イエナ時代からすれば変化を示す。大まかに言えば，初期の知識学が端的に人間の根源的・全体的活動としての生の知的・反省的模像であったのに対して，人間の生を支える絶対者つまり神にまで思索が向かい，この神の外化・像として知識学をとらえる。知識学を神の像としてとらえるというように変化するのは，初期のフィヒテがカントと共に，人間における有限な理性をもって人間の本質とするのに対し，この有限な理性を支える絶対的なものにまで思索を拡大し，しかも信仰の言葉ではなく，あくまでも知的反省の言葉を語ろうとするからである。この意味でベルリン移住後のフィヒテは，人間における絶対的なものの知的反省としての知識学から，人間を支える絶対的なものの知的反省としての知識学へと転回するのである。

この転回の意味 一般にドイツ観念論は，フィヒテの初期の知識学を主観的観念論の代表とみなし，シェリングの自然哲学ないし同一性の哲学を客観的観念論の典型とし，ヘーゲルが双方を絶対的観念論において綜合したと説かれている。カントの残した問題をフィヒテとシェリングが提出し，ヘーゲルがそれを完成したとする普通の解釈のほかに，フィヒテの中期以降の思索，シェリングの自由論以降の思索は，有限な

人間を支える絶対者としての神に対する知的反省の試みであり，それらは同時に，人間における理性の浸透を許さない実在の承認として，実は観念論から実在論への転換を観念論の徹底において開拓することになる。これらの思索は後期ドイツ観念論と呼ばれ，やがて意志の形而上学へ，さらに生の哲学へと連なってゆく。　　　　　　　　　　　　　　〔茅野良男〕

135　シェリング

前期と後期　シェリング（Friedrich Wilhelm Joseph von Schelling, 1775—1854）は，シュトゥットガルト近郊レオンベルクに牧師の子として生まれ，早熟の天才として15歳でテュービンゲン大学に入学，20歳で神学部を卒業，在学中には5歳年長のヘーゲルおよびヘルダーリン（Johann Christian Friedrich Hölderlin, 1770—1843）と親交を結んだ。19歳の時早くもフィヒテ哲学を祖述した著作によって哲学界に登場，以後20歳代を通じて，多数の著作を矢継ぎ早に発表して，ドイツ観念論の一時期を築いた。普通これを前期シェリング哲学と呼ぶ。1806年31歳の時彼はミュンヘンに移るが，これ以後の壮，老年期を含む約50年にも及ぶ後期シェリングにおいて特徴的なのは，20歳代の華々しい活躍とは打って変わって，彼が極めて沈黙がちとなり，生前における著作の公刊もごく僅かであり，大部分の仕事は遺稿として残されたという点である。
前期哲学の形成　①フィヒテ哲学の受容から出発した彼は，『哲学一般の形式の可能性』（1794）や『哲学原理としての自

我』(1795)において,「知的直観」のうちで捉えられる主客を超えた無制約的な「絶対的自我」を強調して, 早くも「絶対者の学」の方向に踏み出す。②さらに, 大学卒業の翌年から２年間ライプチッヒで家庭教師生活をする傍ら, 自然研究に没頭, 自我に定位した反省の哲学者フィヒテと違い, むしろ非我の自然という客観的存在の中に, 自我的な「自由の隠された痕跡」を見届け,「連続的に働く自然活動性」にもとづいて自然全体が生きた有機的組織として成り立つ仕組を解明する自然哲学を展開,『自然哲学の理念』(1797),『世界霊魂』(1798),『自然哲学体系の最初の企図』(1799)等を著わし, 特に世界霊魂の書物がゲーテの目にとまって, 彼は1798年イエナ大学講師となった。彼の自然哲学は, 両極性の綜合といういわば三重性の原理でもって自然の勢位が高まって精神が生み出され,「自然は見える精神, 精神は見えない自然」というように両者を連続的に捉えるもので, 牽引と反撥が綜合されて重力となって働く物質界を基礎におき, それが光によって高められて磁気・電気・化学過程という力動的過程となって現われ, それがさらに生命によって高められて再生産・感応性・感受性の有機的自然界となって出現すると見る。③イエナで５年間を過ごすうちに, 彼はさらに,『超越論的観念論の体系』(1801)を著わして精神哲学を展開, ここで「自己意識の前進する歴史」を論じ, 自我の理論的並びに実践的活動を調停する最高のものとして芸術的活動をおき, そこで主客の綜合が達成され, 美の中で無限の絶対者の啓示がなされると考えた。

同一哲学 こうしてイエナ期の最後に彼は, 自然哲学と精神哲学の根底に潜む彼本来の「絶対者の学」を, 同一哲学とし

て打ち出し,『わが哲学体系の叙述』(1801),『ブルーノ』(1802),『大学での研究方法に関する講義』(1802)等を発表した。それによれば,「主客の全き無差別」としての「絶対的理性」が,無限の自己同一的なものとして,存在する一切のものの中に支配し,この「絶対的同一性」が「宇宙」とされる。だから自体的には,そこでは何物も発生せず,一切は無限の同一性に与る。しかしこの絶対的同一性は,その「存在の形式」の点で「主客の量的差別」すなわち「勢位(ポテンツ)」をもって定立され,その結果有限的個物が生じ,主客のいずれかが優勢となることによって,実在的自然界と観念的精神界とが成り立つとされた。ここに,「自我が一切である」とする主観的反省的フィヒテ哲学を超えて,逆に「一切が自我である」とする客観的生産的シェリング哲学が独自のものとして成立,一切を絶対者の顕現と見る美的汎神論ないし客観的観念論が完成した。

後期への移行 イエナでロマン派の人びとと交わったシェリングは,W. シュレーゲル夫人で12歳年長のカロリーネと恋愛,夫と離婚した彼女と1803年結婚,しかしイエナにいたたまれぬ2人は同年秋ヴュルツブルクに移るが,カトリック的王政復古の強いこの地を嫌った彼は,3年後の1806年ミュンヘンに移った。しかしそこでは以後14年間も彼は学士院の造形芸術部門の事務局長にすぎず,大学での教育研究職からは一切離れていた。しかもカロリーネも移住3年後に死去した(さらにその3年後彼は12歳年下の女性と再婚した)。思想上でも,彼の同一哲学は多くの攻撃にさらされ,なかでもかつての友ヘーゲルが『精神現象学』(1807)において,かの三重性の図式を「形式主義」と難じ,無差別的同一性を「すべての牛

が黒くなる闇夜」として嘲笑したことは，シェリングに深い打撃を与え，以後2人の関係は途絶，爾来表面的にはドイツ観念論はヘーゲルの指導するところとなった。しかしミュンヘンで F. バーダーと識り合った彼は，J. ベーメの影響を受け容れて，暗い実在的な力を強調する独自の思索に踏み入った。

後期哲学 美的汎神論では人間における悪や自由の成立が説明できないとする F. シュレーゲルの非難に答えるべく書かれた『人間的自由の本質』(1809) では，神の「実在の根拠」である暗い実在的なものを背負った人間精神は，「我意」に囚われる根源悪を本質的に含む存在者と見られ，また神の似姿である人間は，精神として「自由」をもつとされた。そしてこの書に含まれる光と闇とからの神の生成ないし世界の成立という考え方を，続いて彼は未完の遺稿『世代論』(1811—14) で種々発展させ，「拡張」する愛の意志と，「収縮」する実存の意志との拮抗から，世界の過去・現在・未来の諸時代を論じ，対立の苦悩を負った現実の中で，完全な愛の統一の成就する未来の世界時代を救済史的に希求する試みを提示した。1820年以降エルランゲンで7年，ミュンヘンで14年，最後にヘーゲル亡き後のベルリンで5年，教授生活を送った晩年のシェリングは，本質を論ずるにすぎぬ「理性学」としての「消極哲学」を超えて，実存を解明する「積極哲学」を企図し，理性に定位するドイツ観念論全体を完結・超克する試みによって，実存に視界を開く現代の思惟の発端に立つことになった。

〔渡邊二郎〕

136 ロマン主義の哲学

観念論とロマン主義 哲学的には後代の唯物論との対比の上で観念論と訳されているイデアリスムスは、文学の領域では後代の現実主義との対照から理想主義と訳されている。その理想主義の文学としてのロマン主義は、観念論と共通の地盤に立ち、特に18世紀末にはイエナを中心地とする哲学と文学との親密な交流のもと、共通の問題意識をもかかえていた。ロマン主義文学に直接に大きな影響を与えたのは、フィヒテの知識学における自我の観念とシェリングの知的直観の発想であって、特にフィヒテの影響を強く受けつつ、個人の心情の内奥に絶対者とのつながりを求めようとするロマン主義の思想傾向が形成された。その原動力になったのは、シュレーゲル兄弟（August Wilhelm von Schlegel, 1767—1845, Friedrich von Schlegel, 1772—1829）が1798年に創刊した雑誌『アテネーウム』であった。この雑誌を中心に、シェリング、シュライエルマッハー（Friedrich Ernst Daniel Schleiermacher, 1768—1834）、ノヴァーリス（Novalis, 本名 Friedrich von Hardenberg, 1772—1801）らが、ロマン主義的思索を推進しはじめた。

ロマン主義の哲学的所産 この時期のロマン主義の哲学的所産としては、個性の展開を重視し、その心情の内奥に神とのつながりを求めようとしたシュライエルマッハーの『宗教論』（1799）と、ノヴァーリスが断章の形で書き留めていた魔術的観念論をあげることができる。特に魔術的観念論は、ロマン主義運動の指導者フリードリッヒ・シュレーゲルが最

後には神秘主義に没入していったことが象徴するような，ロマン主義的思索の前途を暗示する意味でも，ロマン主義の哲学の特色を典型的に示している。

魔術的観念論 ノヴァーリスは，自分の魂の深みに入っていくことが，かえって，自と他との根源的なつながりを回復する道だと考える。自我は有限だが，その内奥に無限な神性があり，そこに達することで世界霊と合一し，外なる自然をも真に理解しうる。つまり，内への道が外への道でもある。同時に，同じ魂の深みにいわば精神的現在ともよぶべき座があって，そこで過去と未来とが混和するとも，彼は考えた。ただし，そのような視座に達するためには，自我は絶えず自己再新過程を重ねねばならない。自我が自我自身を焼きつくすと同時に再新せしめる，この過程の歴史が，彼にとっては，哲学なのである。その哲学は，むろん，たんなる思弁ではありえなかった。詩的な知的直観への姿勢が，彼のみならず，一般にロマン主義の哲学をいろどっている。

『夢の象徴学』 このロマン主義のもつ心情の内面への傾斜を後期において典型的に示しているのは，シューベルト（Gotthilf Heinrich Schubert, 1780—1860）の『夢の象徴学』で，日常の悟性の立場ではとらええない内面の神秘への思索が，夢を手掛りにして，企てられている。 〔久野 昭〕

137 ゲーテ

1 生涯

ロココから疾風怒濤へ ヨハン・ヴォルフガング・フォン・ゲーテ（Johann Wolfgang von Goethe, 1749—1832）はフランクフルト・アム・マインの富裕な家に生まれた。ライプチッヒで法律を学び（1765—68），その地のロココ的風潮に親しみ，ケートヒェン・シェーンコップにより恋の喜びと悩みを知るが，病をえて帰郷する。1770年シュトラースブルクに学び，ヘルダーの影響を受けて，シェイクスピアや民謡の世界に目を開かれる。フリデリーケ・ブリーオンとの恋愛から新しい詩が生まれる。シャルロッテ・ブッフを愛し，『若いヴェルテルの悩み』（1774）が書かれ，早くも疾風怒濤運動の中心作家となる。

ヴァイマルの実務生活 1775年ヴァイマルの宮廷に入り，政務にたずさわる。シュタイン夫人との精神的な愛やスピノザ哲学の研究によって疾風怒濤の情熱を克服し，節度ある調和的人間形成に努める。自然科学の研究にはげみ，人間の顎間骨を発見して（1784）科学史に大きな貢献をする。

イタリアの旅と古典主義 1786年あこがれの地イタリアに出かける。ほぼ2年間の滞在は詩人としてのゲーテを蘇らせ，帰国後シラー（Friedrich Schiller, 1759—1805）の協力をえて，ドイツ古典主義の文学を完成する。『ヴィルヘルム・マイスターの修業時代』（1796），『ファウスト』第1部（1808），『親和力』（1809）が世に出，自伝『詩と真実』（第3部まで1814，

第4部は1833）が書きすすめられ，また色彩論の研究がすすめられる。

晩年　彼はすでに古典主義の様式をのりこえ，東方，特にペルシアの文学に親しみ，『西東詩集』(1819) を作る。最後の長篇『ヴィルヘルム・マイスターの遍歴時代』(1822) では，もはや個性の全面的展開ではなく，自己の長所を具体的な社会活動に生かすべきことが説かれる。晩年の彼の立場は，国民文学をのりこえ，あらゆる流派を総合する世界文学の理念に高まっている。60年をかけて完成した『ファウスト』(1831) の主人公が，最後まで努力精進して，「自由な民と自由な土地に住みたい」と言って死ぬのは，ゲーテの生涯を象徴するものと言ってよい。

2　その生涯の意義

個性の発揚　彼の作品はすべて「大きな告白の断片」である。その思索は文学だけでなく，自然科学，哲学等あらゆる分野に及んでいるが，いかにして己れの個性を十全に展開するか，が彼の最大の課題であった。「わが存在のピラミッドを能うかぎり高く築きあげよう」という願いが彼の一生を導く。この個性は，青年期において強烈な自己主張として現われるが，年と共に調和的な人生観に深まってゆく。小国ヴァイマルの宮廷にあって現実政治の責任ある立場にあった彼が，革命や戦乱を好まず，保守に傾くことがあったのはたしかである。後にエンゲルスが，「ゲーテは時には反抗的な，嘲弄的な，世界を軽蔑する天才であるが，時には用心深い，おとなしい，了見のせまい俗物である」と言ったのも間違いではない。しかし，立ちおくれた当時のドイツの現実において，あれほど

広く世界を見渡し，きたるべき産業革命や資本主義社会の問題性をいち早く視野に取りこんだのは偉とするに足る。

生への愛 個の発展深化を最大の課題とする彼にとって，学知が自己目的となりえないのは当然である。客観的認識自体ではなく，「実りあるものこそ真理だ」という彼の立場は，高い意味でのプラグマティズムと言うことができる。哲学が知への愛であるなら，彼の場合，それは生への愛のためにある。人間は無限な宇宙のなかに投げ出されて，己れの無力を知らされずにはいない。しかしそれは人間を虚無や絶望に追いこむことにはならない。ゲーテは，大自然にいだかれた有限な人間が，それと調和的に生きうることを信じていた。だから彼は言う。「思索する人間の最も美しい幸福は，探究しうるものを探究しつくし，探究しえないものを静かに敬うことである」「人間の知識で自然を捉えることができるなどと考えるのは大きな間違いである」と。

80年をこえる長い生涯において，人間生活のあらゆる暗い面を知りつくした彼ではあったが，それも彼をペシミズムにさそいこむことはできない。あやまちをくり返しながらも，全体として人間がよりよい世界にむかってけなげに努力する姿を，彼は肯定的に眺めることができた。「生きるということ，それはよいことだ」というのが彼の究極的な信条である。晩年の彼がしばしば語った「諦念」の思想も，すべてに諦めをつけようとする消極的な生活態度とは関係がない。無際限な自我拡大の欲求は破滅の危険をはらんでいる。自己の力の限界，素質のむかうべきところをわきまえた上で，具体的な目的に集中的な努力を傾けるというのがその趣旨である。彼が久しい年月をかけた自然研究も，自然界における人間のそ

ういう位置を見定め，自己がそのなかでいかに生きるべきかという道徳的な意識から切りはなされることがない。

多様な方法 彼の思索はつねに具体から発する。直観から理念に，特殊から普遍にむかって，観察と実験をねばり強くくり返すのが彼のいう「対象的思惟」である。が，対象が無限に多様であるとき，彼の方法もまた多様にならざるをえない。自然，人生，芸術，そのどれをとっても，対象はあまりに広く，その底はあまりに深い。それを一つの体系にもりこむことはもともと不可能である。知性と感情のすべてを傾けて，無限に豊かな自然にふれるのが彼の願いであった。だから彼は言う。「自然研究者としては汎神論者。詩人，芸術家としては多神論者。道徳的人間としては一神論者」と。単に哲学だけでなく，ニュートンにはじまる近代科学の分析的抽象的な方法に対しても，彼は強く批判的であった。そこには時代おくれになった面もあるが，総合的直観を重視する基本的態度は後の精神科学に大きな示唆を与え，とりわけこれを己れの生に統合しえた彼の大きな形姿は，人生態度としても今日その意義を失わない。彼の奥行きの深い生涯と思索は他に類のない一つの範型として，一人の人間に何ができるかを我々に示している。

〔小栗 浩〕

138 ヘーゲル

青年期 ヘーゲル（Georg Wilhelm Friedrich Hegel, 1770—1831）は，財務局書記官（のちに文書顧問官）という中級官吏を

父として，政治上・産業上の先進地域，ヴュルテンブルグ公国の首都シュトゥットガルトに生まれた。18歳でテュービンゲン神学校に入学，翌年フランス大革命，ヘルダーリン，シェリングとともに「自由の樹」を建てて祝ったと伝えられる。既成のキリスト教への強い批判意識を抱いていたヘーゲルは牧師となることを断念。フランス革命は，祖国ドイツの国家統一への期待と，ルソーへの傾倒とも重なり合って，ヘーゲル生涯の思想的課題となる。卒業後スイスのベルンへ家庭教師として赴き，カントの『宗教論』に接する。ルソーとカントそれぞれの放つ光の重なり合う地点から，重ならない両極の間をヘーゲルは動揺する。宗教を奇跡や啓示ではなく道徳に基づけようとする点で両者は重なり，感性（主観性）を重視するルソーと感性を否定し，道徳の客観性を重視するカントが対立する。家庭教師職をフランクフルトに転じて，ヘルダーリンと再会。すでにフィヒテ的自我主義の限界を超えて，自我＝非我が自己意識としての実在性を得るのは，主客の根源的同一からの根源分割（判断）によるとするヘルダーリンの影響をうけて，主客の合一を「生」の内にみる新たな思想的立場に立つ。「生」の概念を背景に，青年ヘーゲル最大の傑作『キリスト教の精神と運命』を書き上げる。形骸化したユダヤ教の律法と，抜き差しならぬ奴隷根性の支配下において，ユダヤ教の地平を超える愛と赦しという新たな理念を提示したイエスの宗教が，結局，国家と宗教の分裂を克服することなくユダヤ的状況に敗北していった悲劇的運命を描いた。「愛における運命（状況に生きる関係の必然性）との和解」を可能にする原理として生は，自己を二分裂（疎外）し，再び自己に帰還する動的主体として提示され，弁証法的構造をも

つ後年の「精神」(実体＝主体) を予告する。

イエナ期　シェリングの斡旋でイエナ大学に就職したヘーゲルは，シェリングと共同で『哲学批判誌』を刊行。その目的は「非哲学の消極的性格に対置して哲学の範疇的本質を叙述し，哲学と文化全体とのあらゆる接触点を可能なかぎり顧慮にのぼせ，普遍的教養のあらゆる部分を絶対者の内へ採り入れ，あらゆる学問の真の再生への展望を哲学によって拓くこと」とされた。イエナ期でのヘーゲルの仕事は主に，自然哲学，国家学，および両者を含めて哲学体系の構築にあてられたが，体系構想は，自然の学と精神の学との対等的二極的構造から，自然に対する精神の優位を前提とする，論理・自然・精神の発展的三段階構造へと推移する。――政治・国家思想における青年期と対比される明確な転機は『ドイツ憲法論』に示され，彼はあたかも理想主義から現実主義に転じたかのように，共和主義から軍事的中央集権主義へ，ギリシア的祭政一致の理想から近代的祭政分離へと視点を移し，何よりまず「もはや国家でないドイツ」に国家統一を希求する。青年期に彼がユダヤ教の形式主義と二重映しに見ていたカント，フィヒテの形式主義への批判は，とくにフィヒテのそれが国家論において，私的生活を細部にわたって監督する権力主義に堕するという批判としてひき継がれるが，このことは彼に同時に自由と権力とがいかに和解されるかという近代自然法の根本問題を課すことになった。彼は青年期の「生」の思想を「人倫」の概念に具体化して，そこに両者の和解を見ようとする立場を『自然法論文』に確立する。自由と自然(必然)，主観と客観を統一する根本原理は，シェリングの同一性の原理から，自己矛盾をはらむ「無限性」というヘーゲ

ル独自の概念に変貌するが，認識論的主客関係をも射程に収めた，この「無限性」を中心に置いて『イエナ論理学・形而上学』が書かれ，やがて，この無限性を自己意識の存在様態とする『精神現象学』が生まれる。

体系期 1807年3月戦火によってイエナ大学は閉鎖，バンベルクの新聞編集者となったヘーゲルは哲学的戯文『抽象的に考えるのは誰か』を残して，翌年12月にはニュルンベルクのギムナジウム校長となる。41歳で20歳のマリー・フォン・トゥッヘルと結婚，8年間の校長生活の後にハイデルベルク大学教授となる。校長時代の講義ノート（『哲学予備門』）に彼の体系の概要が姿を見せ，『大論理学』刊行によってその論理思想を大著として表し，ハイデルベルクの『エンチクロペディー』に三分法を貫徹した壮大な体系（概要）を書き上げる。この体系は，イエナ期体系構想をほぼ全面的に書き改めたもので，精神哲学は主観的精神，客観的精神，絶対的精神と分かたれ，精神現象学，国家哲学，宗教哲学はそれぞれに配分された形となる。イエナ期では人倫（客観的精神）と密着して考えられることの多かった宗教が，それによってはっきりと独自の位置を占めるとともに，哲学と宗教との差異を概念と表象に対応づける思想が示される。他方，『精神現象学』での自己意識（無限性を担う）中心の思想は三分法の内に解消され，論理学では無限性の位置づけが後退する。これ以後ヘーゲルの思索と著作は，自作の改訂増補版を出すという形ですすむ。──ベルリン大学に招かれた（1818）ヘーゲルはそこで初めて歴史哲学（世界史の哲学）を講じ，イエナ期で断片的言及に留まっていた領域を構成，素材ともに飛躍的に拡充し，「世界史は自由の意識における進歩である。世

界史は，精神の現実的生成，歴史における神の弁証である」と説く。この思想は，自由の完成現実態は国家にありとする自由観を前提とするが，『法哲学』の新刊は時代への，その影響を決定的なものとした。

完成か過渡か　ヘーゲルは，主客のカント的対立を絶対者の内に綜合して，ドイツ観念論を完成させたと言われる。主客の対立は，彼にとって，たんに認識論の問題にとどまらず，自由と必然，個人と国家，人間と神との関係の，時代の関心を一点に集約した問題でもあった。ヘーゲルによるこれらの綜合には，しかし同時に解体の契機もはらまれていた。〔加藤尚武〕

139　弁証法

論理・存在・認識　かつて（1871）ヘーゲル弁証法の最善の記述を求めて懸賞論文が募られたが，数年を経てわずか3編の不充分な論文が集まったのみであったという。今日に至ってもまだこの記述は成功していない。――「弁証法（Dialektik）」は，用語として元プラトンに負い，近世ではカントに負う。それを哲学的方法として確立したと言われるヘーゲルにおいて，しかしその用法は必ずしも一義的ではなく，用例は極度に少ない。狭義に，論理的なものの三側面（①抽象的悟性的側面，②弁証法的つまり否定的に理性的側面，③思弁的つまり肯定的に理性的側面）の内，特に否定的側面をあらわす。他方，広義に，「現実におけるあらゆる運動・生命・活動の原理，あらゆる真の学的認識の魂」とも称される。つまり弁証法は

論理，存在，認識の理法として，否定・対立を媒介とする，直接的抽象的なものから媒介された具体的なものへの（三段階的）発展の学的必然性をさしている。三段階を，正立，反立，綜合と呼ぶのはフィヒテの用いた形式であって，ヘーゲルは時に即自，対自，即かつ対自という規定を用いるが，定式的表現として用いることはない。また，ヘーゲルに弁証法的過程を四段階，五段階に叙述する例もある。

初出例　ヘーゲルにおける「弁証法（Dialektik）」の初出例は『自然法論文』(1802)の「関係一般が何ら即自的でないことは弁証法が証明する」という例で，具体的には自由と強制との関係をさして，両者が恣意的かつ外的関係である以上，ともに絶対的ではありえないとフィヒテにおける国家と自由のあり方を批判した文である。両者が外在的関係を形づくる根本の理由は，義務を強制する法の原理が，同一律に基づく抽象的形式的な「定言命法」にあるからだと考えられている。人倫の弁証法が，定言命法の同一律に対置される。人倫性を道徳性に対置するこの思想は，青年期の「死の領域において矛盾するものも生の領域においては矛盾ではない」という観点に淵源し，この観点をヘーゲルはイエナ大学への就任テーゼに「矛盾は真なるものの規則，無矛盾は偽なるものの規則」と敷衍していた。このテーゼに見られるのは，〈主観と客観，自由と自然（必然），直観と概念の根源的同一性は，二律背反・自己矛盾を自己内に含む真理であり，同一律に固執する悟性は真理にそむく〉という思想である。

悟性の不可欠性　悟性を廃して直観につこうにも，悟性は論理的なものの第一の側面である。悟性以前の世界は表象することすらできない。どれほど直接的直観的な把持の場合でも，そ

Ⅳ　ドイツ観念論　403

こには「事象と語(Sache und Sage)」の本質，カテゴリーが働いている。悟性は相互関係の内に沈め込まれた現象の多様を，ある語・カテゴリー・規定性によって切り抜き出し，自己同一的な事象として成立させるための不可欠の契機である。事象が，ある事象として自己同一性をもつのは，まさに関係し合った現象の地から切り抜き出されるという否定的統一，他の語(規定性)に対してその語が意味をもつという本質における対立によって，実は他のものと媒介されたあり方による。ところが悟性は，この媒介のさ中に，まさにこの媒介を忘れ，度外視する働きであることによって，事象の自己同一性を支え，それに固執している。しかもかかる悟性作用なしには経験一般がなりたたない。真なる認識は，この媒介の想起にあるが，想起は自己同一性を否定し，より高次の統一・新たなカテゴリーへと導く。たとえば，「これはペンだ」という直接的判断が想起・反省を経てはじめて，他との関係を含む「この道具は有用だ」という反省的判断が可能になる。

否定：他者との関係 万物が自己の否定を含むという一見奇異な思想は，万物が他者との関係を含むと言いかえても同じである。他者(アンデルス)との関係は，あるもの(エトヴァス)の外部にあるのではなくその存在に食いこんでいる（例えば，A氏はB君の父であることを除けば，A氏自身ではない。また運動体はあるものが同時に他のものであるという矛盾である）。即自とは，他との関係を度外視した絶対的なあり方であるが，即自として自立したあり方を示すことによって，即自が実は他に関係する対他であることが暴かれる。他を否定し，他から自己内に折れ返って（自己内反省），他者の他者として，自己関係（ときに自覚）の自立性を回復するのが対自である。しかし，たんに他

を拒斥するのでなく、他において自己に憑く（bei sich）あり方こそ、真に即かつ対自的なあり方である。ここに他者はたんに否定されるのみならず、より高次化された綜合の契機として保存される、つまり止揚される。——こうした弁証法的展開の根本にあるのは〈否定＝他者との媒介関係〉という規定であり、プラトンの『ソピステス』から学びとられたと思われる。ヘーゲルは「プラトンにおける最高の形式は存在と非存在の同一である」と述べている。

論理の学 ヘーゲルはカントの「演繹論」に学んで、認識においては、まず対象が与えられるのではなく、現象がカテゴリーによって統一されて対象化されると考える。自己の拠って立つ媒介を想起する形での認識の進行（経験）は、自我の自覚的形成（いわば統覚の形成）であるとともに、新たなカテゴリーの生成にともなう、新たな対象の産出でもある。しかし、カント的物自体は「抽象的な自己内反省への固執」として却下されるため、究極的には、物そのものが論理的な契機の綜合体とされるにいたる。「すべてのものは推論（普遍—特殊—個別の結合）である」という規定が「絶対者の定義」とさえ称される。ここに彼が「論理学の内容は自然と有限精神の創造に先立つ神の叙述だ」と規定しながら、同時にまた、「概念は真に最初のものであり、諸事物はそれらに内在しつつ自己を啓示する概念の活動によって、現にあるところのものとなっている。神が無から世界を創造した……と言われるのはこのことの宗教意識におけるあらわれである」と語る理由がある。ヘーゲルは、その「論理学」において、近代の認識論を古代の弁証法、とりわけ、プロティノスの概念枠によって解釈した。
〔加藤尚武〕

140 ヘーゲル『精神現象学』

Phänomenologie des Geistes

砲火を前に　ナポレオン軍の砲火迫るイエナでヘーゲルは原稿を書き上げるその都度，出版社に送付するという仕方で『精神現象学』(1807年5月刊)を完成した。『現象学』(略称)には，題目，目次，序文全体の構成に様々の混乱がある。全体はまず，意識(客観の意識)，自己意識(主観の意識)，理性(主客の意識の統一)と三分され，その理性の内に，理性の確信と真理，精神，宗教，絶対知が区別される。意識の最初のあり方は直接的に「いま，ここ，これ」と把えることに真理があると確信する感性の立場であり，終局にあたる絶対知は「概念が対象に対象が概念に合致する」地点，絶対者を知る知が同時に絶対的であり，自己の絶対性の知が同時に絶対者の知であるような地点である。

意識の経験の歴史　感性から絶対知までの道を意識は，教養小説の主人公のように，自ら変化・成長(つまり形成＝教養〈ビルドゥンク〉)しつつ辿る。この歩みは真理を追求して自己を吟味・克服していく自律的な歩みであるが，しかしどこか別の所で，あらかじめ，こっそりと真理が知られている訳ではない。意識の自己吟味の可能性は，意識が自ら真とみなすものと，真理の知の意識との比較，すなわち自己が自己を自己と比較する〈自己関係〉にある。意識の形態・知がどのような概念によって何を知るかに応じて，知そのもののあり方が変化する。知の変化・経験の進行に応じて，新しい対象と新しい概念が生み出される。——ヘーゲルはこうした意識の遍歴の「駅」

として，ソポクレスの『アンチゴネ』，ゲーテの『ファウスト』第1部，ディドロの『ラモーの甥』などを配し，意識の経験に人間精神の歴史を描かせる。

実体＝主体　ヘーゲルは，〈神の自己認識＝人間の神認識＝神の中での人間の自己認識〉という把え方をする。神をスピノザにならって実体と呼ぶとき，実体は真実には自己を分裂させて，自己とは別のものになり（外化・疎外），その外化において神人の三重の自己認識を通じて，対自化された自己を回復する動的過程，すなわち主体とされる。他方〈真理＝絶対，絶対者＝神〉という設定があり，この過程が同時に真理の認識の体系，学の体系を形づくる。意識を絶対知へ導く『現象学』は，学の体系への入門となる。

自己意識　『現象学』の始元的規定・意識の自己吟味の可能性も，その終局的規定・神人三重の自己認識も，構造上ともに自己意識である。ただしデカルトからフィヒテに至る実体的自我と異なり，この自己意識は自己分裂を背負って，世界に受肉する動的主体であって，近世的意味での実体ではない。なおまた『現象学』の構成は，彼の他のいかなる体系や「論理学」構想とも厳密には整合しえず，独自の位置を占める。

〔加藤尚武〕

141 ヘーゲル『法哲学』

Grundlinien der Philosophie des Rechts

存在するものの理解 哲学の課題は存在するところのもの＝理性を概念的に把握することである——理性的なものは現実的であり、現実的なものは理性的である——哲学は現実がその形成過程を完了した時点になって登場する。ミネルヴァの梟は暮れそめる黄昏を俟って飛びたつ——『法哲学』序文（1820年6月）に掲げられたこれらの言葉は直接的には当時の心情主義的過激派を批判したものだが、〈存在＝理性〉という考え方は、ヘーゲル哲学の歴史哲学にも共通する根本的な立脚点である。1802年頃の『ドイツ憲法論』序文にも、「存在するものの理解」というモットーが掲げられている。存在する現実・理性を把握(ベグライフェン)することは、外在的対象としての現実をたんに認識することとは異なる。「人間の理性は法の中で人間に出会う。それゆえ人間は法が理性的であることに着目せねばならぬ。」理性認識は人間の自己認識でもある。

体系と方法 本書は、Ⅰ抽象的法（人格性と所有権）、Ⅱ道徳（個的主体と善）、Ⅲ人倫（家族、市民社会、国家）という三部から成る。抽象的・直接的段階が、具体化され、より高次の現実の内に根拠づけられると同時に、その抽象性が批判・否定されていく。実際には時間的に家族は所有に、国家は市民社会に先立つ。抽象から具象への弁証法的展開では（演繹法とは異なって）最後の段階で、先行する抽象態を自己の契機として綜合する過程の成果として最も真なるものが把握される。ヘーゲルは、個的抽象的人格を起点とする近代の自然法

408　第3部　近世の哲学

思想と，カント，フィヒテにおける自覚的道徳性とを，批判的に摂取して，人倫〔ジットリッヒカイト〕（社会的に妥当する現実態としての自覚的な自由の理念）の内に組み入れようとした。

市民社会と国家 政治体制としての国家から明確に区別して，〈市民社会〉の概念を確立したことはヘーゲル『法哲学』最大の功績とされる（語としては青年期にも用例があるが，上記の意味での初出例はハイデルベルクの『エンチクロペディー』への後からの書き込みにあり，『法哲学』で初めて明確に規定された）。市民社会は，各人の利己的営為のつくり出す普遍的連関の綜体を形作る。ここに，アダム・スミスの経済的思想を取り入れている。それは分業生産と商品交換から成る社会（ゲゼルシャフト）であるが，そこにはしかし「労働に拘束された階級の隷属と窮乏」が不可避的である。この流動的にエネルギーを噴出させるレッセ・フェールの原理，「主観性の原理そのものの内に実体的統一を保つ」ものが国家である。こうしてヘーゲルは市民社会の「自由」を国家に吸収・克服し，理論的にも実践的にも近代自由主義の根本的限界を視界に収めつつ，近代国家の思想的把握をなしとげた。なお，『歴史哲学』は体系構成上では『法哲学』に入る。歴史は国家のより高次の展開であるが，国家の永遠性とは対照的である。

〔加藤尚武〕

Ⅳ ドイツ観念論　409

V ヘーゲル以後

142 ヘーゲル学派の解体

形成 この学派の形成に決定的な意義をもっているのは、ベルリンの「科学評論協会」であり、また、この協会の編集する『科学評論年誌』である。協会は、1826年に創設され、1849年まで存続し、年誌は、1827年に発刊され、1846年に廃刊された。協会は、もちろんヘーゲルを中心にして結成された学会であるが、哲学だけでなく、神学、法律学、歴史学、言語学、芸術学、また、医学や数学を含めた自然科学にわたる研究者の団体であった。協会は、これら諸科学の部門へヘーゲルの影響を強めることに役立つとともに、ドイツ全国に散在する、ヘーゲルの友人や弟子を結集することにも成功した。協会の運営上の中心人物は、1839年までは法哲学者のガンス（Eduard Gans, 1798—1839）であり、以後はやはり法哲学者のヘニング（Leopold von Henning, 1791—1866）である。2人とも、ヘーゲルの直系の弟子である。

第1の波瀾——『イエスの生涯』 ヘーゲル学派に最初に波瀾を起こしたのは、シュトラウス（David Friedrich Strauss, 1808—1874）の著作『イエスの生涯』（2巻、1835—36）であった。この著作は聖書についての神話的解釈と、神人概念にかんする類としての解釈とに大別されるが、どちらもドイツの新教教会をゆるがす異説であった。それで、シュトラウス

のこの著作にたいして，いち早く，ヘーゲル学派内からも批判的反応が現われ，それを代表したのは，バウアー (Bruno Bauer, 1809—1882) であり，その論文は，上記『年誌』(1835—36) に発表された。これがヘーゲル学派の分裂の第1の徴候である。なお，シュトラウスは，ヘーゲルの後輩であるが，直系の弟子とはいえないのにたいし，バウアーは，まぎれもなくヘーゲルの直系である。

ヘーゲル学派の区分について　『イエスの生涯』にたいする全ドイツからの非難に答えて，シュトラウスは，『論争集』(1837) を書いた。ここでシュトラウスは，神人概念についてのヘーゲル学派内の諸見解を分析してつぎの三つに区分する。①福音書がヘーゲルの神人概念を完全に含んでいるとする見解，②福音書の神人概念とヘーゲルの神人概念とは部分的にのみ合致するとする見解，③両者はまったく一致しないとする見解。シュトラウスは，①を右派と名づけ，これにはゲッシェル (Karl Friedrich Göschel, 1781—1861)，ガブラー (Georg Andreas Gabler, 1786—1853)，上記バウアーが属し，②を中央派と名づけ，これにはローゼンクランツ (Johann Karl Rosenkranz, 1805—1879) が属し，③を左派といい，これには自分が属するとする。これは，神学的な視角からヘーゲル学派の区分を試みたものであるが，ヘーゲル学派の区分としては最初のものである。シュトラウスの名づけた，右派，中央派，左派という名称は，その後もながく受けつがれているが，シュトラウスがとった神学的な視角と，これら三派に所属させられた人名は，史家によってさまざまに異なってきている。

青年ヘーゲル派の運動　ベルリンの『科学評論年誌』を古い

原理にしがみついているとみなしたハレの2人の学者，エヒターマイヤー（Theodor Echtermeyer, 1805—1844）とルーゲ（Arnold Ruge, 1802—1880）とは，1838年に，新しい雑誌『ハレ年報』を創刊した。この雑誌は，諸科学の総合と，科学と生活との結合を企てた。そして，ヘーゲルから発展の思想を継承して，現実への関心を高めた。2人の編集者たちは，最初は広汎な執筆者の参加を要求し，また，実際にも協力の承認をえていたが，この雑誌がシュトラウスの筆禍問題や婚姻にかんする宗派闘争の問題など，当時の尖端な思想問題を取り扱うようになると，この雑誌は，しだいに急進的なヘーゲル学徒の機関誌の趣きを呈してきた。シュトラウスが加わり，さらにヘーゲル学派でもっとも急進的なフォイエルバッハが加わった。また，『共観福音書批判』（1841—42）の執筆をきっかけに右派の立場を清算し，さらにそのためにボン大学を追われたバウアーも加わってきた。

　この雑誌に結集したヘーゲル学徒は，青年ヘーゲル学派とも呼ばれた。そして彼らは，新王ウィルヘルム4世をとりまくロマン主義の思想的雰囲気に反抗し，さらに政治的批判へとつき進んでいった。この雑誌は，1842年に『ドイツ年誌』と名をかえ，さらに1843年に発禁にあって斃れた。

　青年ヘーゲル学派の政治運動がさらに鋭く展開されたのは，『ライン新聞』であった。これには，バウアー，ヘス（Moses Hess, 1812—1875），マルクス，シュティルナー（Max Stirner, 1806—1856）が参加した。この新聞は，1842年に創刊され，翌43年に政府の禁圧に屈した。

ヘーゲル学派の没落　青年ヘーゲル学派もしくはヘーゲル左派に属した人びとは，以上のように政治的・社会的批判を展

開したためその機関誌を失ったが,総じてヘーゲル学派に好意をもたなかった新王ウィルヘルム4世の政府は,旧ヘーゲル学派にたいしても圧迫を加えた。そのため上記『科学評論年誌』も,1846年には野垂死をした。

1860年には,ヘーゲル学派の残存部隊が『思想』という雑誌をつくった。その中心人物は,ミシュレ(Carl Ludwig Michelet, 1801―1893)であった。しかし,15年間かかってこの雑誌は,薄っぺらなものを9巻だしたにすぎなかった。

なお,テュービンゲン大学には,学究的な若いヘーゲル学徒がたむろしていた。

このようにしてヘーゲル学派は分散したが,これはヘーゲル哲学の影響力がなくなったことを意味しない。一方では,マルクス,エンゲルス,ラッサールが社会主義理論を唱え,シュティルナー,バクーニンが無政府主義に進んだのもヘーゲルに出発点をもっていたし,他方,エルトマン,K. フィシャー,シュヴェグラー,ツェラーらの哲学史研究上の功績も,ヘーゲルからの刺戟によるといわねばならない。

20世紀になって,新カント派のウィンデルバントがヘーゲルを再評価して以来,ヘーゲル研究が新たに起こった。ラッソン,グロックナー,クローチェなど,広汎な地域から多くの人びとがこれに参加した。これを新ヘーゲル学派という。しかし,この新ヘーゲル学派は,この項で論じらるべき対象ではない。

〔大井 正〕

143 コント——実証主義

　実証主義（positivisme）は，市民革命をへた西欧近代の社会的・知的状況に密接にむすびついた思潮であり，今日の科学的精神の一源泉をなすとともに，近代産業社会に適合的な社会観に一定の基礎づけをも提供した。

コントの生涯と知的背景　その主唱者オーギュスト・コント（Auguste Comte, 1798—1857）は，フランスのモンペリエに小官吏を父として生まれ，大革命時に創設されて，その革命の精神を当時なお伝えていたパリの理工科学校(エコール・ポリテクニック)に学び，数学や物理学に秀でた成績をおさめている。やがて社会，政治，道徳等の問題にも関心をひろげ，百科全書派(アンシクロペディスト)哲学者の著作に親しみ，とくに，彼の後年の人間知識の発展段階論に影響を与えたコンドルセの『人間精神の進歩』を熟読した。1817年頃彼はサン－シモンと識り，その秘書となる。これは，革命後の社会的知的混乱のなかにあって，その収束の道と人類進歩の法則を探求していたサン－シモンの活動に共感し，惹かれるところがあったからである。当時，その師の影響のもとにコントの取り組んだ思想的課題は，18世紀を指導した啓蒙思想がその反面にもっている抽象的でもっぱら批判的な傾向を克服し，新産業社会の建設に役立つような科学的思想をうちたてることにあった。コントは，基本的には啓蒙思想の子であったが，上述の課題に沿って秩序だった進歩の精神を探求する過程で，ボナール，ド・メーストルらの伝統主義の影響にも接している（実証主義が相反する二つの思想成分を含む

と評されるゆえんである)。やがてサン-シモンと不仲となり,訣別したコントは,その思想を『実証哲学講義』としてまとめ,公刊する(6巻,1830-42)。ここに,実証主義の基礎づけとそれにもとづく諸科学の体系化が成るわけである。

それ以後のコントは,サン-シモン主義の影響も希薄となり,科学的合理的精神よりも感情や情緒の重視へとかたむき,社会観においても進歩・改革よりも秩序や合意をおもんずる静学へと比重をかけるようになる。『実証政治体系』(4巻,1851-54)は,こうした変化を端的に示している書である。晩年には,さらに一婦人への熱愛から神秘的・宗教的体験へとかたむき,新宗教の唱道者にさえ転じていく。

三段階の法則 実証主義は,人間知識の発展段階論,すなわち,「三段階の法則(loi de trois états)」のなかに位置づけられ,定式化されている。コントによれば,人類の精神は,「神学的」「形而上学的」「実証的」という三つの段階をへて発展する。神学的段階とは,超自然的な能動者(アジャン)を擬制的に設定して,諸現象を説明する人知の段階であり,中世までの拝物教,多神教,一神教などがこれにあたる。形而上学的段階は,この超自然的能動者に代えて抽象的な実体(アンチテ)をもって世界の現象を説明するものであるが,純粋な想像よりは理性的推論が優越する点において前段階より進んでいる。しかし,絶対的知識を探求し,事実の観察の精神をいまだそなえていないため,往々にして批判的・破壊的たることをまぬがれない。コントは,18世紀の啓蒙思想にもこのような形而上学的傾向をみている。それに対して,実証的段階では,観察が重視され,認識は経験的事実へと方向づけられ,絶対的知識の追求や抽象的な推論は放棄される。したがって,実証的精神は科

学的精神とほぼ同視されるものであり，コントは，これをもって人知の発達の向かうべき最高段階であるとした。

「実証的」の意味するところ　よりくわしくいうと，「実証的（positif）」の語にコントは次の六つの意味をこめていた（『実証的精神論』1844）。①現実的（réel），②有用（utile），③確実（certitude），④精密（précis），⑤建設（organiser），⑥相対的（relatif）。このばあい，「現実的」「確実」「精密」は，「想像をつねに観察に従属させること」という精神のもと，確実な経験的知識の獲得をめざすという方向をさししめす。「相対的」とは，形而上学的段階を特徴づける絶対的知識の追求の放棄を意味し，無益な好奇心や懐疑の抑制を命じている。知識のこうした性格づけの文脈において「有用」「建設」の二義が登場してくるわけで，実証的精神は，いたずらな懐疑や批判を排し，経験的現実に即して人類および個人の境遇の継続的・漸進的な改良をめざすのである。以上のように，実証的精神は，観察をおもんずる科学的精神という側面とともに，社会的現実に対する一定の実践的態度をも含んでいたのであり，この点が，「肯定的」とか「積極的」をも意味する"positif"の語に関係しているのである。

実証主義と科学的精神　実証的知識を人知の最高段階とすることによって，コントは「科学の時代」の到来を予見していたといえる。とくに，歴史，社会，政治についての経験科学の成立の可能性がこれによって展望されていた点に，実証主義の重要な意義があろう。コントは，あらゆる知識の領域がいちように実証的段階に入るのではないこと，自然諸科学はすでに順次この段階に移行していることを指摘し，最後に「社会学（sociologie）」の実証科学としての成立によって

諸科学の体系が成るとした。この意味で彼は「社会学」(イエラルシー・デ・シアンス)の祖,命名者とされている。いずれにせよ,事実の観察をおもんずる実証性の上に歴史や社会にかんする経験科学を成立させようという企ては,やがて19世紀の人文・社会科学を支配する思潮のひとつとなっていく。この実証主義の直接間接の影響は,ミル,リトレ,テーヌ,ルナン,デュルケムなどにみられる。

「秩序と進歩」 他方,実証主義は,その科学的精神を批判や懐疑の方向にではなく,建設,組織化の方向に用いようとするため,漸進的な改良を肯定する反面,破壊をともなうような革命には反対する。「秩序と進歩」というコントの標語は,実証主義のこうした社会観を表現している。この思想の保守的側面といってよいであろう。したがって,その客観的な社会的役割からみると,実証主義は,科学の進歩を産業発達とむすびつけて謳歌しつつ,革命を恐れ,漸進的・階級協調的な進歩を欲した19世紀ブルジョアジーの要求に適合する思想であったということもできる。　　　　　　　　　〔宮島　喬〕

144　ショーペンハウアー

1　生涯

両親の家系 アルトゥール・ショーペンハウアー(Arthur Schopenhauer, 1788—1860)はダンチッヒの三代続く有力な商家の出で,父親はハンザ同盟に属する豪商の一人となったが,精神錯乱の結果,自殺した。オランダ人の血を引く彼の母親

（哲学者の祖母）に精神疾患の徴候があり，父の兄弟（叔父たち）にも人格障害があったと伝えられている。哲学者の母親も名門の出だが，19歳も年齢差のある夫と結婚し，虚栄心の強い性格で，夫の死後ワイマルに出て女流作家として成功し，華やかなサロンの中心人物となった。哲学者は26歳でこの母と決定的に仲違いし，以降24年間母の死まで顔を合わせることがなかった。ほかに9歳下の妹アデーレがいる。

現実から結ぶ　9歳でフランス人の商家に預けられ，2年間フランス語ばかりの生活を送った。父親は息子を商人に育てようとしたが，息子の抵抗にあい，やむなく1年半に及ぶ両親の欧州一周旅行に一緒に連れて行くことを条件に，帰国後商人修業に励むことを彼に約束させた。このため彼は15〜16歳で世界各地の現実に触れることができた。書物や学校から学ぶ前に，世界諸地方の人間の生の悲惨さに心を深く揺さぶられたことが，彼の一生を決定的にした。

主著の運命　父の死後，遅れていた学問への道を再開し，異常な熱心さでギリシア語とラテン語を修得した。21歳でゲッティンゲン大学の医学部に入り，自然科学の講義を熱心に聴き，翌年哲学部に移り，プラトンとカントを知った。彼がカント哲学を熟知したとき，彼の解決すべき課題は眼前に現われた。母のサロンでゲーテの親交を得て，その指導の下に『視覚と色彩について』(1815) を著わし，また同じサロンであるインド学者を知り，ウパニシャッドのペルシア語訳『ウプネカット』のラテン語による重訳（フランス人アンクティル・デュペロンの訳）を教えられ，これを通じて，自分のぶつかっていた哲学上の課題の解決を東洋の叡知に求めた。こうして1819年彼の主著『意志と表象としての世界』正編全4

巻が成立した。しかし時はまさにヘーゲル哲学の全盛期に当たり、この本は30年余まったく理解されなかった。彼はベルリン大学で講義を試みたが、誇り高い彼は講義時間帯をヘーゲルの時間帯とわざとぶつけるなどの暴挙を犯して、失敗に帰した。

晩年の成功 以降1850年頃まで彼には失意と屈辱の生活しかなかった。彼は大学の講壇哲学を罵倒して止まなかった。しかし主著正編に劣らぬ分量の続篇が書きつがれ、1843年に原稿料なしで出版された。1851年『余録と補遺』2巻が世に出て、大きな反響をよんだ。50年代はヘーゲル哲学の退潮期に当たり、彼はにわかに名声を獲得し、「フランクフルトの賢者」としての晩年を送った。若い頃は自由な恋愛経験が豊富だったが、生涯独身で通した。父の遺産で生活しパンのために働くことはなかった。

2　思想

彼の思想は若年の作『意志と表象としての世界』(1819)に集約的に現われている。中期から後期の諸著作は、この一冊の本の単なる注釈であったと言っても過言ではない。若年の作であるがゆえに、叙述上に矛盾もあり、性愛的な感覚と死に対する感覚が優位を占めている。彼はカント哲学の批判から出発し、ヘーゲルに至る西欧の理性主義的な哲学のあり方に反対した最初の哲学者の一人で、同時代人キルケゴールの共感を呼んだ。人間の意識の不確実性に秘かに目をこらし、夢、錯覚、幻想、身体の果たす役割などが早くも第1巻から強調されている。ワグナー、ニーチェ、ブルクハルト、フロイトらに大きな影響を与え、フランス象徴派詩人たち、ある

いはイギリスの作家ハーディにも愛読された。

主著の問題点　この本は①認識論，②自然論，③芸術哲学，④実践哲学の四部分から成り，①③が「表象」の世界の，②と④が「意志」の世界の考察に当てられている。彼は①において人間の認識は表象の世界に限られ，世界は表象する当のもの，人間の主観との関連においてのみ存在するにすぎないと述べ，認識を主観のみから出発するものとするフィヒテも，客観のみから出発するとする唯物論をもともに否定し，主観でも客観でもない「表象」を認識の起点とすることで，これをもって自分はカント哲学の正しい継承者であると主張した。

　しかしこの本の最大の問題点は④の実践哲学，すなわち宗教道徳篇にある。ショーペンハウアーは世界の根柢に，目標も意味もなく無限に努力する果てしない盲目の衝動を想定し，これを唯一の真の実在，「意志」であるとした。そしてカントの「物自体」がこれに等しいものであると考えた。この「意志」は万物に宿り，しかも全にして一なる，分割不可能な形而上学的原理である。彼は②において，これが人間の身体の根柢に宿る意志であるだけでなく，究明不可能な，自然界の根源諸力もまた「意志」に外ならないとした。人間はこの果てしない無制限な衝動にさらされ，永久に幸福と満足には達しない。人間はなんらかの形で「意志」を脱却しなければ，救済は得られない。芸術上の天才は美しい表象の喜びによって，「意志」を逃れ，純粋な認識に達するのである。彼は③においてこの観点からさまざまな芸術の分析を行なっている。しかし芸術上の表象の喜びは一時的な救いにしかなりえず，永つづきはしない。そこで④の宗教道徳篇において，意志を否定し，究極の平安と浄福に達する可能性を考えよう

というのがこの本全体の構成である。

その際注目すべきことは、ショーペンハウアーがカントの『実践理性批判』の主題を受けつぎながらカントとは違った解決を求め、インド哲学に向かったことであった。すなわちカントが人間の道徳性を介して神への通路としたのに対し、現実家ショーペンハウアーは人間の道徳性をもはや信じることができなかった。彼が少年時代に見た世界各地の悲惨な現実は、道徳による人間の救済の可能性を彼に信じさせなかった。彼は『ウプネカット』を介して覗き見た東洋の叡知、人間が意志を否定し、禁欲に徹し、インドの沙門や捨離者のように、涅槃に帰入することではじめて「無」を怖れない真の救いが得られるのであろう、彼はそのように考えたのであった。

〔西尾幹二〕

145 フォイエルバッハ

1 生涯

フォイエルバッハ (Ludwig Andreas Feuerbach, 1804—1872) は刑法学者アンセルム・フォイエルバッハの4男として生まれ、ハイデルベルク大学、ベルリン大学に学んだ。最初は神学を研究したが、しだいに哲学の研究へと進み、ベルリン大学でヘーゲルの講義をきき深く傾倒した。しかし28年頃からヘーゲル哲学への疑問を抱きはじめる。28年には学位論文『統一的・普遍的・無限的理性について』をエルランゲン大学に提出して博士号を受け、私講師に任ぜられた。

30年に伝統的なキリスト教教義を批判した『死および不死についての考察』を匿名で出版したが、これが当局を刺激し、32年に職を失った。33年には父を失い、教職につくことを断念して37年に結婚してからブルックベルクで著述に専念する。近代哲学史の研究を進め、ライプニッツやピエール・ベイルの研究を公刊した。そうした過程で自然を基礎とする彼独自の思想が形成されてきた。39年に『ヘーゲル哲学批判のために』を『ハレ年報』に公表し、ヘーゲル哲学批判を開始する。さらに41年には彼の名を一躍高めた『キリスト教の本質』を公刊し、青年ヘーゲル学派をはじめ多くの学者に強烈な影響を与えた。同時にこの大胆な宗教と神学との批判は、保守的な人びとの憤激をかった。彼は43年に『哲学改革のための暫定的テーゼ』『将来の哲学の根本命題』を公表し、独自の人間主義的唯物論を展開した。

　彼は政治的・社会的現実に対してはあまり強い関心をもっていなかったが、48年の2月革命にあたっては情熱をもやし、フランクフルト・アム・マインで開かれた「民主主義者会議」に出席したりしたが、やがて実情に失望し、宗教批判の仕事に打ち込んだ。59年に経済的破綻のためブルックベルクの城館を離れ、ルッヘンベルクに移って苦しい生活を送ったが、66年には『唯心論と唯物論』を公刊した。以後病床につき72年9月に死んだ。

2　思想

ヘーゲル哲学批判　フォイエルバッハの宗教・神学批判とヘーゲル哲学批判とは、緊密に結びついている。彼は人間がそれ自身自然物であり、だからこそ他の自然物の存在を感性に

よって確証できるのだと考える。この血と肉をもつ感性的人間こそが主体であるのに、ヘーゲルは抽象的な精神・理念を主体として考え、その自己展開の過程として自然や歴史をとらえた。そこでは、もともと人間の働きである思考や精神が人間の外部に、人間から独立して立てられ、それが絶対的なものとして人間を支配することになる。フォイエルバッハはこの事態を「人間の自己疎外」として批判するのである。フォイエルバッハは、この自然・感性としての人間の働きとして意識や思考をとらえる。存在と意識、感性と悟性、自然と精神との統一としての現実的人間の立場を主張し、両者を分離することに反対するのである。同時にまた、人間の本質は孤立した個人のなかにあるのではないとされる。現実的存在は私の感官の対象でもあるとともに、他人の感官の対象でもある。このように私と他人とは感覚において共同を実現するが、それは私と他人とが本質を共にしているからにほかならない。このような類的共同は愛においてはっきり示される。

キリスト教批判 『キリスト教の本質』では神学の真の意味は人間学であり、キリスト教の神は人間の本質が対象化されたものにほかならないことが示される。人間が他の動物から本質的に区別されるのは、人間だけが自分の類や自分の本質を対象として意識することができるからである。人間の類的本質は理性と意志と愛であり、それが人間を人間たらしめる。人間は個人としては有限なものであり、不完全であり、非力であり、罪深いものであるが、類としての人間（類的本質）は、無限なものであり、完全であり、永遠であり、全能であり、神聖である。この類的本質を人間が対象化し一人格として意識したのが神にほかならない。したがって、神とは「人

間の自己疎外」を示しているのである。それゆえ，宗教においては，神が人間的であるとされれば，それだけ諸個人は非人間的なものとされ，神が主体的・自己活動的であるとされれば，それだけ諸個人は非主体的・受動的なものと化さざるをえないのである。このような「人間の自己疎外」状態を克服するには，現実的人間を超絶し支配するとされている神が，実は現実的人間自身の本質であることを明確に認識することが必要である。そうすれば，人間はその本来の姿——類と個，本質と実存との統一——を回復することができる。

このように，フォイエルバッハはヘーゲル哲学とキリスト教神学において，同じ「人間の自己疎外」を見いだし，自然と感性を基礎とする現実的人間の立場から批判した。これが当時の人びとに与えた衝撃は，きわめて大きかった。若きマルクスをはじめ青年ヘーゲル学派の人びとは，このフォイエルバッハの立場を受けとめ，さらに展開しようと努めるのである。フォイエルバッハは哲学と神学の領域を問題としたので，意識の内部における「人間の自己疎外」を指摘し，その克服をめざしたのであるが，マルクスは社会的現実における「人間の自己疎外」を解明し，その克服をめざした。この両者の関心の相違が，やがて人間のとらえ方の相違を生み，マルクスとエンゲルスによって，フォイエルバッハの人間の非歴史性・非社会性が批判されることになった。しかし，フォイエルバッハが人間を自然と感性とに基礎づけたことは，そうした批判にもかかわらず，その後も大きな影響を与えたのであり，今日でも積極的な意義をもつと思われる。

とくに自然に対する人間の支配をおし進めてきた近代西欧文明が，そのあり方を根本的に問いなおされ，産業の発達が

地球的規模で自然の汚染や破壊を生んでいる今日，自然と人間との共存という立場から出発するフォイエルバッハの現実的人間観は，重要な手がかりを提供するものとして振り返られねばならないであろう。　　　　　　　　　　　〔城塚　登〕

146　キルケゴール

1　生涯

大地震とレギーネ体験　デンマークのコペンハーゲンに生まれたキルケゴール（Sören Aabye Kierkegaard, 1813—1855）は，毛織物商の父の厳しい監督下に生長，1830年にコペンハーゲン大学神学部に入学する。学生時代をロマン主義の風土の中で過ごし，ドン・ジュアンやファウストの伝説研究を経て，やがて時代精神にアハスヴェル的な絶望の状況を見るに至った。家庭に5人の兄姉と母の死亡が相次いで神の呪いを感じ，38年（一説に35年）にはそれを父の犯した罪との連関で自ら〈大地震〉と呼ぶ体験に吸収，以来，死の意識と憂愁の気分のとりこになる。40年に10歳年下のレギーネ・オルセンと婚約したが，内的苦悩から翌年には婚約を一方的に破棄する。しかしレギーネに対する愛は変わらず，この〈レギーネ体験〉を背景にして，その愛の内面的反復の可能性を数々の作品に結実させることとなった。論文『イロニーの概念』(1841)を大学に提出してベルリンに旅立ち，シェリングの積極哲学の講義を聴いて影響を受ける。
コルサール事件と教会攻撃　43年以降は，学位論文で確認した

ソクラテスの否定的弁証法を著作活動に生かし，実名で書いた多くの宗教的講話に並べて，偽名で『あれか―これか』(1843)，『反復』(1843)，『哲学的断片』(1844)，『不安の概念』(1844)，『断片後書』(1846)，『死に至る病』(1849)，『キリスト教の修練』(1850) などを発表した。その間，46年には諷刺的大衆誌『コルサール』の人身攻撃に会い，漫画入りの嘲笑記事のために衆人の侮辱を浴びて，街頭を歩くこともできない有様であった。キルケゴールはこの〈コルサール事件〉で水平化された時代の大衆の虚偽性を体験する。晩年にはそうした大衆化的世俗主義をデンマーク国教会の体質の中に見て取り，ルター派の正統信仰の復興を目指して激しい〈教会攻撃〉に立ち上がった。時代の批判者たる例外者の意識を深めつつ，国教会の偽善を糾弾し続け，42歳でたおれた。

2 思想

実存としての人間　近代哲学が人間の本質を論理の能力たる理性に自己限定して，真理を理性的思惟に基づく客観性として追求してきたことに疑問を抱くキルケゴールは，本質規定に尽くされない人間の自由な生に注目し，生を営む全体的な在り方としての人間を発掘する。そして，思惟能力だけに抽象されない生きざま全体である具体的な人間を，キルケゴールは〈実存〉と呼ぶ。実存する人間は，さまざまな可能性を案ずる思惟的な心であると同時に，特定の必然性を具えた身体的な肉でもある。心と肉との綜合された関係である人間は，複合的〈関係〉存在であるがゆえに，一つの本質に限定されない自由のもとにあり，常にそのつど自分なりの関係を自己の人格として生成させる実存的課題を負う。この〈主体性〉

の在り方の中で真理は問われてくるのである。人間の生き方の実存には、美しい調和や整った体系を求める美的実存があり、人間一般の普遍的な規範を求める倫理的実存もある。しかし、そうした生き方は人間を一つの本質へと水平化して、各人の責任を客観的原理のもとへ解消してしまうことになる。人格の主体性は、本質としては無である自己を自覚し、根拠を欠く無の不安の中から超越的な存在の根拠たる神との関係で課題を示されてくる〈宗教的実存〉において、はじめて正しく成立する、という。

逆説としての神　ヘーゲルを頂点とする近代哲学を批判するキルケゴールは、その近代の理性的思惟の出発点となったデカルトの懐疑を超えるものとして、人格的存在の出発点となる〈絶望〉を提唱する。懐疑は思惟の論理の中で克服されて思惟の力を示すことになり、ひいては思惟に神的万能をふるわせるに至るが、絶望は人間の自己の総体の無力さを露呈させる。近代理性主義の象徴であるヘーゲルの弁証法は、人間の思惟の論理で神的な絶対精神を論証して見せるが、その神は理性の神格化であっても、実存する無力な人間に対面してくる人格的な神ではない。真理を知るための人間の弁証法は、絶望の人間に語りかけてくる人格神と交わす対話であり、神と人間との異質的断絶を真の現実と認めるところに始まるのである。この神は人間の論理にとっては〈逆説〉でしかない。神の前に立つ単独者の信仰に対して意味をもつ絶対的超越者である。主体的な真理の道は、人間とは全く質を異にする神に対面して人間の無の実相が罪であると知らされるところに始まるのであり、この道をキルケゴールは〈質的弁証法〉と呼んだ。

歴史としての世界　そこでキルケゴールの著作活動は「いかにしてキリスト者になるか」に集約されてくる。真のキリスト者へと不断に生成することが課題となる。この実存的生成の地平が〈歴史〉である。単独者として神に出会う歴史は、ヘーゲルの説く世界史のような客観化されたものではなく、永遠の神が時間のもとに介入する〈瞬間〉においてそのつど始まる歴史である。具体的には、キリスト教の原点たるイエスの受肉の出来事との〈同時性〉を主体的に〈反復〉する場である。反復的にキリスト者になる体験の可能的根拠である。歴史とは自由な実存的人間の世界であり、実存はたえずそのつど将来へと向かって自己を生成する。その将来から無の実存へ到来する存在の根拠は、キリスト教のいう再臨のキリストであるが、これは同時に過去の復活のキリストである。実存の歴史は、将来へと語り出して決断する者に、過去の原点との同時性を贈りつけながら、不断に出来事が生成する根拠を与えている。キルケゴールの歴史哲学とは、客観的な歴史を通覧することではなく、人間に歴史という世界が生起する原理を語ることであった。　　　　　　　　　　　　　〔柏原啓一〕

147　マルクス

1　生涯

生いたちと修学　カール・マルクス（Karl Marx, 1818—1883）はライン・プロイセンのトリエル市でユダヤ人の家庭に生まれた。両親の家系はいずれも代々ラビを出してきた由緒ある

ユダヤ人家族，父ハインリッヒは弁護士であった。カールは6歳のときプロテスタントに改宗したが，正規の初等教育を授けられたかいなか不明である。1830年にトリエルの名門ギムナジウムに入学，開明的な教育を受けたのち，35年からボン大学およびベルリン大学で法学を履修——ベルリン大学時代にブルーノ・バウエル講師等との交友もあり，ヘーゲル左派の一員として思想形成の途につき——1841年にイエナ大学で哲学の学位を取得した。学位論文は『デモクリトスとエピクロスとの自然哲学の差異』。

ジャーナリスト 教職に就くことを断念したマルクスは，1842年の秋から約半年『ライン新聞』の編集者を務め，その折の体験から，社会経済問題や社会主義思想の研究に着手する必要を感じるようになった。43年に，かねて家族的交際のあったヴェストファーレン男爵の令嬢イエンニーと結婚，パリに赴き，アーノルト・ルーゲと共同して雑誌『独仏年誌』を創刊したが挫折，以後，文筆で生計をたてる。48年から50年にかけて，政治運動の必要上，みずから『新ライン新聞』を発行したほかは，各種の新聞，主としてアメリカで発行されたドイツ人向けの進歩的な新聞に寄稿，政治・経済評論家として活躍した。その成果として『フランスにおける階級闘争』(1850)，『ルイ・ボナパルトのブリューメル十八日』(1852)，『フランスの内乱』(1871) などが特に有名である。しかし，ジャーナリストとしての活動は，1850年代以降，生活手段ないし政治活動の一環として行なわれたものであって，マルクスの本領は革命運動の理論家としての思想的営為にある。

革命運動の理論家 1846年に革命運動の組織的実践を開始，当時在住したブリュッセルを本拠に，エンゲルスやヘスなど

と一緒に「共産主義（国際）通信委員会」を設立，その中心となった。その当時，ドイツ人労働者（職人）の共産主義組織「義人同盟」に分派闘争が発生し，カール・シャッパー，ヨーゼフ・モル等を指導部とする新主流派から招かれて「共産主義者同盟」の結成に参劃し，この組織の綱領として『共産党宣言』(1848) を執筆した。「共産主義者同盟」は，しかし，1848年の革命運動の敗北後に分裂，マルクス，エンゲルス等は中央委員会でこそ多数を制したものの実質的には少数派に転落，本部を亡命地ロンドンからドイツのケルン市に移したが，ケルンの組織が弾圧によって潰滅したため，マルクスは以後しばらく組織的活動の第一線から身を退くかたちになった。マルクスはこの機会を利用して理論研究，とりわけ経済学の研究に従事，その成果を著作の形で世に問うた第一弾が『経済学批判』(1859) である。その後，経済学のさらなる研究を続けるかたわら，64年にはチャーチストやバクーニン派の無政府主義者等をも糾合して第1インターナショナル（「国際労働者協会」）を結成，その中心的存在となり，『資本論』第1巻 (1867) をも公刊したが，1871年のパリ・コミューンの敗北後，第1インターもやがて解体，マルクスはふたたび直接的な組織活動からは身を退くことになった。しかし，ドイツおよびフランスでようやく伸長しはじめたいわゆる"マルクス派"の運動を亡命地ロンドンから間接的に指導しつづけ，忙中に小閑を得て理論体系の完成を図ったが肝臓癌のため壮途半ばにして1883年に斃れた。

2　思想

三つの源泉の綜合　マルクスの思想は一気に確立されたもの

ではなく，前期と後期とのあいだには飛躍的な思想的進展がみられる。また，ヘーゲル左派の準位から超脱した体系期の思想といっても，唯物史観（ひいては世界観全般の基本的視座）の確立が先鞭となり，それとほぼ並行して共産主義革命の理論が形成されたのち，経済学の体系が次第に整うにつれて共産主義理論もさらに具体的に肉付けされるといったかなり複雑な形成史の所産である。が，達成された理論的境位を思想史的に位置づけて言うかぎり，マルクスの思想はいわゆる「三つの源泉」——すなわち，第1にドイツ古典哲学，わけてもヘーゲル学派，第2にフランスを中心に出現した社会主義思想，第3にイギリスで完成された古典派経済学の学的成果——を一種独特の仕方で綜合的に統一したものと称されうるであろう。

近代的地平の超克　マルクスの思想は，しかし，近代知の諸成果を単に総括したという次元にとどまるものではない。それは近代知の地平を内在的に止揚するものとなっている。謂うところの「三つの源泉」に即して言えば，古典派経済学は資本主義経済のメカニズムをそれなりの仕方で科学的に究明したとはいえ，当の機制を"永遠の自然法則"であるかのように扱っていたのに対して，マルクスの経済学は，当の法則性が特殊歴史的なものであることを剔抉，古典派から継承した労働価値説に定位しつつも，資本主義経済が内在的な矛盾によって没落せざるをえない必然性を究明してみせ，"近代の超克"をその必然性に即して説く。また，先行社会主義思想が，自由・平等といった近代的な理念に立脚して，それを真に実現するためにはいかなる社会体制が必要とされるかという視角から社会主義・共産主義を説くのに対して，マルク

スの共産主義理論は先行理論の前提する"近代的理念"のイデオロギー的基盤を対自的に卻けつつ，社会経済の歴史的動態とその必然的な展相に即して社会主義社会の到来を定礎し，それに定位して"近代を超克"すべき革命的実践の戦略・戦術を樹てる。マルクスの思想体系はこのような歴史的相対性の洞見とそれへの定位にもとづいて，狭義の哲学的世界観の次元においても，ヘーゲル学派，とりわけその左派がそれなりの仕方で志向していたところの近代主義的二元論の超克——主観性と客観性，個別性と普遍性，自由と必然，等々の二元性の超克——を真に実現しようと図るものになっている。

〔廣松 渉〕

148 マルクス『経哲手稿』

Ökonomisch-philosophische Manuskripte

成立の事情 初期マルクスの代表的な遺稿。マルクスは『ライン新聞』の編集者を務める以前からヘーゲル法哲学に対する部分的な批判を開始していたが，当初のうち大枠としてはヘーゲル法哲学——社会思想・国家思想・法律観——の呪縛から脱却することは困難であった。しかし，ヘーゲル法哲学との対質こそが固有の社会観を形成するにあたって当面の要石をなすこと，これはマルクス本人の自覚するところであり，彼は『ライン新聞』を退社すると真先にこの作業に着手した。その一記録がいわゆるクロイツナハ遺稿『ヘーゲル国法論批判』(1843) である。マルクスは『独仏年誌』の準備期にも，ユダヤ人問題を論考するかたわら，この作業を継続し，とり

あえず『ヘーゲル法哲学批判—序説』を『年誌』に発表，「本論」の展開を期した。この「本論」たるべく，1844年の春から夏にかけてパリで執筆された未定稿が『経哲手稿』である。四連から成るこの手稿は散失部も多く，全体として「ヘーゲル法哲学批判」の「本文」と呼ばれうるかも疑問であるが，初期マルクスの意想と到達点を知るうえで，この遺稿が第一級の資料であることには異見の余地がない。

疎外論の論理による壮大な構案　マルクスはヘーゲルの法哲学を方法論にまでさかのぼって，したがって，ヘーゲル哲学全体の論理構制にまでさかのぼって批判する姿勢をみせるが，そのさい，ヘーゲルの立てる「主体＝実体」たる「絶対精神」とはその真実態においてはフォイエルバッハのいう「類的存在（Gattungswesen）」としての「人間」にほかならないという了解が基底的な視座をなしている。しかし，マルクスはヘーゲルの論理展開に直接的に内在して批判するわけではない。彼はヘーゲル法哲学の一つのポイントをなす市民社会論と対質するにあたり，それの"原版"ともいうべき古典派経済学の社会分析と反照的に討究しようと試みる。だが，マルクスとしては古典派の当該所説をそのまま踏襲するわけにはいかない。まずはこの"武器"そのものを批判的に鍛え直しておく必要がある，という次第で，"市民社会"の論理を固有の仕方で把え返すことが要件になる。この先決要求に応えるべく，マルクスは現状における生産的労働——労働生産物ならびに労働過程そのもの——の疎外（Entfremdung）に留目し，労働主体の自己疎外と自己回復を論考する。当の論考は，フォイエルバッハが宗教批判の場で用いた疎外論の論理を社会・経済の場面に適用したものとも言えるが，ともあ

れ，労働主体たる人間の自己疎外による私有財産制の成立と，かかる疎外からの類的存在の自己回復の運動としての共産主義とを，統一的な視座と原理から展開することによって「三つの源泉」を綜合しつつ，壮大な歴史哲学的展望を拓く所以となっている。

〔廣松 渉〕

149　マルクス『資本論』

Das Kapital

成立までの経緯　『資本論』は文字通りマルクス畢生の労作であるが，生前に公刊されたのは第1巻（1867）のみであって，第2，第3巻は未定稿をエンゲルスが編集して公刊したものである（第2巻1885，第3巻1894）。マルクスが経済学の研究を開始したのが1843年，2巻本『経済学ならびに政治学の批判』を出版社と契約したのが1845年であり，49年には講演『賃労働と資本』の記録が活字に移されたが，マルクスの経済学が体系的な確立をみるまでにはなお長期にわたる苦闘の年月が必須であった。57〜58年にかけて，かなりまとまった草稿（いわゆる『経済学批判要綱』）が成立，59年にようやく『経済学批判』の第1分冊が公刊されるに及んだ。しかし，マルクスは1860年代の前半期にあらためて先行学説と本格的に対質し（その折の遺稿の一部が，厖大な『剰余価値学説史』），『経済学批判』の続刊計画を変更して，新規に『資本論』を起稿することになった。第1巻の公刊後，続刊部分の執筆に励む一方，マルクスは第1巻の改訂にも努力，1873年の改訂第2版，フランス語版など新たな稿本とも呼べるほどである。

このように周到な態度がとられたこともあって，第2，第3巻はついに完成をみるに至らなかった。

劃期的な思想書　『資本論』は直接的な主題からいえば経済学の書であるが，単なる経済学以上の射程をもつ思想書である。マルクスは，古典派経済学の労働価値説を批判的に継承しつつ，剰余価値（Mehrwert）の理論，すなわち，資本制的搾取のメカニズムの解明を展開し，資本主義的生産・流通の機構の究明に定位して，資本主義経済の法則的矛盾が資本主義の没落を必然的に招来することを論証しようと図り，そのことによって社会主義革命の理論に社会科学的な基礎づけを与えようと試みたのであった。この企図の成否については異見の余地がありうるにせよ，『資本論』が経済学史上もっとも体系的な一書であること，また，社会主義思想史上もっとも学理的な一書であることについては，識者のひとしく認めるところであろう。哲学の見地からみても『資本論』は格段の留意に値する。マルクスは彼の弁証法ひいては方法論について主題的に書き誌しているわけではないが，『資本論』からそれを読み取ることができる。「物象化（Versachlichung）」の理論や「労働の存在論（Ontologie der Arbeit）」も本書に盛られている。さらにはまた，リカード流の価値実在論とベイリー流の価値唯名論との両刀的批判のうえに立つマルクスの価値理論は，その論理構制のうちに，哲学史上の伝統的な係争問題たる「普遍論争」を解決しうべき新しい構案を提示している，——特殊的な主題に関わるものであっても，たとえば価値形態論は言語哲学に推及可能な論点を含んでいる——等々，『資本論』は優れて哲学的な一書でもある。〔廣松　渉〕

150 エンゲルス

1 生涯

生いたちと修業 フリードリヒ・エンゲルス（Friedrich Engels, 1820—1895）はライン・プロイセンのヴッパータールで富裕な産業ブルジョアの長男として生まれた。父親は敬虔派の厳格なクリスチャンであり，息子の大学進学を許さなかった。フリードリヒは，ギムナジウムの課程を終えたのち，1838年から約2年半，家業の見習いのため，ブレーメン市の貿易商に修業に出された。この期間に，宗教への懐疑からシュトラウスの著書を介してヘーゲル哲学を学ぶようになり，また「青年ドイツ派」の文学運動に加わるようになった。彼は18歳の時点で，キリスト教信仰と最終的に訣別，またヘーゲル左派にシンパシーを抱懐，政治思想のうえでも急進的な民主主義者となっていたが，フリードリヒ・オスワルトの筆名で評論を次々と発表，当時のドイツで唯一の反体制文学運動であった「青年ドイツ派」の若手代表者格となるに及んだ。1841年，軍役上の義務を果たすためベルリンの砲兵連隊に入営，この時代にヘーゲル左派グループと交友をもつようになり，『ライン新聞』などにも寄稿するかたわら，シェリング批判の有名な三部作を匿名で公刊するなど，ヘーゲル左派の論客の一人となるに至った。

マルクスとの邂逅 エンゲルスは，1842年の晩秋，父親の経営する商会のマンチェスター工場で事務を執るべく渡英したが，その直前に『ライン新聞』社を訪れ，マルクスとは"冷

たい邂逅"に終わったが，副編集長のモーゼス・ヘスと相知り，そのインパクトもあって間もなく共産主義者になった。1843年，ルーゲとマルクスの責任編集になる『独仏年誌』に『カーライル論』および『国民経済学批判大綱』を寄稿した縁でマルクスとの文通が始まり，1844年の夏，帰郷の途次パリで相見え，マルクスと刎頸の交わりを結んだ。両人は早速，共著『神聖家族』(1845)を企画，エンゲルスは郷里で共産主義運動の実践に入り，『英国における労働者階級の状態』(1845)を執筆したりしたが，逮捕の危険が迫ったためベルギーのブリュッセルに難を逃れた。ブリュッセルにはパリを追われたマルクスが先着しており，やがてヘスも来住したので，3名で共著『ドイツ・イデオロギー』を執筆することになった。46年にはこの3名が核になって「共産主義通信委員会」を設立，エンゲルスが「義人同盟」パリ地区のオルグ合戦で勝利したこともあずかって，47年には「共産主義者同盟」への改組に成功，エンゲルスはマルクスと倶に，この新組織の綱領『共産党宣言』の起草を負託された。

陰の参謀 1848年のドイツ3月革命の渦中にあっては，マルクスと協力して文筆・言論活動を展開しただけでなく，エルバーフェルトの武力闘争の現場指揮をとったほか，革命軍ヴィリッヒ中隊の政治将校として最後まで行を共にした。ロンドンに亡命して以後も「共産主義者同盟」中央委員として政治運動に専念したが，同盟の解体後マンチェスターで実業に就き，マルクスの生計を支える役に廻った。当初は事業の収益も思わしくなかったため，マルクスの評論の代作までおこなった。実業家エンゲルスの援助がなければ，マルクスが『資本論』を執筆することはとうてい不可能であったろう。

V ヘーゲル以後

もっとも,彼は実践運動から身を退いたのではない。1864年,第1インターナショナルの創立とともに政治運動の第一線に復帰,69年には事業をたたんでマルクスと自分の年金を確保,理論活動の一翼を担うべく『自然弁証法』その他の研究に従事しつつ,同時に,『反デューリング論』(1877—78)のごとき公刊文書のかたちで,あるいはまた,各種私信や口頭伝達のかたちで,ドイツをはじめ各国のマルクス主義運動に理論的指針を与えた。

遺言の執行 1883年に僚友マルクスが斃れ,89年に第2インターナショナルが設立されるに及び,エンゲルスは『自然弁証法』をはじめとする自己の著述計画を棚上げにして,只管マルクスの遺志を実現すべく努力することになった。まず,84年には,マルクスのモルガン・ノートを踏んで『家族,私有財産および国家の起源』を公刊,翌年にはマルクスの未定稿をもとに『資本論』第2巻,そしてさらに10年の歳月を費して『資本論』第3巻を上梓したほか,絶版状態になっていたマルクス生前の諸著に詳しい序文を付して重版の措置をとり,マルクス理論の普及・定着を図った。

2 思想

マルクスの介添 エンゲルスはマルクスとの緊密な協力のもとに新しい世界観・歴史観・革命理論の構築に励んだのであり,どこからどこまでが彼の固有思想であるか確定するのは六ケ敷しい。マルクスが経済学の方面,エンゲルスが自然弁証法の方面を分担したともいわれるが,これらの部面でも両人はたえず意見の交換をおこなっていたのであるから,截然と分けるわけにはいかない。しかし,エンゲルスのほうがマ

ルクスより一足先に共産主義者になっていたこと，経済学の研究でも先鞭をつけマルクスに刺戟を与えたこと，さらにはまた「唯物史観生誕の書」と呼ばれる『ドイツ・イデオロギー』(1845—46)の基本的諸提題はエンゲルスの書き下したものであること，等々，思想形成期にはエンゲルスのほうが先導した面も認められる。エンゲルス本人は，自分は「第2ヴァイオリン」をひいたにすぎないと謙遜してはいるが，いずれにせよ，彼の思想は，僚友の名を冠して「マルクス主義」と呼ばれているものとほかなるものではない。――ちなみに，後年のマルクスは哲学や社会主義理論に関する主題的な論著を書いておらず，エンゲルスの手になるこの方面の労作が第2インター・マルクス主義の基底書となった――。世界観の根本に即していえば，彼は一切の超越的存在を認めず，現与の世界に自足的な存在性を認めるかぎりで唯物論の立場に立つが，従前の唯物論が陥っていた機械論的な存在観は卻けるのであって，要言すれば「弁証法的な唯物論」，これがエンゲルスの世界観上の立場であり，彼はこれに定位して歴史の唯物論的な統握と自然の弁証法的機制の体系的把握を志向したのであった。

〔廣松 渉〕

151　弁証法的唯物論

マルクス主義の哲学　マルクス主義の始祖たちは，彼らの哲学を体系的な形では書き遺していない。しかし，後継者たち，特にドイツ社会民主党のカウツキー (Karl Kautsky, 1854—

1938) やロシアのマルクス主義者たちによって，始祖の理論が体系的な解釈図式に盛り込まれるようになった。そのさい，いうなれば第一哲学の位置におかれるのが「弁証法的唯物論」(Dialektischer Materialismus. Diamat と略記されることもある) である。ヘーゲルの体系構制における「論理学」「自然哲学」「精神哲学」とのアナロジーというわけではないが，弁証法的唯物論は存在論・認識論・論理学の三位一体的な統一とされ，この第一哲学の適用的延長として，「自然弁証法」と「史的唯物論」の二大部門が立てられる。そして，これら両部門の下位に，自然諸科学および歴史的・社会的・精神的諸科学が配置され，壮大な学問体系の構案が立てられる次第である。

機械論的に対する弁証法的　ヘーゲルは「形而上学的」と「弁証法的」とを対比的に用いたが，前者は自己完結的に固定的でかつ不易な実体をもって真実在とみなす立場であり，この存在観は近代における自然科学的な唯物論にも継承されている。マルクス，エンゲルスは，同じく唯物論といっても，18世紀流の力学主義的な唯物論や19世紀の生理学主義的な唯物論に対しては，それらが機械論的な存在観に立っており，ヘーゲルのいう意味で形而上学的＝非弁証法的であることを厳しく批判し，弁証法的な存在観と相即するごとき唯物論を標榜した。これは，不変不易な自己完結的な実体的存在を認めず，万象を生成流転と汎通的な相互連関・相互浸透の相で観ずる存在観であり，したがってまた，いわゆる論理の場においても，矛盾律を根本原理とする伝統的な「形式論理学」流の悟性論理を斥ける所以となる。

唯物論と質料主義　後継者たちの解釈体系においては，唯物

論の内実が多分に科学主義的な唯物論に近くなっているが,マルクス,エンゲルスは,形相主義に対する質料主義の含意で「唯物論」の立場を自己規定したものと思われる。彼らが,初期における唯心論・唯物論,観念論・実在論という対概念の使用から,観念論・唯物論という対概念の使用に転換したのは,ライプニッツ,フォイエルバッハの用語法を踏んだものであり,現前する世界が超越的なイデーによって存在性を与えられているとするイデア主義に対して,現与の世界それ自身に存在性を認める質料主義の撰取と相即するものであった。それは,弁証法的な存在観を採るとはいっても,ヘーゲル主義のごとき超越的なイデー主義(Idealismus＝観念論)とは反対に,質料主義(Materialismus＝唯物論)を採ることの表明にほかならないであろう。〔廣松 渉〕

152 功利主義

　18世紀のいわゆるイギリス古典哲学の継承・発展として19世紀前半に支配的となった思潮が功利主義(utilitarianism)である。
ベンサム　ジェレミー・ベンサム(Jeremy Bentham, 1748—1832)を祖とする功利主義派は,また哲学的急進派(Philosophical Radicals)とも呼ばれたが,その思想上の原理はニュートン的経験哲学のヒューム的人間学への展開方向を徹底して押し進めたところに得られたものである。つまり,ニュートンが重力の原理にもとづいて行なった自然科学の体系化を,

ベンサムは「功利の原理 (principle of utility)」にもとづき精神科学・社会科学の領域において行なおうとしたのである。

ベンサムによれば,自然は人間を「快楽(プレジュア)」と「苦痛(ペイン)」という2人の主権者の支配のもとにおいたのであって,結果におけるこの快・苦の増減によってそれぞれの行為の是非善悪は決定される。これがすなわち「功利の原理」にほかならない。それゆえ,行為の結果の精密な計算,つまり「快楽計算 (hedonistic calculus)」こそが正しい行為の唯一かつ充分な導き手である。そして「快楽」を追求し「苦痛」を回避しようとする本来利己的な個人も,結果における「最大多数の最大幸福 (the greatest happiness of greatest number)」を目ざすこととなるという点で社会的に結ばれるものとなるであろう。だから,「功利の原理」は時として「最大幸福の原理」とも呼ばれることになる。

ベンサム自身が認めているように,この「功利の原理」も「最大多数の最大幸福」という定式もベンサムの独創に出たものではないが,これが全社会科学の基礎に据えられて政治の原理ともされ,選挙法改正とか救貧法改正とかの当代緊急の現実的諸問題への積極的な働きかけがなされたところに,哲学的急進派としてのイギリス功利主義派の大きな特色がある。

ミル父子 ベンサムにつづく功利主義派の中にあってもっとも重要な存在はミル父子である。父ジェームズ・ミル (James Mill, 1773—1836) は熱烈なベンサム理論の信奉者・実践者として活躍したばかりでなく,独自の経済理論を展開し,さらにベンサム理論の心理学的基礎づけにも功績があった。彼は「観念連合 (association of ideas)」の理論を導入することによ

って，教育や訓練による条件づけの意義を力説したが，わが子ジョン・スチュアート・ミルに施した早期教育はそれの実践にほかならない。そのあまりにも機械論的な心理学によって基礎づけられた功利主義思想は，この早期教育において破綻を示すことになり，そこに功利主義のヒューマナイザーと評せられるジョン・スチュアート・ミルを生み出すこととなった。
〔生松敬三〕

153 ジョン・スチュアート・ミル

1 生涯

早期教育 ジョン・スチュアート・ミル (John Stuart Mill, 1806—1873) は，熱心なベンサム信奉者であったジェームズ・ミルの長男に生まれ，この父から幼児期よりギリシア・ラテンの古典語学習にはじまる徹底的な主知主義的教育を受けて育った。13歳ですでにリカード『経済学および課税の原理』まで読みおえ，父と同じく熱烈なベンサム主義者となった。16歳のときには何人かの仲間と「功利主義者協会」をつくり，実践活動・文筆活動をはじめている。大学には進学せず，1823年，父の勤務していた東インド商会に入ったが，これも経済的不安なしにベンサム主義者としての活動に専念できるようにとの父のはからいであった。

精神の危機 ところが，1826年，ミル20歳のとき，『自伝』(1873) にいう「精神の危機」に襲われ，深い挫折感にとらえられた。これは，ベンサム主義による世界の改革という目

的への懐疑であり、またこれまでの絶対的な権威としての父の主知主義教育への反動であり、また端的に「父と子」の問題の19世紀における典型的な一事例でもあった。この危機をミルは、自分の中にまだ知的分析によって解消しえない感情が深く現存することの確認からしだいに脱却していったが、かくしてここに人間性の総体を尊重する功利主義のヒューマナイザーとも、個人の自由と選択を重視する現代自由主義の定礎者とも評されるジョン・スチュアート・ミルが誕生することとなる。

恋愛と結婚 1830年、24歳のミルは、ロンドンの実業家ジョン・テイラーの夫人ハリエットと相識る。精神的危機を脱したばかりのミルは、学問的・芸術的天分の豊かなハリエットに理想の女性を見出して、たちまち相思相愛の恋愛関係に陥った。夫ジョン・テイラーの理解ある態度によってこの恋愛関係はスキャンダルとして問題化されることなくテイラーの死（1849）までつづいた。ミルの家族関係、友人関係はこれによって損われたけれども、ミルにはハリエットというよき思想上の相談相手がえられたことの意味はきわめて大きいものがあった。1851年、ハリエットと結婚し、ミルが東インド商会を退職した58年にハリエットが死ぬまで幸福な結婚生活が営まれた。有名な『自由論』（1859）なども、冒頭にミル自身が明記しているように、このハリエットとの協同作業として書かれたのである。

晩年 ハリエットの死後、ハリエットの長女ヘレン・テイラーが秘書役となってミルの世話をやき、ミルはなお平穏に数多くの著作の執筆活動に専念することができた。1865年には、ウェストミンスター選挙区の人びとに押されて総選挙に立候

補して当選,選挙法改正問題などに議員として活躍したが,1868年に落選,以後政界を引退した。1873年,アヴィニョンへの旅行中病を得て死去。時にミル67歳であり,その遺体は同地に眠るハリエット夫人の墓と並べて葬られた。

2 思想

早くから実践活動・文筆活動をはじめたミルには数多くの論説,著書があり,その領域も論理学(『論理学体系』1843)から政治(『代議政体論』1861),宗教(『宗教三論』1874)等々,多岐にわたるが,中心的問題はやはり前記『自由論』や『功利主義』(1863)などに見られる,ミルにおける功利主義の変貌の問題であろう。

功利主義の変貌 ベンサムは「快・苦」の増減によって人間の行為の是非善悪を判定するという「功利の原理」を立て,「最大多数の最大幸福」をモットーとして救貧法の改正や選挙法の改正といった現実の社会問題に積極的な政治的働きかけを行ない,ジェームズ・ミルはさらに「観念連合」の説を導入して功利主義理論の心理学的基礎づけを試みたが,「精神の危機」以後におけるジョン・スチュアート・ミルはその「哲学的急進派」の基本的立場は維持しながらも,師・父の教説にはかなり批判的な見解を抱くにいたっている。たとえば『功利主義』には,「満足した豚であるよりも不満足な人間であるほうがよく,満足した馬鹿であるよりも不満足なソクラテスであるほうがよい」といった有名な言葉が書きとめられているが,これはベンサム流の「快楽計算」(ヘドニステイック・カルキュラス)を不可能ならしめる,快楽の質的差別の承認以外のなにものでもない。快楽の質的差別,優劣を認めるとなれば,その大小

の量的比較は当然できないことになり,「功利の原理」はゆらがざるをえないであろう。ベンサムが説いた, 人間を道徳的たらしめるための諸種の外部的制裁に対して, ミルが内部的制裁としての「良心の声」「同胞感情」を挙げていることも, やはり同じ文脈に属することがらである。そこにはミルが「危機」以後に好んで読んだワーズワース, コールリッジ, カーライル, またそれを通じてのドイツ理想主義哲学の大きな影響が認められる。ミルの功利主義の正統な後継者としての活動は終生つづけられているが, ベンサムやジェームズ・ミルの単純かつ狭隘な18世紀的人間理解は乗り越えられ, 19世紀的現実に対応した変貌がここにとげられているといってよい。オーウェン, フーリエ, サン・シモン等の社会主義運動への共感もそのことを示している。

自由論 功利主義者としてミルは「功利」「幸福」を口にすることをやめていないが,「危機」体験以後は, 自分の「幸福」を直接的な目的とすることはできないこと,「感情」の内面的教化の必要のあることがはっきりと自覚されるにいたり,『自由論』においても「個人の自発性は内在的価値をもっており, それ自身として尊重されねばならぬ」ことが力説される。つまり,「幸福」あるいは「快楽」は「自己の欲求の実現」ということにまで拡大され, 力点は明らかに「個人の自由」,「多様性」,「正義」へと移されているのである。とりわけ「言論の自由」の主張はその核心であった。まさしくそういうものとして『自由論』はなお現代自由主義の古典でありつづけている。

〔生松敬三〕

154 進化論

進化論と「種の創造説」 進化論とは,通常は,生物の種が,長い歴史的時間のなかで,単純なものから複雑なものへと発展しつつ創出されていく,という考え方を総称し,「種の創造説」に対立する。キリスト教的文脈では,創世記の記述を根拠として,今日見られるすべての生物種を,神が世界創造に当たって創ったという「種の創造説」が強い力をもちえた。たとえば,リンネ (Carl von Linné, 1707—1778) は,そうした主張に則り,自然分類という発想を確立し,種の固定性,不変性の根拠付けとした。しかしリンネ自身ものちに認めたように,変種の存在や種の人為的改変の可能性は,一方で古くから認められた事実であった。かくして,リンネの手で,「種」の固定的な概念が確立されると,逆説的ではあるが,その「種」がいかにして変化するのか,という問題が意識され始めた。

ラマルクとダーウィン とりわけ,生物の種のもつ形質的特徴は,それが置かれている環境によく適応している場合が多い。この点を土台にラマルク (Jean Baptiste Lamarck, 1744—1829) は,用・不用説という仮説を使って種の変化の機構を説明しようとした。この仮説は生物体内部の環境に適応しようとする欲求 (besoin) が生物体の体制を少しずつ変化させるというものであった。

ラマルクの仮説提案から約半世紀後,チャールズ・ダーウィン (Charles Darwin, 1809—1882) は,『種の起源』(1859)

を発表したが，この著作でダーウィンはラマルク同様，適応現象に注目しつつ，自然選択（natural selection）の仮説で，種の創成を説明しようとした。これにはマルサス（Thomas Robert Malthus, 1766—1834）の『人口の原理』（1798）が発想のヒントを与えたと言われるが，環境がより適合した形質をもつ生物を篩い上げていくというこの自然選択説は，生物の側から見れば生存競争（struggle for existence）であり，また，当時のヨーロッパ社会の社会理念である自由競争（laissez-faire）に通ずるところをもっていた。

社会ダーウィニズム それゆえ，人間の進化という微妙な論点を巡って，進化論に対する宗教的反感は極めて根強かったにもかかわらず，社会現象にも生物進化論の類比を応用しようとする風潮が顕著となった。スペンサー（Herbert Spencer, 1820—1903）に代表されるようなそうした風潮を社会ダーウィニズムと呼ぶ。社会ダーウィニズムでは，社会の「進化」を生物の種の「進化」に並行させ，社会の「進化」のためにも，競争の原理を認めようとする傾向が強かった。さらに種としての人間の将来の進化という観点からゴルトン（Francis Galton, 1822—1911）の優生学や，人種改良論，はてはナチズムに連なるような着想もそこから導かれた。〔村上陽一郎〕

155　科学主義とその反動

科学主義　19世紀後半のヨーロッパには，産業革命の進展を支えた科学・技術のさらにいちじるしい発達が見られ，かつ

て哲学的・形而上学的大体系の中に位置づけられていた生物学, 生理学, 心理学, 社会学, 経済学, 歴史学等々がその母胎たる哲学から分化して, 経験的実証的個別科学として自立的な発展を開始するにいたった。

実証主義を基盤とするこうした個別科学の発展を背景として, いわば科学万能のさまざまな「科学的」世界観が形成され, 主張されることになる。たとえば1850年代のドイツにあらわれたモレスコット, ビュヒナー, フォークト等の「生理学」的な唯物論などはそのはしりであるが, これは人間の精神的諸活動をすべて肉体的・生理的な作用に還元して理解すべきことを主張し, また生物進化論を中心とするダーウィニズムは社会思想の場面にまで広範かつ強力な影響を及ぼし, 世界や人間のあらゆる問題はそれによって解決されるとの幻想をも生み出したのである。

このように, 経験的・実証主義的な個別科学の分化・発達による専門分野の知識の増大は, 一方で性急な「科学主義」的世界観を輩出せしめるとともに, 他方で複雑化し巨大化してゆく世界の理性による綜合的・全体的把握への絶望をももたらすことになる。

「生」の哲学　たしかに1860年代以降のいわゆる新カント学派の哲学は, 自然科学的唯物論への批判, 科学批判＝認識論に哲学としての活路を求めた理性主義的哲学であったが, 他方で理性への信頼を放棄し, 科学的知見への絶望に発する非合理主義的な「生」の哲学は, 科学主義への端的な反動としてしだいに多くの人びとの心をとらえてゆくのである。この方向はショーペンハウアー, ニーチェ, 「生」の哲学という系譜として描きうるけれども, その底流には19世紀初頭に18

世紀啓蒙の合理主義への反動として噴出したロマン主義思潮が伏在していると見られる。

それゆえに，この反動はたんに「生」の「哲学」——科学的に観察され，理性的に把握されることのできない「生」，直観的・体験的にのみとらえられる高次の現実としての「生」を説く——という哲学場面だけでなく，文学・芸術の場面でもいわゆる「世紀末」的な気分を示す諸現象に色濃く発現してくるわけである。

現代へ　総じて19世紀後半のこうした情況は「科学への逃避と科学からの逃避」として特徴づけることができようが，そこにおける実証主義的科学主義への反動，科学主義の批判と克服という問題は，近代合理主義批判という課題として今日にまでもちこされているのであり，現代哲学はなんらかの形でこの課題にこたえようとするところから出発していると言ってよいであろう。

〔生松敬三〕

156　ニーチェ

早熟の古典文献学者　フリードリヒ・ニーチェ（Friedrich Nietzsche, 1844—1900）は，1844年ドイツはザクセン地方の小邑をあずかる牧師の家庭に長男として生まれた。早く父を失ったが，給費を受けてドイツ屈指の名門校シュールプフォルタに学ぶ。同校の厳しい古典語教育によって古代ギリシアの世界を知ったことは，後年のニーチェの哲学の姿勢に大きな影響を与えている。1864年からボンおよびライプチヒで古典文

献学を学ぶが，ギリシア研究に文字通り打ち込み，リッチュル門下の俊秀とうたわれ，その秀才ぶりは，学位もまだ取得していない弱冠24歳で，スイスのバーゼル大学教授に抜擢されるほどであった。この昇進ぶりは当時としては異例中の異例である。

ワグナーとショーペンハウアー　彼はライプチヒの学生時代に古本屋の店頭でたまたまショーペンハウアーの『意志と表象としての世界』に触れ，そのペシミズム哲学に魅了されてしまった。同じくふとした機会にワグナーの知己を得，この音楽家が熱烈なショーペンハウアー主義者であったことも働いて，その人物と音楽の絶大な支持者となった。

『悲劇の誕生』の周辺　バーゼルに赴任したニーチェは，近郊のトリプシェンに瀟洒なヴィラを構えるワグナーのもとに足繁く通う。ワグナーは当時，楽劇『ニーベルンゲンの指輪』を上演するための祝祭劇場をバイロイトに作る構想を抱いていたが，ニーチェも積極的にその運動に参与するようになる。彼にとってこの芸術運動は第1に，自己の賛仰するギリシア悲劇の神話的世界の偉大さを現在の卑小なドイツ文化のうちに蘇生させるものであり，第2に，悲劇と楽劇の世界とともに，世界の根源的実相である生きんとする意志からの解脱というショーペンハウアーの理想を具現したものであった。こうしてワグナーとショーペンハウアーとギリシア悲劇がいわば三位一体をなす中で著わされたのが『悲劇の誕生』である。この処女作でニーチェは有名なディオニュソス的とアポロ的という対概念を立て，両者の葛藤と融合のうちに悲劇の本質を見る。生そのもの，苦悩する意志そのものとしてのディオニュソスは，音楽の原理であり，その苦悩の中で夢見ら

V　ヘーゲル以後　451

れた美しき仮象を司るのがアポロである。この仮象とはほかならぬ舞台上で視覚化された演劇行為であり，それに対してディオニュソスの音楽とは悲劇の合唱隊(コロス)である。ギリシア悲劇の成立をこの二原理から説き明かそうとするニーチェはこのディオニュソス的コロスこそ悲劇における本来的なもの，始源的なものとした。しかしこの新解釈は，あまりにワグナー一色に染まっていたため，既成の文献学界からは強烈な反感を買った。そこで彼は，自分たちを理解しようとしない当時のドイツ文化のあり方に激しい批判を敢行する。一連の『反時代的考察』がそれであるが，なかでも第2篇『生に対する歴史の利害』は，自己のギリシア理解と断片的知識の集積に明け暮れる学問との相剋というテーマを原理的に扱ったものとして重要である。以上が芸術家形而上学の時期ともいわれるいわゆる第1期である。

実証主義的解体　ニーチェは1876年，ようやく落成したバイロイト祝祭劇場のこけら落しに招かれたが，そこに見たのは，ギリシアの再生とは程遠い成金趣味とワグナーの傲慢ぶりであった。彼は自分の夢見た理想と現実のギャップに衝撃を受ける。ショーペンハウアー熱もこの頃から冷え始め，むしろこうした各種の理想に対する徹底的な批判が始まる。つまり，19世紀に勝利をおさめた実証科学の立場から，宗教・芸術・倫理等の解体が試みられ，崇高な価値の背後に潜む人間的な，あまりに人間的な低劣さが，卑小さが，そして権力欲が，嫌悪の情をともなってえぐり出される。「自由精神」を標榜するそうした批判は，アフォリズムという断想形式を用いて表現され，『人間的な，あまりに人間的な』『曙光』『悦ばしき知識』という一連の作品にまとめられた。いわゆる第2期である。

この頃から健康状態も思わしくなく、ついに1879年には大学を退職するのやむなきに至った。それ以来、夏はアルプスの山中を、冬は地中海岸の諸都市を転々とする一所不住の漂泊の生活が続き、自分を認めてくれないドイツの地を踏むことは稀になっていく。

「力への意志」と「永劫回帰」　だが次第に単なる批判と解体から、第3期の「大いなる肯定」の哲学が萌してくる。その柱のひとつが、「永劫回帰」の直観的体験である。すべてはかつてあったように寸分たがうことなく再び回帰する——そしてそれが無限に繰り返される——というこの「円環の思想」は、1881年アルプスのシルス・マリアに滞在中「人間と時間のかなた六千フィート」の山中で電光のように閃いたものである。以後の彼の思想はこの教説と「力への意志」を軸として転回する。存在するすべてのものには力を求める意志が備わっており、それはいっさいの倫理的範疇を越えて肯定されなければならない。人間は力を否定するキリスト教的プラトニズム的弱者の道徳を切り捨て、ニヒリズムを肯定する強者の道徳を建設しなければならない。必要なのは、「一切の価値の転換」であり、善悪の彼岸に立ってこの生の実相に徹すること、つまり、「力への意志」の戯れが永遠の時間の中で回帰するしかないという世界のディオニュソス的実相に適わしくなることである、といったものであり、そのために「超人」の到来が要請される。ペルシアの哲人をモデルにした『ツァラトゥストラ』の中で「永劫回帰」と「超人」、「力への意志」と「価値の転換」は詩的形象化を見る。多くの箇所は特に文体面で意図的に聖書をパロディー化して書かれている。その他に晩年の作品としては『善悪の彼岸』『道徳の系

譜』『アンチクリスト』等があるが，膨大な量の遺稿も重要である。

終焉 だが壮絶な思想を作りあげているさなかの1889年1月に発狂，以後1900年の死まで妹のもとで廃人同然の生活をおくるという悲惨な最期になったが，彼の思想は，その寸鉄人を刺すすぐれた批判的文章とともに20世紀西欧の精神にはかりしれない影響を与えた。　　　　　　　　　　　〔三島憲一〕

157　ニヒリズム

由来 ニヒリズムなる語の最初の哲学的使用は，ヤコービがフィヒテの観念論を批判した時点にさかのぼるとされているが，やがてヘーゲル左派が，またフランス社会主義運動の内部では無頼の急進主義者たちが，ニヒリストと呼ばれるようになった。ロシアでこの語がポピュラーになったのは，アナキズムに近いこの意味においてである。そして『父と子』で最初にこの語を作ったと自称するツルゲーネフおよび一群の知識人を通して西欧に戻ってきた。

ニーチェの定義 だがこの語に時代の哲学的状況と結びついた決定的な内容を与えたのはニーチェである。彼はブールジェやドストエフスキーに触発されて，この語とそのイメージを活性化し，時代の病を告げる19世紀末の諸局面——伝統的な文化や教養の崩壊，瀰漫するデカダンス的風潮，大衆の出現等——を集約してニヒリズムと名付けた。しかしそれにとどまらず，むしろこうした徴候（彼はそれを心理学的ニヒリズ

ムと呼んでいる）の背後に，従来の西欧を支配してきた最高の諸価値，イデアであれ，神であれ，物自体であれ，彼がプラトン的キリスト教的と呼んだ諸価値が，その虚妄を見抜かれ，人間の拠って立つ根拠が消失してしまった事態をニヒリズムの哲学的核心として把握している。「神は死んだ」と告げる彼はそれゆえ，みずからを「最初の完全なニヒリスト」と呼んでいる。

ヨーロッパのニヒリズムとその克服　だが彼にとってニヒリズムとは，ただこのようにわれわれを包む呪わしい歴史状況にとどまるものではない。つきつめて見れば，従来の最高の価値といえども，実在しない幻想を思い描いていただけである。いわば本来的な無(ニヒル)の上に架け渡されていただけであり，実は「事物の真なる存在に与えられていた特性は無を表示するにすぎない」。その点ではニヒリズムとは今に始まった現象ではなく，むしろ崇高な価値の名の影で潜在的に働いていたものが顕在化したにすぎない。ニヒリズムとはむしろ「これまでの世界解釈の必然的帰結」であり，「われわれの最高の価値や理想の最後まで考え抜かれた論理」であり，それゆえ，ヨーロッパの歴史を貫く基本的原理である。したがって必要なのは，崩壊した価値の再建でも，心理学的ニヒリズムの中で思い悩むことでもなく，「力への意志」以外にはなにも存在しないという「歴史の原事実」に従い，価値を「自然化」すること，そしてニヒリズムを積極的に転化し，「永劫回帰」を「ニヒリズムの究極の形式」として肯定することである。

なおハイデガーがニーチェ講義の中で「ヨーロッパのニヒリズム」と題して，ニヒリズムの問題を存在忘却の歴史との関連で取り扱っていることも付加しておきたい。〔三島憲一〕

158 ニーチェ『ツァラトゥストラ』

Also sprach Zarathustra

　ニーチェの主要著作で,「ツァラトゥストラはこう言った」が,正式の題である。古代ペルシアの宗教的哲人ゾロアスターをモデルに,彼の言行を記述する形でニーチェが「永劫回帰」の教説を中心に,自己の思想を——客観的にではなく,いわばその思想を獲得し生きる主体の側から,それに伴う苦悩や歓喜とともに——書き綴ったものであり,終始比喩の豊かな非常に美しい詩的散文で書かれている。

成立の事情　全体は四部に分かれており,第1部の成立は1883年。全巻を貫く根本思想である「永劫回帰」は1881年の夏,アルプスの奥深くシルヴァプラナの湖畔を逍遥していた折り,突然啓示の如く閃いたのであるが,それを肉付けするツァラトゥストラの着想も同じである。1883年の2月にラパロから紺碧の地中海をのぞむポルトフィノ岬への散策の途上で「ツァラトゥストラの第1部全体が,とりわけツァラトゥストラという典型が私のうちに浮かんだ。正確に言えば彼が私を襲った」。このインスピレーションの強さに相応して第1部は10日ほどで一気にでき上がった。第2部はその夏にアルプス山中で,第3部は翌冬ニースでやはりきわめて短期間で完成した。第4部のみいくらか時間がかかっている。

超人　ツァラトゥストラが10年間籠っていた山から出て,市場の大衆に説教をしに行くところから話が始まる。説教には聖書のスタイルを逆手に取ったものが多い。たとえば,聖職者や学者のような既成価値の擁護者が嘲笑され,新しい偶像

としての国家の虚妄があばかれ，女や子供に対しても，弱者保護の思想の転換が試みられる。なまぬるいキリスト教市民道徳にとっぷりつかった大衆社会とその水平化現象，自己を賭けた生の喪失に嘆きが発せられ，そのような人間の克服と超人の出現が要請され，さらに予言される。「人間とは動物と超人のあいだに張りわたされた一本の綱である」と。

永劫回帰　こうした超人をめざした説教のあいだをぬって，ツァラトゥストラが「永劫回帰」の思想に到達し，いっさいのものが，大きいものも小さいものも——つまり超人も賤民も——寸分たがうことなく同じように繰り返されるというこの「深淵の思想」をただ認識するだけでなく，その恐怖と戦慄に耐え，多くの試練と苦悩を乗り越えて自己のものとして行く過程が描かれる。特に第3部以降は「永劫回帰」への悟脱が主題である。なかでも「幻影と謎」「快癒に向かう者」「大いなるあこがれ」等の章は，人間のいかなる意志も克服できない過去を，永遠に回帰する運命の肯定へと転化する内面の闘いを描いて，ニーチェのもっとも深い思想の熟成を告げたものとして有名である。〔三島憲一〕

第4部　現代の哲学

ひたすら多様化する現代の哲学

　ヘーゲル哲学に近世哲学の完成を見，ヘーゲル学派の解体をその崩壊過程と見て，これを近世に組み込むか，それともヘーゲル学派の解体に現代哲学の発足を見るかは意見の分かれるところであろう。全体として19世紀の思想史には，漠然として見きわめにくいところがある。本書では，この19世紀までを近世に組み込み，1900年のニーチェの死をもってその終焉とした。

　したがって，ここで「現代の哲学」として考えられているのは20世紀の哲学である。この世紀は，二次にわたる世界大戦と，それに絡んで起こったロシア革命や大恐慌，ファシズムの跳梁とその瓦解，自由主義陣営と社会主義陣営との険しい対立など，まさしく「戦争と革命の世紀」であった。当然20世紀に生まれた哲学・思想も実に多様で，近世に支配的であった機械論的自然観への反発である生の哲学，近世理性主義へのアンチテーゼであるプラグマティズムや実存主義，革命の哲学ともいうべきレーニン主義，つまりロシア・マルクス主義とそれを批判的に拡張しようとする西欧マルクス主義，20世紀になるのを待ちかねるようにして登場してきた精神分析と現象学，シンボルの哲学と分析哲学，そしてこの時点では最後に，多少不気味なかたちで姿を現してきた構造主義とシステム哲学，まだどこへ向かっているのかよく分からない，いかにも途上にあるといった感じの多様な思想群である。
〔木田　元〕

159 新カント派

成立の事情 「カントに帰れ」の叫びに促されて,19世紀後半から20世紀の初めにかけて,カント復興の運動がドイツに生じたが,この運動を支えた一連の観念論ないし理想主義の哲学を,新カント派という。

19世紀の半ば頃は自然主義,唯物論,実証主義の全盛時代であった。自然科学の目覚ましい発達によって,人びとはヘーゲル流の形而上学に不信感を抱き,哲学は自然科学の原理を受け入れ,それと同化しなければならないと考えるようになっていたのである。これは事実上の哲学蔑視であるが,こうした傾向に逆らって,新しい哲学を樹てるためには,実証科学の意義を認めつつ,しかもそれを越え,それを基礎づけるような哲学が考えられなければならない。これはかつてカントが試みたことであったので,新しい哲学への要求は,「カントに帰れ」の叫びとなり,新カント派を生み出したのである。

新カント派の哲学者 この派は,①初期新カント派と,②後期新カント派に分かれ,後者は③マールブルク派と④西南ドイツ派(バーデン派ともいう)に分かれる。①に属するのは,『カントとその亜流』(1865)を書き,その各章の終りを,「それ故カントに帰らなければならない」という言葉で結んだリープマン(Otto Liebmann, 1840—1912)やランゲ(Friedrich Albert Lange, 1828—1875),リール(Alois Riehl, 1844—1924)など。③に属するのは,コヘン(Hermann Cohen, 1842—

1918), ナトルプ (Paul Natorp, 1854—1924), カッシーラー (Ernst Cassirer, 1874—1945) など。④に属するのは, ウィンデルバント (Wilhelm Windelband, 1848—1915), リッケルト (Heinrich Rickert, 1863—1936), ラスク (Emil Lask, 1875—1915) などである。

マールブルク派　これはランゲが晩年に在職したマールブルク大学に始まる。コヘンがこの派の創始者であるとともに完成者である。彼は数学的自然科学的認識を念頭に置いて考える。何かが客観的にあるということは, それが自然法則に支配され, 他の事物と法則的に関連づけられてあるということである。事物はこうした法則的連関を離れてはありえない。ところが, この法則的連関そのものは, 事物を互いに関係づけて考える思惟の論理的機能に基づく。論理的法則的に思惟する認識主観の思惟作用によって, 事物の法則的連関が生じ, 事物はこの連関の中に組み込まれているものとして思惟されることによって, 客観的にあるものとみなされる。だから, 事物は法則的連関を定立する認識主観の思惟によって生産されると言える。この意味で思惟＝存在（事物）であるとされる。

　これはカントの構成的認識論の徹底であるが, ここで問題になっているのは生(なま)の事物そのものではなく, 実は科学的に思惟された対象の存在にほかならない。事物の存在の名の下にこの種のもののみを問題にする点で, コヘンの哲学は観念論である。

西南ドイツ派（バーデン派）　創始者はウィンデルバント, 完成者はリッケルトである。彼らはいずれもフライブルクやハイデルベルクなど, ドイツ西南部バーデン地方の大学で活躍したので, この名がある。

マールブルク派が数学的自然科学だけを念頭に置いたのに対して，西南ドイツ派は自然科学と歴史科学（文化科学）の双方を問題にし，その認識論的基礎づけを行なった。問題領域の拡大が，この派の一つの特徴である。

　コヘンによって主張された思惟による対象の生産ということは，この派では考えられておらず，思惟にはまず経験的現実が与えられていなければならないとされる。ただ，認識はこの現実をあるがままに模写するのではなく，科学の認識目的からみて重要な要素だけを現実の中から選択してとらえる。自然科学の認識目的は，絶えず繰り返される一般的法則を把握することであり，歴史科学の目的は，対象の一回的個別的特性の把握である。個別的特性は，現実の多様の中から，文化価値からみて意味のある特徴を選び出すこと（価値関係的操作）によってとらえられる。自然科学と異なる歴史科学のこうした性格づけは，19世紀ドイツのランケを中心とする歴史学の立場に，認識論的基礎づけを与えたものと考えられ，その後の歴史科学・社会科学方法論に，大きな影響を与えた。

　ところで，西南ドイツ派は認識論的基礎づけの仕事を科学だけに限定せず，政治・道徳・芸術・宗教などの文化全体に拡大して，文化一般の基礎づけを行なう「文化の哲学」を樹てようとした。だが文化とは，文化価値が実現したものにほかならないところから，文化の基礎としての価値を問題にする「価値の哲学」が目標として掲げられることになった。しかし実際になされたことは，文化諸価値の構造や体系を抽象的形式的に論ずること以上には出ていない。

新カント派の解体　「各人は各人のカントを読む」とコヘンは言い，また「カントを理解することはカントを越えること で

ある」とウィンデルバントは言っているが，1920～30年頃には，新カント派は認識論的基礎づけというカント的立場を越えて，形而上学に向かうようになり，解体期を迎えた。

　マールブルク派は存在を思惟に還元することによって，生(なま)の事物の存在を無視したと言える。西南ドイツ派の方は，存在を思惟に還元するようなことはしなかったものの，価値を存在から引き離したうえで，現実の存在よりも価値を重んじ，生の現実は価値によってのみ意味あるものになるとみた。そこにこの派の理想主義があるわけだが，このことは，この派が問題にしたものが，実は価値に媒介された生，文化として形成された生にすぎなかったことをも示している。ここでは，われわれが体験する現実の生そのものが見落とされていたのである。また価値を現実から引き離したために，対立するこの二つのものが結びついて文化が生ずるのはなぜかの説明に窮して，価値の哲学は自己の無力をさらけ出すことになった。こうして，第1次大戦後の学界の大勢は，より直接的な生，より根源的な実存を求めて，生の哲学や実存哲学に向かっていったのである。

〔関　雅美〕

160　社会科学方法論

自然主義と歴史主義　19世紀から20世紀にかけて，経済・政治・社会・文化など，人間社会に起こる諸事象の経験的研究は著しく発達したが，しかしそれも物理学をはじめ自然現象を対象とする自然科学の驚異的な発展に比べればかなり見劣

りのすることは明らかである。こうした事情を反映して,社会科学の方法をめぐる論議は,自然科学に対する方法上の独自性について肯定否定いずれの態度をとるかによって大きく二つの立場に分かれる。一方は,経済学のオーストリア学派や心理学の行動主義などにみられる立場で,社会科学と自然科学の方法上の統一性を主張する。今日では論理実証主義の流れをくむ科学哲学者がこれを支持している。こうした自然主義に対立するのが,社会科学は対象の錯綜性,独自性のゆえに,単に自然科学の方法を模倣するだけにとどまるべきではないとする立場である。古くはサヴィニーやロッシャーなどの歴史学派,トレルチやマンハイムなどの歴史主義者から今日の現象学派や弁証法論者に至るまで幅広くみとめられる傾向を一般に反自然主義と呼ぶが,この立場がほぼ共通して歴史的な事象を重視することから「歴史主義」と呼ぶこともできる。

基本的問題 社会科学方法論の問題点の多くは,人間が人間を研究するという「主体客体の同一性」に起因する。その一つは社会科学的知識の客観性の問題である。科学者も人間である以上,文化的伝統や偏見,党派性から自由ではありえない。それでも客観的認識は果たして可能か。この問題に M. ウェーバーら有力な論者は「没価値性」の要請をかかげて応えたが,論争は今日もなお決着がついていない。研究者の「没価値性」を否定する場合でも,「客観性」の意味を「方法の間主観性」とすることによって問題は解決するという意見も有力である。

次に問題になるのは「理解」の方法である。自然主義者は方法の統一性の原則から,人間的事象も仮説演繹的な説明の

対象であると主張する。たとえば行動主義者は，人間行動を単に外側から観察しうる「暗箱」の動きとして捉える。これに対して，多くの歴史主義者は，社会はそれを構成する人間の行為を主体の内面から，つまり動機や目標を理解することによって初めて十全に認識できると主張する。いわゆる理解社会学は代表例である。しかし理解的方法の内容についてはいろいろな意見がある。古典的な内観主義者は対象に「感情移入」し「追体験」すべきだと説くが，最近の論者は概してこうした見方には否定的で，理解とは行為者の生きる日常的世界の理解，あるいは行為者の従っている規則の理解を意味すると考えている。一方，弁証法論者は「前科学的理解」と科学的説明とを批判的に統一するのが正しい態度だとしている。

〔濱井 修〕

161 生の哲学

1 概説

概観 現代哲学で「生の哲学」という場合，主としてドイツのニーチェ，ヴィルヘルム・ディルタイ（Wilhelm Dilthey, 1833—1911），ゲオルク・ジンメル（Georg Simmel, 1858—1918），クラーゲス（Ludwig Klages, 1872—1956），フランスのアンリ・ベルグソン，またスペインのミゲル・デ・ウナムーノ，ホセ・オルテガ・イ・ガセットなどを代表とする人びとの思想を指す。人間の精神的な生から哲学的に思索する根本の態度が生の哲学である。ベルグソン以下の人びとの思想は

別項目で述べられる（→162，163）。

生という概念　昔から人間は「ロゴスを有する生き物」「社会的な動物」というように，動植物と生命を共有する一方において，理性や知性，言葉の所有，また文化，社会，歴史の形成によって，他の生物と異なるとされている。人間はおのれを知るだけでなく，おのれを際立たせて知ろうとする。また他方，人間の本質をヌースやラティオ，理性や精神に求める反面，欲求や衝動としてのオレクシスやアペティトゥス，意欲つまりウォルンタスが人間にとり不可欠とされている。人間は自他の状態を知覚し明るく意識しうる一方，たえず何ものかに駆り立てられ，何かに向かってゆく暗い衝動を包蔵している。啓蒙時代が人間の内なる理性の光で暗黒を明るみにもたらしうるという共通の信念を抱いていたとするならば，19世紀以降は，理性以外の人間本性がますます表立ち，理性や知性それ自身も，感情や情緒，衝動や意欲と共に，人間の本質の一契機と見られるようになる。この結果，人間の本質を単に理性的なものによってでなく，知性・感情・意志の切り離しがたい統一態として，構造的に名づけようとすれば，ここに「生」という名が生じる。

生命・生活・生涯　人間は生物であり，広義の生物学の対象である。人間という生物学的種の個体化した生命は，人間的生活と生涯の前提である。文化人類学・社会人類学は，地球上の風土や社会に即した風土的・社会的な人間の生活を調査する。そして，個々人の生涯は，伝記や自叙伝の対象として，生命の自然性，生活の歴史性を前提としながら，他と掛け替えのない一回限りの人生として，受容と創造の，内在と超越の，人間独自の精神的世界の創始点である。「生の哲学」は，

自然的生命を対象とする生命の哲学，風土的・社会的生活を対象とする生活の哲学，一回的生涯を対象とする人生の哲学でありうるが，根本的には生からの哲学でなければならぬ。「生から」が切実であるためには，生に疎遠な哲学が先行するのでなければならぬ。

先駆と影響 後期シェリング，ショーペンハウアー，エドゥアルト・フォン・ハルトマン（Eduard von Hartmann, 1842—1906），ニーチェなどの意志の形而上学は，ヘーゲルの汎論理主義に対して，個体の存在を広義の意志的なものに基づいて救おうとする努力であった。また18世紀のヘルダー，ヤコービ，ハーマンも，合理的なものに解消できない人間性や感情や信仰を尊重した。生の哲学はこうした先駆を受けて，20世紀の実存の哲学への橋渡しとなる。生の哲学は，人間の自然本性は人間の形成する文化・歴史・社会の統合体において発揮されるとし，人間の生の歴史性・社会性を強調する一方，文化や歴史をも生の客観態として把握しうる。しかし一般に生は実存として各自の自己へと個体化されていない。他方，生の哲学の強調する生の歴史性・社会性は，文化人類学の実証研究といかに結合し，生物学の生命の自然性といかに関わり合うか。これは「哲学的人間学」の課題となる。

2 ディルタイとジンメル

歴史的理性批判 ディルタイの主著は『精神諸科学序説』（1883）である。カントが自然諸科学の基礎づけを『純粋理性批判』で行なったように，精神諸科学の認識論的基礎づけを「歴史的理性批判」として行なおうとするのがディルタイの努力である。生は個体に分散し，歴史的・社会的現実の支

持者となる。それゆえ精神諸科学の基礎づけは、まず個々人に共通である生の構造連関を「記述的・分析的心理学」によって取り出すことである。次いで、「解釈学」によって生の構造連関に入りこむことである。生はその「体験」を「表現」にもたらし、表現は「了解」によって再び体験にもたらされ、生の歴史的構造連関が漸次に解明されてゆく。体験・表現・了解の循環の内に入りこむことによって、人間の精神的な生の世界を解明してゆくこの解釈学的方法は、現代哲学ではハイデガー、ガダマー（Hans-Georg Gadamer, 1900—2002）に受け嗣がれ、有力な哲学的方法の一つである。

生の超越　ジンメルは形式社会学を説く社会学者としても有名であるが、その生の哲学者としての主著は『生の直観』(1918)である。ジンメルは生を人間の精神的な生ととらえ、これが単なる動物的な生命と異なるのは、次の二重の超越が人間の生に内在するからとする。まず人間の生はたえずおのれ自身を超えて先へと水平的に超越してゆく。すなわち生は「より以上の生」である。生の原級は直ちに比較級である。さらに生は、いわば垂直に、意味的な存立を保って時間的な流れに逆らう事態を形成し、そこへと超越する。すなわち生は「生より以上のもの」である。人間の生が「理念への転換」を行なうのは、この垂直の超越による。この二重の超越が生に内在するとするジンメルの見解は、人間の創造的な生とその生の容器としての客観的な制度や体制、生の主体性と既に客体化された生としての文化との、軋轢の問題として、今日の問題そのものである。

生からの哲学　生の哲学は哲学を絶対者ないし人間以上のものから考えず、人間の生自身の自己省察と考えようとする。

この生はもはやその背後にそれを支える絶対者を見出さぬ。人間の生を生それ自身から了解しようとする生の自己省察は,生から生まれつつたえず生を規制しようとする生の客観態としての文化・歴史・社会の主体化への努力を,いつまでも内包する。実存の哲学の抽象性を補う意味でも,生の哲学の積極面は哲学的思索の永久の資産である。　　　　〔茅野良男〕

162　ベルグソン

1　生涯と主著

　アンリ・ベルグソン（Henri Bergson, 1859—1941）は,ユダヤ系ポーランド人の父,イギリス人の母のあいだに1859年パリに生まれる。1868年からコンドルセ高等中学校に学び,数学に俊才を示す。1878年高等師範学校哲学科に入学。1881年から各地の高等中学校で教える。

純粋持続　1889年学位論文『意識に直接与えられたものについての試論』（英訳名「時間と自由」）で学界に認められる。この論文でベルグソンは,意識は,異質なものが相互に浸透しつつ,時間的に継起する純粋持続として,自由であることを主張する。これに対して物質の世界は,同質的であり,単に量的に多様なものが空間的に並存する決定論的な世界である。

純粋記憶　ついで1896年に発表された第2の主著『物質と記憶』では,物質と精神の関係を考察する。実在は持続であるが,持続が弛緩した極限は,記憶を含まない瞬間的・同時的な純粋知覚としてのイマージュ（物質）であり,持続の緊張

の極限は，すべての過去のイマージュを保存する持続的な純粋記憶（精神）である（われわれが知覚するとおりのものをイマージュという）。行動の中心である身体の役割は，記憶を現在の知覚にむすびつけ，物質に対する支配力を確保することにある。

生の進化　1898年より，高等師範学校講師，1900年より21年までコレージュ・ド・フランス教授として声名をはせ，1914年アカデミー・フランセーズ会員に任ぜられる。この間1907年に第3の主著『創造的進化』を発表し，持続の一元論の立場から，エラン・ヴィタール（生の飛躍）による生の創造的進化として宇宙をとらえる。実在の把握は，事物を固定し，空間化する知性によっても，限られた対象に癒着した本能によっても不可能であり，自己を意識しつつ実在（持続）に共感する直観によらなければならない。

開かれた社会　1922年国際連盟の「知的協力に関する国際委員会」の議長に選ばれ，1927年ノーベル文学賞を受ける。1932年第4の主著『道徳と宗教の二源泉』を発表し，自然発生的な「閉じた社会」から，生の創造的進化にもとづく「開いた社会」への飛躍を説く。前者は，社会的威圧が個を支配する停滞的・排他的な社会であり，閉じた道徳，迷信的な静的宗教に支えられている。後者は，道徳的英雄の呼びかけに応ずる個人の人格的なまねびにおいて実現する「人類全体へと開かれた社会」である。このような開かれた社会の道徳は，人類に開かれるのみならず，さらに生の根源的躍動の源である神との合一をめざす不断の運動として，動的道徳である。

晩年のベルグソンは，リューマチに長く悩まされ，1941年ドイツ占領下のパリで死去した。死にさいしてカトリックに

帰依したといわれる。

2 思想

科学主義の批判　19世紀後半のヨーロッパを支配していた知的雰囲気は実証主義であった。実証主義は，自然科学を知識獲得のモデルとする点で科学主義でもあった。それは，知性によって人間は無限に進歩する，というオプティミズムに支えられていたが，ダーヴィニズムの通俗的拡張である社会ダーヴィニズムの流行とともに，人間は遺伝と環境に支配され，生存競争によって不適者は淘汰される，というペシミスティックな宿命論に傾いていった。ベルグソンは，このような実証主義・知性主義に対抗してその思想を形成する。しかし彼は単純な反知性主義者ではない。彼は行動の必要のために実在の屈曲を矯め直す，硬直した知性ではなく，実在の屈曲のままにそってゆく，柔軟な深化された知性（超知性）を求めたのである。

非決定論　決定論は，すべての先行条件が完全に認識されれば，その結果は完全に予見できる，と主張する。現在の意識状態は，それに先立つ意識状態によって，必然的に決定されるのである。しかしベルグソンによれば，この考え方は，まちがっている。ある体系の状態を予見するためには，何かがこの体系において一定量のまま保存され，先行条件にはじまる変化は，くりかえし再現できるのでなければならない。ところが意識事実は，持続するというだけで，別なものになってしまう。意識はその痕跡を保存するから，同じ瞬間が再び現われることはありえない。それゆえある意識状態を，それに先立つ意識状態から演繹することはできない。持続は連続

的に自らを形づくる創造であり，このような真に内的な状態の外的な現われが，自由行為と呼ばれるものである。

　決定論は，こうした持続を心像ないし知的記号（言語）でおきかえ，すでになされた行為をさかのぼり，行為以前の原因を決定する。しかし真の持続の観点に立てば，進行しつつある自由な行為が問題となる瞬間に到達するであろう。形成途上にある真の持続のうちに身をおくことによって，われわれは真の自己となることができるのである。

創造としての進化　持続は絶対的に新しいものをたえまなく作り上げることであり，宇宙全体も創造的に進化する。ただし宇宙全体が，であって，物質が，ではない。機械論があてはまるのは，われわれの思考が全体から人工的に切りとった物質的な系に対してだけである。この系も実際は，宇宙の残りの部分と分かちがたくむすびついている。目的論は，有機体の調和をうまく説明するが，調和は完全なものではなく，傾向のうちに現われるにすぎない。しかも調和は，目的として前方にあるのではなく，根源の同一性として背後に存在する。

　機械論は，未来と過去を現在の函数とみなし，すべては与えられていると主張する。目的論においては，存在は，あらかじめ立てられた計画を実現するにすぎず，やはりすべては与えられている。両者いずれにおいても時間は無用であり，両者とも発明と創造としての真の時間（持続）を知らないのである。

〔市 川　浩〕

163　ウナムーノとオルテガ

ふたりの教育者　ミゲル・デ・ウナムーノ（Miguel de Unamuno, 1864—1936）とホセ・オルテガ・イ・ガセット（José Ortega y Gasset, 1883—1955）はともに現代スペイン哲学を方向づけた人物である。南欧のキルケゴールともスペインのパスカルともよばれるウナムーノの情熱と，北欧留学で鍛練されたオルテガの知性という対照的な資質の底にドン・キホーテに象徴されるスペイン民族の哲学が共通してみられる。両者とも長年自国の精神的刷新を目ざし，ソクラテス的な姿勢で大学の教壇や文明時評によりスペイン人の覚醒を訴えつづけた。

ウナムーノは北スペインのバスク地方ビルバオで生まれ，マドリッド中央大学で哲学と文学を修めたのち，サラマンカ大学のギリシア語教授（1891）および総長（1901）を長年つとめた。プリモ・デ・リベラ独裁政権を批判して追放され（1924），フランスに亡命，このときに『キリスト教の苦悶』（1925）が生まれた。独裁政権が倒れた（1930）のち，帰国して大学に復帰したが，1936年10月12日の事件（反戦演説）によりその地位を追われて自宅に軟禁され，同年失意のうちに72歳で死亡した。

オルテガはマドリッドに生まれ，マドリッド中央大学，ドイツのマールブルク大学で哲学を学んだ。1910年マドリッド大学形而上学教授となる。『西洋評論』誌を創刊（1923）し，哲学，科学，文明批評の筆をふるった。共和制の発足ととも

に国会議員に選ばれたが、まもなく辞任、もっぱら大学に拠って発言しつづけた。内戦を避けて亡命（1936）し、1948年帰国後は哲学的な活躍を続け、精力的な文筆活動を通して大きな影響を与えた。72歳で死去。

　スペインの歴史的覚醒に力を注いだ「98年代」の作家思想家に対し、ウナムーノは先輩であり、オルテガは後輩にあたる。祖国再建運動を推進した時代の風潮が両者の思想にも色濃く反映している。

スペインとヨーロッパ　当時の伝統主義とヨーロッパ化の対立の中で、ウナムーノもオルテガもスペインの近代化の推進に尽力するとともに、「伝統とは、スペインとは何か」を問いつづけた。ウナムーノの『生粋主義をめぐって』（1895年『近代スペイン』誌に収録、1902年単行本）、オルテガの『無脊椎のスペイン』（1920年『エル・ソル』誌に寄稿、翌年単行本）はそのような思索の結晶である。ウナムーノは表面的な近代化に疑問をもち、スペインが「内なるスペイン」を深めながらヨーロッパへと自己を開けるところにスペインの再生があると唱えたが、その後スペインで実際に推進されたヨーロッパ化には大きな失望を味わった。

　オルテガの場合は、ドイツ哲学を学んだせいもあって、ヨーロッパ的知性を重んじ、理性を通してこそスペインの発展は可能であるとし、ウナムーノを批判することもあった。しかしオルテガは単なる理性主義者ではなく、むしろ観念論を退けて、人間の人格的生命力を中心とする文化の確立に努力した。

ドン・キホーテの哲学　両者とも、ドン・キホーテと取り組みながら自分の哲学をつくり出そうとする。ウナムーノは信

仰に疑問を抱き，大学時代には実証主義に傾いて教会を離れた。しかし実証主義や理性の偏重にはあきたらず，また敬虔な信仰をもつ妻の影響もあってふたたび信仰を模索しはじめ，息子の死（1896）や自分の精神的危機の中で一種の死の体験をした（1897）こと等から，今世紀の始めごろには彼独自の宗教的境地に到達する。『ドン・キホーテとサンチョの生涯』（1905）の中で彼は「永遠へのあこがれ」を明らかにし，論理を超え，心情を大事にする独自のスペイン哲学を構築しようとした。

　一方，オルテガはウナムーノのように理性を生に対立するものとは見ず，『ドン・キホーテに関する思索』（1914）ではドン・キホーテにおける現実と理想のからみ合いを通して，感覚的なもの，信念的なものを土台に成り立つ理性を追求している。また「私は，私と私の環境である」という視点をはじめ，のちに展開される彼の主要な思想の萌芽はすでに同著にあらわれているが，北欧的な雲と霧よりも，南欧の空を思い浮かばせる明澄性が彼の発想を特徴づける。

生と理性　1913年にウナムーノは最も重要な代表作『生の悲劇的感情』を書き，「骨と肉をもった人間」の根本問題として，死の問題をめぐる生と理性の葛藤について論じた。彼の最大の関心は「私とは何者であるか」「死後の私はどうなるか」の二点に集約され，この問いは，彼のその他の小説『戦争の中の平和』（1897），『幼き日の思い出』（1908），『霧』（1914），戯曲『他人』（1932），詩集『ベラスケスのキリスト』（1920）などにおいても追求されている。

　オルテガも比喩的表現を大切にしたが，ウナムーノのように「みずからと闘う理性」に苦しむより，「秘めた情熱」を

土台として生と理性の調和を追求した。『現代の課題』(1923)はその点で注目される。

歴史への問い　ウナムーノは生と死の問題を理性で解決することができず，その解答を「詩」と「善い行い」に求めた。彼はいわば実存主義の先駆者であったが，同時にプラグマティズムに相通ずる面ももっていた。晩年の作『サン・マヌエル・ブエノ』(1933)の中では，死の問題と神の沈黙をみつめながら，人間実存の謎にとり組んでいる。そして大自然に融けこみ，歴史を超越したところにその迷路の出口を求め，それを詩などによって表わそうとした。

一方オルテガには，「生―理性」から「歴史的理性」への展開がみられる。ディルタイの影響を受けて『体系としての歴史』(1941)をあらわし，トインビーに対する自身の歴史観を『世界史の一解釈』(1948)で明らかにした。『大衆の反逆』(1930)で形成されたオルテガの社会性は，遺稿となった『人と人びと』においてその結実をみた。

ウナムーノとオルテガはその性格や執筆方法は対照的であったにせよ，『大学の使命』(1930)を書いたオルテガも，ギリシア語の授業を通して哲学を教えたウナムーノも，現代のスペイン人にとって哲学とは何かという問いを追い求めたという点で結ばれている。　　　　　　　　　〔ホアン・マシア〕

164　マッハ主義

外部からの命名　マッハ主義という呼称はオーストリアの物

理学者・哲学者エルンスト・マッハ（Ernst Mach, 1838—1916）の名に因んだものであるが、マッハ本人や彼の直弟子たちが自称した学派ではない。マッハは第2インターナショナル時代のオーストリア社会民主党やロシアのマルクス主義政党「社会民主労働党」の論客たちのあいだに一定の影響力をもっていた。マッハとその亜流に対するマルクス主義の立場からの批判はロシア・マルクス主義の"祖"プレハーノフ（Georgij Valentinovich Plekhanov, 1856—1918）によって開始されていたが、レーニンがそれを承ける形で『唯物論と経験批判論』（1909）において、ボルシェヴィキの中央委員ボグダーノフ（Aleksandr Bogdanov, 1873—1928）やバザロフ、ユシケヴィッチ等の哲学的立場をマッハ主義と規定して批判した。このことが機縁となって、マッハやアヴェナリウス（Richard Avenarius, 1843—1896）等の立場に類する経験一元論の哲学が「マッハ主義」と総称されるようになった。

新ヒューム主義とも呼ぶべき現象主義　19世紀の末葉から20世紀の初頭にかけて新カント派の哲学が一世を風靡した観があったが、この論理主義に対する心理主義の潮流にも根強いものがあり、この潮流のなかから、世界各国で（独―アヴェナリウス派、仏―ベルグソン、英―ピアソン、米―ジェームズ、日―西田、等々）主客未分・物心未分の相から出発しようとする動向が台頭した。特にアヴェナリウスやマッハ達は、物心二元論の排却を自覚的に追求し、一種の現象主義（phenomenalism）の立場をとる。彼らによれば、唯心論的な観念論も唯物論的な実在論も、物心二元論の構図から出発して、「心」または「物」という実体を立てる点で"形而上学的"である。彼らの観るところでは、感性的経験の直接的な所与こそが第

一次的な存在であり,「心」や「物」は,この感性的与件をもとにして形成された第二次的な構成体にすぎない。このような了解にもとづいて,彼らは主客未分の相に定位しつつ,観念論とも実在論とも区別される第三の途を拓らこうと図ったのであった。哲学史的にみれば,これは新ヒューム主義と呼ぶこともできよう。レーニンはマッハ主義をバークリ主義＝主観的観念論と規定したのであったが,スターリン治下のソ連においてすら,さすがに哲学辞典などでは,マッハ主義をヒューム主義の変種と規定していた。なお,マッハの哲学が,アインシュタインの相対性理論やハイゼンベルクの量子力学の創唱にさいして,方法論上の指針となったことは周知の通りであり,ソ連では一時期,相対性理論がマッハ主義の物理学版という廉で禁圧された所以でもある。尚,マッハ主義は,いわゆる「ウィーン学団」を媒介にして「論理実証主義」哲学の一源流をなしている。　　　　　　　〔廣松　渉〕

165　レーニン

生涯と著作　レーニン (Nikolai Lenin, 1870—1924),本名はウラジミール・イリイチ・ウリヤノフ (Vladimir Il'itch Ul'-yanov)。ロシア社会主義革命の指導者。レーニンが出生した当時の父の職業は,シムビルスク県の国民学校視学官であった。長兄アレクサンドルは,「人民の意志」派に属し,1887年に皇帝アレクサンドル3世暗殺計画に参加して,逮捕,処刑された。レーニンは,学生時代から社会運動に参加し,

1893年にマルクス主義集団をつくり，以後たえず，社会主義革命をめざして運動を続け，1917年にロシアに社会主義政権を樹立することに成功した。

レーニンの哲学上の重要な文献はつぎのとおり。①『人民の友とはなにか』(1894)，②『唯物論と経験批判論』(1909)，③『マルクス主義の三つの源泉と三つの構成部分』(1913)，④『カール・マルクス』(1914)，⑤『戦闘的唯物論の意義について』(1922)，⑥『哲学ノート』(遺稿)。このうち，③と⑥が最も重要である。

唯物論への貢献 レーニンの哲学思想がマルクス主義哲学ないし唯物論にもたらした貢献の主なものは，つぎのとおりである。

①物質の哲学的概念——従来しばしば混同された物質の物理学的概念と区別して，哲学的概念を確立し，物質とは，(a)感覚から独立しており，(b)感覚において人間に与えられ，(c)感覚によって模写される実在であるとなした。これは，当時の主観的観念論との対決によってえた理論である。

②真理検証の理論——実践をも客観的なものとし，この実践による検証こそは，既得の相対的な真理の限界を破り，認識を絶対的な真理へ向けて開いてゆくものとした。これは，当時の主観的観念論における不可知論が，物自体もしくは客観的実在は認識できぬとしたのにたいして，認識の弁証法的深化を主張したもの。

③対立の統一の法則——弁証法的諸法則のうち，対立の統一を中心的な法則として，弁証法を体系化することに示唆を与えたが，まだ，理論的な精緻さは欠けている。

レーニンの哲学思想は，ソヴェト・ロシアでも1930年ごろ

までは,マルクス主義者のなかには浸透しなかったが,マルクス主義哲学ないし唯物論の発展上,画期的な要因をいくつかもっているので,30年代に至り,ミーチンらによってその意義が確認され,マルクス主義哲学におけるレーニン的段階といわれた。このように特徴づけた哲学者たちもしかし,とくに実践を政治的実践と解釈したために,唯物論の基礎にすでにイデオロギー的・主観的要因の支配を予定した。このため,唯物論哲学を政治的実践の従僕にまでひき下げてしまった。現代のソヴェトでは,理論と実践との関係をもういちど検討し直さなければ,レーニンの哲学は,新しい観念論として確立されることになる。　　　　　　　　　　　〔大井　正〕

166　パース

1　生涯

家庭・教育　チャールズ・サンダース・パース（Charles Sanders Peirce, 1839—1914）は当時アメリカ数学界の最大の指導者の一人,ベンジャミン・パースの次男として,マサチューセッツ州ケンブリッジに生まれた。父はカードのスピードゲームを屡々夜明けまで息子と行ない,ゲームの各段階でのその誤りを指摘するなどして,集中力と持続力を養成せしめ,感覚的鋭敏さの育成にも心掛けた。が,道徳的自己抑制の面での教育を全く欠いていた。家庭には当代一流の科学者,芸術家が訪れ,文化的雰囲気にあふれていた。チャールズは12歳で自らの化学実験室を持ち,13歳でホエートリーの論理学

に読み耽るほど早熟であったが，型通りのハーバード大学の講義には興味を覚えず，全く目立たぬ成績で卒業，次いでローレンス科学学校で化学で Sc. D. を得た。これはハーバードの卒業生としてはこの分野では最初のものであった。

研究者として その後ハーバード天文台の天文学の助手として星の光度測定にパイオニヤ的仕事をし，1869年から91年まで合衆国沿岸測量部に所属，振子による重力測定に在来未発見の誤差を発見，75年国際測地会議に最初のアメリカ代表として，この成果を発表，大反響をひきおこし，その仕事の独創性が高く評価され，何回かこの会議のため渡欧した。62年 M. フェイと結婚（83年離婚），64～65年ハーバードで科学哲学を，66～67年「科学の論理と帰納法」の題でローウェル講義を講じた。71年 W. ジェームズ，Ch. ライトなどと私的サークル「形而上学クラブ」を結成，ここからプラグマティズムが誕生した。79年新設の J. ホプキンス大学の論理学の講師に任命されたが，84年，余り明確でない理由で罷免された。パースがその生涯で得た唯一のアカデミックなポストであった。

隠棲 87年若干の遺産を得て，ペンシルヴェニヤ州ミルフォードに隠棲，ジェームズの尽力で，1892年，1903年ローウェル講義，1903年ハーバード講義を行なったが，他の研究者と接することなく，雑誌，辞典等の執筆でかろうじて糊口をすぎつつ，7年間癌に悩まされながら膨大な草稿を書き残し，1914年没した。草稿はハーバード大学にわたり，1931年より著作集が出版された。

2　思想

認識論　パースは1868年反デカルト主義に貫かれた三つの論文を書く。その後の彼の全哲学を流れる立場は四つのテーゼに要約される。

①内観の能力の否定。内的世界についての知識は外的事実についての知識から推論されたものであること。②直観の能力の否定。どの認識も先行する認識により限定されること。③記号を使わず思考できぬこと。④絶対に認識し得ない物自体の存在の否定。ここから、一切の意識作用が推理であり、思考は記号、人間自体が記号とみなされうること、認識可能性と有との同義性などが結論される。だが、パースはいわゆる現象主義者ではない。外的事物は直接に知覚される。認識の論理的出発点は知覚の直接所与でなく知覚判断である。思考は連続した流れで、最初の原始的な知覚判断といったものは存在せず、知覚判断は一種の一般的判断、仮説である。それ故、外的対象は直接には認識対象たりえず、その存在は直接知覚しうるに過ぎぬ。「物が心に対し、心がそれを認識するという関係にあることは、その外在性をいささかも損じはしない。」

プラグマティシズム　「われわれのもつ概念の対象が、実際上の行動に関係をもつと思われるどのような効果をもっているかを考えてみよ。これらの効果についてのわれわれの概念が、その対象についてわれわれのもつ概念の総体である。」この格率は科学者パースの面目を躍如たらしめている。対象についての概念の意味は実験可能な形において初めて明晰になるとパースはいう。思考の目的は信念を確立することであり、

信念確立の目的は行動の習慣の形成にある。行動の習慣は，対象の側に，将来行なわれるべき実験に対して規則的に振舞う可能性に裏づけられてこそ安定性を持つ。したがって，プラグマティシズムは可能性の実在を主張するスコラ的実在論を根底に持たねばならない。パースが概念の意味を行動にありとするいわゆるプラグマティズムに反対し，前記格率の中に"考える（concipere）"の派生語を五つ用いる難解な表現をとった理由はプラグマティズムが行動という個別的結果に重点をおく唯名論的傾向をもつに対し，パースのプラグマティシズムがこの実在論の立場を堅持していることを明確にするためであった。

宇宙進化論　パースによると，知識を拡張する推論は本質的に統計的で，絶対的確実性，厳密性，普遍性には達しえない。知識のもつこの性質は，思考の連続性，知覚判断の仮説的性格からも当然出てくるが，さらに，存在論的根拠をもつ。自然での成長（非可逆）の現象の遍在，質的多様性の存在とその増大はまぎれもない事実で，機械論的自然観はこの事実を説明できないとパースには考えられるに至った。この事実は，次のように仮説をたてることで説明しうるとパースはいう。自然のうちに，厳密に法則に従わぬ偶然要素が存在し，法則は，この偶然がとる統計的規則性に他ならず，宇宙は，全く非決定な偶然の混沌から習慣獲得の原理によって規則性へと成長する。しかし，偶然の要素が常に存在し続け，進化がさらにおしすすめられてゆくと。パースにとって，宇宙は心に似ており，われわれが心に浮かんだ興味のあるアイデアを愛で徐々に育てあげ拡大してゆくように，宇宙はそのうちにある愛によって進化してゆく（アガペ主義）。この宇宙進化説は，

パースが求めている，未来の観察者による検証もしくは反証されうる仮説たるには余りにも曖昧かつ形而上学的であるにしても，ニュートン的世界像の崩壊を予感し，それに代わる自然像を非決定の要素の導入と進化の論理で組みあげようとする意図は，パースの洞察力の深さと鋭い未来予見性の面で高く評価されなくてはなるまい。パースが手がけた記号論，発想の論理，帰納論理など今なおその深い含蓄を展開されるべく残されている。

〔好並英司〕

167　プラグマティズム

プラグマティズムの語　プラグマティズムの語がはじめて用いられたのは，パースの論文『いかにしてわれわれの観念を明晰にすべきか』(1878) においてであった。パースは，この論文で，これまでの論理学者達にくらべてはるかに明晰さの程度の高いところに達する方法を示そうとした。思考の唯一の働きは信念をつくることであり，信念とは行動のための規則である。彼は，この思考における観念ないし思想の意味を明確にするためのものとして，いわゆる「プラグマティズムの規則」を提示する。つまり，彼の言うプラグマティズムは，論理学における方法であった。観念，思想は行動をめざすものであるから，カント哲学を学んだ彼は「人間のたてた一定の明白な目的と密接な関係をもつということを指示することば」としてプラグマティズムの語を用いた（『プラグマティズムとは何か』1905)。

このプラグマティズムを有名なものにしたのはジェームズ (William James, 1842—1910) であるが、彼はこれを真偽判定の方法さらに形而上学上の論争を解決する方法とし、そこにもとどまらず、プラグマティズムは本質的に新しいものではなく、ソクラテス以来の方法であって、古来のもろもろの哲学的傾向とよく調和する、とすらのべる（『プラグマティズム』1907）。パースはこのようなジェームズのプラグマティズムを軽薄と非難し、自らのものを区別して「プラグマティシズム」と呼んだ。

ジェームズの哲学　彼の哲学の基本的態度は「根本的経験主義 (radical empiricism)」として、そしてその方法はプラグマティズムとしてとらえうる。この経験主義の語は、「イギリス経験論」について一般に語られるのと同様に理性主義に対置され、特殊な事実から出発し、部分から全体へとむかい、できることならば諸原理を事実からの帰納によって説明しようとするものとされる（『哲学の諸問題』1911）。しかしより限定された規定に、事実に関する最も保証された結論も将来の経験のコースにおいて修正さるべき仮説とみなし満足する態度が経験主義だ、というのがある（『信ずる意志』1897）。さらに「根本的」と特にいうのは、直接に経験されないものはいかなるものも容認しないし、経験されるものは諸関係をも含めて実在的なものとするからである。つまり、ヒュームは因果関係を主観的な習慣に還元してしまったが、経験される諸関係、たとえば因果関係は実在的なものなのである（『根本的経験主義』1912）。この見地からみると、伝統的に対立するとされてきた主観と客観・意識と対象は、同じ一つの「生の直接的な流れ」すなわち「純粋経験」がその前後関係・文脈によって

二つに分けられたものにほかならない。第一次的に与えられるのは「純粋経験」であり，意識でも対象でもない。こうして彼の哲学は「生の哲学」の一種だと評されることになる。

他方，彼の真理観に対してはこれまで様々な非難，批判がくわえられてきた。それは彼が真理の基準を「有用性」においた，と解されるからである。彼によれば，思考・思想は行為のための道具であり，真理の獲得もそれ自体が目的ではなく，他の欠くことのできない満足をうるための予備的手段にすぎない。その真理も永遠不変の，われわれの観念とかかわりなくそれ自体で存在する何かではない。真理とはわれわれの観念の性質なのであって，出来事によって真とされるようになった観念，われわれの考え方，経験を促進する観念である。「真理は諸事実のただなかで発して，そのなかで終結に至る諸観念の函数なのである」（『プラグマティズム』）。この考え方は，科学上の真理が実験によって検証された仮説である，という事態を想えば，理解しやすいであろう。「有用」というのも，科学的探究を促進するのと同じ意味でのことなのである。

デューイの哲学　デューイ（John Dewey, 1859—1952）の哲学的思索は知識と行為・理論と実践・存在と価値の二元論的分裂の克服を目ざしてなされてきたのだが，その哲学は道具主義，実験的経験主義，経験的自然主義等といわれる。

彼は，ジェームズと同様に，主客未分の直接的経験から出発する。まずあるのは出来事である。主体・有機体と客体・環境との分裂は，状況が不安定になり，習慣でこと足りず，反省が起こったときに生ずる。このようにしてはじまる反省的思考は，有機体と環境との全く生物学的な相互関係の一形

式にほかならず，不安定な状況を造り変え，困難を取り除き，安定した状況をもたらす手段である。総じて観念・概念・思想は道具的なものなのである。ここに道具主義がいわれる。思考・認識は行動・行為の文脈のなかに位置づけられる。だがその行為は全宇宙たる自然のなかのことであり，われわれは全宇宙を知的に把握することはできない(『人間本性と行為』1922)。われわれの知識は，問題的状況を安定した状況に造り変える「探究」の過程を経て獲得される「保証された言明」であり，将来の経験において修正される可能性をもつものである(『論理学・探究の理論』1938)。「探究の理論」は，主体と客体との相互限定という弁証法的論理を基底にすえ，「イギリス経験論」が経験を受動的としたのに対して，能動的主体的な実験的経験をいう。彼において「探究は，まだ確定していない状況を確定され統一された状況に，方向づけられたすなわちコントロールされたやり方で，転換することなのである」。主体と客体たる環境との間の調和が失われたとき，この調和を回復すべく試みられる主体の知的行動的な営みのすべてが探究といわれ，この過程のなかでは知的認識的活動と具体的行為とは連続するとみなされる。

この探究の過程は，道徳的境位においても自然科学の実験的方法に即して展開されねばならない。また，学問研究において人はどんな仮説をたてるのがよいか，どんな数学を用いるのがよいか等の評価を行なう。それは道徳的境位における価値判断と変わらない。この評価は，現実の結果によって吟味され，行為の文脈のなかに位置づけられる。ここに価値についての自然主義ないし行動主義理論がいわれる(『確実性の探究』1929,『評価の理論』1939)。

〔亀尾利夫〕

168 フッサール——現象学

経歴 エドムント・フッサール（Edmund Husserl, 1859—1938）は1859年、現在はチェコ領、当時はオーストリア領のメーレン州プロスニッツのユダヤ人の家系に生まれた。ライプチッヒ大学、次いでベルリン大学で大数学者ヴァイアーシュトラースについて数学を学び、その助手にまでなったが、1884年から86年にかけてウィーン大学で独墺学派の始祖フランツ・ブレンターノの講義を聴いて専攻を哲学に変えた。1887年にハレ大学の私講師になり、1901年にゲッチンゲン大学に助教授として招かれ、1906年教授に昇格、1916年にはリッケルトの後任としてフライブルク大学に移り、1928年に退職。隠退後も旺盛な研究生活を送ったが、1933年のナチス政権成立後は不遇な生活を送り、1938年孤独のうちに世を去った。

言うまでもなくフッサールは「現象学」の創唱者であり、彼を中心にして、シェーラーやハイデガーをもふくむ「現象学派」が形成され、今日にまで及ぶ世界的規模での「現象学運動」の基礎が築かれるのであるが、彼の現象学とはけっして固定した体系ではなく、彼自身生涯倦むことなくその思想を深化させ展開させている。通常その展開は、前現象学期、初期、中期、後期に分けて考察される。

前現象学期 フッサールが数学から哲学へ専攻を変えた動機は、数学の基本的諸概念の意味を、それが産出される心的作用にまで遡って解明することによって、当時激化していた数学上の諸論争に決着をつけようというところにあった。算術

（数論）の心理学的基礎づけを試みた処女作『算術の哲学』(1891)はその成果である。

初期 だが，やがて彼は，イデア的性格をもつ数学的諸概念を経験的事実である心的作用の所産と見ることは原理的に不可能だとさとり，次の著作『論理学研究』(1900—01)においては，自らのかつての試みをもふくめて，一般に数学や論理学成立の基礎を経験的意識に求める「心理学主義」や，イデア的対象を自然的事実に還元しようとする自然主義的な考え方を厳しく批判し，一方において，経験的事実の連関とまったく無縁なイデア的（数学的・論理的）対象の連関を体系的に解明する「純粋論理学」を構想するとともに，他方において，意識体験の本質を志向性として捉え，特にイデア的対象が志向される主観的体験の本質構造を記述的に解明する「記述的心理学」つまり「現象学」の構想を樹てる。

中期 当初心理学の方法論的改革の試みとして構想されたこの現象学が，やがて普遍的な哲学へ展開されることになる。フッサールの考えでは，経験心理学の根本的欠陥は客観的世界の存在を無条件に肯定する（「世界定立」）という，近代自然科学から受け継いだ方法論的前提にある。そのため，われわれの意識体験も世界内部的な一事実とみなされ，すべての意識対象がその事実的内容とみなされることになった。だが，そうした世界定立はなんの根拠ももたない一つの思考習慣にすぎない。フッサールは，このように無批判的に世界定立を行なうわれわれの習慣的な認識態度を「自然的態度」とよぶが，われわれはこの自然的態度を一時停止してみなければならない。そうすればわれわれは，意識を世界内部的なものと見る立場を離れて，おのれに与えられるがままの意識体験を

直視することができる。そして，世界さえもがそこで志向される一個の意味にすぎないことが明らかになろう。このように，自然的態度を停止し，「純粋意識」ないし「超越論的意識」に還帰する反省的操作を，フッサールは「現象学的還元」とよぶ。そして，この純粋意識において，世界や世界内部的存在者やイデア的対象などすべての存在者の存在意味に相関的な志向作業を体系的に記述解明する「超越論的現象学」を構想する。超越論的現象学は単に新しい心理学というにとどまらない。それこそは，すべての学問にその対象領域と基本的概念の意味を確定してやる普遍的哲学であり，『厳密学としての哲学』(1911)の名に価する。フッサールは，この超越論的現象学の具体的構想を『純粋現象学および現象学的哲学の構想（イデーン）』第１巻 (1913) において展開し，遺稿となったその第２巻においては，物体・生命体・人格・社会的文化的形成体など一切の対象意味の志向的構成の次第を解明している。

後期 通常フライブルク大学赴任以後をフッサールの思想の展開の後期とよんでいるが，この時期に属する『デカルト的省察』(1931) や遺稿においては「相互主観性」，つまり多数の主観の共同による意味構成が論じられ，さらに意識の能動的構成に先立ってすでに生起している意味の「受動的発生」が問題にされるようになる。そこから，最後期の『ヨーロッパ諸学の危機と超越論的現象学』(1936) に見られるような「生活世界」の現象学，つまり科学の客体化的認識に先立ってわれわれが知覚的経験において受動的に生きている世界についての現象学的解明が企てられることになる（そこには，超越論的現象学の歴史哲学的基礎づけという動機もからんでくる

が，それについては，→169）。フッサールの後期の研究は大部分遺稿として残されたが，今は『フッサール著作集』（2011年現在第39巻まで刊行）に収録されている。

歴史的意義　フッサールの現象学は，当初心理学の改造の試みとして構想されたものであるが，その経験心理学批判のうちには実証主義一般に対する批判が含意されていた。したがってそれは，「新カント派」や「生の哲学」によって19世紀末以来推進されていた「反実証主義の運動」の一環をなすものであるが，その動機を他のどの立場よりもラディカルに貫徹するものであった。というのも，フッサールの現象学は，実証科学の根本的前提を反省することによって，やがて20世紀前半に前後して推進されるそれら諸科学の方法論的改革を先取りし，しかもそれを普遍的知的革新の運動として統一的に，また徹底して行なおうとするものだったからである。事実，フッサール以後現象学は，殊に生命諸科学や人間諸科学の革新に大きな貢献をし，知の全領域にわたる一つの運動，「現象学」運動となった。

〔木田　元〕

169　フッサール『ヨーロッパ諸学の危機と超越論的現象学』

Die Krisis der europäischen Wissenschaften und die transzendentale Phänomenologie

成立の事情　フッサールの最後の公刊論文。フッサールは晩年，ナチス政権のもとで，国内での講演・著作活動を一切禁じられ，逼塞を余儀なくされていたが，ようやく1935年にウィーンとプラーハで講演をする機会を得た。そのプラーハ講演が敷衍され，翌36年，ベオグラードで創刊された雑誌『フ

ィロソフィア』第1巻に，表記の標題で第2部までが発表された。つづいて発表される予定であった第3部は結局未完成のまま遺稿となったが，現在は『フッサリアーナ』第6巻に関連手稿とともに収録されている。

ヨーロッパ文化の危機と現象学　ここでフッサールは，20世紀の初頭来問題化してきた諸科学や哲学の危機を，ヨーロッパ文化の危機，さらにはヨーロッパ的人間性の危機のあらわれとして捉え，この危機の起源に歴史的考察をくわえた上で，自らの現象学をその克服の試みとして位置づけている。

　彼の考えでは，近代ヨーロッパの歴史には，ある「隠された内的動機」，ある「目的論」がひそんでおり，それに照らしてはじめて，その全過程のもつ意味も明らかにされうる。その動機とは，古代ギリシア人を模範にして，理性的存在者，つまり自由な理性の洞察によってのみ自己を律する存在者へと自らを形成せんとするものであった。この理論的自律性は哲学というかたちをとる。したがって，人間の理念をめぐる近代哲学の——理性主義と懐疑主義との——闘争は，まさしくヨーロッパ的人間性の命運を賭けた闘いだったのである。

　しかるに，近代の理性主義は，物理学主義的客観主義というかたちをとり，さらにそれが実証主義的に矮小化されることによって，その本来の動機を見失ってしまった。ここに現代の危機の起源がある。フッサールの「超越論的現象学」は，この動機をもう一度喚び覚まし，学的認識を形成する超越論的主観性にたちもどることによって，真の理性主義を回復せんとするものであるが，それはそのまま近代ヨーロッパの歴史にひそむ目的論の貫徹という意味をもつ。本書が彼の現象学の最後の体系的表現でありながら，同時に彼の歴史哲学で

もあり，近代哲学史でもあるのは，このゆえである。
生活世界の現象学　このような意図から，彼は本書の第3部において，科学的世界像に還元をくわえ，数学化され客体化される以前の「生活世界（Lebenswelt）」に還帰して，認識体験に先立つ知覚的レベルでのわれわれの世界経験を記述する。そこには，認識体験をモデルにして構想された中期の「純粋意識の現象学」とはっきり区別される，現象学の展開の新しい方向が予示されている。　　　　　　　　〔木田　元〕

170　フロイト──精神分析

無意識世界の発見　精神分析とは，フロイト（Sigmund Freud, 1856—1939）によって発見された，人間の心を研究する方法である。彼はヒステリー治療の経験から，人間の心には，本人が自覚しない，また本人の思いのままにはならない無意識的過程が働いているという事実を発見し，この認識を根本前提として，いわゆる深層心理学を体系づけた。フロイトこそ，無意識という暗黒の大陸にはじめて科学のメスをいれ，これを徹底的に自然科学の方法によって研究し，体系化しようとした人であったのである。彼はヘルムホルツ学派の生理学者ブリュッケの影響で，早くから力動的(ダイナミック)な考え方になじんでいたが，やがて力学の法則は人間の身体に対してと同様，人間のパーソナリティ（性格）にもあてはめうるという着想に到達する。精神分析は，抑圧，昇華，代償，投射，反動形成，退行，固着などの防衛機制によって心的エネルギーの転換の

力学的法則を追求するものだが，そこでは，人間は一つのエネルギー体系であり，人間の心を動かす力は単一であり，転換するということが根本仮定として前提されているのである。

イド・自我・超自我　フロイトはパーソナリティを，イド，自我，超自我という三つの部分の間の力動的な相互関係からとらえた。イドは原始的な衝動の貯蔵庫で，そこではさまざまの非合理的，無意識的な衝動が渦巻いている。それはつねに本能的で，快だけを求め，苦痛をさける快感原則に支配されている。新生児は最初イドの支配下にあるが，いつでも快感原則のみを押し通すことができるものでなく，この原始的衝動のかたまりは，おそかれ早かれ，その一部が分化して「自我」となる。自我は現実原則に従って欲求の充足をあきらめ，多少の不快を忍ぶことを学ぶ。だが，もう少し先の発達段階では，どうしても社会の道徳的禁止に直面することになるから，超自我が生ずることになる。それは，社会の道徳的規範，理想，禁止などが両親の権威を通じて子どものうちに内面化されたもので，いわゆる良心とほぼ同じものである。ただ，超自我の働きは無意識的であるため，これに反するときには，しばしば深刻な罪悪感が意識される。超自我は，主としてエディプス・コンプレックスの発達とその抑圧の過程の中から生ずる。フロイトが男の子の心に，母を愛し，父を憎む傾向がひそんでいることに気づき，この傾向を，父を殺して母と結婚したギリシアのオイディプス神話にちなんで，エディプス・コンプレックスと名づけたのは周知の事実だろう。男の子は去勢恐怖からエディプス的衝動をみずから抑圧する。このことが超自我を形成するための，最も有力な要因となる。

リビドー フロイトは人間の最も基本的な衝動力を性的エネルギーと考え、これをとくにリビドーと名づけた。このリビドーは、はじめ自分の体に向かい、つづいて他人に向かう。小児の性欲の発達はふつう、三段階に分けて考えられる。まず第1は、生まれてから1歳半ぐらいまでの、口や唇で快感を感受する時期（口唇期）で、第2は、1歳半から3歳ぐらいまでの肛門快感を主にする時期（肛門期）である。これら二つの前性器的段階では、自分以外の相手を求めない自己愛的感情に支配されている。第3は、3歳から7歳ぐらいまでの、男性性器に興味が集中する時期（男根期）で、女の子の場合は、ペニス羨望から男性に対する劣等感や父親に対する憧れが生まれる。男根期の終わりごろ、エディプス・コンプレックスが抑圧されるようになると、リビドーの快感追求は一時中断され、性的潜在期にはいる。この時期に性的エネルギーが昇華されて、さまざまな精神的活動力が生みだされる。

エロースとタナトス フロイトは晩年になって快感原則の支配をこえたものがあることに気づいた。幼児や神経症者の精神生活のうちに、たとえ不快な体験でも反復せざるをえない「反復強迫」の傾向があることを発見し、そこから出発して、エロースとは独立な死の衝動を仮定するにいたる。このエロース（生）とタナトス（死）という二つの本能の永遠の争いということから、彼の徹底的にペシミスティックな文明論が導きだされる。すなわち、文明の発達は人間の本源的衝動力の抑圧とともにはじまったものだが、文明の進歩は抑圧を強めると同時に、人類の罪悪感情を深めていく。罪悪感はエロースと破壊衝動、つまりタナトスとの間の闘いに発するもので、そのはてしない闘いによって、人類の文明は破滅的危機

に導かれていく，というのである。

汎性欲説の意義 フロイトの理論はしばしば汎性欲説とよばれる。彼が性という言葉の意味を拡大して，神経症の病因にかぎらず，すべての精神生活を性の発達と関係させて説明するのはゆきすぎであると批判するものが精神分析学派の内部にも多く現われた。初期の弟子の一人であるアドラー（Alfred Adler, 1870—1937）は，性欲よりも権力衝動を人間を動かす根本的な力としてとりあげた。幼児期の無力感から生まれた劣等感を補償し，優越性を獲得しようとする努力が権力衝動である。もう一人のユング（Carl Gustav Jung, 1875—1961）は，人間の意識活動が幼児的性欲や幼児的権力衝動のような過去の原因だけでなく，未来の目標によっても規定されていることを強調した。また，個人的無意識のさらに奥深くに，太古の痕跡をとどめている集合的無意識が存在すると主張した。フロム，サリヴァン，ホルナイなどのアメリカの精神分析学派はフロイトの生物学主義への反動として，社会的要因を重視し，新しい精神主義の理想を掲げる。

しかし，もしフロイトが性本能の抑圧ということよりも，人間精神の建設的な側面にのみ目を向けていたとするならば，彼の理論は空疎な道徳や衰弱した精神を解消させるだけの破壊力をもちえなかったであろう。マルクーゼも「性欲理論が弱体になると，かえってそれは社会学的な批判を弱め，精神分析の社会的性格を薄くする」と主張している。フロイトはやはり，あくまできびしく，破壊的で，ペシミスティックであることによってのみ，おのれに課せられた時代的使命を果たすことができたのである。　　　　　　　　　〔伊藤勝彦〕

171 クローチェ

多方面の業績　クローチェ（Benedetto Croce, 1866—1952）は，ジェンティーレ（Giovanni Gentile, 1875—1944）と並んで20世紀前半のイタリアにおける最大の哲学者，歴史家である。教職につくことなく，ナポリ在住の民間学者として，哲学研究，歴史研究，文学研究，文化史研究等，多方面にきわめて影響力の大きい数多くの業績を挙げた。その学者としての名声により1910年上院議員に任命され，20〜21年にはジョリッティ内閣の文相をつとめた。ムッソリーニのファシズム内閣の成立以後は，クローチェの発言は禁圧しえぬ唯一の自由主義的な抗議の声としてイタリアの内外に迎えられた。第2次大戦後は，初の反ファシスト解放政府の無任所相となり，自由党再建の原動力となったが，やがて政治の場面からは引退した。

マルクス・ヘーゲル・ヴィーコの研究　その多方面的な業績のうち，哲学および歴史理論に関するものはマルクス，ヴィーコ，ヘーゲルに負うところが多い。マルクス研究は彼が初期に没頭したところであり，マルクスを介してヘーゲルに到達する。『ヘーゲル哲学における生けるものと死せるもの』（1907）がそのヘーゲル研究の成果を示し，実際に彼の「精神哲学」の構想にはヘーゲルの影響が強いが，ヘーゲル主義者と彼を規定するのは当たらない。また『ヴィーコの哲学』（1911）が彼のヴィーコ研究の成果で，これは現代にヴィーコを復活させる上で決定的な役割を果たしたものである。

哲学と歴史　彼の歴史理論は『歴史叙述の理論と歴史』(1917)にもっともよく示されているが、ヘーゲルが歴史に哲学を押しつけたのとは異なり、彼は歴史の方法論として歴史のうちに哲学を包摂してしまう。哲学者の仕事と歴史家の仕事とは論理的に一つのものとされ、将来の学者は彼自身のように「哲学者にして歴史家」であらねばならぬと説いた。「真の歴史はすべて現代史である」という彼の格言的命題はとくに有名であるが、その意味するところは、歴史認識の本質が過去の大問題についての想像力による内面的理解、想像的再創造であるということである。この過程を欠くならば、歴史はたんなる「年代記」、「死せる歴史」と化する。

このように哲学と歴史学を結びつけ、歴史家の任務を徹底的に主体的なものとすることによって、彼の場合、もっぱら合理的なもの、積極的なもののみが歴史の主題とされ、非合理的な感情の領域が排除される傾向が生まれる。この傾向はしだいに強まり、晩年の四部作をなす具体的な歴史叙述(『ナポリ王国の歴史』1925、『1871年から1915年までのイタリアの歴史』1928、『19世紀ヨーロッパ史』1932、『思想と行動としての歴史』1938)においては、歴史はまさに「自由の歴史」として書かれるにいたり、「自由」こそ人間の歴史の本質であると主張された。　　　　　　　　　　　　　　　〔生松敬三〕

172　記号論理学の展開

古典論理学批判　アリストテレスが基礎を置いた古典論理学

は，僅かの改良が加わったのみで，19世紀にいたってもほとんどそのまま，温存されていた。古典論理学に対する不満は，19世紀の後半，主として数学者の間から生じた。それを境に，形式論理学——今日，記号論理学（symbolic logic）とか，数学的論理学（mathematical logic）とも呼ばれる——は，数学と密接な連繫を保ちながら，目ざましい発展をとげることになったのである。数学が論理学の構成に大きな影響を与える一方，他方では論理学が数学の基礎的構造を解明するという形で，数学に対し積極的に働きかけることになる。

論理の数学化 記号論理学の開祖として，われわれは幾人かの論理学者の名前を挙げることができる。たとえば，ブール（George Boole, 1815—1864），ジェヴォンズ（William Stanley Jevons, 1835—1882），パース等である。彼らは一様に，古典論理学を記号の体系として整備し，さらにそれを一部として含むような包括的な論理の公理体系を構築することを目ざしたのである。そして彼らは，その整備・拡張を，数学の手法を借用することによって行なおうとした。

これはさしあたり，論理法則に数学——とくに算術，代数——の演算を対応させることを意味した。それは具体的には，①類・種概念（集合）を一般的に表現する記号や，命題を一般的に表現する記号を採用し（変数の導入），②つぎに，「…ない」「…そして…」「…または…」「…ならば…」「…すべて…」「ある some…」等のいわゆる論理語を，$-$，$\times$，$+$，$=$，1，0などの算術の操作を用いて表現し，算術の規則を能うかぎり論理法則としても読みかえられるようにする，ということなのである。命題を変数とするような論理法則の研究は今日の命題論理学へ，また，もの（個物）の間に成立する関

係 (relation) の論理構造の研究は今日の述語論理学へ，それぞれ発展することになる。

論理的思考方法の自覚　記号論理学の発展に伴い，「論理とはなにか」という自覚も次第に深まっていった。とくにこの点で，フレーゲ (Gottlob Frege, 1848—1925)，ラッセル，ウィトゲンシュタインらの功績は大きい。「論理的にものを見る」とは，個人の心情の投影を一切捨象して，世界を「個物と，それが所属する集合」という枠組みにおいて見ることであり，それに応じて世界の多様性を，集合相互の間になりたつ量的な関数関係として表現する，ということにほかならない。命題も，それが「真な命題の集合」に属するか，「偽な命題の集合」に属するか，という観点からのみ区別される。現代論理学の特徴をなす，いわゆる外延的思考方法が彼らによって確立されたのである。

数学の変革　記号論理学の生誕に先立ち数学もまた，19世紀半ばから，大きな変化をとげつつあった。ユークリッド幾何学と対立する非ユークリッド幾何学が生まれたことにも象徴されるごとく，数学に，相異なる体系の並存が認められるようになった。そしてそれに伴い，数学の体系が備えている論理的構造に数学者の関心が向くようになる。つまり，一方では数学における推論の形式化が試みられ (ペアノ，Giuseppe Peano, 1858—1932)，他方では数学の道具立てをすべて，論理的手続きによって構築することが目ざされる（フレーゲ）。

集合論と論理　ところで，19世紀の後半から，全く新しいタイプの数学が開拓されつつあった。カントル (Georg Cantor, 1845—1918) がほとんど独力でその基礎を築いた集合論である。これは，既存のすべての数学がそこから派生すると考え

て差支えないほどに、基本的かつ包括的な理論なのである。しかるに、すでにカントルの存命中、集合論のうちに矛盾が発見されてしまう。これは、事柄としては、数学の存立そのものを危くするほどの大事件であった。そしてこの矛盾を除去すべく動員されたのが、記号論理学なのであった。20世紀に入ってからの論理学は、かような動機に支えられて新しい展開をみせることになる。

20世紀における記号論理学 われわれは、この展開に、今日、四つの方向を区別することができよう。第1に、集合論そのものを、きちんとした公理体系に整理することが試みられる。これにより、カントル流の集合論に発生したたぐいの矛盾は、一応回避される。その上で、この公理体系の論理構造が議論される(公理的集合論)。この分野での最近のトピックスの一つは、集合論のうちで基礎的と考えられる部門と、そうでない部門とを分けた場合、両者の論理的関係はなにかというものであった。第2に、集合論の妥当性は一応カッコに入れ、集合論の一部をなす「論理」そのものの範囲を明確に限定し、その中で伝統的な数学を再構成することが試みられる(フレーゲ。および彼の意図を継承した、ラッセルとホワイトヘッドの共著『数学原理』1910—13)。この立場からすると、数学はすべて論理学の文法に従って表現されることになる。第3に、数学をすべて形式的な公理体系、しかも一種のゲームの体系と見たて、そこにどのような論理的特徴が指摘できるかを研究する(ヒルベルト、David Hilbert, 1862—1943に始まる証明論)。この方向は本来、既存のオーソドックスな数学の中に矛盾は絶対に生じえないことも前もって保証しておこう、という意図のもとに開発された。しかしその後、この目論見は最初に

期待された形では,実現不可能であることが明らかとなった。今日ではさまざまな条件を加えて矛盾の問題が研究されている。またゲームそのものの有する数学的特性も,研究者の関心を惹いている。第4に,論理学をも含めた形式的体系と,その形式を備えた言語が語るべき世界との相関関係が検討される(モデル理論)。

　もちろん,以上はごく大雑把な分類である。実際にはこれらの分野がさまざまに絡み合いながら,目ざましい発展をとげているのが,論理学研究の現状である。そして,少なくとも記号論理学の基礎的部分にかんしては,以上の部門に共通な了解が成立している。この基礎部分の理論が確立されたのは,ほぼ1920年代のことであった。　　　　　〔坂井秀寿〕

173　ラッセル

1　生涯と作品

生い立ち　ラッセル(Bertrand Arthur William Russell, 1872—1970)は,英国貴族の家系で,代々政治に志すものが多く,祖父のジョン・ラッセルは二度首相となり,1832年の選挙法改革を行なった人である。父のアンバーレー・ラッセルは自由思想家,母もきわめて進歩的な婦人であったが,2人とも夭折した。そのため彼は3歳のとき祖父に引きとられ,18歳でケンブリッジ大学トリニティ・カレッジに入るまで祖父の家にあった。大学ではともに英国哲学を革命したG. E. ムーアと知り合い,数学者で哲学者のホワイトヘッドの指導を受

けた。『幾何学基礎論』(1897) は有給研究員資格論文(フェロー)を後で出版したものである。

1894年ケンブリッジ大学を卒業し，パリの大使館員となったが，その年のうちにやめ，翌年ドイツに旅行した。ドイツでは当時社会民主党の勢力が強く，彼も社会主義思想に興味を持ち，最初の著作『ドイツ社会民主主義』(1896) を書いた。しかし結局哲学者として立つこととなり，まずヘーゲル主義者マクタガートの代理として，ライプニッツ哲学を母校ケンブリッジ大学で講義した。その成果はライプニッツの論理的新解釈『ライプニッツ哲学の批判的解説』(1900) として結実した。

新論理学と新哲学の確立 1900年パリで数学者ペアノと邂逅し，翌年，数学者で新しい論理学を創めたフレーゲの諸著作に接するに及んで，彼の哲学は新しい展望と方法を得るに至った。それは新たに開拓した論理学の基礎の上に厳密な哲学を構築することである。1901年〈ラッセルのパラドックス〉の発見は，その前途に暗影を投げかけ，前から準備してあった『数学の諸原理』(1903) にもそのことをことわらなければならなかったが，1908年階型理論を考案してパラドックスを回避し，続いてホワイトヘッドの協力のもとに大著『数学原理』3巻を完成して (1910—13)，現代論理学の礎石をすえた。

これと並行して『指示について』(1905)，および『見知りによる知識と記述による知識』(1911) その他の重要な諸論文を発表し，またムーアとともに感覚与件の理論を提唱して，新しい意味論と認識論を打ち出した。彼はそれを『哲学入門』(1912)，『外界についてのわれわれの知識』(1914)，『神

秘主義と論理』(1918) 等の諸著作で展開した。さらに，新たに弟子入りした若きウィトゲンシュタインの影響を受けて，『論理的原子論の哲学』(1918) で新しい存在論を示した。自己の数理・論理思想とそれにもとづく新しい哲学の考え方は，『数理哲学入門』(1919) に見事に叙述されている。なお心身の関係については，『精神の分析』(1921)，『物質の分析』(1927) でさらに論じた。

反戦運動と社会的活動 ラッセルは第1次大戦に反対するキャンペーンを行ない，ためにケンブリッジ大学放逐 (1916)，投獄 (1918) の憂目を見た。この体験は政治・社会に対する彼の眼を開かせた。彼には早くからミル流の自由主義，両性の平等思想，権力（いずれのかたちにせよ）への警戒心があり，フェビアン社会主義の影響もあった。しかし共産主義には同情的でなく，革命直後のソヴェト訪問 (1920) もかえって共産主義に対する批判をかためさせた。これに反し，20年から21年にかけて滞在した中国には好意的で，東洋旅行によって帝国主義の悪に対する眼も開けた。両大戦の間，教育問題，婦人問題にも健筆を揮う。1938年渡米，第2次大戦に対しては反ファッシズムの立場からこれを支持。1944年帰英。戦後は原水爆戦争に熱心に反対，核兵器の禁止を訴えた。アインシュタインとともに著名科学者に呼び掛けてパグウォッシュ会議を主催 (1957)。またアメリカのヴェトナム政策に抗議するキャンペーンを行なった (1965以後)。

2 論理・哲学思想

論理思想 ラッセルは現代論理学の形成に寄与した代表者の一人である。彼の論理学は哲学思想と深く結びついている。

ヘーゲル主義者ブラドレーのとった外的関係の否定の考えを早くから批判し、命題の主語＝述語構造に対して関係定立の面を強調した。それはブラドレーの一元論に対し、多元論というかたちとなる。また述語を一般に命題関数なる概念によって救おうとした。彼の考えは統辞論的には不徹底であったが、新しい述語論理学の基礎思想となり、壮大な『数学原理』の体系を結実させた。本書は数学（解析学）を論理学に還元せんとするものである。その基本である基数の定義は、フレーゲのそれと基本的には同一である。なおその展開に際して問題となるラッセルのパラドックスは、新たな論理学と数学基礎論の展開をうながすこととなった。

認識論と存在論 ラッセルの方法は一口にいって分析主義・還元主義である。これによってヒューム流の経験主義を徹底させたものが彼の感覚所与理論である。彼は一時感覚所与をもとにして外界を構築しようとした。しかし一方で彼には素朴な実在論があり、二元的な傾向が終生つきまとった。基本的には機械論であったが、生物学的な本能や直観に訴えて実在や因果関係をとらえようともした。この傾向は晩年強まった。こうして彼の因果系列の考えは、ヒューム流の経験主義を超えた面を有する。

ラッセルの分析、還元、構成は言語表現に即して考えられているという点で、彼の方法は分析哲学の先駆的なものである。還元、構成に際しては〈オッカムのかみそり〉の考えによって事態の簡単化を計った。しかしこの唯名論的な態度は、彼が普遍者を論ずるときに多く見られる実在論的見地とはかならずしも整合しない。ラッセルの言語分析における最大の寄与は〈記述の理論〉である。それは平叙文に現われる単称

名辞を，見掛け上のものとしてこれを消去し，もとの単称命題を存在命題に書き換える方法を提供するものである。しかしこの理論はいろいろの問題点をはらみ，現代の意味論に恰好な材料を提供した。またこの意味論や言語論にもとづく彼の世界の構築は科学の与える世界像の論理的再建をめざすものであり，日常的生活や日常言語の立脚点を組み入れていないと批判されることともなった。

〔中村秀吉〕

174 ウィトゲンシュタイン

1 生涯

ルートウィヒ・ウィトゲンシュタイン (Ludwig Wittgenstein, 1889—1951) はユダヤ系の著名な鉄鋼業者の息子としてウィーンに生まれた。ベルリン工科大学とマンチェスター大学で航空工学を学んだが，彼の関心はエンジンの研究，プロペラのデザインといった力学の問題から，数学に移り，やがて数学基礎論へと移った。フレーゲの助言もあり，彼は1912年にケンブリッジ大学に赴き，ラッセルの許で論理学と哲学を研究することになる。1914年に第1次世界大戦が始まると彼はオーストリア・ハンガリー軍で志願兵として軍務に服するが，参戦中も哲学的思索を続け，大戦末期 (1918) の休暇中に『論理哲学論考』を脱稿した。敗戦時捕虜となるが，復員後は哲学を放棄して，修道院の園丁，僻地の小中学校の教師，姉の邸宅の建築等の仕事に従事した。しかし再び哲学に専心する気になり，1929年ケンブリッジに戻った。学位取得

後ほどなく同大学のフェローとなり、ムーアの後任として1939年から47年まで同大学の教授を勤めた。また、1938年のナチスの独墺合併の結果、彼はイギリスに帰化し、第2次大戦中は戦時協力として病院の作業員、助手等を勤めた。1951年にガンで死亡した。なお真摯、孤独、非社交的で、偽善を嫌った彼の強烈な個性は多くの逸話を残している。生涯独身であった。

2　主要著作

生前に公刊された哲学的著作は『論理哲学論考』一冊である。これはいわゆる前期思想を示す主著であるが1921年にドイツで、1922年には独英対照版としてイギリスで出版された。もう一冊の主著でありいわゆる後期思想の結晶である『哲学的探究』は著述に10年以上の年月が費されたものの、出版は彼の死後の1953年であった。その他の原稿、メモ、講義録、対話録等は順次刊行されていっているが、主なものは次の通りである。すなわち、『草稿1914—1916』(『論考』に結実する初期のノート類)、『哲学的考察』『哲学的文法』(いずれも1930年代前半の遺稿)、『ウィトゲンシュタインとウィーン学団』(1929年から32年にかけてのシュリック、ヴァイスマン等との対話録)、『青色本・茶色本』(1933年から35年にかけての講義ノート)、『確実性の問題』(1949年から51年にかけてのノート)、『数学の基礎』等である。

3　思想

1930年代の初めを境にして彼の思想を前期と後期とに二分するのが通例である。対照的な両期の異同・連続性の問題に

立ち入れば，直ちに研究者間に多くの議論が生じるが，終生ほぼ変わらぬ特徴として次の二点が指摘できるであろう。

第1に，「言語」が彼の思索の中心を占めることである。彼にとっては，哲学的問題の源泉も，問題が登場する場面も言語であった。第2に，哲学は彼にとってはネガティヴなものであった。哲学的学説の樹立は彼の目標ではなく，哲学的理論は言語の誤解の産物とみなされていた。この誤解を正す「言語批判」としての「活動」こそ彼の営為であった。もとより以上は一応の共通点であり，細部に亘れば以下述べるように大きな差異があらわれてくる。

前期思想 前期とは『論考』で頂点に達した思想が放棄され，もしくは重大な変更をこうむる時期までである。彼がフレーゲ，ラッセルの記号論理学の研究の延長線上から出発したことは確かである。記号論理学をその都度の論理計算の単なる道具とみなすのではなく，記号論理学の前提を問い，それが仮定している世界了解の仕方を世界と言語の全体に亘って適用しつつ論究した成果が『論考』となったのである。ここでは，日常言語は健全であるのに見かけ上の形式から誤解がしばしば生じるので，「論理的構文論」により真の形式をとらえる必要性が説かれている。『論考』は倫理的・形而上学的問題を含むものの，形式的学問の性格に関する明快な知見と，実証主義的世界記述の恰好のモデルとを与えたため，「論理実証主義」のバイブルとまでなるに至った。

後期思想 前期の言語観の一面性をウィトゲンシュタインが自覚したのが1930年代の初めであることは確かである。以後彼は言語をもっぱら事実の像とみなす見解から離れて，具体的な言語行為そのものから言語を見ていこうとする。「言語

ゲーム（Sprachspiel）」の立場の成立である。もとより後期にもいくつかの進展が指摘できる。たとえば，単純な言語ゲームからはじめ順次複雑なものを列挙していけば現行の言語全体を解明しうる，という当初の期待は後に放棄された。また，当初は哲学は個別的で多様な言語現象の無理な一般化を図る単なる欠陥とみなされがちであったが，『探究』の時期には，哲学が深遠さを持つこと，すなわち一般化による逸脱の事実の指摘だけでは不十分で，逸脱をもたらす発想の由来，根拠に迫らずには問題が未解決なこと，が自覚された。そして哲学的問題の解決は同時に我々の言語ゲームのあり方に逆照明をも与えるものであった。円熟期には，我々が営む言語ゲームとは我々の「生活様式（Lebensform）」に他ならず，したがって我々の世界の観方をも当然規定するもの，と考えられた。彼の後期思想は日常言語分析派に大きな影響を与えたが，哲学と言語との関係についての彼の深い洞察は，日常言語分析派にとっては異質のままであった，といえよう。

思想史的背景　論理実証主義と日常言語分析派に与えた大きな影響にもかかわらず，ウィトゲンシュタインは経験主義者ではなく，むしろヨーロッパの形而上学の流れの中で検討さるべき人物である。近時，彼の思想は数多くの思想家との対比で論じられており，また特に後期の発想の個別諸科学における有効性が検討されている。さらには彼の個性，問題意識についても種々の角度から解剖がなされつつある。しかしこれらの研究が真に結実するのはなお今後のことと思われる。

〔奥　雅博〕

175 ウィトゲンシュタイン『論理哲学論考』

Tractatus logico-philosophicus

全体の構成　本書は「世界とは実情であることがらの全てである」にはじまり「話をするのが不可能なことについては人は沈黙せねばならない」と結ばれるが、本書は比較的短いパラグラフの集まりであり、各パラグラフには重要さを示す番号が付けられている。

著者の意図は序文が述べるように、①哲学的な問題提起は、我々が自らの言語の論理を誤解したことから生じたナンセンスにほかならないことを示し、②語りうること——これは自然科学的な命題と同一視される——は明晰に語ることが可能だが、語りえないことについては沈黙すべきことを示すことであった。そして著者は本書によって哲学の問題を本質的な点では究極的に解決した、と一時考えたのである。このような全体の主張は以下の考えに支えられている。

意味の写像理論　言語の役割はもっぱら事実の記述にある、と考えられ、文（命題）は世界の側の可能な事態・現実の「像」、とみなされた。いわゆる「意味の写像理論」である。また、言語と世界が像と写像されるものの関係にあるからには、両者には構造上の同一性がなければならない、両者は「論理形式」を共有せねばならない、とされた。

論理的原子論　また、世界（言語）がモザイク的構造を持つこと、すなわちラッセルが「論理的原子論」と命名した考えが主張される。この考えは一方では、命題の思想内容がその真偽から独立に定まるための必要条件として、世界における

不生不滅な単純な究極的実体の存在の要請となり,他方では,事実もまた要素的事実に分解され,一般に事実はその構成要素である諸事態の存立非存立の複合である,という考えになる。後者を言語の側から表現すると「命題は要素命題の真理関数」となり,ここに命題論理学がそのままストレートに適用される構造が想定されている。

「示されうるもの」　以上のような語られうるモザイク的な諸事実のほかに,「語られえず,示されうるだけのもの」が存在する。①言語と世界に共通な「論理形式」自身は像ではなく,ただ示されるだけであり,②数学や論理学の「命題」も事実情報ゼロの「トートロジー」で,本来の諸命題間の形式的関係を示すものであり,③美,善,意志に関する事柄も語られえず示されるだけの超越的な事柄であり,これらについて語られるや否やそれは心理学的・自然科学的な事実に堕してしまう,とみなされるのである。

　本書の評価を巡る議論についてはここでは触れない。しかし本書は,事実認識と価値判断を区別し,事実の真偽は経験によって決定されるほかはない,とする考えが一つの極点に到達したものである。

〔奥　雅博〕

176　ウィトゲンシュタイン『哲学的探究』

Philosophische Untersuchungen

全体の構成　本書は1945年までに書かれた693節からなる第1部と,その後1947年から49年に書き加えられた覚え書である第2部とから成っている。『論考』のパラグラフがいずれ

も著者の見解の明確な主張であるのに対し，本書ではむしろ著者の思索の「過程」が示されている。すなわち，各節，各文章は直ちには著者の見解の主張とは限らない。それが暫定的な見解なのか，おずおず提出された推測なのか，論敵からの痛烈な批判なのか，論敵に打撃を与えるための捨身の暴論なのか，自問自答なのか，それとも確信に満ちた主張なのか，をそれぞれ読み解かねばならない。また，本書の主題も「意味，理解，命題，論理などの概念，数学の基礎，意識状態」等の多岐にわたっている。しかし本書を読み解く鍵は序文が述べるように「『論考』との対比，『論考』の背景の下で」読み解くことである。

主たる特徴 ①「意味の写像理論」に基づく『論考』では，文の意義はそれが指示する事実であり，名の意味はそれが指示する対象である，と考えられた。しかしたとえば「シーザーは死んだ」という文の「シーザー」はそれが指示する対象がもはや存在しないからといって意味を失う訳ではない，すなわち，名の担い手と名の意味とは同じではない。また，「私はおなかが痛い」「彼は腹痛で苦しんでいる」「わかった」「あっちへ行け」等の文章は，単純に事実の描写・報告としては処理しえない。事実の描写・記述は言語の数多くの機能の一つにすぎない。一口で言えば言葉の意味とは，「言語におけるそれの使用」である。

②したがって言語の機能は実際の生活場面での多様な使用に即して把握さるべきであり，言語は，言葉のやりとりを有機的に組み込んだ人間諸活動全体の中で問題とされねばならない。また，言葉のやりとりによっていかなる様式の生活が営まれているかをも明らかにせばならない。無論，複雑な

我々の言語の解明には，より単純なモデルの設定，我々のものとは一部異なった言語の仮想，等も有用であろう。このような発想が「言語ゲーム」と総称されたのである。

③我々の言語の機能は多様であり，多くの言語ゲームが複雑に錯綜している，したがってそれらの中の一つのものに全てを還元することは不可能である，にもかかわらずここで一面的な理論を追求することによって哲学的問題が生じることになる，と考えられた。

④『論考』では一種の「私的言語」が主張されたが，本書では私的言語の存在が否定され，言語は本来共同体に属している，という点が強調された。〔奥 雅博〕

177 ウィーン学団と論理実証主義

ウィーン学団のメンバー ウィーン大学においてマッハ以来続いてきた「帰納科学の哲学」という講座をシュリック（Moritz Schlick, 1882—1936）が1922年に引きついだ頃から論理実証主義の動きが始まる。当時，シュリックのもとに哲学者，科学者，数学者などがあつまり，私的な会合を続けてきたが，1928年，このメンバーが中心となってマッハ協会（Verein Ernst Mach）を設立し，ウィーン学団（独Wiener Kreis, 英Vienna Circle）が結成されその公的な活躍が始まる。この構成グループの主要メンバーは，シュリックのほか，哲学者のクラフト（Victor Kraft, 1880—1975），物理学者のカルナップ（Rudolf Carnap, 1891—1970），フランク（Philipp

Frank, 1884—1966), 数学者のゲーデル (K. Gödel, 1906—1978), メンガー (Karl Menger, 1902—1985), 経済学者のノイラート (Otto Neurath, 1882—1945), それに, 少壮科学哲学者のファイグル (H. Feigl, 1902—1988) などがいた. これとほぼ時を同じくして, ベルリンにライヘンバッハ (Hans Reichenbach, 1891—1953) を中心に「経験哲学協会 (Die Gesellschaft für empirische Philosophie)」が設立され, これと協同して1930年に機関誌 *Erkenntnis* を発刊し, 論理実証主義は公的発言の場を得ることになり, その思想は世界に広まっていく. しかし, 当時はナチスの興隆の時期にあり, ウィーン学団もその圧力によって活動不能となり, 多くの学者は米, 英に亡命し, このグループは発足以来約10年にして解体した. しかし, この思想はかえって各地に強い根をおろし, とくに, 米国の分析哲学の礎石の一つとなり, また, 英国分析哲学へ一つの波紋を投ずることとなる.

ウィーン学団の思想 彼らの思想はマッハの感覚的経験論とラッセル, ウィトゲンシュタインの論理的言語論を合わせ受け継いだものとみることができる. その哲学的特質はほぼ以下の諸点にしぼられるだろう.

①現象論的科学主義——ウィーン学団の最大のテーゼは「統一科学 (Einheitswissenschaft)」ということであり, また, それによる「科学的世界把握 (wissenschaftliche Weltauffassung)」ということであった. そこでは認識の源泉としては所与の現象以外のものを一切認めないという厳格な現象論 (phenomenalism) の立場が最初採られたが, 後「物」の時空的記述を基礎的観察とする物理主義 (physicalism) へと移行する.

②論理主義——論理学を重視し，世界を論理的に再構成しようとする。最初，「論理的原子論」に近い立場をとったが，やがて，公理論的な規約説（conventionalism）に移る。

③言語分析の哲学——強い形而上学否定の立場をとる。命題の有意味性に対する厳しい検証規準をたて，多くの形而上学的命題を無意味として退け，言語分析を哲学の作業の中心に置く。この態度が現代の分析哲学へと引きつがれていくのである。

〔坂本百大〕

178 分析哲学

分析哲学とは通常，1920年代の末頃からウィーンを中心に起こった論理実証主義に始まり，その後，主として米国に移ってプラグマティズムと接触して洗練された米国の主流哲学とこれと時に平行し，時に交錯して，英国ケンブリッジからオクスフォードへと移っていった，いわゆる日常言語学派を中核とする英国哲学の大勢等の全体の哲学傾向を指す。

米国の分析哲学 ウィーン学団を中心とする論理実証主義者のグループは1930年代の末に悲劇的な解散を余儀なくされたが，その大半の学者（ライヘンバッハ，カルナップ，フランク，ファイグル，ヘンペル等）は米国に亡命し，その地で米国のプラグマティズムと相互影響を保ちながらも，概して，論理実証主義の延長上で哲学を展開する。この中にあって，米国生まれの哲学者でこの傾向に関心と批判をもつ学者が現われ，米国の分析哲学派を構成していくことになる。ルイス

(Clarence Irving Lewis, 1883—1947), クワイン (Willard van Orman Quine, 1908—2000), グッドマン (Nelson Goodman, 1906—1998), ホワイト (Morton White, 1917—), パップ (Arthur Pap, 1921—1959) らが初期に活躍する。この段階においては, 彼らの哲学は, 概して論理実証主義を継承しつつも, そこに含まれるいくつかのドグマを洗い落とすという形で始まる。まず還元主義 (reductionism) すなわち, 「有意味な言明は直接経験を示す名辞からなる論理的構成物と等値である」というテーゼが批判される。第2に, 「分析と綜合」の二分法に対する批判が行なわれる。論理実証主義者によれば, 真理の中には, 分析的な真理と綜合的真理の二つがあり, その間に基本的分裂があるという信念である。以上の二つのテーゼは二つのドグマとしてこの新しいグループによって徹底的に批判され, その結果プラグマティズム寄りの漸移主義的な真理論へと移行することになる。

一方, 論理学に対する傾斜は依然として強く, 論理学の体系に範を求めるというタイプの言語分析——言語の形式的分析と呼ばれる——が広く行なわれ, これによる, 古来の哲学問題に対する接近が新たに試みられた。たとえば, 「存在」という語の論理的・形式的分析による, その意味の明確化, 「普遍」に関する唯名論的観点の論理的根拠の提出, 帰納法の正当化に関する議論の精練, 意味論, 真理論の新しい展開等がこの方面の業績であろう。

これに対し, さらに最近の米国分析哲学はむしろ, 科学哲学や数学基礎論としての色彩を強めている。たとえば, 量子力学の論理構造の直接的分析を試みたり, 数学的体系の構造, 数学的諸概念の分析などが往々にして大きなテーマになって

いる。また，科学史の哲学，とくに科学革命の分析が哲学に大きな示唆を与えているのもこの傾向の一つの現われであろう。また，チョムスキーの生成文法に端を発する，新しい言語哲学の展開もこの派の主要テーマと見てよいであろう。

英国の分析哲学 英国分析哲学は近世経験主義の流れの正統的な後継者とみなすことができる。ムーア（George Edward Moore, 1873—1958），ラッセルをその起点とする。ムーアは20世紀初頭以来ケンブリッジ大学にあり，観念論の論駁に意をそそいでいたが，しかし，彼の方法は論理的，形式的方法に偏らず，また過度な科学主義にもおもむかず，日常言語の使用法に忠実に従う良識主義によって一貫されていた。この態度がその後の英国分析哲学の基調を決定することになる。一方ラッセルは彼のすぐれた論理学上の業績を経て，論理的原子論の立場を構築する（→173）。この立場はウィトゲンシュタインの初期の作『論理哲学論考』に受けつがれ注目を浴びたが，この思想はむしろ，論理実証主義に引きつがれ，英国内では奇妙な断絶を経験する。唯一の例外はエイヤー（A. Ayer, 1910—1989）が一時論理実証主義の理解者としてこれに近い立場を表明したことであろう。20世期中葉から第2期の英国分析哲学の流れが始まる。その第1は，いわゆる後期ウィトゲンシュタインの哲学活動である。『哲学的探究』その他の思索において彼は『論考』の立場から大きく飛躍する（→176）。第2は，オクスフォード大学を中心とするいわゆるオクスフォード学派の活躍である。そこではライル（G. Ryle, 1900—1976），ストローソン（P. Strawson, 1919—2006），オースティン（J. L. Austin, 1911—1960）らがそれぞれ他と独立してこの派の指導的役割を演ずる。ライルによる『心の概

念』という著作その他における分析はデカルト以来の二元論的な心身問題の諸概念を日常言語の分析という視点から洗い直し、多くの問題を言語的に解消し、分析哲学の一つの金字塔を建てたものと評価される。またストローソンは、つとに論理実証主義流の形式的言語分析に対して、「非形式的論理学」の提唱を行なっていたが、また、心身問題にも関心を示している。オースティンの「言語行為」に関する分析は英国分析哲学の精髄と評される。オースティンは、言語そのものが一つの行為遂行的(パーフォーマティヴ)な側面を持つということを微細にわたる言語分析によって示し、言語観に革命的転換をもたらしたものである。英国哲学界は、現在上のような問題提起をめぐって、その、より一層精細な完成を求めて、分析にいそしんでいるというところであろう。なおこれに関連して、豪州の哲学が、やや分派的な傾向を示し注目されている。とくに、心身問題の扱いにおいて、心身同一説（Identity Theory）という一種の唯物論的観点が、スマート（J. J. C. Smart）等によって提起され米国の哲学者の中にも多くの支持者を得ている。

　以上、現代英米の主流哲学が分析哲学とみなされるが、この分析哲学という呼び名はかつて特異な分析方法による、伝統的哲学と断絶する、あるいはそれに抗する一派という印象で語られたが、今や分析哲学で問題とするものはすべて、伝統哲学の問題の延長上にあり、また、特異と思われた言語分析という手法も、逆に、正統的哲学の中にも完全に定着した。分析哲学はむしろ今後は哲学の一つの本流として評価を受け、また、批判に耐えて行くものと思われる。　　〔坂本百大〕

179 シンボルの哲学

キー概念としてのシンボル　シンボル（象徴）こそが現代における「創造的観念（generative idea）」であり、「新しい基調（a new key）」であるとして『新しい基調に立つ哲学』（1942）において「シンボルの哲学」を展開したランガー女史（Susanne K. Langer, 1895—1985）は、「シンボル化という基本的観念の中に——神秘的にせよ、実践的なものにせよ、あるいは数学的なものにせよ、それはどちらでもよい——われわれはすべての人文的な問題の基調をもつ」と述べている。

たしかに、精神分析においてもシンボル解釈はきわめて重要な意味をもつものとして登場しており、現代の最新の論理学は記号論理学という形をとっている。のみならず、たとえば生物学者であるベルタランフィ（Ludwig von Bertalanffy, 1901—1972）なども、「シンボリズム」と「システム」という二つのキー・ワードを抜きにしては「新しい人間像」は描けないとして、「人間が徹頭徹尾シンボルを作り、シンボルを用い、シンボルに支配される動物である」ことを力説した。

ところで、このランガー女史もベルタランフィも認めているように、哲学の場面でシンボルの問題にいち早く、もっとも本格的に取り組んで大きな成果を挙げたのは、E. カッシーラーである。

カッシーラー　エルンスト・カッシーラー（Ernst Cassirer, 1874—1945）は第 1 次大戦後のドイツで1920年代のすべてを費して『象徴形式の哲学』（1923—29）全 3 巻を書いた。第

1巻は「言語」，第2巻は「神話」，第3巻は「認識」を扱っている。カッシーラーは新カント派（マールブルク学派）に属する哲学者で，このときまでにすでに大著『認識問題』(1906―20) 同じく全3巻を完成していたが，理論上の主著はやはり『象徴形式の哲学』であり，後にこれは亡命先のアメリカで『人間論』(1944) までに展開されてゆく。
文化哲学としてのシンボルの哲学　第1次大戦前にすでに現代思想への転換を準備する新しい創造的な仕事が，社会・心理・歴史・哲学の諸分野ではじめられ，在来の理性中心的人間観が動揺させられていた状況に呼応して，カッシーラーは新カント派的な認識批判の原理的拡大を試みた。つまり，これまで認識批判でもっぱらそれのみがとり上げられてきた悟性的認識だけが精神的活動のすべてではなく，またそれのとらえた現実だけが現実のすべてではないとの自覚から，カッシーラーは認識批判を文化批判にまで押し進めることによって，「シンボル形式」の哲学の構想に到達するのである。「現実性の真正なる概念は，たんなる抽象的存在形式の中に押し込めることはできない」，むしろそれは「精神的生命の諸形式の多様性と充実」へと開かれてゆくべきものだ。その生命それ自体に「内的必然性の刻印」，「客観性の刻印」が押されているのであって，「各々の新しいシンボル形式――これはたんに認識の概念的世界だけでなく，芸術・神話・言語の直観的世界でもあるのだが――は，ゲーテの言う内から外への啓示，世界と精神との綜合を意味する」。この「啓示」「綜合」がはじめて真に「両者の根源的統一性を保証する」のである。
シンボル形式とは何か　カッシーラーが「シンボル形式」と

名づけるものは，精神の基本的機能として認められる自発的な「形成作用」がさまざまな活動の場面で生み出す「像＝世界（Bild-Welt）」の諸形式のことである。

精神の真に基本的な機能は，たんに「模写」するのではなく独創的に「像をつくる力」をもっているところに決定的な特色がある。つまり，精神はただ受動的な働きをするのではなく，内に「自立的なエネルギー」を蓄えており，このエネルギーが現象的な諸存在に一定の「意味」を与え，独自の理念的内容を与えるのである。これは認識についてばかりでなく，芸術・宗教・神話等々についても言える。「これらはすべて経験的所与をたんに映し出すのでなく，むしろ自主的原理によって経験的所与を生み出すような独自の像＝世界に生きているのである。」それぞれのシンボル形式はひとしく精神に根源をもつが，他と同一化されたり，他から導出されたりするものではない。「そのそれぞれが，ある特定の精神の把握の仕方を示しており，"現実的なもの"の独自の一側面をその形式のうちに，またその形式を通じて，構成しているのである。」

このようなさまざまなシンボル形式を明らかにし，その諸形式間の内在的関係を究明して「シンボル機能の文法」とでもいうべきものを獲得するのが『象徴形式の哲学』の課題である。

シンボルの哲学の意味 これは明らかにカントの認識批判を原理的に拡大し，精神科学の諸問題の場面にも適用可能なものとすることである。「たんに世界の科学的認識の一般的諸前提を探究するだけでなく，さらに世界の"理解" verstehen のさまざまな基本形式を相互に明確化し，それぞれ

をできるだけ鮮明にその本来の傾向と精神的形式においてとらえるところまで進まねばならない。このような精神の"諸形式の理論"が少なくともその大枠において確立されたときにはじめて，精神科学の一々の諸学科についてもより明瞭な方法的概観を試み，より確実な基礎づけの原理を発見することができる。」

このような『象徴形式の哲学』の基礎作業をふまえた晩年の『人間論』は，「理性的動物（animal rationale）」ならぬ「象徴的（シンボルをあやつる）動物（animal symbolicum）」としての人間のシンボル的文化世界への具体的考察の展開である。今日「シンボル」の問題には各領域から多彩なアプローチがなされているが，カッシーラーの「シンボルの哲学」はきわめて実り多い先駆的な業績として高く評価されてしかるべきものであろう。

〔生松敬三〕

180 ルカーチ

1 生涯

ジェルジ・ルカーチ（György Lukács, 1885—1971）は，ハンガリーの銀行家の父とユダヤ系貴族の母との間に生まれ，ドイツ語教養圏に属するブダペストの上層市民の一員として成長した。早くから自由演劇運動や知識人の文化運動に活躍，1909年ブダペスト大学卒業後，数次にわたってドイツに遊学する。ベルリンでジンメルの講義を聞き，ハイデルベルクでは，マックス・ウェーバーやゲオルゲのサークルと接触，

1911年に『魂と形式』,16年には『小説の理論』を出して,新進の芸術哲学者として注目を集めた。17年にハンガリーに帰り,マンハイムたちと「精神科学自由学院」によって文化活動に従事していたが,18年ハンガリー革命の勃発とともに,同国共産党に入党,革命政府教育人民委員として文化革命の指導にあたる。革命の挫折後ウィーンに亡命,以後モスクワ,ベルリン等を転々としながら政治的理論闘争に従事するとともに,23年には記念碑的な著作『歴史と階級意識』を出版,識者の注目を集めた。しかし党中央からは数次にわたり「修正主義」の非難を受け,自己批判を余儀なくされる。33年以降はモスクワに亡命,ソヴェト科学アカデミー哲学部のメンバーとして,戦後陸続と発表された著作の執筆に専念する。44年終戦とともにハンガリーに帰り,ブダペスト大学の美学・哲学教授となる。『ゲーテとその時代』(1947),『実存主義かマルクス主義か』(1948),『若きヘーゲル』(1948),『世界文学におけるロシアリアリズム』(1949),『理性の崩壊』(1959)等を矢継ぎ早に出版,また各種の論戦に参加するなど,マルクス主義哲学の第一人者としての国際的声望を高めた。しかしハンガリーをはじめ東側陣営内部では,しばしば「西欧的偏向」等の非難がくり返された。56年のいわゆるハンガリー事件ではナジ内閣の文部大臣となるが,挫折後ルーマニアに追放,57年帰国,69年には再入党を認められるが,以後隠退して『美学』『存在論』等の著述に専念,71年にその生涯を閉じるまでの多くの著作は,ドイツ「ルフターハント社」から『全集』として刊行されている。

2　思想

若きルカーチ　イデオロギーの正統性をめぐって動揺するルカーチの思想的生涯は，内的な自己形成という面から見て，ほぼ30年を境にして前期と後期に分けることができる。後期のルカーチには円熟と体系化の反面，硬化と図式主義が見られるのに対して，前期の著作には，マルクス主義的であると否とにかかわらず一つの哲学的経験の息吹が新鮮に息づいている。初期の——マルクス主義に転向する以前の——ルカーチはジンメルやマックス・ウェーバーの影響下にあって，芸術を手掛りにしながら，実存主義の原型とさえ言われる独自の「生の形而上学」や歴史哲学を展開していた。現代を「全体性の喪失」という意味での悲劇的時代と見る鋭い危機意識がその基調をなしている。こういう観点から彼は，芸術形式の変遷のうちに全体性喪失という運命を跡づけるとともに，またその克服の可能性を模索していた。マルクス主義者としての彼の決定的出発点をなす『歴史と階級意識』もこのような問題意識を受け継ぎ，それを歴史的・社会的場面に具体化しつつ，哲学的に基礎づけようとしたものに他ならない。

マルクス主義による哲学の再生　ルカーチによれば，マルクス主義の哲学的意義は，それがたんに対象の論理ではなく，主体—客体関係の全体に関わる「全体性の論理」である所にある。マルクス主義の革命的指標は，歴史の説明において経済的要因の優位を主張する点にではなく，主体—客体の相互作用の弁証法としての全体性のカテゴリーである。ルカーチは，マルクスの「商品の物神性」に由来する「物象化（Verdinglichung）」の概念を認識論的カテゴリーとして導入し，

資本主義生産の下で「物象化」されたブルジョア的意識が，「虚偽意識」とアンチノミーにおちいる必然性を明らかにするとともに，プロレタリアートの階級意識のみが「主体と客体の一致」としての全体性認識を達成する「客観的可能性」を持つことを論証しようとしている。

マルクス主義の再哲学化　このようなルカーチの試みは，マルクス主義による哲学の再生という側面とともに，またマルクス主義の再哲学化という側面を持つ。当時の——第2インターに集約される——マルクス主義においては，認識論的には「反映論」，方法的には「経済学主義」，歴史観としては社会主義への「進歩史観」，実践的には「改良主義」が支配的であった。こういう実証主義的傾向の下で，哲学は，論理学ないし世界観へと格下げされ，理論と実践とは，一種の科学主義によって分裂していた。これに対して全体性の論理としてのマルクスの哲学と，その実践的意義を強調することは，マルクス主義の歴史において「質的に新しい段階」を開いたと言われている。しかしそれだけに，この「再哲学化」運動に属するルカーチやコルシュは，正統派からは「修正主義者」として非難され，逆に西側では，実存主義の内在的克服（ゴルドマン）とか，高度に抽象的な哲学的諸範疇の根本的変革の可能性を社会史的基礎にさかのぼって積極的に論証した（レーヴィット）といった賞讃をかちえた。

　ルカーチ自身は，30年代以降，スターリン主義へのある種の妥協の下に，初期の自分の立場を「極左主観主義」として否定し，エンゲルスの軽視，「自然弁証法」の否認，唯物論的把握の不足，等を自己批判するようになる。そして革命的実践よりは，生産活動としての実践に定位した「社会存在

論」に移行していく。しかしこういう自己批判にもかかわらず，ルカーチの初期の仕事は，『経哲手稿』出版以前に「疎外論」の動機を先取したものとして，フランクフルト学派をはじめ各方面に大きな影響を与えたし，前・後期を含めて，西欧哲学とマルクス主義との媒介・総合というルカーチの仕事全体の意味が失われる事はないように思われる。〔德永 恂〕

181 フランクフルト学派

学派とメンバー フランクフルト学派とは，だいたい1930年代以降フランクフルト大学の「社会研究所」によって活躍した人びとをさし，「自由左翼」とか「批判的左翼」とか俗称されているように，独自のマルクス主義的色彩を持った近代文明批判をその特色としている。社会研究所はすでに20年代からドイツにおけるマルクス主義的学術研究の中心と目されていたが，30年代初頭にホルクハイマー（Max Horkheimer, 1895—1973）の指導の下に，アドルノ（Theodor Wiesengrund Adorno, 1903—1969），マルクーゼ（Herbert Marcuse, 1898—1979），フロム（Erich Fromm, 1900—1980），ベンヤミン（Walter Benjamin, 1892—1940）等を加えて新発足し，機関誌『社会研究』（*Zeitschrift für Sozialforschung*）を発刊した。研究所自体はドイツではナチスによって閉鎖されるが，機関誌は亡命中もフランスやアメリカで10年あまり発刊を続ける。この機関誌によって活躍した人びとをフランクフルト学派の第1世代とすれば，戦後再建された「社会研究所」から育っ

たハーバーマス（Jürgen Habermas, 1929—）やシュミット（Alfred Schmidt, 1931—）等は，その第2世代と言うことができよう。

特色と業績 彼らはいずれも，①時代の普遍的風潮であり，マルクス主義さえも免れていない広義の実証主義への反対の下に，②マルクスの「批判」的動機を継承し，③社会批判と理性批判を統合する「社会の批判的理論」を旗印として，④独自のユダヤ的ユートピア意識と，⑤「否定性」を強調した弁証法解釈に基づき，⑥フロイトを始めとする実証科学の成果をも批判的に吸収しつつ，⑦哲学，科学，芸術等近代文明の全般にわたってラディカルな批判を展開した。ホルクハイマーの『批判的理論』，彼の編になる共同研究『権威と家族』，アドルノとの共著『啓蒙の弁証法』，初期フロムの論文集『分析的社会心理学』，アドルノの『否定的弁証法』『ヘーゲル研究』『認識のメタ批判』，マルクーゼの『理性と革命』『エロス的文明』『一次元的人間』，ベンヤミンの『歴史哲学テーゼ』，ハーバーマスの『理論と実践——社会哲学論集』『認識と利害』『コミュニケーション的行為の理論』，シュミットの『マルクスの自然概念』等は，その多彩な業績の一端である。

技術的理性批判 60年代にこの学派は一躍国際的脚光を浴びた。それはたんに30年代にファッシズムへの理論的抵抗を貫いたという過去の功業への追認という意味ではなく，戦後の新しく成立した状況の中で，いわば民主主義と社会主義という体制の差を超えて進行する「管理社会」化と，それに伴う疎外状況への批判者という期待がこの学派に寄せられたからであろう。現代においては，かつてマックス・ウェーバーが

時代の宿命と考えた「普遍的合理化」がますます文化や精神のすみずみまで滲透し，その量的な増大は，いわば質的な転化をもたらす。合理性は非合理性へ転化する。本来目的にかかわるはずの理性は，今や道具に顛落し，人間は技術的合理性に屈従する。こういう合理性と非合理性との弁証法を，その自然史的基礎にさかのぼって省察し批判することが，40年代以降のこの学派の主要課題であった。

支配のイデオロギーとしての合理性　フランクフルト学派によれば，技術的合理性は，ウェーバーが考えるように中立的なものではない。それは本質的に「支配」と結びついている。技術的合理性の特質は，第1に自然に対する支配であり，第2に人間に対する支配である。「知は力なり」を標語とする近代の知性は，外なる自然を支配することによって進歩の道を進んできたが，しかしそれは内なる自然の抑圧と，人間に対する社会的支配という二重の代償を支払わねばならなかった。現代社会における社会的支配は，じつは自然支配という近代合理性の根本的姿勢のうちにその根を持っている。後者をそのままにして前者を止揚することはできない。現存の社会的支配を支えている自然支配的理性を止揚し，支配のイデオロギーと化した技術的合理性とは別箇の合理性が求められることになる。

一次元的社会とそれを超えるもの　しかし現代社会においては，抑圧された内なる自然としての人間の欲求は，大衆の非合理的衝動へと歪曲されるか，さまざまの社会的技術によって馴致されている。圧迫された被支配者としての労働者階級は体制内化して，本来の革命主体としての性格を失っている。目的に照らして現状を批判すべき理性も「管理の婢」と化して

いる。このように自己の裡に否定的対抗契機を持たない社会や思考を，マルクーゼは「一次元的」社会ないし思考と呼んでいる。このような状態を打ち破るものは何に求められるだろうか。ホルクハイマーは不屈の個人による目的の堅持のうちに理性の復権を托しながら，全体としては管理化を止めがたい必然として諦視し，マルクーゼは，体制の外にはみ出た少数者のラディカリズムを通じての「労働と遊びとの一致」というユートピアの実現を思い画き，アドルノは，「全体が非真理である」現代文明に対する個々の否定的批判に徹しながら，「自然と文明との宥和」を，それと画くことなく祈念しているようである。

限界と意義 こういうペシミズム，ないし単に否定的な姿勢は，建設的な実践的指針を期待する人びとの失望を誘うことは否めないし，この学派に対しては，経済学的な基礎理論や階級的視点を欠いた小ブルジョアの諦めのイデオロギーであるとか，科学性を欠いた「社会神学」であるといった非難も投げかけられている。現在では社会研究所はわずかにシュミットが孤塁を守っているにすぎず，学派の声望にも一頃の華やかさは見られないが，この学派が行なった近代合理性への批判の鋭さ，主体性の原史をさかのぼって「自然からの疎外」を摘発する省察の深さは，老化した講壇哲学のオブスキュランティズムに対する新鮮な衝撃でありえたし，「自然と文明との宥和」等のユートピアは，「否定神学」における神の存在証明のように，肯定的に画かれることはないにしても，そのままの形で現代批判としての意義を持つように思われる。

〔徳永　恂〕

182 マックス・シェーラー──哲学的人間学

1 経歴と著作

現象学への転向 マックス・シェーラー（Max Scheler, 1874—1928）はミュンヘンで生まれ，はじめ医学，のちイエナ大学でオイケン（Rudolf Eucken, 1846—1926）とリープマン（Otto Liebmann, 1840—1912）に哲学を学んだ。1900年『先験的方法と心理学的方法』で教授資格を取得した。翌年のカント協会でフッサールと知り合い，それまでのカント的な哲学から現象学的な哲学へと進む。1907年ミュンヘン大学で再び教授資格を取り，私講師となる。ここでリップス（Theodor Lipps, 1851—1914）や，さらにはガイガー（Moritz Geiger, 1880—1937），プフェンダー（Alexander Pfänder, 1870—1941），ライナハ（Adolf Reinach, 1883—1917）などのいわゆるミュンヘン現象学派と交際した。

現象学的倫理学 1910年ミュンヘンの私講師をやめ，在野の学者としてゲッチンゲン，ベルリンで生活し，ラーテナウ（Walther Rathenau, 1867—1922）やゾンバルト（Werner Sombart, 1863—1941）と交わる。1913年と16年，現象学の機関誌上に，主著となる『倫理学における形式主義と実質的価値倫理学』を発表，情意的なものにもア・プリオーリな価値があるとして，現象学的倫理学の新生面を開拓した。さらに1913年の『共感と愛と憎しみとの現象学と理論』（第2版以降『共感の本質と諸形態』）では，共感により他者の体験は全く直接的に把握しうると説く。

第1次世界大戦中はいくつかの時事論稿を公にし，外交官として1917年にはジュネーヴ，翌年ハーグに勤務する。

ケルン時代　1919年ケルン大学教授となり，価値の哲学を宗教哲学へと拡大する。21年には『人間における永遠なもの』で宗教の本質現象学を説く。さらにこの時期には社会学に視野が広まり，24年に知識社会学の論稿，26年に大著『知識社会学と社会』を発表，知識社会学の分野を開拓した。

最晩年　1928年フランクフルト大学教授となる。同年の『宇宙における人間の地位』は，シェーラーが同地で没したあと，その翌年の『哲学的世界観』と共に，最晩年の形而上学，哲学的人間学についての考えを示す。1933年に遺稿の一部が出版された。

影響　その影響は，哲学的人間学の面ではプレスナー（Helmuth Plessner, 1892—1985），ゲーレン（Arnold Gehlen, 1904—1976），生の哲学ではオルテガ，価値哲学の点ではニコライ・ハルトマン（Nicolai Hartmann, 1882—1950），文化人間学および階層理論の面ではエーリヒ・ロータッカー（Erich Rothacker, 1888—1965）など，極めて多方面に及ぶ。宗教現象学，知識社会学の先駆者の面と併せて，偉大な学識の巨人と言いうる。

2　思想

実質的価値倫理学　①主著の意図——主著はカントの形式主義的倫理学に反対して，現象学的な立場から実質的価値に基づく倫理学を建設しようとする。カントは最高善や意志の究極目的から出発する倫理学も，経験からの帰納に基づく倫理学も拒否した。カントはア・プリオリなものを形式的なもの・理性的なものと同一視している。さらにカントの感性と

理性の二元論では，行為と体験の中核である人格はくみつくしえない。ア・プリオーリで実質的な倫理学は，根本的に情意的な人格に基づいて可能となる。倫理学は価値の現象学であり，情意的な生の現象学である。

②人格と価値——我々の精神的な生の全体は，それ固有の純粋な働きを有する。情意的なものも，それ固有の根源的でア・プリオーリな内容をもつ。この本質は明証的に直観しうる。価値をになうのは，情意的なものを含み，知性的なものを含む全人格である。価値には序列がある。高次の価値は「選び取る」ことそのことにおいて与えられる。選び取りは直観的な明証性を有し，これによって価値の序列が定まる。価値の実質的な序列は，快・不快という様相，高貴・卑俗という様相，精神的な価値の様相，聖なるものという価値の様相，この四つである。我々の情意的で志向的な生の最高の段階は愛と憎しみである。愛においては価値領域が拡大し，憎しみにおいては狭まる。新しい高次の未知の価値は，愛の動きのなかでのみ閃くのである。

哲学的人間学　①形而上学の目的——シェーラー最晩年の努力は形而上学であり，とりわけ人間の形而上学としての哲学的人間学の建設であった。哲学は教会の奴婢でもなく，諸科学の奴婢でもない。哲学は積極的に世界観を定立しなければならない。哲学的な世界観は絶対的なものについての思索であり，形而上学である。このため人間の有する三つの知識を区別する必要がある。第1は実証的個別科学の知識であり，事物の改造に役立つ支配知・実行知である。第2は人間の教養・自己形成の形態を改造することに役立つ本質知・教養知である。前者は現実的な存在へ向かい，後者は哲学的知とし

て，事物の本質へと向かう。実証科学知の最高の前提もこの本質知において確定される。第3は救済知または形而上学的知であり，自己と世界との最高の根源である絶対的な存在へと向かう。すなわち形而上学は，まず実証諸科学の限界問題の形而上学であり，たとえば生命とは何かを根源的に問う。本来の形而上学は絶対者の形而上学であり，無限の精神と限りなく非合理的な衝動とを併せ持つ最高の存在つまり神の形而上学である。

②哲学的人間学——シェーラーはミクロコスモスとしての人間の形而上学を哲学的人間学とし，科学の限界問題の形而上学と絶対者の形而上学の中間に置く。植物の特性は感受衝動にあるが，動物ではさらに本能，連想的記憶，実用的知能が加わる。人間ではこれら諸層の上に精神が出現し，人格を形作る。人間は広義の衝動を生物と共有し，精神のみ独自のものである。精神は古来のヌース・理性以外に情意的なものを含み，本質・価値・イデアへ向かう。人間はその自由な決断において神がおのれの本質を実現してゆく存在者である。神へ至る最初の通路となるのは人間である。神の無限な精神と衝動との有限な像が人間であるからである。〔茅野良男〕

183　ホワイトヘッド——有機体の哲学

　ホワイトヘッド（Alfred North Whitehead, 1861—1947）の哲学は，英国の哲学思想史の背景のもとにみるならば，ジョン・ロックに始まる英国経験論の伝統と，ケンブリッジ・プ

ラトニストと呼ばれた人びとからブラドレー (Francis Herbert Bradley, 1846—1924) やマクタガート (John Ellis McTaggart, 1866—1925) のような新ヘーゲル主義者に到るプラトン主義的理想主義の伝統とを止揚しようとしたものとして位置づけることができよう。

彼自身，その哲学的主著である『過程と実在』(1929) のある箇所で，西欧の全哲学は畢竟はプラトンの対話篇の脚注に過ぎぬと喝破したのちに，もしプラトンが現代に再登場するとすれば，有機体哲学（すなわちホワイトヘッドの手による形而上学説）を自分の哲学の正統的展開として認めるであろうと自負を語っている。そしてまた，別の箇所では，有機体哲学の最良の入門書は，ジョン・ロックの『人間知性論』であると述べ，彼の哲学的野心は，絶対的観念論を，具体的経験という大地の上に，基礎づけることだといっている。

経歴と著作 ホワイトヘッドの父親は英国聖公会の聖職者であったので，彼の生涯は厳格な宗教的雰囲気のもとに始まった。晩年の彼の関心が自然神学 (natural theology) に向かい，自然の探究がいかにして神の認識に到るかという課題に答えようとしたことの素因は，彼の幼少時にうけた教育によって培われたものであろう。現代においては，完全に世俗化の過程を終えたと普通に考えられている自然科学上の真理が，彼の哲学では，神の認識に到る一契機として位置づけられている。彼の経歴は，カントときわめて良く似ており，どちらも大器晩成型の学者であり，青年期と壮年期を，論理学や自然科学の研究に費し，老年期においてその代表的な哲学的著作をまとめて発表している。カントの天体論は，その基本的な着想において先駆的な天文学上の業績であるが，ホワイトヘ

ッドが、ロンドン大学において、応用数学の教授をしている時に発表した相対性理論は、アインシュタインの一般相対性理論の有力な対抗馬として、物理学会の注目をあつめた重力理論である。数学者としての業績は、彼の弟子であり共同研究者ともなったバートランド・ラッセルとの共著『数学原理』が代表的である。これは、彼がロンドン大学教授に就任する前にケンブリッジのトリニティ・カレッジで、数学講師をしている時に出版されたもので、論理学的諸原理によって数学の可能性を基礎づけることをめざしていた。カントの科学論においては純粋数学の可能性と純粋自然学の可能性は、人間の認識能力としての感性と悟性の諸形式によって説明され、数学と自然科学の真理の探究は、人間の理性の自己認識に帰するものであったが、ホワイトヘッドにおいては、数学も自然科学も、その可能性を、主観の形式にではなく、客観的なロゴスのうちにもつのであり、最終的には、神の中なる自然の認識に帰するのである。

ロンドン大学を停年退官したのち、ホワイトヘッドはハーバード大学の哲学教授として招かれ渡米した。それから後の時期が、哲学的には最も生産的であって、『科学と近代世界』『過程と実在』のような名著を生むのである。

有機体哲学 ホワイトヘッドの形而上学を有機体哲学と呼ぶ理由は、彼が実体の概念を自然の基本的な存在範疇として認めないことによる。『科学と近代世界』の中で、物質的実体の時空的位置変化をもって自然の基礎的記述とみなす考え方を、科学的唯物論と呼び、具体的なものと抽象的なものとの位置を顚倒させるあやまち（fallacy of misplaced concreteness）として批判している。具体的な自然は、彼によれば、

相互に関係しあいながら現成（becoming）する一連の出来事（event）であり，我々の知覚対象や，物理対象は，出来事の中に出現する形象として捕えられる。単独でたちあらわれる対象というものは抽象の所産であって，全ての対象は出来事の場のなかで脈絡をもち，他の諸対象と有機的な連関をもちつつ出現する。

『過程と実在』では，この自然哲学は，自然神学にまで展開する。デカルト的な物心二元論を克服するために最も基礎的な存在範疇として実存契機（actual occasion）と呼ばれるものをたて，プラトンのイデアを想起させる永遠対象（eternal object）のつくる階層的秩序から，実存契機が現成するという事態を，一切の自然に関する説明の帰着すべき基本原理としている。永遠対象は，神の根源的自然（primordial nature of God）の中にあり神の原型的直観の中でその存在の秩序をたもつ。個々の実存契機は，独立自存する実体ではなくて，他者と共にあること（togetherness）をその本質とする。実存契機は，経験の基体（subject）であると同時に，他者を把握（prehend）する過程において自己を形成するもの（superject）である。実存契機は，永遠対象に似たものとなること，すなわち客観的不滅性（objective immortality）を獲得することを志向するが，それは他者の中に死ぬこと，すなわち他の実存契機によって対象化されることによってのみ可能である。ホワイトヘッドの実在観によれば，実存契機の死は他の実存契機に対象化されるのみならず，根源的な他者である神の帰結的自然（consequent nature of God）の中に還るものと見做される。ここにいう神とは，万有から隔絶された絶対者ではなくて，全ての実存契機と共にあり，実存契機の現成に際し

て中心的な秩序を与える存在である。如何に些細な現象においても、この存在は常に関与しているが、ホワイトヘッドによれば、それは正統派神学において誤って考えられているような全能者の働きではない。ホワイトヘッドは、世界の現実の進展は、神のみならず、盲目的な生の創造衝動（creativity）によっても規制されるとみなし、神の全能という神学的概念を、人間の権力意志を倒錯的な形で神に投影したものとして批判している。

〔田中　裕〕

184　ハイデガー

その思索の端初　マルティン・ハイデガー（Martin Heidegger, 1889—1976）は、西南ドイツの小村メスキルヒで、篤信のカトリック教徒の家に生まれ、普通教育のあと、後にフライブルクの大司教となるコンラート・グレーバーに嘱望されて、1909年フライブルク大学の神学部に入学、縁あってフランツ・ブレンターノの学位論文『アリストテレスにおける存在の多様な意味について』（1862）を読んで大きな感銘を受けた。これによって得た哲学的衝撃を深めるうちに、E. フッサールの『論理学研究』（1900—01）から決定的な啓発を受け、1911年には哲学専攻に転じた。1915年フライブルク大学私講師となり、やがてフッサールの研究助手を兼務して、アリストテレス研究に従事しながら現象学的思索に親しんだ。フッサールの思索はそのころすでに超越論的観念論の方向を明確にしつつあったが、ハイデガーはアリストテレスの中にまだ

余映をとどめている初期ギリシアの存在論への手がかりを堅持し，現象学に新しい転回を与えるようになった。対象の対象性を構成する志向的意識の明証性という近代的思惟の立場から，存在者の現われとしての存在へ，そしてこの存在の隠れなさとしての真理への転向がすでに兆していたということができる。

その主著　1923年マールブルク大学教授となり，ヨーロッパの形而上学の歴史についての多彩な講義を展開するかたわら，神学者R.ブルトマンと親交を結び，原始キリスト教的体験の自己理解にそくして伝統的存在論の基本概念の再検討を推進した。マールブルク時代に成立した主著『存在と時間』(1927)によってドイツ哲学界に衝撃的影響を与えたが，2年後に発表された『カントと形而上学の問題』『形而上学とは何か』『根拠の本質について』も，直接にこの主著との連関で書かれたものであろう。

　これらの労作を一貫する根本思想は，哲学を存在の（さまざまな存在者によって多様に変化する意味を根本において可能にしている）統一的意味の解明とすること，この存在の意味の根源的体験を伝統的存在論の凝結した図式性の底から掘りおこすこと，そのためにその図式化によって疎外され歪曲されている〈人間と世界〉の関係をあらゆる理論以前の層において復元すること，しかもその底層的関係を安易に日常化せず，また人間学的に客体化することもせず，たとえば原始キリスト教の信仰生活におけるごとく超越への緊張をはらむ歴史的動態において自覚化すること——などである。『存在と時間』の最初の主題とされた〈世界＝内＝存在〉とは，まさにそのような問題を表示する言葉であった。

1928年フッサールの後継者としてフライブルク大学の教授となり,各学期の講義においてヨーロッパ哲学史の根源的批判を深めながら,『存在と時間』の後半部分の完成に精魂をかたむけていたが,1933年ナチスの政治的意義を誤って判断してフライブルク大学総長となり,『ドイツ大学の自己主張』という就任演説を行なった。在任わずか1年ほどでナチスへの連帯に失望して辞任,それ以後はこの経験も一つの契機となって『存在と時間』の立場をきびしい時代批判の立場から再考し,とりわけヘルダーリンの詩とニーチェの哲学の批判的体得に専念した。この時期に公表された著述は『ヘルダーリンと詩の本質』(1936)のほか,きわめて乏しい。多くは第2次世界大戦終結のあとに出版されたものである。もっとも重要なものは,第2の主著ともいうべき『ニーチェ』(1961)である。これは,1936年から1946年にわたって繰りかえし巻きかえし試みられたニーチェのニヒリズムとの徹底的対決の集約であり,フライブルク大学教授時代の新境涯のもっとも詳しい表現である。

戦後の著作　1945年ドイツの敗戦とともにナチスとの連帯の責任を問われて休職となり,1950年にはじめて大学に復帰した。休職中に数多の著述が発表されたが,そのおもなものは,『プラトンの真理論,ヒューマニズム書簡』(1947),『真理の本質について』(1949),『森の径』(1950)などである。復職後もさし当たっては戦争中の講義や述作の発表がつづくが,ニーチェとの対決をつうじて得られた思想が次第に明確な形をとって表現される。そのおもなものは『思惟とは何をいうか』(1954),『講演と論文』(1954),『根拠律』(1956),『同一性と差別』(1957),『言葉への途すがら』(1959)などである。

晩年の根本思想　ほぼ1935年ごろからハイデガーの思想にかなり重大な転回が始まったということは,『存在と時間』の続刊が正式に断念されたということからも明らかである。ここではそれ以後の思想の紆余曲折を度外視して,35年以後を一括してその基調を要約しておきたい。若きハイデガーは存在者の存在の意味を問うことによって,フッサールの現象学の観念論的予断を克服しようとしたが,問いつつさかのぼるべき根源的な存在経験としては,キリスト教的実存の祖型にあまりにも深く連帯しすぎていた。キルケゴールへの沈潜やブルトマンとの親交がそのことを証拠だてている。この意味での実存思想が結局は一種の世界疎外に条件づけられているということの自覚が,後期の転回のつよいモティーフになっていると思われる。これはニーチェとの対決,ヘルダーリンの味読をつうじて次第に明らかになってきた変化であろう。なぜならば,これらの試みにおいて下描きされてくるものは,伝統的存在論の原型たるプラトニズムによって蔽われた悲劇的世界だからである。

　この世界はもはやいかなる形でも体系化されることができない。後期のハイデガーの論考がそのつどさまざまに用語をとりかえながら語り出そうとするのは,この世界の消息であり,そしてこの世界を背景にして起こったヨーロッパ思想全体の運命である。そのさい彼が出発点にした存在のさまざまな意味の統一への問いは,この背景を忘却した西洋哲学史の中でますます貧困化していく存在の意味体験,すなわち〈故郷の喪失〉に直面して,いよいよ切実な問いとして堅持されているといってよい。

〔細谷貞雄〕

185 ハイデガー『存在と時間』

Sein und Zeit

その基本的構成 『存在と時間』はハイデガーの38歳のときの著作,現代哲学史上画期的な作品であり,同時にハイデガー自身にとって思想家としての運命を決するような課題となった。

1927年に公刊されたときには,それは各々三つの主節から成る二部編成のものとして計画されていた。第1部は人間存在(これをハイデガーは現存在となづけている)の存在を分析して,その存在意味が時間性であることを明らかにし,この分析にもとづいて,あらゆる存在者の多様な存在意味が体験される地平としての時間の本質を明らかにしようとする。第2部は存在論史の破壊と名づけられている。それは現存在の根源的な存在了解が根源性を失って伝統的存在論として固定化されたという見通しに立って,過去の重要な存在論の基本概念の構造を解体し,かつてその構造の根底に流れていた存在体験の思索的反復を追求しようとする。

第1部の既刊部分はあらゆる既成理論を排して人間存在の如実相を浮き彫りにすべく,世界＝内＝存在の現象学的分析から始まり,これにひそんでいる真理への緊張関係を極限まで推しすすめて,現存在の歴史的時間性をその存在意味として明らかにしている。そのクライマクスに当たる部分では,キルケゴールへの共鳴が鮮かである。第1部のうち,あらゆる存在の意味了解の地平として時間の現象を取りだすべく予定されていた部分は,第2部全体とともに,ついに発表されずに終わった。『存在と時間』は未完の書であり,その様式

では中途で放棄された計画である。

もっとも存在論史の破壊に相当する論考は，もともとアリストテレス，デカルト，カントに的を絞っていたが，『存在と時間』以後のおびただしい論文の中でいっそう拡充した形で——存在の歴史の諸局面の解釈として——展開されている。また第1部のうちで未刊に終わった部分は，もともと『時間と存在』という表題で予告されていたが，1962年に同じ表題で——しかし全くことなる発想から——演述され，今では『思惟の事にむけて』(1969)という書物に収められている。

直接の影響　『存在と時間』の影響力は西洋の伝統的哲学（存在論）の根底的革命という壮大な抱負にもあるが，じっさいにはその既刊部分が示していた人間存在のきわめて具体的な分析の鮮かさによるところが多い。いわゆる実存哲学，実存主義の諸思想がこの著作に依拠したのは，このためである。

ハイデガー自身はむしろ存在の意味への問いを一貫して問いつづけ，実存思想との連帯を拒否しているが，われわれが最も重視すべきは，彼がこの著作の中でフッサールを越えて切りひらいた現象学の新しい展望である。　　　〔細谷貞雄〕

186　ヤスパース

少年時代　カール・ヤスパース（Karl Jaspers, 1883—1969）は，ドイツの北海沿岸に近いオルデンブルグに生まれた。ヤスパース自身が書いた『哲学的自伝』(1953年執筆，57年公表)によると，同名の父カール・ヤスパースは銀行の頭取をも勤め

た教養豊かな紳士であり，母ヘンリエッテは旧家の出で，カールと2人の弟妹を「限りない愛の光明でみたし」，また「激しい気性で勇気づけ」，「賢明な配慮をもって守ってくれた」。ヤスパース家の宗旨はプロテスタントであったが，家庭では信仰よりも「理性と信頼と誠実」とが重んぜられた。病弱で内向的な少年ヤスパースは，生地オルデンブルグのギムナジウムで9年間の教育を受けるが，学校の教育方針には反抗的で，しばしば孤立し，孤独感を味わった。それを癒してくれたのは，北海やスイスへの旅行であり，またスピノザの書物であった。

医学の勉強から精神病理学者へ ギムナジウムを終えたヤスパースは，将来弁護士として実社会で活躍したいと思い，大学でまず法学を学ぶが，実社会から遊離した抽象的な概念操作に終始する法学に幻滅を感じ，かつまた自分が病身であることを顧慮して，医学部への転部を決意し，以後1908年まで，ベルリン，ゲッチンゲン，ハイデルベルクの各大学で医学を学び，卒業後はハイデルベルク大学の精神科クリニックに籍を置き，研究生活を開始した。クリニックは，後のヤスパースの言う「愛を伴った闘争」の場で，ヤスパースはこの活発な学問的雰囲気のなかで研究に励み，1909年『郷愁と犯罪』で医学の学位を取得，1913年には組織的包括的な『精神病理学総論』を完成，精神病理学者としての地歩を確実なものとした。この間，生涯の親友エルンスト・マイヤーの姉ゲルトルートと出会い，結婚，またハイデルベルクに住むようになったマックス・ウェーバーを知り，その人格に傾倒，家族ぐるみの親密な交際が続いた。

哲学的思索の開始 ハイデルベルクの街を愛していたヤスパ

ースは，他大学からの精神病理学の教授としての招聘を辞退し，心理学の教授資格を得て，1914年春から教壇に立った。その夏勃発した第1次大戦は，ヤスパースの思想形成に大きな影響を与えたが，その間心理学の講義は継続され，その一部が大戦終了の翌年，『世界観の心理学』として発表された。この書物は，ヤスパースが後に語っているように，すでに「哲学化された心理学」であり，人間が絶望的な限界状況に面してどのように対処するかに，「精神類型」である世界観の相違を見るという点で，実存哲学への一歩を踏み出した書物と言える。ちなみに，本書の序論では，決定的影響を受けた哲学者として，ヘーゲル，カント，キルケゴール，ニーチェ，マックス・ウェーバーの名が挙げられている。

マックス・ウェーバーの死を機縁として，ヤスパースは本格的に哲学的思索を開始する。ハイデルベルクは当時なお新カント派の一方の牙城であったが，その主宰者リッケルトの反対を押し切って哲学の講座に移り，以後沈黙の10年を経て，3巻にわたる大著『哲学』(1932)を完成，ハイデガーと並んでドイツの新しい哲学，つまりいわゆる「実存哲学」を代表する哲学者として脚光を浴びることになった。ほぼ同時に発表された小冊子『現代の精神的状況』も，犀利な時代批判として，多くの読者によって迎えられた。

第2次大戦前後 1933年，ナチスの台頭とともに，ヤスパースは夫人がユダヤ人であるという理由から当局に忌避され，4年後には教授の職から追放された。著作活動の面では，『哲学』に続いて『理性と実存』『ニーチェ』『デカルトと哲学』が公刊されたが，1938年の『実存哲学』を最後として，ヤスパースは著述の上でも沈黙を強いられることになった。

しかし,暗い日々のなかで,ヤスパースはハイデルベルクに留まって思索を続け,戦後続々と公刊されることになる著書の準備を重ねていた。1945年4月,ハイデルベルクはアメリカ軍によって解放された。復帰したヤスパースは戦後の大学の再興に尽力し,また大戦中のドイツ人の罪を主題とする講義を行なった。しかしヤスパースにとって,戦後の西ドイツも結局安住の地ではなく,1948年招かれてスイスのバーゼル大学に移り,1969年2月26日死去するまで20年の歳月をバーゼルで過ごした。

戦後の著作と活動 戦後まもなくの1947年,哲学の第2の主著である『真理について』が,「哲学的論理学」の第1巻(第2巻以後は未刊)として公刊された。その基本は,すでに『理性と実存』で示されていた「包括者」の思想で,『哲学』が実存の自覚過程を追っていわば垂直の次元で叙述を進めているのに対し,そうした実存の自覚を水平の次元で組織化統合する「統一への意志」としての理性の機能を重視し,哲学の「あらゆる可能的内実に対する空間を保証」しようとする。包括者とはそうした空間に与えられた名称で,それは「存在そのものである包括者」と「われわれがそれである包括者」とに,前者はさらに「世界」と「超越者」,後者は「現存在」「意識一般」「精神」「実存」とに分けられ,そのそれぞれの存在様式や知の様式,さらにはそれら全体の連関が考察対象とされている。哲学に関する重要な著作としては,そのほかに,世界哲学史の構想の一環である『偉大な哲学者たち』第1巻,『哲学的信仰』『シェリング——その偉大さと宿命』『啓示に面しての哲学的信仰』等がある。また,『歴史の起源と目標』は,世界史の展開に大胆な展望を与えたもので

あり，政治に関する著作としては，『原子爆弾と人間の未来——現代における政治意識』や，旧西ドイツの政治状況を批判した『連邦共和国はどこへ行く？』がある。なおヤスパースの活動に対して，1947年にはゲーテ賞，1959年にはエラスムス賞が与えられた。

　参考までに，ヤスパースに関する文献のなかから，シルプの編集した論文集『カール・ヤスパース』（1957）と，ヤスパースの秘書を長らく勤めたザーナーの『ヤスパース』（ロロロ・モノグラフィー叢書の一冊，1970）を挙げておこう。

〔宇都宮芳明〕

187　ヤスパース『哲学』

Philosophie

序論　序論によると，哲学とは可能的実存に基づく存在の探究である。実存とは，「私がそれに基づいて思索し行為する根源」であり，しかも「自己自身にかかわり，かつそのことのうちで，超越者にかかわるもの」である。また，存在の探究の目的は，存在一般の意味の解明ではなくて，「存在意識の変革」である。つまりヤスパースが『哲学』で試みる思索は，われわれの存在意識と事物に対する内的態度の変革を目ざす思索であって，それは端的には，自己が存在する（実存する）ということの究極の意義を自覚するための思索である。その道程（方法）は，一切の対象性を超えて非対象的なものへ超越することであって，『哲学』の本論は，この超越を体系的に遂行したものである。

哲学的世界定位　第1巻「哲学的世界定位」では，われわれの日常的な経験的知識や科学的な対象認識の基盤となっている「世界」への超越が行なわれる。われわれは生命をもつ「現存在」としてこの世界に依拠しているが，しかしこの巻で，世界が決して完結した全体ではないことが示される。ここに「世界が存在のすべてであり，科学的認識が確実性のすべてである」とする態度は維持困難となり，現存在の存在意識は変革の一歩を踏み出し，世界に解消できない実存にむかって超越する。

実存照明　第2巻「実存照明」は，まず「自我そのもの」について考察し，次に本来の自我である実存を構成する諸契機に即して，実存を内部から照らし出すことを試みる。たとえば，「交わり」においては，実存が孤立した存在ではなく，「愛を伴った闘争」としての交わりのうちにあること，「歴史性」においては，実存が「永遠の現在」としての「瞬間」において真に実存すること，「自由」においては，実存の自由が実は超越者に繋縛された運命的必然と一つであること，などが照明される。実存はさらに，「限界状況」──死，悩み，争い，罪といった「われわれが超え出ることも変化させることもできない状況」の照明を通じて，自らの有限性の自覚を深め，超越者にむかって飛躍する。

形而上学　第3巻「形而上学」では，超越者が実存に対して自らをどのような形で開示するかが問題にされる。実存意識の最終的な変革に対応して，もろもろの事象は超越者の「暗号」となり，世界は「暗号の世界」となるが，実存はこれらの暗号を「解読」するという形で超越者の実存を確認する。「真理は，挫折する実存が超越者の多義的なことばをきわめ

て簡潔な存在確信へと訳すことができる場合に,存在する」というのが,ヤスパースの結論である。　　　　　　〔宇都宮芳明〕

188　現代の宗教思想

複雑多岐に見える西欧現代の宗教思想も,その主なものを概観すれば,おのずからある形が浮かびあがるように思われる。

カトリック　カトリック教会の伝統的立場に立つトミズムにおいては,グラープマン (Martin Grabmann, 1875—1949) や,ジルソン (Étienne Henri Gilson, 1884—1978) らによってトマス・アクィナスの学説研究が推進され,殊に"esse"(存在) と神の問題に光が当てられた。この自然神学を軸として,信仰を原理とする神学と,理性の営みである現代諸学との綜合が追求される。すなわち彼らは師父トマスが13世紀に追求したテーマを,今日の状況において実現しようと試みるのである。

しかしカトリック者のなかにも,たとえばマルセル (Gabriel Marcel, 1889—1973) のように,伝統の枠に捉われない柔軟な思想家も現われてくる。彼にとって根源的な問いとは「私の存在」への問いである。この実存的問いが,現代の「こわれた世界」のなかでも決して窒息することなく,世界を越えたより高い存在に参与すべき「存在的要請」を我々に喚起する。

テイヤール・ド・シャルダン (Pierre Teilhard de Chardin, 1881—1955) は,彼の専門領域である考古学・人類学の成果をキリスト教の終末論と結びつけた。聖書の説く終末,すな

わちキリスト再臨の日は，この世界の長い完成過程の到達点なのである。その時世界は，「神の領域」「神の身体」としてその完全な姿を現わす。したがって啓示神学と科学の営みは，究極的には同一のものを指向するのである。

弁証法神学 以上4者がカトリック教会の基盤に立ち，信仰と理性の一致を追求するのに対して，バルト（Karl Barth, 1886—1968）に代表される弁証法神学は尖鋭に対立する。もともとプロテスタント自由主義神学の批判として登場したこの神学は，人間中心的な「下から上へ」の上昇論理に対し，「上から下へ」垂直に突入する神の論理を弁証法的に対置し，前者を圧倒せんとする。したがってトミズムの軸である自然神学は，バルトによってはっきり拒否された。

ブーバー（Martin Buber, 1878—1965）は，東欧に伝わったユダヤ教神秘思想ハシディズムと西欧の学問伝統とを結びつけて，独自の宗教思想を形成した。その核心には「対話」の原理が据えられている。世界そのものが，神の人間への語りかけであり，その応答として人間の生が生きられる。

こうして現代の西欧宗教思想は，一言にしていえば，西欧近代の人間理性過信へのアンチ・テーゼであり，各々の信仰基盤に基づいてこれと対決し，人間的生の全体性回復を志す。しかしつとにニーチェによって告知された「神の死」，すなわちキリスト教的プラトニズムの破産宣告に対して，現代の宗教思想がどれほど有効な応答を与えうるかは，なお今後の課題として残されている。

〔熊田陽一郎〕

189　サルトル

1　生涯と主著

教師時代　サルトル (Jean-Paul Sartre, 1905—1980) は，1905年パリに生まれ，2歳のとき父を失い，母とともに母方の祖父母にひきとられる。幼いときから書物に親しみ，大作家たちを友として成長する。11歳のとき母が再婚する。1915年アンリ4世高等中学校に入学，のちラ・ロシェル高等中学校に転校，1924年高等師範学校哲学科に入る。級友にポール・ニザン，レイモン・アロン，モーリス・メルロ゠ポンティ，シモーヌ・ド・ボーヴォワールらがいた。1929年教授資格試験に合格，このころボーヴォワールと契約結婚をする。

　1931年からル・アーヴルを皮切りに，各地の高等中学校で教え，この間1933年にドイツに留学，フッサールやハイデガーの哲学を学ぶ。1937年『自我の超越』，翌38年小説『嘔吐』を発表，前者においてサルトルは，自我は意識の統一原理ではなく，意識の一対象であり，意識はもっぱら意識外の超越的対象に向かう志向性であることを主張する。後者の主人公ロカンタンは，意識とかかわりなく，ただ在るにすぎない物（即自存在）の発見を通して，意識存在（対自存在）の無意味性を経験する。

　1939年第2次世界大戦勃発とともに動員され，捕虜となる。1941年釈放され，パストゥール高等中学校に復職，小説『自由への道』を書きつぎ，1943年，前期の主著『存在と無』を発表する。この中でサルトルは，即自存在が，ただ「在る」

としかいえない存在充実であるのに対して，自己を意識する対自存在は，無によって自己自身からへだてられた存在欠如であるとする。人間は欲望その他を通じて，この欠如をうめ，「即自かつ対自」的な存在になろうとするが，これは不可能な綜合であり，必然的に挫折する。しかし人間の意識性，時間性，自由は，対自存在のこの自己脱出（脱自）に由来するのである。

作家として 1944年のパリ解放ののち，1945年教授生活に終止符を打ち，メルロ゠ポンティ，レイモン・アロンらと『現代』誌を創刊，戦争とレジスタンスの経験を集約して，参加の思想を明確にしてゆく。戯曲『蠅』(1941)，『現代』誌の創刊の辞 (1945)，『実存主義はヒューマニズムか』と題する講演（同）は，その最初の素描である。さらに『唯物論と革命』(1946)，『文学とは何か』(1947)，『汚れた手』(1948) などを通じて，自由と状況，個と歴史的現実，芸術と参加などの問題を追求する。

このころまでのサルトルは共産主義に対して批判的であったが，1952年の『共産主義と平和』以来，共産主義への接近を明らかにする。1957年，スターリン批判，ハンガリー事件をふまえて『スターリンの亡霊』を書く。1960年，後期の主著となる『弁証法的理性批判』を発表し，マルクス主義を生んだ状況はまだ乗り越えられていないがゆえに，マルクス主義はわれわれの時代の哲学でありつづけている，と主張し，実存主義を知の余白に生きる寄生的体系として位置づける。しかし具体的真理としての知は，まだ実現されていない。そこでサルトルは，知の総体を全体化するための作業として，具体的実存の実践に支えられた歴史の弁証法を明らかにしよ

うとする（既刊の第1巻は，諸個人の実践と集団の弁証法を取り上げ，続刊の第2巻で歴史的全体化の弁証法を取り上げるはずであったが，後述の理由で第2巻の刊行は見込みがなくなった）。

1963年幼年期の形成を書いた『言葉』を発表，1964年ノーベル文学賞受賞者に決定したが辞退した。1966年訪日，知識人論を中心に講演，またヴェトナム戦争犯罪国際法廷裁判長をつとめた。1975年視力障害のため執筆活動の断念を発表した。

2　思想

無神論的実存主義　サルトルは，神が存在しない，あるいは神が死んだということから一貫した結論をひき出そうとする。人間が神によってその本質を措定されていないかぎり，また人間は自らを生み出したのではなく，生み出された存在であるかぎり，偶然的に何ものでもないものとして，まず存在する。しかしこの偶然性は，人間の自由の基盤である。何ものでもない人間は，自らの在り方を選ぶことによって，自分が何であるかを選ぶことができるからである。したがって自由の第2の基盤は，人間が「あるところのものではな・く・」，まだ「な・い・ところのものでありうる」という脱自性にある。しかしこの自由は，「生まれてきた」という事実が示す根本的な制約のもとにある。人間は特定の歴史的・社会的な状況のもとに投げ出されており，状況のなかで，何をなし，いかなる存在であるかを選ぶからである。その選択のよりどころは，究極的には自分の外にはない。人間は孤独に選び，全面的に選択の責任を負わなければならない。人間は自由であるからこそ不安なのである。

自由と価値　人間は，自分が選び，なしたことについて，自

分自身に対して責任があるだけではなく、全人類に対して責任がある。何かを選ぶことは、選ばれたものの価値をみとめ、その価値を維持することにほかならないからである。神が定める絶対的価値が存在しない以上、価値を選び、選ぶことによってそれを維持する人間をのぞいては、価値は存在しない。したがって、人生に意味があるか否かを問うことは無意味である。私の人生は生きる以前においては無であり、人生の意味とは、私が生き、行動することによって実現する意味以外の何ものでもない。同様に歴史に意味があるか否かを問うことも無意味である。歴史はそれを作る人間の外にあっては無であり、歴史の意味は、われわれが集団的実践において実現する意味にほかならない。しかし集団的実践は、たえず疎外態としての凝固した全体性を生み出す。真の歴史的全体化は、たえざるこの疎外の克服によって可能となるのである。とはいえ歴史の「全体化するものなき全体化」を基礎づけるという問題——歴史の全体化を推し進める動力が何であり、なぜ歴史が循環的でなく、方向性をもった全体化であるのか、といった問題は、執筆断念により、十分答えられないままに終わっている。

〔市川　浩〕

190　メルロ゠ポンティ

1　生涯

モーリス・メルロ゠ポンティ（Maurice Merleau-Ponty）は、1908年3月14日、フランス大西洋岸のロシュフォール・シュ

ル・メールに生まれる。幼にして父親を失い、以後、家族とともにパリに定住し、母を中心とした温かい家庭の中で、母をほとんど「自分の生命」(サルトル)のように感じて育つ。1926年から30年まで、パリの高等師範学校に学び、31年に教授資格試験(アグレガシオン)に合格。幾つかのリセの哲学教師や高等師範学校の復習教師を勤めながら、『行動の構造』(1942)および『知覚の現象学』(1945)によって学位を得、以後、リヨン大学、パリ大学の教授を歴任、1952年の末には、44歳の若さでコレージュ・ド・フランスの教授に推挙された。1961年(53歳) 5月3日、心臓麻痺のため、自宅で急逝した。

その間、1941年には、サルトルやボーヴォワールらとともにレジスタンス運動の組織「社会主義と自由」を結成(3月から9月まで)、また45年には彼らと共同で雑誌『現代』を創刊して、のちに『弁証法の冒険』(1955)によってサルトルと袂を分かつまで、多彩な評論活動を行なった。サルトルの追憶では、メルロ゠ポンティはひとりでに同誌の「編集長兼政治部長」になっていたという。同誌掲載の主な論文は、『ヒューマニズムとテロル』(1947)をはじめ、『意味と無意味』(1948)、『シーニュ』(1960)に収録されている。死後には、『世界の散文』や、「研究ノート」を付した未完の著作『見えるものと見えないもの』(1964)が公刊され、生前の『シーニュ』所収の若干の論文や『眼と精神』(1961)などと並んで、晩年の形而上学的傾向を示唆している。

2 思想

前期 メルロ゠ポンティが哲学を学び始めた当時のフランス哲学界は、ちょうどベルグソンがその著作活動を閉じようと

していた頃でもあり，第2次世界大戦を目前にした危機的経験を托すに足るものではなかった。一方，心理学の領域では，行動主義やゲシタルト学派の心理学が新興科学として台頭しつつあったから，メルロ゠ポンティはそれらの行動理論との対決のなかで人間と世界との根本的関係を明らかにしようとした。その成果が『行動の構造』であり，その中で彼は，世界を残らずコギトーのうちに取りこもうとするすべての観念論哲学に反対するとともに，一切を単純な物質的要素に還元する唯物論哲学にも反対する「両義性の立場」を打ち出している。というのも，新興の心理学によれば，行動は，環境と不可分なものであるが，しかしまた刺激の物理・化学的特性よりもむしろその「ゲシタルト」への反応であり，しかもこのゲシタルトは，彼の解釈では，単なる観念的表象でもなければ，また刺激の客観的・即自的性質でもないからである。このように，ゲシタルトを「物に受肉された意味ないし構造」として両義的に解釈し，合わせて行動の主体をも「受肉せる主観」として反デカルト主義的に捉え直すことによって，精神か物質か，心理か生理か，対自か即自かという古典的二律背反を越えようとするところに，メルロ゠ポンティの基本の発想があった。

『行動の構造』を書き終えた後，フッサールの後期の思想に接する機会を得たメルロ゠ポンティは，『知覚の現象学』においてはっきり現象学の立場をとるに至る。後期のフッサールもまた，当初の一種の構成主義を維持しながら，「超越論的自我」の受動的側面にも目を向け，主観と客観の両極にまたがる人間の在り方を探究していたのである。メルロ゠ポンティ自身としては，そうした人間の本質を「身体性」に見，

その人間に与えられる最も原初的な世界を、フッサールの「生活世界」にならって、「生きられる世界」ないし「知覚世界」と呼び、その前述語的・非人称的性格の記述に努めた。ここでは、行動は知覚のおのずからなる展開ということになるが、知覚ないし知覚世界の根源性と非人称性の強調によって、彼は結局、後期のフッサールにもなお残っていた構成主義を乗り越えようとしたのである。

中期 『知覚の現象学』以後、1950年頃までの間、メルロ゠ポンティの関心は、マルクス主義とりわけ共産主義的政治の問題に向かう。なかでも、モスクワ裁判（1938）について論じた『ヒューマニズムとテロル』は、純粋心情としてのヒューマニズムはありえないとして、スターリン主義的暴力を弁護し、左右両陣営から非難を浴びた。しかし、どんな善意も、他人との相互主観的関係に媒介されつつ物に受肉しない限り、政治的には無効だというのが、彼の政治哲学であって、この考えがたとえばサルトルをマルクス主義に「踏み切」らせたのであった。この政治哲学は、『弁証法の冒険』でも基本的には変わっていないが、ただしメルロ゠ポンティは、朝鮮戦争を契機にしてソヴェト共産党には否定的になり、マルクス主義からもしだいに遠ざかっていった。

後期 コレージュ・ド・フランスに就任する前後から、言語や絵画など、表現の問題が以前にも増して重要性を帯びてくる。もともと、メルロ゠ポンティにとって、言語は内なる思考の外的表出といったものではなく、思考の完遂であり、文字通り「意味の受肉」の作業であった。この言語の問題が、後期には、野生の自然と人間的合理性との関わりへの問いに深められたわけである。人工化される以前の自然とは、われ

われを見つめ，われわれに話しかけてくる自然のことであるが，彼によれば，この「人間以前のまなざし」もまた，身体と世界との両義的関係からしか解明されない。もし人間が身体的存在として「世界の織目」の中に取りこまれていると同時に，世界が身体の周りに取り集められて，「身体という生地」で仕立て上げられているということになれば，そこに身体と世界との「転換性」が生じ，それが「見るもの」と「見えるもの」との交錯を結果するはずだからである。メルロ＝ポンティの自然は，要するに「母なる女神，彼の母」であったとサルトルは言っているが，晩年の彼はそれほど自然に思いをこらしつつ，「存在」そのもののロゴスを究めようとしていたのである。

〔滝浦静雄〕

191 構造主義

構造主義の成立 フランスの社会人類学者クロード・レヴィ＝ストロース（Claude Lévi-Strauss, 1908―2009）は，ソシュール（Ferdinand de Saussure, 1857―1913）にはじまりプラハ学派を経て発展した構造言語学や，数学，情報理論などの新しい方法に示唆をえて，未開社会の親族組織や神話の研究に〈構造分析〉を導入して構造人類学を創始した。やがて1962年彼が『野生の思考』を発表すると，大きな知的反響がまきおこり，『エスプリ』誌の特集〈野生の思考と構造主義〉(1963) をはじめさまざまな場で論議が高まり，〈構造主義〉の時代の幕明けとなった。このような論議のなかで，ロラ

ン・バルト (Roland Barthes, 1915—1980) が〈流行〉の世界に構造分析を加え, ミシェル・フーコー (Michel Foucault, 1926—1984) が文化的基層と認識理論に, ジャック・ラカン (Jacques Lacan, 1901—1981) が無意識の領野に, ルイ・アルチュセール (Louis Althusser, 1918—1990) がマルクス理論と経済構造の分野に構造論的視野を切りひらき, その他多くの文学批評家が小説や詩に構造分析を適用した。彼らの著作は, 1965年の前後に一斉に世に問われたが, それらはいわば, サルトルが1950年代の思想的格闘の総括として『弁証法的理性批判』で展望した歴史哲学的視野に挑戦し, 近代西欧思想の諸前提を吟味しなおす根底的な批判的潮流であった。こうして, 〈構造主義〉は, それまでの20世紀の主思潮としての〈実存主義〉や〈マルクス主義〉をのりこえようとするさまざまな試みの共通の符牒となった。

レヴィ゠ストロースと言語学 レヴィ゠ストロースにとって, 新しい言語学は人類学をはじめ人間諸科学を真に科学たらしめる道を示していた。ソシュールは, 言語学の主軸を歴史的研究から構造的研究に転換し, 話される言葉 (パロール) の恣意性とともに記号システムとしての言語 (ラング) の共時的研究を強調した。そして記号の成立要因に所記 (意味されるもの, 意味内容) と能記 (意味するもの, 記号表現) を分け, 旧来の言語学が言語を思考内容の表出として所記を問題としたのに対して, 能記に力点を移した。能記は〈形式〉的に分析されるものであり, 全体的システムのなかでのみとらえうるものであった。そして, 言語はなによりもまずシステムないし構造であり, 意味は発話者の思考のうちにあるのではなく, 記号システムにおいて示差的に成立するのであった。さ

らに、プラハ学派のヤコブソン（Roman Jakobson, 1896—1982）は、音素と形態素を分けて言語の音韻論的基礎が無意識的、無意味的下部構造にあることを明らかにした。またコペンハーゲン学派のイェルムスレフ（Louis Hjelmslev, 1899—1965）は、言語素論（グロセマティクス）を展開してシステムとしての言語の組成規則を探求し、言語の〈形式性〉をいっそう明確にした。これらの言語学者にとっては、言語は形式（形相）であって実質（実体）ではなく、語る主体はデカルト的な個的〈私〉ではなかった。要するに、構造言語学は〈主観〉と関係なく言語をとらえた。そこでレヴィ＝ストロースにとっては、「言語学はわれわれに、弁証法的で全体化性をもつが意識や意志の外（もしくは下）にある存在を見せてくれる。非反省的全体化である言語は、独自の原理をもっていて人間が知らぬ人間的理性である」（『野生の思考』）と考えられた。

主観（主体）から構造へ　レヴィ＝ストロースは、このような観点から社会的事象を象徴的コミュニケーションのシステム（構造）としてとらえ、構造分析によって理解可能となると考えた。そこで、「親族関係は、親子とか血を分けた兄弟とかいう個体間の客観的な関係のうちにはない。それは人間の意識のうちにしか存在せず、事実として与えられた状況の自然な延長ではなくて表象の恣意的な体系である」（『構造人類学』）。ここでいう意識はもはやデカルト的意識ではなく、また構造ないしシステムは実在のレベルから分別される。だからまた、一見人間の空想とみえる神話も〈神話素〉のパターン（システム）によって理解可能となり、「人間が神話においてどのように思考するかではなく、神話が人間の精神のう

ちでどのように機能するか」(『生のものと火にかけたもの』)
が問題であった。こうして彼は、人間経験の中心を旧来の主
観的意識から構造へと〈脱中心化〉し、「人間諸科学の究極
目的は、人間を構成することではなく人間を溶解すること
だ」(『野生の思考』)という。〈人間〉は近代西欧思想の集約
的基盤であり、構造主義は、実証主義、歴史主義を含めて
〈近代人間主義〉の諸前提に鋭い批判を加えるのである。
エピステモロジー このような構造主義的分析は、バルトに
よって日常経験の世界に適用され、社会的経験を記号として
とらえてその神話的構造を明るみに出す記号学的探求となり、
またラカンは、無意識そのものを構造化されたものとしてと
らえるとともに、フロイト派の前提する自我概念(心の構造
と力動論)の再吟味を通じて精神分析の思想的含意を問題化
した。構造主義の哲学的旗手フーコーの『言葉と物』は、人
びとが自明のこととして追求していた〈人間〉が「16世紀以
後のヨーロッパ文化」のなかで形象されたものにすぎず、
「人間学化」が今日の「知の内部の最大の危険」だという宣
言とともに、人類学と精神分化と言語学を戦略的拠点とする
人間科学の認識論的変革を説いて衝撃をひろげた。それは、
一つの時代の文化の根底にある知のシステム(エピステーメ
ー)を解明する〈知の考古学〉をうちたてる試みであり、
〈主体なき思考(アンパンセ)〉のシステム解析として新しい
エピステモロジー(認識理論)の探求を触発した。アルチュ
セールも『資本論を読む』(共著)や『マルクスのために』
において、理論的実践の構造を解明し、マルクス理論の〈読
み直し〉を通じてスターリン批判以後のマルクス主義を賦活
するとともに、科学認識論の探求に指標を与えた。これらの

試みは，バシュラールの科学哲学やメルロ゠ポンティなどフランス哲学の伝統につながりつつ，ひろくニーチェ，フロイト，マルクスなど20世紀思想の源泉の再吟味を通じて，哲学を新しい基盤に据えなおす努力だといえる。　〔荒川幾男〕

192　システム哲学

一般システム論とシステム哲学　システム哲学は一般システム論（general systems theory）を母体として誕生した。一般システム論はオーストリア出身の生物学者ベルタランフィ（Ludwig von Bertalanffy, 1901—1972）により創唱され，1954年にアメリカで学会が設立され着実な発展をとげて今日にいたっている。それは物理学で成功し近代科学で支配的となった分析的方法の批判から出発し，システム（これをベルタランフィは相互作用する諸部分の集合と定義した）において，それを構成諸部分へと分解するときには消失してしまう全体的特性を把握しようとする。彼はこのシステムの見地による生物学，心理学，社会学などの推進を説き，またこれら諸領域にわたるシステム特性の同型性に注目し，それを通じて諸学問の相互促進と統一を構想した。そして機械論や行動主義にかわる見地からの人間論や社会観の確立をめざしたが，その根底に有機体的世界観があり，その点で，1940年代以降発展したサイバネティクスやシステム工学などのやや機械論的な性格とは対比的である。しかしこれら諸潮流はシステムの観念をもとに統合されつつあり，ベルタランフィは一般システ

ム論がシステム科学，システム工学，システム哲学の三部門よりなるという見解を示した。

ラズローのシステム哲学　すでにベルタランフィは一般システム論の見地が一つの新しい自然哲学をなすと述べたが，その立場を継承しさらに科学の新しい成果をとりいれて哲学的体系化を試み，哲学上の諸問題への新しい視点を与えようとするシステム哲学がハンガリー出身のアメリカの哲学者ラズロー（Ervin Laszlo, 1932—）を中心に展開されている。彼は科学が過度に専門分化して人間や自然の全体像を与えるにいたらず，他方哲学は科学と遊離して論証や分析の技巧に走っているという状態を憂え，ホワイトヘッドの過程哲学を範としつつ綜合的哲学を科学からの豊かな情報とシステムの観念を基礎に構築しようとする（『システム哲学入門』1972）。システム哲学では自然，社会，意識などの諸領域における存在を通してシステムは全体的協関，パターン維持，自己再組織化，階層性の四つの特長でとらえられ，これによりシステムと環境との相互関係が構造的・動的に把握される。かくしてシステム哲学にはアリストテレスの形相説や近代弁証法との関連性が指摘されようが，またとくに，論理実証主義から科学哲学へとひきつがれた物理還元主義，要素論的分析主義，模写論的静的認識説などが否定され，階層構造における還元不可能な創発性の存在，全体論的考察，認識を主客の相互作用とみる動的認識説などがシステム動力学の発展に支えられて展開されており，物質と精神，事実と価値など近代的二元論の克服が期待されている。

〔佐藤敬三〕

人名索引

あ

アイスキュロス 66, 71
アヴィケブロン 194, 212
アヴィセンナ 187, 192
アヴェナリウス，R. 478
アヴェロエス 188
アウグスティヌス 164-170
アデラード（バースの） 203
アドラー，A. 497
アドルノ，T. W. 527
アナクサゴラス 40, 54, 66
アナクシマンドロス 39, 42
アナクシメネス 39, 42
アベラルドゥス，P. 197, 201, 208
アポルロニオス 111
アリスタルコス 116
アリスティッポス 127
アリストテレス 98-109, 113, 171, 185, 189, 214, 217
アリストパネス 66
アル・ガザーリー 190
アルキメデス 111
アル・キンディー 183
アルクィン 174
アルケシラオス 123
アルチュセール，L. 559
アルハーゼン 192
アル・ビールーニー 192

アル・ファユミ 194
アル・ファーラービー 185
アルベルト（サクソニアの） 233
アルベルトゥス・マグヌス 213, 217, 225
アンセルム（ラーンの） 201
アンセルムス 199
アンティステネス 127
アンモニオス 139, 172

い

イエス 148, 154
イェルムスレフ，L. 560
イグナチオ・ロヨラ 266
イシドルス 170
イブン・ガビロル 194
イブン・スィーナー→アヴィセンナ

う

ヴァラ，L. 257
ヴィーコ，G. 317, 498
ウィトゲンシュタイン，L. 501, 507-516, 518
ヴィンケルマン，J. J. 369
ウィンデルバント，W. 462
ウェーバー，M. 465, 523, 528, 544
ヴォルテール 348
ヴォルフ，C. 271, 368, 373
ウナムーノ，M. de 466, 474

ウマル・ハイヤーム 192

え

エイヤー, A. 518
エイレナイオス 162
エウクレイデス→ユークリッド
エウクレイデス（メガラの） 125
エウドクソス 110, 115
エウリピデス 29, 66, 79
エズラ 146
エックハルト, M. J. 245, 372
エピクテトス 133
エピクロス 56, 128
エヒターマイヤー, T. 412
エムペドクレス 40, 52, 66
エラシストラトス 119
エラスムス, D. 257, 264
エリウゲナ, J. S. 175, 177, 196
エルヴェシウス, C. A. 350
エンゲルス, F. 429, 436

お

オイケン, R. 531
オースティン, J. L. 518
オッカム, W. 198, 226, 323
オリゲネス 162
オルテガ・イ・ガセット, J. 466, 474, 532
オレーム, N. 234

か

ガイガー, M. 531
カウツキー, K. 439

カシオドルス 170
カステリヨン, S. 258
ガダマー, H.-G. 469
ガッサンディ, P. 286, 323
カッシーラー, E. 462, 520
カバニス, P. J. G. 350, 353
ガブラー, G. A. 411
ガリレイ, G. 235, 278, 296, 323
カルヴァン, J. 258, 261, 262
カルキディウス 173
カルダーノ, G. 239
カルナップ, R. 514
カルネアデス 123
ガレノス 119
ガンス, E. 410
カント, I. 367, 372, 376-388, 399, 420, 461
カントル, G. 501
カンパネッラ, T. 238

き

キケロ 255
ギヨーム（コンシュの） 205
ギヨーム（シャンボーの） 201
ギヨーム・ビュデ 257
キルケゴール, S. A. 419, 425, 541

く

クセノパネス 39, 51
グッドマン, N. 517
クヌッツェン, M. 376
クラーゲス, L. 466

クラフト, V. 514
グラープマン, M. 549
クリュシッポス 107, 132
クレアンテス 132
クレメンス, A. 162
グローステスト, R. 210
クローチェ, B. 498
クワイン, W. van O. 517

け

ゲッシェル, K. F. 411
ゲーテ, J. W. von 395
ゲーデル, K. 515
ゲーレン, A. 532

こ

ゴットシェット, J. C. 368
ゴティエ (サン・ヴィクトルの) 206
ゴドフロワ (サン・ヴィクトルの) 206
コペルニクス, N. 278, 296, 323
コヘン, H. 461
ゴルギアス 83
コンディヤック, E. B. de 345, 350
コント, A. 414

さ

サルトル, J.-P. 551-555, 559
サン・シモン 414

し

ジェヴォンズ, W. S. 500
ジェームズ, W. 478, 486
シェーラー, M. 531
シェリング, F. W. J. von 372, 388-393, 399, 468
ジェンティーレ, G. 498
シャフツベリ, Th. E. of 291
シュティルナー, M. 412
シュトラウス, D. F. 410
シュペーナー, P. J. 368
シューベルト, G. H. 394
シュミット, A. 528
シュライエルマッハー, F. E. D. 393
シュリック, M. 514
シュルツェ, G. E. 386
シュレーゲル, A. W. von 393
シュレーゲル, F. von 393
ショーペンハウアー, A. 417, 449, 468
シラー, F. 395
ジルソン, É. H. 549
ジンメル, G. 466

す

スアーレス, F. 268
スウィフト, J. 371
スコトゥス, J. D. 222
スティルポン 126
ストローソン, P. 518
スピノザ, B. de 271, 290, 303-311
スペンサー, H. 448
スマート, J. J. C. 519

人名索引 567

スミス, A. 303, 342

せ

セネカ 133
ゼノン（エレアの） 40, 65, 105, 125
ゼノン（キプロスの） 132

そ

ゾイゼ, H. 246
ソクラテス 28, 87-94, 124
ソシュール, F. de 558
ソポクレス 36, 66, 75
ゾンバルト, W. 531

た

ダーウィン, C. 447
タウラー, J. 246
ダランベール, J. Le R. 345, 357
タレス 38, 42

つ

ツヴィングリ, H. 262
ツキュディデス 66-71

て

テアイテトス 110
ティエリ（シャルトルの） 204
ディオドロス・クロノス 107, 125
ディオニシウス・アレオパギタ 175, 246
ディオパントス 112
ディドロ, D. 345, 356-363

テイヤール・ド・シャルダン, P. 549
ディルタイ, W. 466
テオプラストス 99, 107
デカルト, R. 270, 278, 281-292, 296, 303, 306, 323, 328
デッラ・ポルタ, G. 238
デモクリトス 40, 56, 66, 113, 285
デューイ, J. 487
テレジオ, B. 237

と

トマジウス, C. 368
トマス・アクィナス 197, 209, 215-226
トラシー, D. de 350
ドルバック, P. H. T. 345, 354

な

ナウシパネス 56
ナトルプ, P. 462

に

ニコラウス（オトゥルクールの） 230
ニコラウス・クザーヌス 246
ニーチェ, F. 37, 449-457, 466, 540
ニートハンマー, F. I. 387
ニュートン, I. 279, 286, 321, 441

の

ノイラート, O. 515
ノヴァーリス 393

ノックス, J. 263

は

ハイデガー, M. 35, 455, 469, 489, 538-543
バウアー, B. 411
バウムガルテン, A. G. 369
パウロ 155
バークリ, G. 335-340
パース, C. S. 481-486, 500
パスカル, B. 292-299
パップ, A. 517
パッポス 112
パトリツィ, F. 238
パナイティオス 133
ハーバーマス, J. 528
ハーマン, J. G. 371, 468
パラケルスス 239
バルト, K. 550
バルト, R. 558
ハルトマン, E. von 468
ハルトマン, N. 532
パルメニデス 39, 48, 51, 62, 102

ひ

ピコ・デッラ・ミランドラ 243
ピタゴラス 39, 45, 61
ヒッピアス 83
ヒポクラテス 66, 117
ヒューム, D. 231, 291, 339, 378
ビュリダン, J. 232
ピュロン 122
ヒルベルト, D. 502

ヒレル 146
ビロン 107, 194

ふ

ファイグル, H. 515
フィチーノ, M. 243
フィヒテ, J. G. 372, 385, 393, 400
フォイエルバッハ, L. A. 412, 421, 433
フーコー, M. 559
フーゴー (サン・ヴィクトルの) 206
フッサール, E. 489-494, 538, 556
プトレマイオス 113
ブーバー, M. 550
プフェンダー, A. 531
ブラドレー, F. H. 506, 535
プラトン 28, 36, 90-100, 104, 124, 172, 186, 243
フランク, P. 514
フランケ, A. H. 368
ブール, G. 500
プルタルコス 29
ブルーノ, G. 238, 241, 278, 296, 308
フレーゲ, G. 501, 504, 509
プレスナー, H. 532
プレハーノフ, G. V. 478
フロイト, S. 494
プロクロス 142
プロタゴラス 83
プロディコス 83

人名索引 569

プロティノス　121, 139, 180
フロム，E.　527

へ

ベイコン，F.　272-277, 280
ベイコン，R.　212
ヘカタイオス　56
ヘゲシアス　128
ヘーゲル，G. W. F.　327, 372, 388-392, 398-413, 421, 427, 432
ヘシオドス　24, 43
ヘス，M.　412, 429
ペトルス・アウレオルス　198
ペトラルカ，F.　256
ペトルス・ロンバルドゥス　214, 217, 223, 226
ヘニング，L. von　410
ベーメ，J.　246, 309, 372, 392
ヘラクレイトス　28, 39, 49, 62
ベルグソン，H.　466, 470
ヘルダー，J. G.　370, 468
ベルタランフィ，L. von　520, 562
ヘルダーリン，J. C. F.　389, 399
ベルナルドゥス（シャルトルの）　204
ベルナルドゥス・シルヴェストリス　204
ヘロドトス　66-70
ヘロピロス　118
ヘロン　112
ベンサム，J.　441-446

ベンヤミン，W.　527

ほ

ボアロー，N.　369
ボイル，R.　325, 328
ボエティウス　170
ボグダーノフ，A.　478
ポセイドニオス　133
ホッブズ，T.　272, 290, 299-304, 332
ボナヴェントゥラ　215, 225
ホノリウス（オータンの）　203
ホメロス　21, 34
ホルクハイマー，M.　527
ポルピュリオス　139, 171, 196
ホワイト，M.　517
ホワイトヘッド，A. N.　503, 534

ま

マイモニデス，M.　195
マイモン，S.　386
マキァヴェリ，N. B.　258
マクタガート，J. E.　535
マタイ　157
マッハ，E.　478, 514
マルクス・アウレリウス　133, 135
マルクス，K.　412, 424, 428-441, 525
マルクーゼ，H.　527
マルコ　157
マルサス，T. R.　448
マルセル，G.　549
マールブランシュ，N. de.　336

み

ミシュレ, C. L. 413
ミル, J. 442
ミル, J. S. 443

む

ムーア, G. E. 518
ムゥソニオス 133

め

メトロドロス 56
メリッソス 40
メルロ＝ポンティ, M. 554
メンガー, K. 515
メンデルスゾーン, M. 368

も

モンテスキュー 346
モンテーニュ, M. de 256-260

や

ヤコービ, F. H. 309, 468
ヤコブソン, R. 560
ヤスパース, K. 543-549

ゆ

ユークリッド, エウクレイデス 110-115, 210
ユスティノス, M. 161
ユング, C. G. 497

よ

ヨハネス（ソールズベリの） 204

ら

ライナハ, A. 531
ライプニッツ, G. W. 271, 312-317, 373
ライヘンバッハ, H. 515
ライル, G. 518
ラインホールト, K. L. 386
ラカン, J. 559
ラスク, E. 462
ラズロー, E. 563
ラッセル, B. A. W. 501, 503, 509, 515, 518
ラーテナウ, W. 531
ラバヌス・マウルス 175
ラブレー, F. 257
ラマルク, J. B. 447
ラ・メトリー, J. O. de 354
ランガー, S. K. 520
ランゲ, F. A. 461
ランフランクス 199

り

リカルドゥス（サン・ヴィクトルの） 206
リッケルト, H. 462
リップス, T. 531
リープマン, O. 461, 531
リール, A. 461
リンネ, C. von 447

人名索引 571

る

ルイス，C. I. 516
ル カ 154
ルカーチ，G. 523
ルクレティウス 56
ルーゲ，A. 412, 429, 437
ルソー，J. J. 332, 340, 357, 361-367, 371, 378, 399
ルター，M. 246, 258, 260-265

れ

レヴィ゠ストロース，C. 558
レウキッポス 40, 56
レオナルド・ダ・ヴィンチ 249
レッシング，G. E. 369

レーニン，V. I. 478

ろ

ロスケリヌス 197, 201
ローゼンクランツ，J. K. 411
ロータッカー，E. 532
ロック，J. 272, 302, 326-340

事項索引

あ

アカデメイア　98, 123
アポロン　18, 26
アルケー　42, 49
アレテー　82

い

イエスの生涯（シュトラウス）　410
イオニア学派，-の哲学　39, 42
イギリス経験論　271, 340
意志と表象としての世界（ショーペンハウアー）　418, 451
イスラム神秘主義　191
イデア論　93, 100-105
イデオロジスト　350
イド　495
イドラ　277

う

ヴィクトル学派　206
ウィーン学団　514
宇宙論（デカルト）　282, 296

え

永劫回帰　453-457
エウデモス倫理学（アリストテレス）　100, 104
エセー（モンテーニュ）　259

エチカ（スピノザ）　307, 310
エピクロス派　122
エミール（ルソー）　363
エリス・エリトリア派　124
エレア学派　39
エンチクロペディー（ヘーゲル）　401, 409

お

オクスフォード学派　518
オルフェウス教　32, 46, 53

か

懐疑派　122
概念論　196
快楽主義　128
学芸論（フーゴー）　207
格律　382
仮言命法　382
カテゴリー　380, 404
カトリシズム　154
カロリング・ルネサンス　174
感覚論（コンディヤック）　350
観念学綱要（トラシー）　352
観念連合　341, 442
寛容に関する書簡，寛容論（ロック）　331, 333

事項索引　573

き

機会原因論 288
機会論的自然観 270, 285, 321
機械論的社会観 303
機械論的唯物論 354
記号論理学 499, 509
帰謬法 110, 125
客観的観念論 388, 391
客観的精神 401
旧約聖書 147
キュニコス派 124
キュレネ派 124
饗宴（プラトン）92
教父哲学 161
キリスト教の合理性（ロック）329, 333
キリスト教の本質（フォイエルバッハ）422
禁欲主義 132

く

グノーシス主義, -的性格 137, 157, 162, 192

け

敬虔主義 368
形而上学（アリストテレス）102
形而上学叙説（ライプニッツ）312
経哲手稿（マルクス）432
言語ゲーム 510, 514
原始キリスト教, 初期- 143, 152, 154

現象学 489-494, 531, 538-543, 556
現象学的還元 491
原子論 40, 56
現存在 542

こ

構造主義 558
行動の構造（メルロ＝ポンティ）555
功利主義 441-446
合理主義 270, 376
告白（アウグスティヌス）166
国家（プラトン）28, 36, 92, 96

さ

三段階の法則 415

し

視覚新論（バークリ）335
然りと否（アベラルドゥス）201
自己疎外, 疎外 407, 423, 433
システム哲学 562
自省録（マルクス・アウレリウス）135
自然学, -哲学 38-45, 52
自然哲学の理念（シェリング）390
自然の区分（エリウゲナ）175, 178
自然の体系（ドルバック）355
自然弁証法 440
自然法 331-335
実証主義 414, 472
実証哲学講義（コント）415
実践理性批判（カント）373, 377-

379, 382
実存 426
実存主義, -哲学 543-547, 552
質的弁証法 427
実念論 196, 202
史的唯物論 440
死に至る病（キルケゴール）426
資本論（マルクス）430, 434, 437
市民社会, -論 408, 433
社会契約論 331
シャルトル学派 173, 204
自由意志論（エラスムス）264
自由意志論争 264
宗教改革 260
宗教諸学の再興（アル・ガザーリー）191
十二使徒 154
12世紀ルネサンス 203
自由論（ミル, J. S.）444
主観的観念論 388
主観的精神 401
述語論理学 501, 506
シュロギスモス体系 106
純粋現象学および現象学的哲学の構想（フッサール）491
純粋理性批判（カント）326, 373, 377-381, 383
止揚 405
小ソクラテス派 124
象徴形式の哲学（カッシーラー）520
情念論（デカルト）283, 290
将来の哲学の根本命題（フォイエルバッハ）422

諸民族の共通本性に関する新しい学の原理（ヴィーコ）318
神学大全（トマス・アクィナス）209, 218-222
進化論 447
新カント派 461
神国論（アウグスティヌス）166
人性論（ヒューム）339
人知原理論（バークリ）335
新ピタゴラス学派 124
新プラトン主義, -派, -哲学 124, 142, 167, 171, 176-182, 185-191, 194, 221, 243
人文主義 204, 243, 255
シンボル形式 521
シンボルの哲学 520
新約聖書 152
真理について（ヤスパース）546
真理論（トマス・アクィナス）218
人倫 400, 408-409

す

数学原理（ホワイトヘッド, ラッセル）502, 504, 536
スコラ学, -哲学 175, 194, 201, 208, 224
ストア派, -学派 36, 108, 122, 132-137

せ

精神現象学（ヘーゲル）374, 391, 401, 406
精神諸科学序説（ディルタイ）468
精神分析 494
精神論（エルヴェシウス）351

事項索引 575

西南ドイツ派　461
青年ヘーゲル派　411, 422
生の直観（ジンメル）　469
生の哲学　449, 466, 487
生の悲劇的感情（ウナムーノ）　476
絶対知　406
絶対的観念論　388
絶対的自我　387
絶対的精神，絶対精神　327, 401
先験的→超越論的
全知識学の基礎（フィヒテ）　387

そ

ソフィスト　65, 83
存在と時間（ハイデガー）　539-543
存在と無（サルトル）　551

た

対異教徒大全（トマス・アクィナス）　218
大陸合理論　271
大論理学（ヘーゲル）　401
単純観念　330
単なる理性の限界内における宗教（カント）　369, 377

ち

知ある無知（ニコラウス・クザーヌス）　247
知覚の現象学（メルロ=ポンティ）　556
力への意志　453
知識学　387, 393

知性改善論（スピノザ）　306
知的直観　390, 393
超越論的意識　326
超越論的観念論　379, 538
超越論的観念論の体系（シェリング）　390
超越論的現象学　491
超越論的自我　556
超越論的統覚　381

つ

ツァラトゥストラ（ニーチェ）　453, 456

て

ディアレクティケー　65, 105
ディオニュソス　26, 30, 46
定言命法　382, 403
ティマイオス（プラトン）　92, 172, 205
哲学（ヤスパース）　545
哲学的探究（ウィトゲンシュタイン）　508, 512, 518

と

ドイツ・イデオロギー（エンゲルス）　439
ドイツ観念論　372, 380, 388, 402
ドイツ神秘主義　244, 372
同一哲学，同一性の—　375, 388
道徳感情論（スミス，A.）　343, 352
道徳と宗教の二源泉（ベルグソン）　471

奴隷意志論（ルター） 265

に

ニコマコス倫理学（アリストテレス） 103
二重真理説 190, 193
ニーチェ（ハイデガー） 540
日常言語分析派, -学派 510, 516
ニヒリズム 454
人間機械論（ラ・メトリー） 354
人間知性研究（ヒューム） 339
人間知性論（ロック） 326, 335
人間的自由の本質（シェリング） 392
人間の使命（フィヒテ） 387
人間不平等起源論（ルソー） 362

の

ノーヴム・オルガヌム（ベイコン, F.） 276
ノモス 84

は

パイドン（プラトン） 94, 105
反時代的考察（ニーチェ） 452
汎神論 308
パンセ（パスカル） 297
判断力批判（カント） 373-374, 377-380, 383

ひ

非我 387
悲劇の誕生（ニーチェ） 451

ピタゴラス学派 48, 52
美的汎神論 391
百科全書 343, 357-363
ピュシス 34, 45, 84, 104

ふ

不安の概念（キルケゴール） 426
複合観念 330
物活論, -観 39, 43
物質と記憶（ベルグソン） 470
普遍論争 195, 201
プラグマティシズム 483
プラグマティズム 484, 516
プラトニズム 172
フランクフルト学派 527
プロヴァンシアル（パスカル） 293, 297
プロスロギオン（アンセルムス） 199
プロテスタント 260
分析哲学 515-519

へ

ヘーゲル右派 411
ヘーゲル学派 410, 431
ヘーゲル左派 411, 429, 436
ヘーゲル中央派 411
ヘブライズム 161
ヘルメス思想 137
ヘルメス文書 137
ヘレニズム 161
弁証法 402, 480
弁証法神学 550

事項索引 577

弁証法的唯物論　439
弁証法的理性批判（サルトル）
　552, 559
弁神論（ライプニッツ）　312

ほ

法哲学（ヘーゲル）　402, 408
法の精神（モンテスキュー）　346
方法序説（デカルト）　282, 289
法律（プラトン）　92

ま

マールブルク派　461, 521

み

ミレトス学派　39

め

命題集（ペトルス・ロンバルドゥス）　214, 218, 223, 226
命題論理学　108
メガラ派　107, 124

も

モイラ　23, 32-37
モナド　315
モナドロジー（ライプニッツ）
　312-317

ゆ

唯物史観　431
唯物論　345, 354, 440, 480
唯物論と経験批判論（レーニン）
　478
唯名論，ノミナリズム　196, 202, 228, 230-235
有機体哲学　535
ユダヤ教　143, 194
ユダヤ哲学　194
ユマニスム　255-260

よ

予定調和　315
ヨーロッパ諸学の危機と超越論的現象学（フッサール）　491

り

リヴァイアサン（ホッブズ）　300
力学的自然観　321
理神論　335
リビドー　496
倫理学における形式主義と実質的価値倫理学（シェーラー, M.）
　531

れ

歴史と階級意識（ルカーチ）　524

ろ

ロゴス　20, 38, 49, 105
ロマン主義　393
論理学研究（フッサール）　490, 538
論理実証主義　479, 509, 514-519
論理哲学論考（ウィトゲンシュタイン）　507-514, 518

あとがき——ちくま学芸文庫版刊行によせて

　本書は，1977年に有斐閣より刊行された『西洋哲学史の基礎知識』の新版である。書名も，現代の若い世代の馴染みやすいものにしたいというちくま学芸文庫編集部の意向を容れて，『概念と歴史がわかる 西洋哲学小事典』に変えることにした。

　有斐閣の旧版は，むろん1977年までという時代の制約はありながらも，西洋哲学史に登場する人物やその思想や概念についての要を得たスタンダードな記述であることが評価されたのであろうか，2001年2月までに27回刷りを重ね，よく読まれた。

　この旧版を読み直してみてなにより驚くのは，執筆陣の豪華さだ。私たち4人の編集委員はほぼ同世代で，当時40代の後半だった。哲学研究者としてはまだ若造である。その若造たちの依頼に，よくぞこれだけの方がたが応えてくれ，こんなに力を入れて書いてくださったものだと，改めてリストを見ながら感歎する。いま振りかえってみても，それぞれの項目について，当時としては最適の執筆者にお願いしていることが分かるからだ。

　最近のこの種の解説書は，たしかに軽便にはなり，ちょっとした調べごとをするには向いていようが，気を入れて読むといったものではなくなっている。これほど本格的な解説を一冊にまとめて読めるような本は，しばらく見かけたことがない。こういったものにも時代の特質が出るものらしい。

　しかし，新版を出すとなれば，できれば現在の時点で編集

しなおし，新稿を揃えたいところである。だが，編集委員会で中心的な役割を果たした生松敬三君も他界し，執筆者の半数近くがすでに鬼籍に入ってしまったいま，それはとうていかなわない望みであり，旧版をそのまま文庫化するしかなかった。

だが，そうなると，やはり気になるのが旧版のもつ時代的制約である。先ほど述べたように，もともと本書は小冊ながら西洋哲学史についてのまとまった概観を提出しようとして企画されたものである。当然本書の全体が歴史としての制約を負っていることになる。それは，1977年までしか視野に入れることができなかったということだけではなく，旧版の「はしがき」でも言われているように，歴史を見る視点もまた時代の制約を強く受けていたということである。

たとえば，1970年代はまだ米ソの対立の真っ最中，この対立が世界史の基本的構図を規定しており，これを支えに，世界史のなかでの欧米中心主義や，近代西欧文化の優位を自明のこととする風潮が支配的だった。

ところが，その直後，ハイデガーやミッシェル・フーコーの反人間主義などを拠りどころに，サイードの「オリエンタリズム」をはじめ，多様に展開されたカルチュラル・スタディーズなどが，第二次大戦後草原の火のように燃え広がった植民地の独立運動と相まって，欧米先進諸国の帝国主義・植民地主義を真っ正面から，また背後からひそかに告発し，それをきっかけに世界史のなかでのヨーロッパ文化の比重が急速に低下しはじめた。やがて1989年のベルリンの壁の崩壊，そして91年のソ連邦の消滅と，世界史はドラマティックに，またドラスティックに変貌していく。そのあたりの哲学思想

の動きを本書に盛りこめなかったことはいかにも無念である。
　だが、そうした激動前夜の欧米の、ある種の時代の雰囲気をもただよわせている思想の風景をゆっくり眺めて歩くようなつもりで本書をお読みいただければ、十分に楽しんでいただけると思う。
　以上のような事情なので、改版に当たって、現時点での訂正加筆は最小限にとどめた。ただ、古代・中世・近世・現代各部の見出しの次に、担当の編者が各時代の哲学の一般的な特色について覚え書き風のものを書き、新たに付けくわえた。
　このちくま学芸文庫版が、旧版同様大勢の読者にお読みいただけることを願ってやまない。

　2011年8月朔
　　　編集委員を代表して

　　　　　　　　　　　　　　　　　　　　木田　元

本書は一九七七年六月に有斐閣から刊行された『西洋哲学史の基礎知識』に、各部冒頭の解説とあとがきを新たに加えたものである。

本書の文庫化につきましては、掲載の御許可をいただくべく最大限の努力をいたしましたが、御所在が不明な著作権者の方が若干名いらっしゃいます。お心あたりの方は編集部まで御一報いただければ幸いです。

(ちくま学芸文庫編集部)

書名	著者	訳者	内容
メルロ゠ポンティ・コレクション	モーリス・メルロ゠ポンティ	中山 元 編訳	意識の本性を探究し、生活世界の現象学的記述を実存主義的に企てたメルロ゠ポンティ。その思想の粋を厳選して編んだ入門のためのアンソロジー。
知覚の哲学	モーリス・メルロ゠ポンティ	菅野盾樹 訳	時代の動きと同時に、哲学自体も大きく転回した。それまでの存在論の転回を促したメルロ゠ポンティが現代哲学の核心を自ら語る。
精選 シーニュ	モーリス・メルロ゠ポンティ	廣瀬浩司 編訳	メルロ゠ポンティの代表的論集『シーニュ』より重要論考のみを厳選し、新訳。精確かつ平明な訳文と懇切な註により、その真価が明らかとなる。
われわれの戦争責任について	カール・ヤスパース	橋本文夫 訳	時の政権に抗いながらも「侵略国の国民」となってしまった人間は、いったいどう戦争の罪と向き合えばよいのか。戦争責任論不朽の名著。(加藤典洋)
フィヒテ入門講義	ヴィルヘルム・G・ヤコプス	鈴木崇夫ほか 訳	フィヒテは何を目指していたのか。その現代性とは──。フィヒテ哲学の全領域を包括的に扱い、核心部分を明快に解説する画期的講義。本邦初訳。
哲学入門	バートランド・ラッセル	髙村夏輝 訳	誰にも疑えない確かな知識など、この世にあるのだろうか。近代哲学が問い続けてきた諸問題を、これ以上なく明確に説く哲学入門書の最高傑作。
論理的原子論の哲学	バートランド・ラッセル	髙村夏輝 訳	世界は原子的事実で構成され論理的分析で解明しうる。現代哲学進歩の中で展開する哲学と最新科学の知見を総動員。統一的な世界像を提示する。本邦初訳。
現代哲学	バートランド・ラッセル	髙村夏輝 訳	世界の究極的あり方とは? そこで人間はどう描けるのか? 現代哲学の始祖が、哲学と最新科学の知見を総動員。統一的な世界像を提示する。現代哲学史上に名高い講演録、本邦初訳。
存在の大いなる連鎖	アーサー・O・ラヴジョイ	内藤健二 訳	西洋人が無意識裡に抱き続けてきた観念。その痕跡をあらゆる学問分野に探り「観念史」研究を確立した名著。(高山宏)

自発的隷従論	エティエンヌ・ド・ラ・ボエシ 山上浩嗣訳 西谷修監修	圧制は、支配される側の自発的な隷従によって永続する――。支配・被支配構造の本質を見破りうる古典的名著。20世紀の代表的関連論考を併録。（西谷修）
アメリカを作った思想 価値があるとはどのようなことか	ジェニファー・ラトナー＝ローゼンハーゲン 入江哲朗訳	「新世界」に投影された諸観念が合衆国を作り、社会に根づき、そして数多の運動を生んでゆく――。アメリカ思想の五〇〇年間を通観する新しい歴史。
カリスマ	ジョセフ・ラズ 森村進／奥野久美恵訳	価値の普遍性はわれわれの偏好といかに調和されるのか。愛着・価値・尊重をめぐってなされる入念な考察。現代屈指の法哲学者による比類なき講義。
自己言及性について	ニクラス・ルーマン 土方透／大澤善信訳	集団における謎めいた現象「カリスマ」について多面的な考察を試み、ヒトラー、チャールズ・マンソンらを実例として分析の俎上に載せる。（大田俊寛）
中世の覚醒	C・リンドバーグ 森下伸也訳	国家、宗教、芸術、愛……。私たちの社会を形づくるすべてを動態的、統一的に扱う理論は可能か？20世紀社会学の頂点をなすルーマン理論への招待。
レヴィナス・コレクション	リチャード・E・ルーベンスタイン 小沢千重子訳	中世ヨーロッパ、一人の哲学者の著作が人々の思考様式と生活を根底から変えた――「アリストテレス革命」の衝撃に迫る傑作精神史。（山本芳久）
実存から実存者へ	エマニュエル・レヴィナス 合田正人編訳	人間存在と暴力について、独創的な倫理にもとづく存在論哲学を展開し、現代思想に大きな影響を与えているレヴィナス思想の歩みを集大成。
倫理と無限	エマニュエル・レヴィナス 西谷修訳	世界の内に生きて「ある」とはどういうことか。存在は「悪」なのか。初期の主著にしてアウシュヴィッツ以後の哲学的思索の極北を示す記念碑的著作。
	エマニュエル・レヴィナス 西山雄二訳	自らの思想の形成と発展を、代表的著作にふれながら語ったインタビュー。平易な語り口で、自身によるレヴィナス思想の解説とも言える魅力的な一冊。

仮面の道
C・レヴィ=ストロース
山口昌男/渡辺守章/渡辺公三訳

北太平洋西岸の原住民が伝承する仮面。そこに反映された神話的世界から、構造人類学のラディカルな理論で切りひらいてみせる。増補版を元にした完全版。

黙示録論
D・H・ロレンス
福田恆存訳

抑圧が生んだ歪んだ自尊と復讐の書「黙示録」を読みとき、現代人が他者を愛することの困難とその克服を切実に問うた20世紀の名著。(高橋英夫)

考える力をつける哲学問題集
スティーブン・ロー
中山元訳

宇宙はどうなっているのか？ 心とは何か？ 遺伝子操作は許されるのか？ 多彩な問いを通し、「哲学する」技術と魅力を堪能できる対話集。

プラグマティズムの帰結
リチャード・ローティ
室井尚ほか訳

真理への到達という認識論的欲求と、その呪縛からの脱却を模索したプラグマティズムの系譜。その戦いを経て、哲学に何ができるのか？ 鋭く迫る！

知性の正しい導き方
ジョン・ロック
下川潔訳

自分の頭で考えることはなぜ難しく、どうすればその困難を克服できるのか。近代を代表する思想家が、誰にでも実践可能な道筋を具体的に伝授する。

ニーチェを知る事典
渡邊二郎／西尾幹二編

50人以上の錚々たる執筆者による「読むニーチェ事典」。彼の思想の深淵と多面的世界を様々な角度から描き出す。巻末に読書案内(清水真木)を増補。

西洋哲学小事典
概念と歴史がわかる
生松敬三／木田元／伊東俊太郎／岩田靖夫編

各分野の第一人者が解説する大物の教養を身につけたい人、議論したい人、レポート執筆時に必携の便利な一冊！ ホンモノかつコンパクトな哲学事典。

命題コレクション 社会学
作田啓一／井上俊編

社会学の生命がかよう具体的な内容を、各分野の第一人者が簡潔かつ読んで面白い48の命題の形で提示した、定評ある社会学辞典。

論証のレトリック
浅野楢英

議論に説得力を持たせる術は古代ギリシアの賢人に学べ！ アリストテレスのレトリック理論をもとに、論証の基本的な型を紹介する。(納富信留)

貨幣論	岩井克人	貨幣とは何か？ おびただしい解答があるこの命題に、『資本論』を批判的に解読することにより最終解答を与えようとするスリリングな論考。
二十一世紀の資本主義論	岩井克人	市場経済にとっての真の危機、それは「ハイパー・インフレーション」である。21世紀の資本主義のゆくえ、市民社会のありかたを問う先鋭な論考。
増補 ソクラテス	岩田靖夫	ソクラテス哲学の核心には「無知の自覚」と倫理的信念に基づく「反駁的対話」がある。西洋哲学の起源に迫る最良の入門書。
英米哲学史講義	一ノ瀬正樹	ロックやヒュームらの経験論は、いかにして功利主義、プラグマティズム、そして現代の正義論や分析哲学へと連なるのか。その歴史的展開を一望する。
規則と意味のパラドックス	飯田隆	言葉が意味をもつとはどういうことか？ 言語哲学の難問に第一人者が挑み、切れ味抜群の議論で哲学的に思考することの楽しみへと誘う。
スピノザ『神学政治論』を読む	上野修	聖書の信仰と理性の自由は果たして両立できるか。スピノザはこの難問を、大いなる逆説をもって考え抜いた。『神学政治論』の謎をあざやかに読み解く。
倫理学入門	宇都宮芳明	倫理学こそ哲学の中核をなす学問だ。カント研究の大家が、古代ギリシアから始まるその歩みを三つの潮流に大別し、簡明に解説する。（三重野清顕）
知の構築とその呪縛	大森荘蔵	西欧近代の科学革命を精査することによって、二元論による世界の死物化という近代科学の陥穽を克服する方途を探る。（野家啓一）
物と心	大森荘蔵	対象と表象、物と心との二元論を拒否し、全体としての立ち現われが直にあるとの「立ち現われ一元論」を提起した、大森哲学の神髄たる名著。（青山拓央）

思考と論理 大森荘蔵

人間にとって「考える」とはどういうことか？ 日本を代表する哲学者が論理学の基礎と、自分の頭で考える力を完全伝授する珠玉の入門書。（野家啓一）

歴史・科学・現代 加藤周一

知の巨人が、丸山真男、湯川秀樹、サルトルをはじめとする各界の第一人者とともに、戦後日本の思想と文化を縦横に語り合う。（鷲巣力）

『日本文学史序説』補講 加藤周一

文学とは何か、〈日本的〉とはどういうことか、不朽の名著について、著者自らが縦横に語った講義録。大江健三郎氏による「もう一つの補講」を増補。

沈黙の宗教──儒教 加地伸行

日本人の死生観の深層には生命の連続を重視する儒教がある。墓や位牌、祖先祭祀などの機能と構造や歴史を読み解き、儒教の現代性を解き明かす。

中国人の論理学 加地伸行

毛沢東の著作や中国文化の中から論理学上の中国的特性を抽出し、中国人が二千数百年にわたって追求してきた哲学的主題を照らし出すユニークな論考。

基礎講座 哲学 木田元 編著 須田朗

日常の「自明と思われていること」にはどれだけ多くの謎が潜んでいるのか。哲学の世界に易しく誘い、その歴史と基本問題を大づかみにした名参考書。

あいだ 木村敏

自己と環境との出会いの原理である共通感覚「あいだ」。その構造をゲシュタルトクライス理論および西田哲学を参照しつつ論じる好著。（谷徹）

自分ということ 木村敏

自己と時間の病理をたどり、存在者自己と自己の存在それ自体の間に広がる「あいだ」を論じる木村哲学の入門書。（小林敏明）

自己・あいだ・時間 木村敏

間主観性の病態である分裂病に「時間」の要素を導入し、現象学的思索を展開する。精神病理学である著者の代表的論考を収録。（野家啓一）

朱子学と陽明学	小島毅	近世儒教を代表し、東アジアの思想文化に多大な影響を与えた朱子学と陽明学。この二大流派の由来と実像に迫る。通俗的理解を一蹴する入門書決定版！
増補 靖国史観	小島毅	靖国神社の思想的根拠は、神道というよりも儒教にある！　幕末・維新の思想史をたどり近代史観の独善性を暴き出した快著の増補決定版。〈奥那覇潤〉
かたり	坂部恵	物語は文学だけでなく、哲学、言語学、科学的理論にもある。あらゆる学問を貫く「物語」についての領域横断的論考。〈野家啓一〉
〈権利〉の選択	笹澤豊	日本における〈権利〉の思想は、西洋の〈ライト〉の思想とどう異なり、何が通底するか。この問いを糸口に、権利思想の限界と核心に迫る。〈永井均〉
ニーチェ入門	清水真木	危機や災害と切り離せないようかな機能と構造を備えたのだろうか。つかみにくい実態を鮮やかに捌いた歴史的名著。〈松原隆一郎〉
社会思想史講義	城塚登	現代人を魅了してやまない哲学者ニーチェ。「健康と病気」という対概念を手がかりに、その思想の核心を鮮やかに描き出す画期的入門書。
現代思想の冒険	竹田青嗣	近代社会の形成から現代社会の変貌まで、各時代が抱える問題を解決しようと生みだされた社会思想。思想家達の足跡を辿る明快な入門書。〈植村邦彦〉
自分を知るための哲学入門	竹田青嗣	「裸の王様」を見破る力、これこそが本当の思想だ！　この観点から現代思想の流れを大胆に整理し、明快に解読したスリリングな入門書。
		哲学とはよく生きるためのアートなのだ！　その読みどころを極めて親切に、とても大胆に元気に考えた、斬新な入門書。哲学がはじめてわかる！

鶴見俊輔全漫画論2 鶴見俊輔 松田哲夫 編

幼い頃に読んだ「漫画」から「サザエさん」「河童の三平」「カムイ伝」「きデカ」「寄生獣」など。各論の積み重ねから核が見える。(福住廉)

カント入門講義 冨田恭彦

人間には予めものの見方の枠組がセットされている――平明な筆致でも知られる著者が、一から説き、哲学史的な影響をも、カント哲学の本質を一望する。

ロック入門講義 冨田恭彦

近代社会・政治の根本概念を打ちたてつつ、主著『人間知性論』で人間の知的営為について形而上学的提言も行ったロック。その思想と影響の真価に迫る。

デカルト入門講義 冨田恭彦

人間にとって疑いえない知識をもとめ、新たな形而上学を確立したデカルト。その思想と影響を知らずに西洋精神史は語れない。全像を語りきる一冊。

不在の哲学 中島義道

言語を習得した人間は、自身の〈いま・ここ〉の体験よりも、客観的に捉えた世界の優位性を信じがちだ。しかしそれは本当なのか? 渾身の書き下ろし。

思考の用語辞典 中山元

今日を生きる思考を鍛えるための用語集。時代の変遷とともに永い眠りから覚め、新しい意味をになって冒険の旅に出る哲学概念一〇〇の物語。

倫理とは何か 翔太と猫のインサイトの夏休み 永井均

「私」が存在することの奇跡性など哲学の諸問題を、自分の頭で考え抜くよう誘う。予備知識不要の哲学入門。(中島義道)

増補 ハーバーマス 中岡成文

「道徳的に善く生きる」ことを無条件には勧めず、道徳的な善悪そのものを哲学の問いとして考究する、不道徳な倫理学の教科書。(大澤真幸)

非合理性のある力も強まる一方、人間疎外も強まった近代社会。その中で人間のコミュニケーションへの信頼を保とうとしたハーバーマスの思想に迫る。

書名	著者	紹介
プラトン入門	竹田青嗣	哲学はプラトン抜きには語れない。近年の批判を乗り越え、普遍性や人間の生をめぐる根源的な思索者としての姿を鮮やかに描き出す画期的入門書！
統計学入門	盛山和夫	統計に関する知識はいまや現代人に不可欠な教養だ。その根本にある考え方から実際的な分析法、さらには陥りやすい問題点までしっかり学べる一冊。
論理学入門	丹治信春	大学で定番の教科書として愛用されてきた名著がついに文庫化！完全に自力でマスターできる「タブロー」を用いた学習法で、思考と議論の技を鍛える！
論理的思考のレッスン	内井惣七	どうすれば正しく推論し、議論に勝てるのか。なぜ、どこで推理を誤るのか？ 推理のプロから15のレッスンを通して学ぶ、思考の整理法と論理学の基礎。
日本の哲学をよむ	田中久文	近代日本から問う日本独自の哲学が一九三〇年代に生まれた。西田幾多郎・田辺元・和辻哲郎・九鬼周造・三木清による「無」の思想の意義を平明に説く。
「やさしさ」と日本人	竹内整一	「やさしい」という言葉は何を意味するのか。万葉の時代から現代まで語義の変遷を丁寧にたどり、日本人の倫理の根底をあぶりだした名著。(田中久文)
「おのずから」と「みずから」	竹内整一	「自(みずか)ら」「自(おの)ずから」という語があらわす日本人の基本発想とはどのようなものか。日本人の自己認識、超越や倫理との関わり、死生観を問うた著者代表作。
日本人は何を捨ててきたのか	鶴見俊輔 関川夏央	明治に造られた「日本という樽の船」はよくできた「樽」だったが、やがて「個人」を詰め込める「艦」になった。21世紀の海をゆく「船」は？(髙橋秀実)
鶴見俊輔全漫画論1	鶴見俊輔 松田哲夫 編	漫画はその時代を解く記号だ。──民主主義と自由について考え続けた鶴見の漫画論の射程は広い。そのすべてを全2巻にまとめる決定版。(福住廉)

概念と歴史がわかる　西洋哲学小事典

二〇一一年九月十日　第一刷発行
二〇二五年四月十五日　第六刷発行

編　者　生松敬三（いきまつ・けいぞう）
　　　　木田　元（きだ・げん）
　　　　伊東俊太郎（いとう・しゅんたろう）
　　　　岩田靖夫（いわた・やすお）

発行者　増田健史

発行所　株式会社筑摩書房
　　　　東京都台東区蔵前二 − 五 − 三　〒一一一 − 八七五五
　　　　電話番号　〇三 − 五六八七 − 二六〇一（代表）

装幀者　安野光雅

印刷所　中央精版印刷株式会社
製本所　中央精版印刷株式会社

乱丁・落丁本の場合は、送料小社負担でお取り替えいたします。
本書をコピー、スキャニング等の方法により無許諾で複製する
ことは、法令に規定された場合を除いて禁止されています。請
負業者等の第三者によるデジタル化は一切認められていません
ので、ご注意ください。

©K. IKIMATSU/M. KIDA/M. INOUE/K. ITO/MIYAMADA/
M. IWATA 2025 Printed in Japan
ISBN978-4-480-09399-8 C0110

ちくま学芸文庫